Garantias das Obrigações

Garantias das Obrigações

2018 • 6ª Edição

Luís Manuel Teles de Menezes Leitão
Doutor e Agregado em Direito
Professor Catedrático da Faculdade de Direito de Lisboa
Advogado e Jurisconsulto

ALMEDINA

GARANTIAS DAS OBRIGAÇÕES
AUTOR
Luís Manuel Teles de Menezes Leitão
EDITOR
EDIÇÕES ALMEDINA, S.A.
Rua Fernandes Tomás, nºs 76-80
3000-167 Coimbra
Tel.: 239 851 904 · Fax: 239 851 901
www.almedina.net · editora@almedina.net
DESIGN DE CAPA
FBA.
PRÉ-IMPRESSÃO
João Jegundo
IMPRESSÃO E ACABAMENTO

Agosto, 2018
DEPÓSITO LEGAL

ALMEDINA | GRUPOALMEDINA

BIBLIOTECA NACIONAL DE PORTUGAL – CATALOGAÇÃO NA PUBLICAÇÃO

LEITÃO, Luís Meneses, 1963-

Garantias das obrigações. – 6ª ed. – (Manuais universitários)
ISBN 978-972-40-7627-0

CDU 347

À Faculdade de Direito de Lisboa, *Alma Mater* de sempre, que me conferiu todos os meus graus académicos

À memória dos meus Professores Manuel Duarte Gomes da Silva, José Dias Marques, Isabel Maria de Magalhães Collaço e António Luciano de Sousa Franco, em reconhecimento por tudo o que me ensinaram.

À memória do Professor António Marques dos Santos, exemplo para todos os seus colegas de dedicação ao ensino universitário.

"Pignus utriusque gratia datur, et debitoris, quo magis ei pecunia crederetur, et creditoris, quo magis ei in tuto sit creditur".

IUSTINIANUS, *Institutiones*, 3.14.4.

"Go with me to a notary, seal me there
Your single bond, and in a merry sport
If you repay me not on such a day
In such a place, such sum or sums as are
Expressed in the condition, let the forfeit
Be nominated for an equal pound
Of your fair flesh, to be cut off and taken
In what part of your body pleaseth me".

WILLIAM SHAKESPEARE, *The Merchant of Venice*, 1600, acto 1, cena 3.

"This bond doth gives thee here no jot of blood,
The words expressly are 'a pound of flesh'
Take then thy bond, take thou thy pound of flesh
But in the cutting it, if thou dost shed
One drop of christian blood, thy land and goods
Are by the laws of Venice confiscate".

ID, *ibid*, acto 4, cena 1,

"Meu filho, se ficaste por fiador do teu próximo,
se estendeste a mão a um estranho,
se te ligaste com as palavras dos teus lábios
e ficaste preso pela tua própria linguagem,
procede assim, meu filho, livra-te a ti mesmo,
pois caíste nas mãos do teu próximo;
vai, apressa-te a importunar o teu próximo.
Não concedas sono aos teus olhos,
nem repouso às tuas pálpebras.
Salva-te, como a gazela das mãos do caçador
e como o pássaro do laço do passarinheiro".

Provérbios, 6, 1-5

ABREVIATURAS

A.C.	– *The Law Reports. Appeal Cases before the House of Lords and the Judicial Committee of the Privy Council, also Peerage Cases*
Am. Ec. Rev.	– *American Economic Review*
BCNP	– *Boletim do Conselho Nacional do Plano*
B.F.L.R.	– *Banking & Finance Law Review*
BIDR	– *Bulletino dell'Istituto di Diritto Romano*
CCom	– *Código Comercial*
CDADC	– *Código do Direito de Autor e dos Direitos Conexos*
Ch.	– *The Law Reports. Chancery Division.*
CeI	– *Contratto e impresa*
CIMI	– *Código do Imposto Municipal sobre Imóveis*
CIMT	– *Código do Imposto Municipal sobre Transmissões Onerosas de Imóveis*
CIRE	– *Código da Insolvência e da Recuperação de Empresas*
CIS	– *Código do Imposto de Selo*
C.L.J.	– *Cambridge Law Journal*
CN	– *Código do Notariado*
Colum. L. Rev.	– *Columbia Law Review*
C.P.	– *The Law Reports. Common Pleas Division.*
CPC	– *Código de Processo Civil*
C.Q.B.	– *The Law Reports. Court of Queen's Bench.*
CRCSS	– *Código dos Regimes Contributivos do Sistema Previdencial de Segurança Social*
CRPred	– *Código do Registo Predial*
D.	– *Digesto.*
DF	– *Il Diritto Fallimentare e delle Società Commerciali*
ERPL	– *European Review of Private Law*
GC	– *Giustizia Civile*
GComm	– *Giurisprudenza Commerciale*
GI	– *Giurisprudenza Italiana*
I.C.L.Q.	– *International and Comparative Law Quarterly*
J. Fin.	– *Journal of Finance*

J.&H. – *Johnson & Hemming Report*
J. Leg. Studies – *The Journal of Legal Studies*
K.B. – *The Law Reports. King's Bench Division*
M.&W. – *Meeson & Welsby Report*
Modern L. Rev. – *Modern Law Review*
NLCC – *Le Nuove Leggi Civile Commentate*
NRHDFE – *Nouvelle Revue Historique de Droit Français et Étranger*
NZI – *Neue Zeitschrift für das Recht der Insolvenz und Sanierung*
ÖNotZ – *Österreichische Notariats-Zeitung*
Paul. Sent. – *Iulii Paulli Receptarum Sententiarum*
Q.B. – *The Law Reports. Queen's Bench Division.*
RassDCiv – *Rassegna di Diritto Civile*
RCDPriv. – *Rivista Critica del Diritto Privato*
RDE – *Revista de Direito e Economia*
RDPriv. – *Revista de Derecho Privado*
RDU/ULR – *Revue de Droit Uniforme/Uniform Law Review*
RED – *Revista Electrónica de Direito*, disponível em www.cije.up.pt/revistared
RFDUP – *Revista da Faculdade de Direito da Universidade do Porto*
RJCS – Regime Jurídico do Contrato de Seguro, aprovado pelo D.L. 72/2008, de 16 de Abril
RJM – *Revista Jurídica de Macau*
RN – *Rivista del Notariato. Rassegna di Diritto e Pratica Notarile.*
R.R. – *The Revised Reports being a republication of such cases in the English Courts of Common Law and Equity*
SeuffBl. – *Blätter für Rechtsanwendung*, gegrundet von Johann Adam Seuffert und Christian Carl Glück
TR – *Tijdschrift voor rechtsgeschiedenis / Revue d'Histoire du Droit*
Va. L. Rev. – *Virginia Law Review*
Vand. L. Rev. – *Vanderbilt Law Review*
WPNR – *Weekblaad voor privaatrecht, notariaat en registratie*
Yale L. J. – *Yale Law Journal*
ZBB – *Zeitschrift für Bankrecht und Bankwirtschaft*
ZBGR/RNRF – *Schweizerisches Zeitschrift für Beurkundungs- und Grundbuchrecht/Révue Suisse du Notariat et du Registre Foncier.*
ZGR – *Zeitschrift für Unternehmens- und Gesellschaftsrecht*

Capítulo I
Introdução

1. Apresentação

O tema das garantias das obrigações é tradicionalmente objecto de tratamento deficiente no plano de estudos da licenciatura em Direito. Efectivamente, no âmbito do Direito das Obrigações, além dos meios de conservação da garantia geral, tradicionalmente apenas são examinadas algumas garantias pessoais, ou mesmo apenas a fiança[1]. Por outro lado,

[1] Assim, Inocêncio Galvão Telles, *Direito das Obrigações*, 7ª ed., Coimbra, Coimbra Editora, 1997, não contempla a matéria da garantia das obrigações, fazendo apenas referência à garantia bancária autónoma na sua obra *Manual dos Contratos em Geral*, 4ª ed., Coimbra, Coimbra Editora, 2002, pp. 503 e ss. A obra de Rui de Alarcão, *Direito das Obrigações*, Coimbra, polic., 1983, não faz qualquer referência à matéria das garantias. Já Menezes Cordeiro, *Direito das Obrigações*, 2º, Lisboa, AAFDL, 1980, pp. 497 e ss., depois de referir, no âmbito de um capítulo sobre generalidades, a separação de patrimónios, os privilégios gerais, e a cessão de bens aos credores, vem remeter a pp. 507 as garantias reais para a disciplina de direitos reais, com a justificação de que se trata de verdadeiros direitos reais, referindo, no âmbito das garantias pessoais, apenas a fiança (pp. 509 e ss.). Apenas no seu *Tratado de Direito Civil, X- Direito das Obrigações. Garantias*, Coimbra, Almedina, 2014, a matéria das garantias vem a ser integralmente abordada. Ribeiro de Faria, *Direito das Obrigações*, I, Coimbra, Almedina, s.d. (mas 1987), não faz referência à matéria das garantias, limitando-se, seguindo a técnica da relação jurídica, a referir brevemente esse seu elemento, a pp. 136 e ss. Nós próprios, no nosso *Direito das Obrigações*, II – *Transmissão e extinção das obrigações. Não cumprimento e garantias do crédito*, 8ª ed., Coimbra, Almedina, 2011, pp. 305 e ss. e 337 e ss., além dos meios de conservação da garantia geral e das figuras da prestação de caução, separação de patrimónios e cessão de bens aos credores, limitamos a nossa análise às garantias pessoais, referindo nestas apenas a fiança, o mandato de crédito e a garantia autónoma. O tratamento completo da matéria das garantias é, no entanto, realizado, quer por Antunes Varela, *Das Obrigações em*

no âmbito da disciplina de Direitos Reais, a matéria dos direitos reais de garantia é objecto de um tratamento muito sumário, com a justificação de que o tema é objecto de tratamento em Direito das Obrigações[2]. Finalmente, a vastidão da disciplina de Direito Comercial leva a que o tema das garantias comerciais não seja objecto de tratamento adequado[3]. Assiste-se assim, relativamente a este tema, a um "conflito negativo de competência" entre as diversas disciplinas do curso de licenciatura.

Ora, a omissão do tratamento deste tema na licenciatura em Direito apresenta-se como altamente prejudicial para os licenciados das Faculdades de Direito Portuguesas, na medida em que a garantia das obrigações é seguramente um tema com que serão confrontados na prática jurídica. A situação é agravada pelo facto de não surgirem normalmente obras jurídicas dedicadas ao assunto[4].

geral, II, 7ª ed., Coimbra, Almedina, 1999, pp. 419 e ss. e 471 e ss., quer por ALMEIDA COSTA, *Direito das Obrigações*, 12ª ed., Coimbra, Almedina, 2009, pp. 843 e ss. e 881 e ss.

[2] Neste sentido, veja-se OLIVEIRA ASCENSÃO, *Direito Civil. Reais*, 5ª ed., Coimbra, Coimbra Editora, 1993, pp. 543 e ss., que por isso trata apenas das questões da posse e desapossamento como causa de constituição e extinção do penhor e da retenção, a tipicidade do direito de retenção e a prevalência dos privilégios creditórios. Já MENEZES CORDEIRO, *Direitos Reais*, Lisboa, Lex, reprint 1979, pp. 739 e ss., e *Tratado*, X, pp. 619 e ss., RUI PINTO DUARTE, *Curso de Direitos Reais*, 2ª ed., Lisboa, Principia, 2007, pp. 213 e ss., e ANTÓNIO SANTOS JUSTO, *Direitos Reais*, 3ª ed., Coimbra, Almedina, 2011, pp. 461 e ss., analisam particularmente cada um dos direitos reais de garantia. As lições de MANUEL HENRIQUE MESQUITA, *Direitos Reais*, Coimbra, polic., 1967, e a obra de JOSÉ ALBERTO VIEIRA, *Direitos Reais*, Coimbra, Coimbra Editora, 2008, não contemplam a matéria dos direitos reais de garantia.

[3] A obra de OLIVEIRA ASCENSÃO, *Direito Comercial*, I- *Parte Geral*, Lisboa, 1988, II- *Direito Industrial*, Lisboa, 1988, III – *Títulos de crédito*, Lisboa, 1992 e IV – *Sociedades Comerciais*, Lisboa, 1993 apenas faz uma breve referência ao aval (III, pp. 165 e ss.). Já MENEZES CORDEIRO, *Manual de Direito Comercial*, 3ª ed., Coimbra, Almedina, 2012, p. 787 limita-se a remeter a matéria das garantias bancárias para a disciplina de Direito Bancário. É efectivamente no seu *Manual de Direito Bancário*, 4ª ed., Coimbra, Almedina, 2010, que estas são examinadas, a pp. 715 e ss.

[4] Assim, em 1979, MENEZES CORDEIRO, *Direitos Reais*, p. 739, escrevia que "mercê das suas características próprias, que os colocam suspensos entre o direito das obrigações e os direitos reais, os direitos reais de garantia oferecem, em Portugal, um *panorama doutrinário deveras confrangedor. Não existe, praticamente, nenhum estudo actualizado publicado entre nós nesta matéria.* A sua actualidade e a sua importância económica merecem, contudo, uma primeira tentativa de abordagem". Efectivamente, durante imensos anos, a única obra portuguesa por onde se estudava a garantia das obrigações resumia-se às lições de PAULO CUNHA, *Da Garantia nas Obrigações*, lições recolhidas por Eudoro Pamplona Côrte-Real, I e II, Lisboa, polic., 1938-1939. A situação foi entretanto atenuada, quer pela inclusão da matéria nas já referidas obras de

Em ordem a colmatar essa lacuna, exercemos durante vários a regência de um curso de mestrado sobre as garantias das obrigações. É como fruto dessa experiência que surgiu esta obra, que na sua primeira edição correspondeu a um relatório sobre o programa, conteúdos e métodos de ensino da disciplina, que apresentámos em provas de agregação na Faculdade de Direito de Lisboa[5], tendo constituído, à semelhança do que foi o nosso relatório sobre *O Ensino do Direito das Obrigações*, uma "prestação de contas" sobre o nosso ensino universitário[6].

Essa perspectiva inicial da obra foi abandonada a partir da segunda edição, tendo sido expurgados os aspectos pedagógicos a que tínhamos feito referência, passando a constituir um estudo dogmático sobre o tema das garantias das obrigações[7]. A terceira e a quarta edição aprofundaram esse estudo, incorporando os novos desenvolvimentos doutrinários. Na quinta edição procurou-se actualizar as modificações legislativas entretanto surgidas, bem como dar conta da evolução doutrinária e jurisprudencial dos últimos quatro anos. Esta sexta edição, surgida dois anos depois, prossegue esse caminho.

Nesse âmbito tem que se reconhecer que o extraordinário desenvolvimento no âmbito das garantias das obrigações, com o constante surgimento na prática de novas figuras, implica principalmente um trabalho de enquadramento dessas figuras, que passe não apenas por reintroduzi-las no ordenamento e indicar os seus traços distintivos, mas também pela reavaliação sistemática da própria disciplina[8]. Pensa-se, por isso, que esta obra poderá contribuir em certa medida para esse objectivo.

ANTUNES VARELA e ALMEIDA COSTA, quer pelo surgimento das monografias, de cariz mais prático, de PEDRO ROMANO MARTINEZ/PEDRO FUZETA DA PONTE, *Garantias de cumprimento*, 4ª ed., Coimbra, Almedina, 2003, e SALVADOR DA COSTA, *O concurso de credores*, 3ª ed., Coimbra, Almedina, 2005. Posteriormente surgiu, porém, uma obra completa da autoria de LUÍS MIGUEL PESTANA DE VASCONCELOS, *Direito das Garantias*, 2ª ed., Coimbra, Almedina, 2013.

[5] Cfr. LUÍS MENEZES LEITÃO, *Garantias das Obrigações*, 1ª ed., Coimbra, Almedina, 2006.

[6] Cfr. LUÍS MENEZES LEITÃO, *O ensino do Direito das Obrigações. Relatório sobre o Programa, conteúdos e métodos de ensino da disciplina*, Coimbra, Almedina, 2001, p. 9.

[7] Cfr. LUÍS MENEZES LEITÃO, *Garantias das Obrigações*, 2ª ed., Coimbra, Almedina, 2008.

[8] Cfr. neste sentido, FULVIO MASTROPAOLO, *I contratti autonomi di garanzia*, Torino, Giappicheli, 1989, p. 19.

2. Enquadramento e sistematização

Apesar da referida omissão curricular, o tema da garantia das obrigações aparece de tal forma essencial no âmbito do Direito das Obrigações que tem sido mesmo considerado implícito no próprio conceito de obrigação, definido no art. 397º como um vínculo jurídico. Efectivamente, nas palavras de PAULO CUNHA, "mal se fala em *juridicidade*, mal se refere tratar-se dum vínculo jurídico, a noção de garantia surge necessariamente"[9]. Se hoje em dia as modernas concepções sobre o conceito e estrutura da obrigação abandonaram a ideia de incluir a garantia no conceito de obrigação, não se deixa, no entanto, de salientar a importância da garantia no âmbito desta disciplina, a justificar um tratamento mais detalhado do que aquele que é normalmente conferido no âmbito do curso de licenciatura.

O conceito de garantia não aparece definido em qualquer texto legislativo, o que tem sido explicado pelo facto de não constituir verdadeiramente um conceito técnico-jurídico, mas antes uma expressão da prática jurídica, que expressa o resultado ou o fim específico de assegurar a realização dos direitos do credor, indicando a lei apenas formas específicas de obtenção desse objectivo[10].

No âmbito da garantia das obrigações é tradicional efectuar-se uma distinção entre a garantia geral ou comum – a que é constituída pelo património do devedor – e as garantias especiais – que consistem num reforço objectivo dessa garantia[11]. Em relação a estas últimas, distingue-se ainda

[9] Cfr. PAULO CUNHA, *Da Garantia nas Obrigações*, lições recolhidas por Eudoro Pamplona Côrte-Real, I, Lisboa, polic., 1938-1939, p. 2.

[10] Cfr. HANSJÖRG WEBER, *Kreditsicherheiten. Recht der Sicherungsgeschäfte*, 7ª ed., München, Beck, 2002, pp. 7 e ss. Encontra-se uma depuração do conceito de garantia das obrigações em MASTROPAOLO, *I contratti*, pp. 19 e ss., mas a definição a que chega a pp. 69 parece-nos excessivamente restritiva. Mais longe ainda vai LELIO BARBIERA, *Garanzia del credito e autonomia privata*, Napoli, Jovene, 1971, pp. 19 e ss., que pretende excluir do conceito de garantia as garantias pessoais, por considerar que apenas aditam um crédito a outro, o que não constituiria, a seu ver, um reforço deste último.

[11] Autores houve que, no entanto, procuraram limitar o conceito de garantia às garantias especiais. Cfr. GUILHERME MOREIRA *Instituições de Direito Civil Português*, II – *Das Obrigações*, Coimbra, França Amado, 1916, pp. 315 e ss. (a pp. 155 e ss. qualifica os meios de conservação da garantia geral como efeitos indirectos das obrigações), e "Patrimónios autónomos nas obrigações" no *BFD* 7 (1921-1923), pp. 47-64 (a pp. 48 refere que a garantia constitui um elemento acessório da obrigação, enquanto que os bens do devedor não são um elemento acessório) e ANTÓNIO CARNEIRO PACHECO, *Dos privilégios creditórios*, 2ª ed., Rio de Janeiro, Ribeiro dos Santos, 1914, pp. 3 e ss. e 7 e ss., que considera a garantia uma nova relação

tradicionalmente entre garantias pessoais – as que implicam a vinculação de um terceiro ao cumprimento da dívida – e garantias reais – que implicam a afectação de uma coisa do devedor ou de terceiro à garantia do direito do credor, com preferência sobre outros credores.

A sistematização tradicional é integralmente correcta, expressando a primeira classificação a distinção prática sobre se a posição do credor corresponde à sua situação genérica ou se obteve algum reforço específico e a segunda classificação uma clara distinção nos termos da eficácia da garantia e também relativamente à sua forma específica de constituição. Em termos de eficácia, a garantia pessoal caracteriza-se por ter subjacente a vinculação de outrem ao cumprimento da obrigação, sendo assim estruturalmente relativa e resultando de um negócio obrigacional. Pelo contrário, na garantia real institui-se um direito real sobre uma coisa do devedor ou de terceiro, que, como todos os direitos reais, se caracteriza por ter cariz absoluto, sendo oponível *erga omnes*, e atribuindo prevalência ao seu titular na satisfação do seu crédito, resultando por isso a garantia real, quando não é atribuída por lei, de um negócio de disposição[12].

Apesar da correcção da bipartição tradicional, desde sempre houve figuras que a ela não se podiam reconduzir, como os privilégios gerais ou a separação de patrimónios, tendo a evolução da prática vindo ainda a admitir outros casos especiais de garantia, como a transmissão da propriedade com esse fim ou as garantias especiais sobre certos direitos. Efectivamente, a utilização da propriedade em garantia, que ocorre na reserva de propriedade ou na alienação fiduciária em garantia, não se pode considerar como uma garantia real, na medida em que não se limita a atribuir ao credor preferência sobre um bem do devedor ou de terceiro, mas antes

jurídica, que acresce à obrigação, dela excluindo o património do devedor. É essencialmente por influência de PAULO CUNHA, "O património do devedor é garantia comum dos credores. Os credores têm o poder virtual de execução sobre o património do devedor", em *Dir.* 66 (1935), pp. 98-104 e *Da Garantia*, I, p. 22, e II, pp. 2 e ss., que se aborda conjuntamente a garantia geral e as garantias especiais das obrigações.

[12] Esta distinção vai implicar, no direito alemão, que atribui natureza abstracta aos negócios de disposição, que apenas os negócios de constituição de garantias pessoais sejam causais, sendo assim abstractos os negócios de constituição de garantias reais. Cfr. WEBER, *op. cit.*, pp. 10 e ss. Em Portugal, o negócio de constituição de garantia, seja ela pessoal ou real, é normalmente causal, sendo a sua causa a prestação de garantia, por vezes encarada como uma mera imputação de risco. Cfr. CARLOS FERREIRA DE ALMEIDA, *Texto e enunciado na teoria do negócio jurídico*, I, Coimbra, Almedina, 1992, pp. 537 e ss. e 548 e ss.

o investe na plena propriedade do bem, cuja utilização ele deve limitar ao fim de garantia. Por outro lado, certas garantias especiais incidentes sobre direitos de crédito, como o penhor de créditos ou a cessão de créditos em garantia, embora por vezes qualificadas como garantias pessoais, não correspondem efectivamente a essa situação, já que não resultam de negócios obrigacionais, mas antes de negócios de oneração ou disposição sobre o crédito. Haverá, por isso, que proceder a uma sistematização mais detalhada.

Uma proposta de classificação interessante é que a foi elaborada por PIERRE CROCQ[13]. Este autor propõe-se adoptar dois critérios de classificação de garantias, sendo o primeiro o de incidirem sobre bens determinados ou sobre uma massa de bens, e o segundo o de possuirem carácter preferencial ou não. O autor apresenta assim uma classificação com quatro componentes:

1) Bens determinados + cariz preferencial = *Garantias preferenciais especiais*, que correspondem às garantias reais tradicionais
2) Universalidades de bens + cariz preferencial = *Garantias preferenciais gerais*, de que são exemplo os privilégios gerais
3) Universalidades de bens + ausência de cariz preferencial = *Garantias pessoais*
4) Bens determinados + ausência de cariz preferencial = *Propriedade como garantia.*

A classificação não deixa de ser sedutora, tendo o mérito de englobar quer as garantias especiais sobre universalidades, quer a utilização da propriedade como garantia. Tem, no entanto, o defeito de assentar numa concepção do direito de crédito como incidente sobre o património do devedor e não sobre a prestação, o que modernamente não se pode aceitar.

Propomos, por isso, antes a seguinte classificação:

A) Garantias pessoais.
B) Garantias reais.
C) Utilização da propriedade como garantia.
D) Garantias especiais sobre direitos.
E) Garantias especiais sobre universalidades.
F) Garantias especiais atípicas.

[13] Cfr. PIERRE CROCQ, *Proprieté et garantie*, Paris, LGDJ, 1995, pp. 270 e ss.

Esta classificação baseia-se nas seguintes considerações: O primeiro termo da classificação refere-se às garantias pessoais, que correspondem à constituição de uma nova obrigação em garantia de uma anterior.

No segundo termo, temos as garantias reais, que se caracterizam por afectarem determinados bens à garantia de uma obrigação, atribuindo preferência no pagamento aos credores que delas beneficiam.

O terceiro termo baseia-se na utilização da propriedade como garantia, que tanto pode passar pela sua conservação com esse fim (reserva de propriedade) como na sua alienação para outrem nesse objectivo (alienação fiduciária em garantia ou locação financeira).

O quarto termo diz respeito a garantias que já não incidem sobre bens, mas antes sobre outros direitos, designadamente créditos, podendo constituir-se um direito específico como garantia, à semelhança das garantias reais (penhor de direitos), ou proceder-se à sua alienação com esse fim (cessão de créditos em garantia).

O quinto termo respeita às garantias que incidem sobre as universalidades, aqui se abrangendo não apenas os casos em que se atribui preferências a certos credores (privilégios gerais ou separação de patrimónios), mas ainda os casos em que os credores são encarregados de gerir o património do devedor (cessão de bens aos credores) ou o credor obtém uma garantia sobre um estabelecimento comercial no seu conjunto (penhor de estabelecimento comercial).

Finalmente, no quinto termo, abrangem-se hipóteses atípicas de garantia, que não se reconduzem a nenhum dos anteriores termos da classificação.

3. Bibliografia geral

O tema das garantias das obrigações encontra-se já tratado em abundante bibliografia geral, que não deixamos de indicar, para além da bibliografia específica, que referiremos a propósito de cada tema.

Indicamos assim as seguintes obras:

A) Doutrina portuguesa

António Menezes Cordeiro, *Direito das Obrigações*, 2º, Lisboa, AAFDL, 1980

— *Direitos Reais*, Lisboa, Lex, reprint 1979

— *Manual de Direito Bancário*, 4ª ed., Coimbra, Almedina, 2010

— *Tratado de Direito Civil*, X- *Direito das Obrigações. Garantias*, Coimbra, Almedina, 2015

MÁRIO JÚLIO DE ALMEIDA COSTA, *Direito das Obrigações*, 12ª ed., Coimbra, Almedina, 2009

SALVADOR DA COSTA, *O concurso de credores*, 3ª ed., Coimbra, Almedina, 2005

PAULO CUNHA, *Da garantia das obrigações*, lições recolhidas por Eudoro Pamplona Côrte-Real, I e II, Lisboa, polic., 1938-1939

RUI PINTO DUARTE, *Direitos Reais*, 2ª ed., Lisboa, Principia, 2007, pp. 203 e ss.

MANUEL JANUÁRIO DA COSTA GOMES, *Estudos de Direito das Garantias*, I, Coimbra, Almedina, 2004

PEDRO ROMANO MARTINEZ / PEDRO FUZETA DA PONTE, *Garantias de cumprimento*, 5ª ed., Coimbra, Almedina, 2006.

ARMINDO SARAIVA MATIAS, *Garantias Bancárias Activas e Passivas*, Lisboa, Scripto, 1999

JORGE SINDE MONTEIRO (org.), *Garantias das obrigações. Publicação dos trabalhos do Mestrado*, Coimbra, Almedina, 2007

JOÃO DE MATOS ANTUNES VARELA, *Das Obrigações em Geral*, II, 7ª ed. (reimp.), Coimbra, Almedina, 1999

LUÍS MIGUEL PESTANA DE VASCONCELOS, *Direito das Garantias*, 2ª ed., Coimbra, Almedina, 2013

B) Doutrina francesa

LAURENT AYNÈS / PIERRE CROCQUE, *Les sûretés. La publicité fonciére*, Paris, Defrénois, 2003

MICHEL CABRILLAC/CHRISTIAN MOULY, *Droit des Sûretés*, 7ª ed. Paris, Litec, 2004

MICHEL DAGOT, *Les sûretés*, Paris, PUF, 1981

DOMINIQUE LEGEAIS, *Sûretés et garanties du crédit*, 3ª ed., Paris, LGDJ, 2002

GABRIEL MARTY / PIERRE RAYNAUD / PHILIPPE JESTAZ, *Les sûretés. La publicité fonciére*, 2ª ed., Paris, Sirey, 1987

HENRI MAZEAUD / LÉON MAZEAUD / JEAN MAZEAUD / FRANÇOIS CHABAS, *Leçons de Droit Civil*, tome III, volume 1- *Sûretés. Publicité fonciére*, 7ª ed., por Yves Picot, Paris, Montechrestien, 1999

JACQUES MESTRE / EMMANUEL PUTMAN / MARC BILLIAU, *Droit Commun des Sûretés Réelles*, em JACQUES GHESTIN (org.), *Traité de Droit Civil*, Paris, LGDJ, 1996

JACQUES MESTRE / EMMANUEL PUTMAN / MARC BILLIAU, *Droit Spéciel des Sûretés Réelles*, em JACQUES GHESTIN (org.), *Traité de Droit Civil*, Paris, LGDJ, 1996

STÉPHANE PIEDELIÉVRE, *Les sûretés*, 3ª ed., Paris, Colin, 2001

PHILIPPE THÉRY, *Sûretés et publicité fonciére*, 2ª ed., Paris, PUF, 1998
ALEX WEILL, *Les sûretés. La publicité fonciére*, Paris, Dalloz, 1979

C) Doutrina espanhola

ÁNGEL CARRASCO PERERA / ENCARNA CORDERO LOBATO / MANUEL JESÚS MARÍN LÓPEZ, *Tratado de los derechos de garantía*, Cizur Menor (Navarra), Aranzadi, 2002

D) Doutrina alemã

PETER BÜLOW, *Recht der Kreditsicherheiten. Sachen und Rechte, Personen. Ein Lehrbuch*, 6ª ed., Heidelberg, Müller, 2003
PETER W. HEERMANN, *Geld und Geldgeschäfte*, Tübingen, Mohr, 2003
BRUNO RIMMELSPACHER, *Kreditsicherungsrecht*, 2ª ed. München, Beck, 1987
HANSJÖRG WEBER, *Kreditsicherheiten. Recht der Sicherungsgeschäfte*, München, Beck, 7ª ed., 2002

E) Doutrina italiana

ALBINA CANDIAN, *Le garanzie mobiliari. Modelli i problemi nella prospettiva europea*, Milano, Giuffrè, 2001
VINCENZO CUFFARO (org), *Le garanzie rafforzate del credito*, Torino, UTET, 2000, pp. 367-393
GINO GORLA / PIETRO ZANELLI, *Pegno. Ipoteche*, no *Commentario del Codice Civile Scialoja-Branca*, Libro IV- *Tutela dei diritti art. 2784-2899*, 4ª ed., Bologna / Roma, Zanichelli / Il Foro Italiano, 1992
ANNA VENEZIANO, *Le garanzie mobiliari non possessorie. Profili di diritto comparato e di diritto del commercio internazionale*, Milano, Giuffrè, 2000
MIRELLA VIALE, *Le garanzie bancarie*, vol. 18 do *Tratatto di Diritto Commerciale e di Diritto Pubblico dell'Economia*, de FRANCESCO GALGANO (org.), Padova, Cedam, 1994

4. Sequência

No âmbito das matérias a expor, optou-se por num primeiro capítulo efectuar o estudo da evolução histórica e do direito comparado, no âmbito das garantias.

Após esse capítulo inicial, a obra segue a tradicional distinção entre a garantia geral e as garantias especiais das obrigações. No âmbito da garantia geral inclui-se não apenas a configuração da garantia geral (onde se poderá analisar a discussão sobre a relação entre a garantia geral e o direito de crédito), mas também os diversos meios de conservação da garantia (declaração de nulidade, acção sub-rogatória, impugnação pauliana e arresto).

No âmbito das garantias especiais, a sistematização tradicional entre garantias pessoais e garantias reais torna-se actualmente bastante insatisfatória na medida em que se encontram variadíssimas figuras que não correspondem a nenhum dos termos desta categoria. Conforme acima se referiu, optámos por autonomizar, ao lado das garantias pessoais e reais, três novos capítulos, "a utilização da propriedade como garantia", "as garantias especiais sobre direitos" e as "garantias especiais sobre universalidades". Reservamos, porém, um capítulo para a configuração geral da garantia especial, onde poderá ser inclusivamente abordado o valioso tratamento que esta matéria tem obtido no âmbito da análise económica do direito.

As garantias pessoais tendem a tornar-se, na actual sociedade económica, a forma mais comum de prestação de garantias especiais. Neste âmbito serão estudadas sucessivamente a fiança (incluindo algumas suas modalidades especiais como a fiança ao primeiro pedido e a fiança geral, que poderão funcionar como sub-temas) e ainda o mandato de crédito, o aval, a garantia autónoma, as cartas de conforto, o seguro de créditos (apesar de ser controvertida a sua qualificação como garantia) e o seguro-caução.

No âmbito das garantias reais serão estudadas, de acordo com a sua tipificação tradicional, a consignação de rendimentos, o penhor, a hipoteca, os privilégios especiais, e o direito de retenção. Inclui-se ainda o estudo da penhora, a nosso ver também um caso de garantia real quando incide sobre bens corpóreos, ainda que esta qualificação seja discutida.

Quanto à utilização da propriedade como garantia, trata-se de uma situação que tem cada vez mais aplicação, mas que se distingue de uma garantia real *proprio sensu*, na medida em que não é atribuído ao credor um direito real menor, que lhe permite executar um bem alheio para satisfação do seu crédito, com preferência sobre outros credores, mas antes o direito de propriedade sobre um bem próprio, que ele deve exercer em termos limitados à sua função de garantia, sendo que também não lhe é atribuída prevalência no concurso de credores, mas antes exclusão desse mesmo concurso[14]. Nesse âmbito, serão estudadas a cláusula de reserva

[14] Cfr. JACQUES MESTRE / EMMANUEL PUTMAN / MARC BILLIAU, *Droit Commun des Sûretés Réelles*, em JACQUES GHESTIN (org.), *Traité de Droit Civil*, Paris, LGDJ, 1996, pp. 14 e ss.

de propriedade, a alienação fiduciária em garantia e a locação financeira (incluindo a locação financeira restitutiva).

Já nas garantias especiais sobre direitos, não ocorre a afectação de uma coisa em termos reais, mas antes de um direito de outra natureza, que pode inclusivamente ser um crédito, sendo a situação distinta das garantias pessoais, uma vez que é o titular do direito que o oferece em garantia, não ocorrendo uma nova vinculação. Neste âmbito serão estudados o penhor de direitos (podendo quer o penhor de créditos, quer os casos especiais do penhor de títulos de crédito, do penhor de conta bancária, do penhor de participações sociais e do penhor de valores mobiliários funcionar como sub-temas) e a cessão de créditos em garantia.

Nas garantias especiais sobre universalidades, encontramos situações em que se reforça a posição do credor em relação ao seu poder de execução do património do devedor, mas não se está perante direitos reais de garantia, na medida em que não se incide sobre bens determinados. Neste âmbito, serão abordados a separação de patrimónios, os privilégios gerais, a cessão de bens aos credores, o penhor de estabelecimento, e também a garantia flutuante, face ao reconhecimento internacional que tem vindo a obter.

Finalmente, abordamos o que temos qualificado como garantias especiais atípicas, referentes a figuras que podem ser utilizadas como garantia, ainda que não tenham tipicamente essa função, nem se reconduzam a nenhum dos grupos acima referidos. Muitas situações poderiam ser aqui referidas, tendo-se optado por tratar, face à sua importância, da excepção de não cumprimento do contrato, compensação, promessa de garantia, cláusulas de garantia e segurança e consignação de receitas.

Num último capítulo, far-se-á uma avaliação geral do regime português das garantias.

Capítulo II
Evolução Histórica e Direito Comparado

1. A evolução histórica da garantia das obrigações

A responsabilidade patrimonial constitui o corolário de uma longa evolução do Direito Privado, já que primariamente, no Direito Romano, o devedor não respondia com o seu património, mas antes com a sua própria pessoa. Efectivamente, em caso de não cumprimento da obrigação, o credor poderia legitimamente apoderar-se do devedor e inclusivamente vendê-lo como escravo ou matá-lo. O devedor estava por isso sujeito fisicamente ao poder dos credores que poderiam aplicar-lhe sanções físicas em caso de não cumprimento. É esta a origem do termo "*obligatio*" que primitivamente significaria a fase de aprisionamento do devedor (*ob* + *ligatio* = acção de prender, de atar em volta), o que faz supor que num primeiro momento fosse essa a fase primordial[15].

Já no Direito Romano, porém, foram-se admitindo sucessivas atenuações da responsabilidade pessoal, o que originou que o aprisionamento do devedor perdesse a primazia, passando a ser colocada em primeiro lugar a fase em que o devedor se vincula a cumprir (*debere*)[16]. Como exemplo dessa evolução, pode já referir-se a Lei das XII Tábuas onde, apesar das gravíssimas sanções previstas, se colocava em primeiro plano a oportuni-

[15] Cfr. KARL LARENZ, *Lehrbuch des Schuldrechts*, I – *Allgemeiner Teil*, 14ª ed., München, Beck, 1987, § 2 IV, p. 23 e, entre nós, SEBASTIÃO CRUZ, *Da «Solutio». Terminologia, conceito e características, e análise de vários institutos afins*, I – *Épocas arcaica e clássica*, Coimbra, s.e., 1962, pp. 18 e ss., e notas (8) e (13).

[16] Cfr. LARENZ, *Schuldrecht*, I, § 2 IV, p. 23.

dade de cumprimento. Assim, a execução das obrigações realizava-se de acordo com as seguintes fases:

1) Confissão ou condenação judicial do devedor a cumprir;
2) Concessão de um prazo de trinta dias (*dies iusti*) durante os quais o devedor ainda poderia cumprir a obrigação, só se considerando existir incumprimento após o decurso desse prazo;
3) Prisão do devedor pelo credor (*manus iniectio directa*) ou pelo tribunal para entrega ao credor (*manus iniectio indirecta*) que poderia ser evitada com o cumprimento;
4) Período de sessenta dias, em que o devedor se mantinha aprisionado, devendo nesse período ser levado pelo credor a três feiras para que alguém o resgatasse, efectuando o pagamento; nesse período, o devedor poderia ainda oferecer-se ao credor como escravo (*se nexum dare*);
5) Fase final, em que o devedor poderia ser feito escravo pelo credor, ser vendido fora da cidade (*trans Tiberim*) ou morto por esquartejamento (*partes secanto*), sendo nesse caso as partes do corpo repartidas pelos vários credores que tivesse.

Posteriormente, em 326 a. C., surge a *Lex Poetelia Papiria de nexis*, que veio proibir o *se nexum dare*, e evitar a escravatura e morte do devedor, mantendo, porém, o cárcere privado por dívidas[17]. Mais tarde admitiu-se ainda que, quando o devedor ainda possuísse bens, fosse decretada a apreensão e venda desses bens (*missio in possessionem*) para pagamento ao credor, em lugar da prisão do devedor. Com a *Lex Julia* permitiu-se que fosse o próprio devedor a ceder os seus bens aos credores (*cessio bonorum*), evitando-se assim a intervenção do tribunal. Finalmente, a partir de 491, e por decisão de ZENÃO, a prisão por dívidas deixa de consistir em cárcere privado, passando a ser realizada em cadeia do Estado[18].

[17] Sobre as circunstâncias chocantes que conduziram à aprovação dessa lei, cfr. SEBASTIÃO CRUZ, *Da «Solutio»*, pp. 36 e ss., nota (58).

[18] Cfr. SEBASTIÃO CRUZ, *Da «Solutio»*, pp. 26 e ss. e *Direito Romano (Ius Romanum)*, I- *Introdução. Fontes*, 4ª ed., Coimbra, s.e., 1984, pp. 185 e ss., MENEZES CORDEIRO, *Tratado de Direito Civil Português*, I- *Introdução. Fontes do Direito. Interpretação da Lei. Aplicação das Leis no Tempo. Doutrina Geral*, 4ª ed., Coimbra, Almedina, 2012, pp. 896 e ss., A. SANTOS JUSTO, "A execução: pessoal e patrimonial (direito romano)", em *Dir* 125 (1993), pp. 277-300 e EDUARDO VERA-CRUZ PINTO, *O Direito das Obrigações em Roma*, I, Lisboa, AAFDL, 1997, pp. 134 e ss.

Para além da faculdade de executar o património do devedor, o Direito Romano reconhecia como garantia toda e qualquer situação jurídica destinada a reforçar a expectativa do credor em receber a prestação, podendo essa situação jurídica ser fornecida pelo credor ou por um terceiro e ter natureza obrigacional ou real. As garantias obrigacionais correspondiam principalmente à *sponsio*, *fidepromissio* e *fideiussio*[19]. Já em relação às garantias reais, a mais antiga foi a denominada *fiducia cum creditore*, através da qual se passava a propriedade em garantia. Esta figura evolui para o *pignus*, em que apenas a posse era transmitida ao credor (D.13.7.9.2.), o qual inicialmente se referia apenas a coisas móveis (D.50.16.238.2). A partir daqui passou-se a admitir a constituição da garantia com a posse permanecendo no devedor (*hypotheca*; cfr. D.13.7.9.2.) ou sobre coisas não susceptíveis de posse (*pignus nominis*)[20].

Após o intervalo medieval, a evolução da História do Direito manteve no essencial o regime romanístico relativo às garantias, embora restrito à forma como ele resultava dos monumentos justinianeus[21]. Tal levou a que as mais antigas garantias romanas viessem a ser obliteradas, reconhecendo-se principalmente no âmbito das garantias pessoais a *fideiussio*, e no âmbito das garantias reais o *pignus* e a *hypotheca*, sendo a *fiducia cum creditore* relegada para o esquecimento, de que só viria a recuperar durante o séc. XIX. A recepção do Direito Romano levou a que esse sistema romanístico de garantias se estendesse a todos os ordenamentos jurídicos europeus, com excepção da Inglaterra e País de Gales.

Este sistema nem sequer foi alterado com a Codificação, já que os diversos Códigos Civis apenas confirmaram os dados anteriores, pouco mais

[19] Cfr. Gai Inst. 3.115: "*Pro eo quoque qui promittit solent alii obligari; quorum alios sponsores, alios fidepromissores et fideiussores apellamus*" e Gai Inst. 3.117: "*Sponsores quidem et fidepromissores et fideiussores saepe solemus accipere, dum curamus ut diligentis nobis cautum sit...*". Trata-se de institutos que se sucederam no tempo, na mesma ordem por que vêm recordados por GAIUS, sendo que a *sponsio* tem origem no *ius civile* e os outros dois no *ius gentium*. Cfr. PAOLO FREZZA, *Le garanzie delle obbligazioni. Corso di Diritto Romano*, I – *Le garanzie personali*, Padova, Cedam, 1962, pp. 3 e ss., 7 e ss., e 81 e ss.

[20] Cfr. PAOLO FREZZA, *Le garanzie delle obbligazioni. Corso di Diritto Romano*, II – *Garanzie reali*, Padova, Cedam, 1962, pp. 3 e ss. e 11 e ss.

[21] Cfr. J. PH. LEVY, "Coup d'oeil historique d'ensemble sur les sûretés réelles", em *TR* 55 (1987), pp. 231-266 e WILLEM J. ZWALVE, "A labyrinth of creditors: a short introduction to the history of security interests in goods", em EVA-MARIA KIENINGER (org.), *Security Rights in Movable Property in European Private Law*, Cambridge, CUP, 2004, pp. 38-53.

alterando do que detalhes de regulamentação. A inovação mais importante trazida pelo Código Civil francês de 1804 foi a exigência da transmissão da posse para a constituição de qualquer garantia sobre móveis (art. 2076 CC fr.) e a consequente limitação da hipoteca às coisas imóveis (arts. 2118 e 2119 CC fr.). Essa solução foi logo seguida pelo primeiro Código Civil Holandês de 1838 (art. 1198), pelo primeiro Código Civil Italiano de 1865 (art. 1882º), pelo primeiro Código Civil Português de 1867 (art. 858º), e pelo Código Civil Espanhol de 1889 (art. 1863). Na Alemanha esta solução foi igualmente instituída pela *Reichskonkursordnung* de 1877 (§ 14), que negou preferência na falência a quaisquer garantias mobiliárias cuja posse não tivesse sido tranferida para o credor, o que aboliu qualquer hipoteca mobiliária, tendo posteriormente o BGB consignado o penhor, como garantia possessória, para os móveis e limitado a hipoteca aos imóveis (§§ 1204, 1205 e 1113 BGB)[22].

Este modelo tradicional das garantias entra, porém, em crise com a Revolução Industrial que, ao incrementar consideravelmente as necessidades de crédito na indústria e no comércio, se deparou simultaneamente com um sistema de garantias inapto para as satisfazer. Efectivamente, as garantias pessoais tradicionais e a hipoteca sobre bens fundiários apresentavam-se como insuficientes para responder à procura de crédito e o penhor tradicional, com a sua exigência de desapossamento, apresentava-se inadequado, na medida em que imobilizava os bens que eram necessários ao funcionamento da empresa, como as máquinas e outros equipamentos, bem como os produtos semi-acabados. Surgiram consequentemente nos diversos ordenamentos casos específicos de garantias não possessórias ou de hipotecas sobre bens móveis registáveis, no intuito de estimular o desenvolvimento de certas actividades económicas, como a indústria automóvel[23]. Essa evolução foi normalmente relegada para legislação especial, já que os Códigos Civis de segunda geração continuavam a seguir o modelo tradicional, como o Código Civil italiano de 1942 (arts. 2784, 2786 e 2810) e o Código Civil Português de 1966 (arts. 669º e 688º).

A segunda metade do séc. XX representou uma nova evolução no Direito das Garantias, dado que implicou uma ruptura com a tradicional

[22] Seguimos ZWALVE, em EVA-MARIA KIENINGER (org.), *Security Rights*, p. 46.

[23] EVA-MARIA KIENINGER, "Introduction", em ID (org.), *Security Rights in Movable Property in European Private Law*, Cambridge, University Press, 2004, pp. 6-37 (9 e ss.).

preponderância atribuída às garantias reais sobre as garantias pessoais, que se alterou com o decrescimento da importância dos bens, em comparação com os serviços, no funcionamento da economia. Efectivamente, a abertura das economias e a cada vez maior circulação da riqueza levou a que os bens se apresentassem como insuficientes para a tutela dos créditos concedidos nas múltiplas operações de financiamento, o que levou ao desenvolvimento de novas formas de garantia, essencialmente criadas no âmbito das garantias pessoais (fiança *omnibus*, garantia bancária autónoma, cartas de conforto, etc.). Mas mesmo as garantias incidentes sobre os bens têm vindo a extravasar do seu modelo tradicional, surgindo cada vez mais garantias atípicas, como a alienação fiduciária em garantia, a locação financeira, ou as garantias rotativas sobre o património das empresas[24].

A tendência actual é ainda para uma maior alteração dos quadros tradicionais em matéria do Direito das Garantias, já que, conforme se tem sucessivamente salientado, as actuais exigências financeiras das empresas implicam a adopção das seguintes soluções: *a)* a possibilidade de constituição de uma garantia sobre uma massa de bens; *b)* a possibilidade de constituição de uma garantia sobre bens futuros; *c)* a possibilidade de transmissão em propriedade de bens (corpóreos e incorpóreos) a título de garantia, especialmente na forma de transferência fiduciária; e *d)* a admissibilidade de constituição de garantias sem desapossamento do devedor[25]. Esta pressão sócio-económica vai assim implicar uma grande modificação no Direito das Garantias, que presentemente já se começa a vislumbrar.

2. O sistema de garantias no Direito francês

No âmbito do Direito Francês[26], encontra-se apenas regulada como garantia pessoal a fiança (*cautionnement*), nos arts. 2011 e ss., costumando a doutrina fazer igualmente referência à garantia autónoma[27].

[24] Cfr. FRANCESCA FIORENTINI, "Garanzie reali atipiche", em *RDCiv* 46 (2000), II, pp. 253-292.

[25] Cfr. BIANCA CASSANDRO SULPASSO, *Il "crédit de mobilisation"*, Milano, Giuffrè, 1993, pp. 23 e ss.

[26] Cfr., sobre o sistema de garantias no Direito Francês, ALBINA CANDIAN, *Le garanzie mobiliari. Modelli i problemi nella prospettiva europea*, Milano, Giuffrè, 2001, pp. 189 e ss., ALEX WEILL, *Les sûretés. La publicité foncière*, Paris, Dalloz, 1979, MICHEL DAGOT, *Les sûretés*, Paris, PUF, 1981, GABRIEL MARTY / PIERRE RAYNAUD / PHILIPPE JESTAZ, *Les sûretés. La publicité foncière*, 2ª ed., Paris, Sirey, 1987, HENRI MAZEAUD / LÉON MAZEAUD / JEAN MAZEAUD / FRANÇOIS CHABAS, *Leçons de Droit Civil*, tome III, volume 1 – *Sûretés. Publicité foncière*,

A regulação das garantias reais no *Code Civil* é também relativamente parca, sendo estas em termos sistemáticos incluídas na parte referente às formas de aquisição da propriedade, juntamente com os restantes contratos em especial. Assim, o título XVII é dedicado ao *nantissement*, definido no art. 2071 como o contrato pelo qual o devedor remete uma coisa ao seu credor para garantia da dívida, sendo qualificado como *gage* quando incide sobre uma coisa móvel e *antichrése*, quando incide sobre coisa imóvel (art. 2072), abrangendo o *gage* o capítulo I desse título (arts. 2073-2084) e a *antichrése* o respectivo capítulo II (art. 2085-2091)[28]. Já o título XVIII abrange os *priviléges et hypothéques*, dedicando-se aos *priviléges* o capítulo II (arts. 2095-2113) e às *hypothéques* o Capítulo III (arts. 2114-2145), sendo que o Capítulo IV abrange a forma de inscrição dos *priviléges et hypothéques* (arts. 2146-2156), o Capítulo V a eliminação e redução das inscrições (arts. 2157-2165), o Capítulo VI os efeitos dos *priviléges et hypothéques* contra os terceiros detentores (arts. 2166-2179), o Capítulo VII, a extinção dos *priviléges et hypothéques* (art. 2180) e o Capítulo VIII a expurgação dos *priviléges et hypothéques* (art. 2181-2192). O Capítulo IX encontra-se hoje revogado, tratando o Capítulo X da publicidade dos registos e da responsabilidade dos conservadores (arts. 2196-2203). Encontra-se ainda previsto em diversas disposições do Código (arts. 1749 e 2082), bem como em legislação especial, a figura do *droit de rétention*.

7ª ed., por Yves Picod, Paris, Montechrestien, 1999, PHILIPPE SIMMLER, "Das Recht der Mobiliarsicherheiten in Frankreich", em KARL F. KREUZER (org.), *Mobiliarsicherheiten. Vielfalt oder Einheit?*, Baden-Baden, Nomos, 1999, pp. 91-103, LAURENT AYNÈS / PIERRE CROCQUE, *Les sûretés. La publicité foncière*, Paris, Defrénois, 2003, STÉPHANE PIEDELIÉVRE, *Les sûretés*, 3ª ed., Paris, Colin, 2001, PHILIPPE THÉRY, *Sûretés et publicité foncière*, 2ª ed., Paris, PUF, 1998, JACQUES MESTRE / EMMANUEL PUTMAN / MARC BILLIAU, *Droit Commun des Sûretés Réelles*, em JACQUES GHESTIN (org.), *Traité de Droit Civil*, Paris, LGDJ, 1996, JACQUES MESTRE/EMMANUEL PUTMAN/MARC BILLIAU, *Droit Spéciel des Sûretés Réelles*, em JACQUES GHESTIN (org.), *Traité de Droit Civil*, Paris, LGDJ, 1996, PIERRE CROCQ, *Proprieté et garantie*, Paris, LGDJ, 1995, DOMINIQUE LEGEAIS, *Sûretés et garanties du crédit*, 3ª ed., Paris, LGDJ, 2002, MICHEL CABRILLAC/CHRISTIAN MOULY, *Droit des Sûretés*, 7ª ed., Paris, Litec, 2004.

[27] Cfr. MARTY / RAYNAUD / JESTAZ, *op. cit.*, pp. 430 e ss. e MAZEAUD / CHABAS, *Sûretés*, pp. 107 e ss., AYNÈS / CROCQ, *op. cit.*, pp. 127 e ss., THÉRY, *op. cit.*, pp. 149 e ss., PIEDELIÉVRE, *op. cit.*, pp. 97 e ss. e CABRILLAC/MOULY, *op. cit.*, pp. 331 e ss.

[28] É, no entanto, de referir que a pouca utilização prática da *antichrése* tem levado os juristas franceses a utilizar indistintamente as expressões *gage* e *nantissement* como relativas ao penhor. Cfr. DAGOT, *op. cit.*, pp. 104 e ss., CANDIAN, *op. cit.*, p. 193, MARTY / RAYNAUD / JESTAZ, *op. cit.*, p. 48 e CABRILLAC/MOULY, *op. cit.*, p. 432.

É, curiosamente no capítulo I do Título XVIII, sobre os *privilèges et hypothéques*, que nos aparecem as regras gerais sobre a responsabilidade patrimonial, referindo o art. 2092 o princípio geral da responsabilidade patrimonial segundo o qual "*quiconque s'est obligé personellement, est tenu de remplir son engagement sur tous ses biens mobiliers et immobiliers, présents et à venir*" e o o art. 2093 o princípio do concurso de credores, segundo o qual "*les biens du débiteur sont le gage commun de ses créanciers; et le prix s'en distribue entre eux par contribution, a moins qu'il n'y ait entre les créanciers des causes légitimes de préférence*". Naturalmente que estas regras são também aplicáveis ao penhor (*gage*) e à consignação de rendimentos (*antichrése*), as quais parecem, porém, esquecidas, já que o legislador francês apenas refere os privilégios e a hipoteca como causas legítimas de preferência (art. 2094).

Característica dos sistema francês é a proibição do pacto comissório, quer para o penhor (art. 2078, II), quer para a consignação de rendimentos (art. 2088) – ainda que contraditoriamente se admita a venda a retro (*vente à réméré*, arts. 1659 e ss.) – o que se apresenta como contrário à possibilidade de transmissão da propriedade em garantia. No entanto, a reforma do direito falimentar, ao atenuar a eficácia das garantias reais tradicionais, incentivou a utilização da transferência de propriedade com fins de garantia, existindo hoje uma forte pressão no sentido da sua utilização[29]. No âmbito dos valores mobiliários, desde sempre se admitiu no direito francês a sua transferência a título de garantia (CCom. Fr. art. 91 § 3)[30]. Para além disso, o direito francês admite a possibilidade de penhor de estabelecimento comercial (*nantissement du fonds de commerce*), em que o devedor constitui uma garantia sobre o seu estabelecimento, podendo continuar a explorá-lo. Esta garantia foi organizada pela Loi du 1er Mars 1898, substituída pela Loi 17 mars 1909[31]. Têm por outro lado surgido diversos casos de *nantissement* ou *gage sans dépossession* em sectores específicos da economia, como os *warrants* agrícolas (lei 30/4/1906), hoteleiros (lei 8/8/1913), petroleiros (lei 21/4/1932), e industriais (lei 24/6/1939 e lei 12/9/1940), o *nantis-*

[29] Cfr. J. Mestre / E. Putmann / M. Billiau, *Droit Commun*, p. 470 e Marty / Raynaud / Jestaz, *op. cit.*, pp. 334 e ss., Albina Candian, *op. cit.*, p. 229 e principalmente Claude Witz, *La fiducie en droit privé français*, Paris, Economica, 1981, pp. 137 e ss. e Pierre Crocq, *Propriété*, pp. 129 e ss.

[30] Cfr., sobre esta figura Jacques Guillot, *Le transfert en garantie*, Paris, Godde, 1929.

[31] Cfr. Marty / Raynaud / Jestaz, *op. cit.*, p. 293.

sement de l'outillage et du materiel professionnel (lei 18/1/1951), o *gage automobile* (lei 29/1/1934 e lei 30/9/1935) e o *nantissement de logiciels* (lei 10/5/1994)[32].

3. O sistema de garantias no Direito alemão

O sistema de garantias no Direito alemão não se afasta muito do modelo francês[33], existindo igualmente a fiança (*Bürgschaft*, §§ 765 e ss. BGB), o penhor de coisas móveis (*Pfandrecht an beweglichen Sachen*, §§ 1204 e ss. BGB) e sobre direitos (*Pfandrecht an Rechten*, §§ 1273 e ss. BGB) e a hipoteca (*Hypothek*, §§ 1113 e ss. BGB). Existem, porém, ao lado da hipoteca outros direitos reais de garantia que não têm paralelo nos direitos latinos, como a dívida fundiária (*Grundschuld*, §§ 1191 e ss. BGB) e a dívida de renda (*Rentenschuld*, §§ 1199 e ss.). O conjunto dessas três garantias sobre imóveis é habitualmente designado pela expressão *Grundpfandrecht*. A regulação do BGB tem sido, porém, considerada bastante parca, não admirando por isso que se tenha desenvolvido um sistema de garantias *praeter legem*, com base no direito consuetudinário[34] ou nas cláusulas contratuais gerais das entidades bancárias[35].

O penhor (*Faustpfand*) incide sobre coisas móveis, legitimando o credor a satisfazer o seu crédito sobre a própria coisa (§ 1204, I, BGB). Por razões de publicidade, a coisa deve ser entregue ao credor (§ 1205 I 1 BGB), não se admitindo o constituto possessório, mas admitindo-se, quer a *traditio brevi manu* (§ 1205 I 2 BGB), quer a transmissão apenas da posse mediata por notificação ao detentor (§ 1205 II). O penhor pode ainda ser constituído sobre direitos (§§ 1273 e ss.), caso em que se exige, também para fins de publicidade, a notificação ao devedor (§ 1280). Estas exigências de publicidade, normalmente inconciliáveis com os interesses do garante, têm,

[32] Cfr. ANNA VENEZIANO, *Le garanzie mobiliari non possessorie. Profili di diritto comparato e di diritto del commercio internazionale*, Milano, Giuffrè, 2000, pp. 18 e ss.

[33] Sobre o sistema alemão das garantias, cfr. ROLF SERICK, *Deutsche Mobiliarsicherheiten. Aufriß und Grundgedanken. Vorlesungen und Vorträge an japanischer Universitäten sowie für Pratiker in Tokio*, Heidelberg, Recht und Wirtschaft, 1988, trad. it. *Le garanzie mobiliarie nel diritto tedesco*, Milano, Giuffrè, 1990, trad. fr. *Les suretês réelles mobiliéres en droit allemand*, Paris, LGDJ, 1990, ALBINA CANDIAN, *op. cit.*, pp. 253 e ss., PETER W. HEERMANN, *Geld und Geldgeschäfte*, Tübingen, Mohr, 2003, §§ 30 e ss., pp. 514 e ss.

[34] Para uma análise da configuração fiduciária das garantias, cfr. WOLFGANG SIEBERT, *Die rechtsgeschäftliche Treuhandverhältnis. Eine dogmatischer und rechtsvergleichender Beitrag zum allgemeinen Treuhandproblem*, Marburg, Elwer, 1933, pp. 364 e ss.

[35] Cfr. sobre estas UWE BLAUROCK, *Aktuelle Probleme aus dem Kreditsicherungsrecht*. 3ª ed., Köln, Kommunikationsforum, 1990, pp. 1 e ss.

porém, levado a que o penhor seja cada vez menos praticado, preferindo as partes utililizar as figuras da alienação fiduciária ou da cessão de créditos em garantia, que apesar de não previstas no BGB têm uma considerável divulgação na prática[36]. O penhor pode resultar, porém, directamente da lei (*gesetzlich Pfandrecht*), sendo este atribuído ao locador, sobre as coisas penhoráveis trazidas pelo locatário (§§ 562 e ss. e 581 BGB), hospedeiro (§ 704), empreiteiro (§ 647), e consignatário (§ 233)[37].

A hipoteca incide sobre coisas imóveis, provocando a sua oneração para a satisfação de um crédito (§ 1113 BGB). A hipoteca no direito alemão pode consistir numa hipoteca de circulação (*Verkehrshypothek*) ou numa hipoteca de garantia (*Sicherungshypothek*). A hipoteca de circulação tanto pode constar de livro (*Buchhypothek*), como de cédula (*Briefhypothek*), caso em que é emitida uma cédula hipotecária, destinada a permitir a sua circulação. Aliás, para que esta hipoteca conste de livro terá que ocorrer um acordo entre credor e devedor a excluir a possibilidade de emissão de uma cédula e inscrição no livro de registos (§ 1116 II BGB). Já a hipoteca de garantia é necessariamente uma hipoteca de livro (§§ 1184 II e 1185 I BGB). Esta hipoteca caracteriza-se por uma extrema acessoriedade, já que é delimitada pelo crédito e não pode servir para prova do mesmo (§ 1184 I BGB). As hipotecas de livro só se podem transmitir nos termos gerais dos imóveis, mediante transmissão e registo (§ 873 BGB). Já as hipotecas de cédula são transmitidas por acordo escrito e entrega da cédula (§ 1117 BGB). Existem ainda formas especiais de hipoteca, como a hipoteca conjunta (*Gesamthypothek*), que incide sobre uma pluralidade de imóveis (§ 1132), a hipoteca de montante limitado (*Höchstbetraghypothek*), em que a execução não pode ultrapassar determinado limite, independentemente do montante e da evolução do crédito (§ 1190) e a *Eigentümerhypothek* em que a propriedade e a hipoteca são atribuídas à mesma pessoa (§§ 1163 e 1177), situação que a lei manda qualificar como dívida fundiária (*Grundschuld*), sujeitando-a ao seu regime[38]. À semelhança do que sucede com o

[36] Cfr. ANNA VENEZIANO, *op. cit.*, pp. 22 e ss.

[37] Cfr., sobre ele, WALTHER ENGELSCHALL, *Die gesetzlichen Pfandrechte und "Hand muß Hand wahre"*, Leipzig / Erlangen, A. Deischertsche / Werner Scholl, 1922, pp. 113 e ss. e HEINZ PIKART, Die Rechtsprechung des BGH zum Pfandrecht an beweglichen Sachen", em *WM* 1962, pp. 98-104 (101 e ss.).

[38] Cfr. ULRICH BÜDENBENDER, "Grundsätze des Hypothekenrechts", em *JuS* 1996, pp. 665-674 (666).

penhor, encontram-se casos de hipoteca resultantes da lei como a atribuída ao empreiteiro de construção de edifícios sobre o terreno em que se realizará a construção (§ 648)[39].

A dívida fundiária (*Grundschuld*)[40] consiste numa garantia oriunda de Mecklemburg e de outras cidades hanseáticas, que se distingue da hipoteca por não ser acessória em relação a qualquer crédito, nem sequer pressupor a existência deste (§ 1192 I *in fine*)[41]. A *Grundschuld* consiste assim numa mera oneração de um imóvel que permite ao titular dele retirar uma soma em dinheiro em proveito próprio (§ 1191). O seu regime é, no entanto, construído sobre o da hipoteca, uma vez que se lhe aplicam as respectivas disposições, salvo quando pressuponham a existência de um crédito (§ 1192). Diferentemente da hipoteca, no entanto, a *Grundschuld* pode ser constituída em benefício do próprio titular da coisa (*Eigentümergrundschuld*, § 1196), o que tem grande importância como forma de assegurar a prioridade em relação a futuros créditos[42].

Semelhante à dívida fundiária é a dívida de renda (*Rentenschuld*), a qual se distingue desta apenas por o pagamento ser feito periodicamente (§ 1199, I BGB), sendo obrigatório definir e inscrever no registo a importância total, que vem a ser garantida pela dívida da renda (§ 1199, II, BGB). Sendo a dívida de renda constituída em garantia (*Sicherungsrentenschuld*), como é comum, a prestação periódica vai extinguindo a obrigação respectiva, sendo normal que o proprietário da coisa seja igualmente o devedor da obrigação garantida[43]. Tem sido apontada a proximidade desta figura aos ónus reais[44], mas numa perspectiva funcional tenderíamos a aproximá-la antes da consignação de rendimentos.

[39] Cfr. sobre esta figura, GERD MOTZKE, *Die Bauhandwerkersicherungshypothek. Eine rechtsgeschichtliche, rechtsvergleichende, rechtsdogmatische und rechtstatsächliche Untersuchung*, Berlin, Schmidt, 1981, passim, FRANK PETERS, "Die Bauhandwerkersicherungshypothek bei Mängeln der Werkleistung, em *NJW* 1981, ppp. 2550-2553. Actualmente, o § 648 *a)* III BGB prevê que esta hipoteca possa ser substuída por outras garantias.

[40] Cfr. sobre ela SIEGFRIED RÄFLE, "Die neuere Rechsprechung des Bundesgerichtshofes zu Hypothek und Grundschuld", em *WM* 1983, pp. 806-816 (814 e ss.), CLEMENS CLEMENTE, *Die Sicherungsgrundschuld in der Bankpraxis*, Köln, Kommunikationsforum, 1985, WEBER, *op. cit.*, § 13, pp. 272 e ss. e, entre nós, MENEZES CORDEIRO, *Direitos Reais*, p. 757.

[41] Admite-se, porém, o eventual recurso ao enriquecimento sem causa (§ 812 BGB), caso a sua constituição seja realizada sem fundamento algum. Cfr. BÜDENBENDER, *JuS* 1996, p. 669.

[42] Cfr. RÄFLE, *WM* 1983, p. 814.

[43] Cfr. RÄFLE, *WM* 1983, p. 814.

[44] Cfr. MENEZES CORDEIRO, *Direitos Reais*, p. 757.

O Código alemão prevê ainda a reserva de propriedade simples (§ 449, anteriormente § 445 BGB), que tem sido usada como garantia[45]. A reserva de propriedade não é, porém, no direito alemão admissível em relação a imóveis, já que o posterior acordo de transmissão e registo (§ 873 BGB) não pode ser sujeito a condição nem a termo (§ 925, II, BGB). Por isso, o § 449 BGB apenas se refere às coisas móveis. Quanto a estas é de notar que o acordo obrigacional é incondicionado e apenas o acordo de transmissão é sujeito a condição suspensiva. A prática negocial alemã conhece ainda as figuras da reserva de propriedade alargada, em que a reserva é estendida a outros créditos do vendedor sobre o comprador (reserva de conta-corrente) ou entidades com este ligadas (reserva de grupo), e a reserva de propriedade prolongada, em que esta se mantém mediante a transformação ou posterior alienação do objecto da garantia, costumando ocorrer nesses casos uma cessão antecipada dos créditos resultantes da alienação posterior a favor do credor[46]. A reserva de grupo (*Konzernklausel*) veio, no entanto, a ser posteriormente vedada pela *Insolvenzordnung* de 1994, que aditou ao § 455 BGB um segundo parágrafo[47], que actualmente consta do novo § 449 III BGB.

Para além deste sistema codificado de garantias, existem ainda outras garantias reconhecidas pelo direito consuetudinário, como a transferência da propriedade em garantia, mediante a qual o devedor transfere ao seu credor a propriedade de um bem, sem proceder à sua entrega, ficando este por constituto possessório na posse do mesmo, e passando o devedor a desempenhar funções de custódia[48]. Trata-se de uma garantia que tem especial relevo em relação às coisas móveis, não sendo habitualmente realizada em relação a imóveis, em face dos custos que envolve a sua transmissão, surgindo nesse âmbito o *Grundpfandrecht* como alternativa[49]. Em certa

[45] Cfr. Rolf Serick, *Deutsche Mobiliarsicherheiten*, pp. 19 e ss.

[46] Cfr. Rolf Serick, *Deutsche Mobiliarsicherheiten*, pp. 31 e ss. e 47 e ss.

[47] Cfr. sobre esta alteração, Wolfgang Marotzke, "Die dinglichen Sicherheiten im neuen Insolvenzrecht", em *ZZP* 109 (1996), pp. 429-471 (432 e ss.) e Anna Veneziano, *op. cit.*, pp. 86-87.

[48] Cfr. Albina Candian, *op. cit.*, p. 256 e Rolf Serick, *Deutsche Mobiliarsicherheiten*, pp. 3 e ss. e 67 e ss. Na jurisprudência alemã, cfr. BGH 28/9/1971, em *NJW* 1971, pp. 2235-2237, onde se considerou que um carro alienado em garantia atribui uma garantia específica ao credor, pelo que não pode ser objecto de apreensão pelo Estado, no caso de o devedor o utilizar para transportar droga.

[49] Cfr. Rolf Serick, *Deutsche Mobiliarsicherheiten*, pp. 4-5.

medida, a transferência da propriedade em garantia vem distinguir-se da reserva de propriedade já que enquanto esta tutela os vendedores e respeita a créditos relativos ao fornecimentos de mercadorias, aquela tutela os bancos e respeita antes a créditos relativos ao fornecimento de capital[50].

4. O sistema de garantias no Direito italiano

O sistema italiano de garantias baseia-se essencialmente no sistema francês[51], admitindo a hipoteca sobre bens imóveis e móveis sujeitos a registo[52], e o penhor sobre bens não registáveis, o qual normalmente envolve o desapossamento do autor do penhor (art. 2786)[53], salvo em casos especiais como o penhor sobre certas mercadorias em curso de produção[54]. No caso de penhor sobre participações sociais e valores mobiliários, legislação especial estabelece um sistema de registo, evitando assim a necessidade de entrega ao credor. Para além disso, o Código Civil prevê ainda o penhor de créditos nos arts. 2800 e ss. Tem havido ainda tentativas de modernizar

[50] ROLF SERICK, *Deutsche Mobiliarsicherheiten*, p. 129.

[51] Cfr. MAURO BUSSANI, "Il modello italiano delle garanzie reali", em *CeI* 1997, pp. 163-192, e em versão francesa, sob o título "Le droit civil des sûretés réelles. Le modèle Italien des sûretés" na *ERPL* 6 (1998), pp. 23-50, GUIDO FERRARINI, "Changes to Personal Property Security Law in Italy: a Comparative and Functional Approach", em ROSS CRANSTON (org.), *Making Commercial Law. Essays in Honour of Roy Goode*, Oxford, Clarendon Press, 1997, pp. 477-498, e ALBINA CANDIAN, *op. cit.*, pp. 291 e ss.

[52] Os bens móveis sujeitos a registo são os automóveis, navios e aeronaves, os quais são em consequência excluídos da regra posse vale título (art. 1153) pelo art. 1156. Cfr. DOMENICO RUBINO, *L'Ipoteca Inmobiliare e Mobiliare*, vol. XIX, do *Trattato di Diritto Civile e Commerciale*, di ANTONIO CICU / FRANCESCO MESSINEO (org.), Milano, Giuffrè, 1956, pp. 193 ss.

[53] Cfr. GAETANO PIEPOLI, *Garanzie sulle merci e spossessamento*, Napoli, Jovene, 1980, pp. 10 e ss, FRANCESCO REALMONTE, "Il Pegno", em PIETRO RESCIGNO (org.), *Trattato di Diritto Privato*, 19- *Tutela dei diritti*, Torino, Utet, 1985, pp. 629-672 (652). Os tribunais têm interpretado a exigência de desapossamento de uma forma estrita em ordem à protecção dos credores comuns. Cfr. Cass. 16/5/1956, n. 1655 em *GC* 6 (1956) I, pp. 1524-1525 e, entre os tribunais inferiores, Tribunale di Roma 18/7/1991, em *FI* 1992 I, pp. 950-954.

[54] Cfr. Legge 24/6/1985 n. 481 referente ao penhor sobre salpicão de origem controlada, em que apenas se exige que os bens sejam objecto de marca especial e registados num livro pelo autor do penhor. Cfr. LELIO BARBIERA, "Le garanzie atipiche e innominate nel sistema del Codice del 1942", em *BBTC* 55 (1992), pp. 727-748 (736), ALBINA CANDIAN, *op. cit.*, pp. 311 e ss., ENRICO GABRIELLI, *Il Pegno 'Anomalo'*, Padova, Cedam, 1990, pp. 17 e ss., e GIORGIO CONSTANTINO/ANTONIO JANNARELLI, "Commento alla legge 24 luglio 1985, n. 401. Norme sulla costituzione di pegno sui prosciuttti a denominazione d'origine tutelata", em *NLCC* 9 (1986), pp. 540-563.

o penhor, estabelecendo um penhor sobre uma massa de créditos futuros (penhor *omnibus*, muito praticado na banca)[55] e mesmo um penhor rotativo que admitisse a contínua substituição do objecto empenhado[56]. Tem havido, no entanto, dificuldades consideráveis a que essas tentativas sejam reconhecidas pela jurisprudência italiana que permanece arreigada aos quadros tradicionais[57].

Em certos casos, o credor pode beneficiar de um privilégio, que consiste numa prioridade atribuída por lei, tendo em especial consideração o direito do credor, a qual pode ser legalmente sujeita ao acordo das partes e ainda a determinas formas de publicidade (art. 2745)[58]. No âmbito mobiliário são objecto de privilégio geral: os créditos por despesas de justiça (art. 2755); os créditos dos trabalhadores por salários, indemnizações por despedimento, e não pagamento das contribuições para a previdência (art. 2751 bis, 1)); os créditos dos profissionais liberais, dos prestadores de obra intelectual e dos agentes (art. 2751 bis 2) e 3)); os créditos dos cultivadores directos (art. 2751 bis 4)); os créditos dos artesãos e e das cooperativas de produção e trabalho (art. 2751 bis 5)); os créditos aos Estado por impostos

[55] Sobre a extensão do penhor aos créditos futuros, veja-se MICHELE TAMPONI, "Sulla clausola estensiva della garanzia pignoratizia ai crediti presenti ed ai crediti futuri", em *RDCiv.* 20 (1974), II, pp. 212-231 e GIOVANNI E. COLOMBO, "Pegno bancario: Le clausole di estensione, la prova della data", em *BBTC* 45 (1982), pp. 193-214 (194 e ss.), GABRIELLI, *Il pegno «anomalo»*, pp. 5 e ss., LELIO BARBIERA, *BBTC* 55 (1992), pp. 729 e ss. e FRANCESCO A. MAGNI, "Il pegno *omnibus* e il pegno flutuante o rotativo", em VINCENZO CUFFARO (org), *Le garanzie rafforzate del credito*, Torino, UTET, 2000, pp. 367-393 (368 e ss.).

[56] Cfr. DAVID MESSINETTI, "Le strutture formali della garanzia mobiliare", em *RCDPriv.* 9 (1991), pp. 783-827 (811 e ss.), ENRICO GABRIELLI, "Le Garanzie Rotative", em FRANCESCO GALGANO (org.), *I Contratti del Commercio, dell'Industria e del Mercato Finanziario*, I, Torino, Utet, 1995, pp. 853-913, GINO GORLA / PIETRO ZANELLI, *Pegno. Ipoteche*, no *Commentario del Codice Civile Scialoja-Branca*, Libro IV – *Tutela dei diritti art. 2784-2899*, 4ª ed., Bologna / Roma, Zanichelli / Il Foro Italiano, 1992, pp. 4 e ss., FRANCESCO A. MAGNI, em VINCENZO CUFFARO (org), *Le garanzie*, pp. 383 e ss., CARLOS SALINAS, "Il pegno «omnibus»", em *BBTC* 60 (1997), I, pp. 603-622, MARINO PERASSI, "In tema di «pegno omnibus»", em *GI* 1988, I 2, p. 487-494.

[57] Cfr. especialmente App. Torino 11/12/1987, em *GI* 1988 I 2, pp. 488-498, onde se sustenta que falta a determinabilidade do objecto do penhor, necessária à sua constituição. Outras referências podem encontrar-se em ENRICO GABRIELLI, "Pegno" em *RDCiv* 39 (1993), II, pp. 687-700, ID, "Pegno", em *Digesto. Disc. Priv. Sez Civ.*, 4ª ed. XIII, 1995, pp. 329-349 (339 e ss.), e FERRARINI, *op. cit.*, p. 484.

[58] Cfr. GIUSEPPE TUCCI, "I Privilegi", em PIETRO RESCIGNO (org.), *Trattato di Diritto Privato*, 19- *Tutela dei diritti*, Torino, Utet, 1985, pp. 449-628 (451 e ss.)

(art. 2752); e créditos por prestações para instituições de previdência (art. 2753 e 2754). Gozam ainda de privilégio especial os créditos por despesas com a apreensão de móveis (art. 2755), os créditos por despesas de conservação e melhoramento (art. 2756), os créditos por lavoura agrícola (art. 2757), os créditos por impostos indirectos (art. 2758) e por impostos directos (art. 2759), os créditos do albergueiro (art. 2760), do transportador, mandatário e depositário (art. 2761), do vendedor de máquinas (art. 2762), por cânone enfiteutico (art. 2763), por locação de imóveis (art. 2764), por contrato de *almezzadria e colonia* (2765), pelo seguro de responsabilidade civil (art. 2767), e por créditos resultantes de crime (art. 2768). Relativamente aos imóveis são privilegiados os créditos resultantes de despesas com a sua apreensão (art. 2770), os créditos de impostos sobre o rendimento (art. 2771) ou indirectos (art. 2772), os créditos por concessão de água (art. 2774), os créditos por obras de conservação e melhoramento (art. 2775) e os créditos pela não execução do contrato-promessa (art. 2775-bis). Existem ainda diversos casos de privilégios constantes de legislação especial.

Um caso especial de privilégio resultante de acordo das partes é atribuído no caso de financiamento bancário às empresas, sendo regulado pelo 46 do Testo Unico delle legge in materia bancaria e creditizia[59].

A lei italiana é bastante limitativa no que concerne ao uso da propriedade com função de garantia. Assim, se a reserva de propriedade é genericamente admitida, ela não pode ser oposta aos compradores dos mesmos bens, já que estes podem invocar a regra da posse vale título (art. 1153). Apenas no caso de venda de máquinas o vendedor pode registar a reserva num registo especial, permitindo que esta seja oposta a terceiros de boa fé (art. 1524)[60]. Já a alienação fiduciária em garantia não é tradicionalmente admitida, na medida em que pode atentar contra a proibição do pacto comissório (art. 2744)[61].

[59] Cfr. Renzo Costi, *L'ordinamento bancario*, 2 ed., Bologna, Mulino, 1994, pp. 359 e ss., Sido Bonfatti, "La disciplina dei crediti speciali nel «testo unico delle leggi in materia bancaria e creditizia»", em *Giur. Comm.* 21 (1994), pp. 1010-1054 (1047 e ss.), e Gaetano Presti, "Il Privilegio per i Finanziamenti Bancari a Medio e Lungo Termine in Favore delle Imprese" em *BBTC* 58 (1995), I, pp. 593-632, e Ferrarini, *op. cit.*, pp. 485 e ss.,

[60] Cfr. Domenico Rubino, *La Compravendita*, vol. XXIII, do *Trattato di Diritto Civile e Commerciale*, di Antonio Cicu / Francesco Messineo (org.), 2ª ed., Milano, Giuffrè, 1971, p. 439 e Ferrarini, *op. cit.*, p. 485.

[61] Cfr. Enzo Roppo, "La responsabilità patrimoniale del debitore", em Pietro Rescigno (org.), *Trattato di Diritto Privato*, 19 – *Tutela dei diritti*, Torino, Utet, 1985, pp. 363-448 (433 e ss.),

O ordenamento jurídico italiano reconhece ainda casos de garantias atípicas, entre as quais o penhor e a fiança *omnibus*, o depósito com função de garantia, a garantia autónoma, e as cartas de conforto[62].

5. O sistema de garantias no Direito inglês

O sistema de garantias no Direito Inglês apresenta-se bastante diferente dos direitos continentais[63]. No que respeita a *chattels*, a garantia pode apresentar-se sobre quatro formas diferentes, sendo de salientar uma importante divisão entre garantias que pressupõem a posse da coisa, como o *lien* ou o *pledge*, e garantias que não pressupõem essa posse, como a *mortgage* e o *charge*, podendo este último ter uma forma fixa (*fixed charge*) ou flutuante (*floating charge*). O direito inglês não conhece o conceito de garantia excessiva, nem lhe atribui consequências penais, acreditando na liberdade contratual[64].

No âmbito das garantias possessórias, quer o *lien*, quer o *pledge*, pressupõem a posse de uma coisa, distinguindo-se por o *lien* ser atribuído por lei em casos específicos, enquanto que o *pledge* é voluntariamente constituído. Para que estas garantias se constituam deve o credor obter a posse da coisa

Barbiera, *BBTC* 55 (1992), pp. 746 e ss., Franco Anelli, *L'alienazione in funzione di garanzia*, Milano, Giuffrè, 1996, pp. 11 e ss., Albina Candian, *op. cit.*, pp. 360 e ss. e Francesca Fiorentini, *RDCiv* 46 (2000), II, pp. 260 e ss.

[62] Cfr. Lelio Barbiera, *BBTC* 55 (1992), I, pp. 727 e ss.

[63] Cfr. E. L. G. Tyler / N. A. Palmer, *Crossley Vaines' Personal Property*, London, *Butterworths*, 1973, pp. 447 e ss., Michael H. Carl, "Wirksamkeitsvoraussetzungen für Forderungsabtretungen, insbesondere zu Sicherungszwecken, in England", em Walther Hadding/Uwe H. Schneider (org.), *Die Forderungsabtretung, insbesondere zur Kreditsicherung, in der Bundesrepublik Deutschland und in ausländischen Rechtsordnungen (Beiträge zu den Wirksamkeitvoaruassetzungen einer Forderungsabtretung in Belgien, der Bundesrepublik Deutschland, Dänemark, England, Frankreich, Italien, Japan, den Niederlanden, Österreich, der Schweiz, Spanien, und den Vereinigten Staaten von Amerika)*, Berlin, Duncker & Humblot, 1986, pp. 119-131 (127 e ss.) e Michael G. Bridge, *Personal Property Law*, 3ª ed., Oxford, University Press, 2002, pp. 169 e ss., ID, "The English Law of Real Security", em *ERPL* 10 (2002), pp. 483-505, ID, "The English Law of Security: creditor-friendly but unreformed", em Eva-Maria Kieninger (org.), *Security Rights in Movable Property in European Private Law*, Cambridge, CUP, 2004, pp. 81-97, Roy M. Goode, "The Secured Creditor and Insolvency under English Law", em *RabelsZ* 44 (1980) pp. 674-712, ID, "Security interests in movables under English law", em Karl F. Kreuzer (org.), *Mobiliarsicherheiten. Vielfalt oder Einheit?*, Baden-Baden, Nomos, 1999, pp. 43-74, ID, *Legal problems of credit and security*, 3ª ed., London, Sweet & Maxwell, 2003.

[64] Cfr. Michael Bridge, *ERPL* 10 (2002), p. 492.

com base na *common law*, embora haja casos em que a *equity* permite igualmente atribuir o *lien*, independentemente dessa situação (*equitable lien*).

Relativamente às garantias não possessórias, a *mortgage* caracteriza-se por pressupor a transferência de um direito sobre a coisa, seja esta *legal* ou *equitable*. O *charge*, reconhecido apenas na *equity*, consiste numa específica oneração da coisa, que tanto pode possuir, como se referiu, uma forma fixa como flutuante.

O *lien* pode ser definido como o direito, conferido por lei, de reter uma coisa pertencente a outrem (normalmente um *chattel*, mas também *documentary intangibles* e *papers*). O titular do *lien* é habitualmente denominado por *lienee* e a outra parte, a quem é retirada a sua posse, por *lienor*. Sendo atribuído por lei, a partir de casos historicamente estabelecidos, o *lien* é insusceptível de se constituir consensualmente.

Entre os casos em que é conferido um *lien*, encontra-se por exemplo a possibilidade de as autoridades aeroportuárias apreenderem um avião por falta de pagamento das taxas de aeroporto ou do combustível fornecido (*Section* 88 of the *Civil Aviation Act* 1982), a possibilidade de o mecânico reter o automóvel que reparou até o pagamento do preço da reparação, ou a possibilidade de o albergueiro reter a bagagem em caso de não pagamento do preço da hospedagem.

Em princípio o *lien* apenas deve poder ser exercido nos casos em que o bem seja objecto de específicos melhoramentos e não apenas de serviço de manutenção[65]. O *lien* não pressupõe a existência de uma posse integral sobre a coisa, mas antes a mera possibilidade de o *lienee* impedir o *lienor* de exercer integralmente as faculdades correspondentes a essa posse (v.g., impedindo a descolagem do avião[66] ou a saída da bagagem do hotel[67]).

O *lien* pode ser geral ou especial. É geral o *lien* em que falta qualquer conexão entre o crédito e a coisa retida, como sucede com o *lien* confe-

[65] Cfr. *Hatton v. Car Maintenance Company, Ltd* [1915], 1 *Ch* 621. Tratava-se de um caso em que se tinha acordado com uma empresa a guarda numa garagem e a manutenção do veículo mediante o pagamento de uma importância anual, tendo o tribunal considerado que tal não basta para a atribuição de um *lien*.

[66] Cfr. *Bristol Airport Plc v. Powdrill* [1990] *Ch* 744, onde perante a insolvência de uma companhia charter que tinha um avião estacionado no aeroporto de Bristol, se reconheceu à respectiva empresa exploradora a possibilidade de reter o avião até ao pagamento do seu crédito.

[67] Cfr. MICHAEL BRIDGE, *Personal property*, p. 171. Este direito não se estende a veículos. Cfr. *Hotel proprietors Act* 1956, Section 2 (2).

rido a advogados, contabilistas, corretores e banqueiros sobre quaisquer documentos dos seus clientes que tenham na sua posse, pelas somas devidas em consequência do fornecimento dos seus serviços. Já o *lien* especial exige uma conexão estreita entre o crédito e a coisa retida. Assim, por exemplo, o *lien* do mecânico só pode ser exercido relativamente aos créditos em falta pela reparação realizada imediatamente antes da entrega, não se estendendo a reparações anteriores, mesmo que o dono do veículo as não tivesse liquidado[68].

O *lien* é insusceptível de transmissão[69], o que o torna mais fraco do que o *pledge*, até porque normalmente não confere a faculdade de venda da coisa em caso de não cumprimento[70]. Não há assim possibilidade de fazer valer o *lien* numa acção executiva, limitando-se este a conferir o seu titular um direito pessoal e passivo de reter certas coisas, até que certas quantias devidas sejam pagas[71]. O *lien* extingue-se com a restituição da coisa ao *lienor*[72], a não ser que as partes convencionem a sua subsistência, após uma temporária cessão da sua posse pelo *lienee*[73].

O *lien* é normalmente conferido por lei, mas existem *liens* conferidos com base na *equity* (o *equitable lien*) em circunstâncias específicas. O caso mais comum é a venda de imóveis, em que mesmo que o adquirente já tenha tomado posse da coisa é conferido ao vendedor um *lien* sobre a mesma, em ordem à obtenção do respectivo preço.

Já o *pledge* é uma garantia muito antiga, semelhante ao nosso penhor de coisas, que se constitui pela transferência da posse sobre um objecto por parte do autor da garantia (*pledgor*) para o credor (*pledgee creditor*). Uma

[68] Cfr. *Hatton v. Car Maintenance Company, Ltd.*, [1915], I Ch 621, onde consequentemente se recusou a existência de *lien*, já que, tendo o proprietário retirado múltiplas vezes o veículo da garagem, o dono desta perdia a possibilidade de o reter, quando lá era novamente colocado. Cfr. ainda MICHAEL BRIDGE, *Personal property*, p. 172.

[69] Cfr. *Legg v. Evans and Wheelton* (1840) 6 *M.&W.* 36, 55 *R.R.* 490.

[70] Cfr. The Thames Iron Works Company v. The Patent Derrick Co (1860) 1 *J.&H.* 93, 128 *R.R.* 286. Consequentemente, a venda da coisa pelo *lienee* constitui um *tort of conversion*, determinando a extinção do *lien*. Cfr. *Mulliner v. Florence* (1878) 3 *QBD* 484.

[71] Cfr. TYLER/PALMER, *op. cit.*, p. 459.

[72] Cfr. *Halton v. Car Maintenance* [1915], 1 Ch 621.

[73] Cfr. Abermale Supply Company, Ltd., v Hind and Company [1928] 1 *K.B.* 307. Trata-se de um caso em que uma empresa reparava taxis, adquirindo consequentemente um *lien* sobre os mesmos para o pagamento dessa reparação, tendo acordado que os taxis poderiam ser retirados da sua garagem desde que fossem devolvidos todas as noites.

vez que o *pledgee creditor* tem que reter a posse da coisa até à satisfação do crédito, não é uma garantia idónea a abranger bens de produção (como matérias primas, ou máquinas necessárias à actividade do devedor)[74]. A tendência é por isso a de o *pledge* ser reservado para títulos documentados ou instrumentos negociáveis[75].

Ao contrário do que sucede com o *lien*, o *pledgee creditor* é considerado como titular de um direito de garantia especial[76], que pode transmitir a terceiros[77], tendo a faculdade de alienar o bem em caso de incumprimento por parte do *pledgor*[78]. O *pledge* distingue-se, no entanto, da *mortgage*, já que não confere qualquer propriedade sobre os bens, e consequentemente o *pledgee creditor* não pode exercer qualquer faculdade de sequela em caso de transmissão desses bens para terceiro[79].

O *pledge* não está sujeito à forma escrita, mas é essencial para a sua constituição a entrega das coisas que constituem objecto da garantia. A entrega pode, no entanto, ser simbólica, como sucede com a entrega da chave ou de um *bill of lading*[80]. No entanto, o *pledge* de documentos diferentes do *bill of lading* não constitui um *pledge* dos bens que representam, mas apenas dos documentos enquanto *ipsa corpore*, já que a transmissão dos documentos não transmite a posse das coisas depositadas até que o depositário seja notificado da transmissão e concorde em actuar para o credor pignoratício[81]. Face à necessidade da entrega apenas os bens que a admitem podem ser objecto de *pledge*[82].

Conforme se referiu, o *pledge* não transmite a propriedade, mas atribui ao seu titular um direito de garantia especial que lhe confere: (a) a posse da coisa e a legitimidade para intentar acções de indemnização (*trespass*), manutenção (*detinue*) e restituição (*conversion*) em caso de interferência na

[74] Cfr. MICHAEL BRIDGE, *Personal property*, p. 175.

[75] Cfr. ROY GOODE, em KREUZER (org.), *Mobiliarsicherheiten*, p. 47.

[76] Cfr. *Carter v. Wake* (1877) 4 *Ch.* 605, e *Sewell v Burdick* (1884) 10 *A.C.* 74, referindo que a constituição do *pledge* não implica qualquer transmissão de propriedade sobre os bens que constituem o seu objecto.

[77] Cfr. *Donald v. Suckling* (1866) 1 *C.Q.B.* 585.

[78] Cfr. *Ex parte Hubbard. In re Hardwick* (1886) 17 *Q.B.* 690, 698.

[79] Cfr. TYLER/PALMER, *op. cit.*, p. 459.

[80] Cfr. *Glyn, Mills, Currie & Co v. East and West India Dock Company* (1880) 6 *Q.B.* 475.

[81] Cfr. *Official Assignee of Madras v. Mercantile Bank of India, Ltd.* (1935) *A.C.* 53, 59.

[82] Cfr. TYLER/PALMER, *op. cit.*, p. 460.

sua posse; (b) a faculdade de vender a coisa em caso de incumprimento da dívida garantida; e (c) em certas circunstâncias, usar a coisa[83].

A *mortgage* corresponde a uma transmissão da propriedade sobre uma coisa por parte do autor da garantia (*mortgagor*) para o credor (*mortgagee*) em ordem a assegurar o pagamento de um crédito[84]. O *mortgagor* permanece normalmente na posse da coisa, mas não é necessário que tal suceda, extinguindo-se a garantia com o cumprimento da obrigação[85].

A *mortgage* tanto pode ser *legal* como *equitable*. Está-se perante uma *equitable mortgage* se for transmitido um direito apenas reconhecido em *equity*, como o direito do beneficiário de um *trust*, ou se não forem cumpridas as exigências legais para a realização de uma *legal mortgage*, como a realização de uma escritura, no caso de incidir sobre imóveis, ou ser apenas celebrada uma promessa de futura realização da *mortgage*. A *equitable mortgage* pode ser convertida através da *specific performance* numa *legal mortgage*[86].

À semelhança da *mortgage*, o *charge* permite que o autor da garantia conserve a posse da coisa, mas, ao contrário daquela, não transfere a propriedade sobre a mesma para o respectivo credor (*chargee*), representando uma mera apropriação de uma garantia sobre bens do seu autor (*chargor*) em ordem a assegurar o cumprimento de determinadas obrigações[87].

Os meios mais populares de garantia existentes em Inglaterra são, no entanto, o *fixed charge* e o *floating charge*.

Através do *fixed charge* – que pode abranger tanto bens presentes como futuros[88] – o credor de sociedades de capitais registadas em Inglaterra e Gales obtém uma garantia que pode abranger os créditos dessa empresa, as contas bancárias, as mercadorias ou as matérias primas. A garantia não implica que esses bens sejam subtraídos à propriedade do devedor, adquirindo o credor apenas um direito de garantia. No entanto, é necessário que

[83] Cfr. TYLER/PALMER, *op. cit.*, p. 460.

[84] Cfr. *Keith v. Burrows* (1876) 1 *C.P.* 722. Tem sido tradicional a aproximação da *mortgage* à hipoteca continental, mas esta tem vindo a ser rejeitada com o argumento de que a *mortgage* estabelece uma transmissão da propriedade, enquanto que a hipoteca se limita a constituir um direito real menor sobre a coisa. Cfr. ZWALVE, em EVA-MARIA KIENINGER (org.), *Security Rights*, p. 49.

[85] Cfr. *Santley v. Wilde* (1899) 2 *Ch.* 474, e *Carter v. Wake* (1877) 4 *Ch.* 605.

[86] Cfr. MICHAEL BRIDGE, *Personal property*, p. 180.

[87] Cfr. MICHAEL BRIDGE, *Personal property*, p. 181.

[88] A admissibilidade do *fixed charge* sobre créditos futuros foi reconhecida em *Siebe Gorman & Co. Ltd. v. Barclays Bank Ltd. [1979] 2 Lloyds Rep. 142*. Cfr. CARL, *op. cit.*, p. 128.

os bens sejam reconhecíveis, e seja estabelecida uma limitação ao poder do devedor de deles dispor, o que pode ocorrer através de se estabelecer o pagamento dos créditos numa conta especial ou numa específica sinalização dos bens como objecto da garantia. Pode assim, o *fixed charge* equiparar-se ao penhor de coisas e créditos. No entanto, o *fixed charge* deve ser registado, como se prevê na Section 95 *Companies Act* 1948 e na Section 395 da *Companies Act* 1985.

Já o *floating charge* constitui uma garantia absolutamente desconhecida dos direitos continentais[89], equiparando-se em certa medida ao penhor de estabelecimento comercial, dado que constitui uma garantia genérica sobre todo o património de uma sociedade. Trata-se de um instrumento bastante flexível, uma vez que permite aos credores (normalmente bancos) a obtenção de garantia sem que a liberdade económica do devedor em prosseguir o seu giro comercial seja minimamente afectada. O *floating charge* abrange normalmente todo o património de uma sociedade, dele sendo apenas excluídos os bens que já se encontrem onerados por um *fixed charge*. A garantia mantém-se ineficaz até o momento em que se verifique uma das condições que o instrumento de garantia preveja para a sua operacionalidade. Nesse momento, o *floating charge* concentra-se sobre todo o património que a sociedade abranja nesse momento (*crystallization*). O titular do *floating charge* é normalmente autorizado nesse momento a instituir um administrador próprio (*receiver*) para o património da sociedade, cuja função primordial é administrar esse património no interesse do titular

[89] Cfr. Roy Goode, *Legal Problems*, p. 111, que refere que "*the floating charge is one of the most subtle creations of equity, and despite the volume of case law and literature devoted to its analysis it remains conceptually elusive*". Afirma Michael Bridge, *ERPL* 10 (2002), p. 491: "*English Law has never satisfactory explained the nature of a floating charge, which given the absence of any analysis of charges themselves in terms of iures in rem and iures ad rem is hardly surprising. In this area of law, metaphors abound*".Sobre o *floating charge*, cfr. ainda Robert R. Pennington, "The Genesis of the floating charge", em *Modern L. Rev.* 23 (1960), pp. 630-646, Roy M Goode, *Legal Problems*, pp. 111 e ss., ID, "The English Floating Charge", em K. D. Ewing/R. M. Goode, *The Right to Strike in Britain/The English Floating Charge*, Deventor/Boston, Kluwer Law, 1989, pp. 51-62, Gian Bruno Bruni, "Le garanzie flutuante null'esperienza giuridica inglese ed italiana", em *BBTC* 49 (1986), I, pp. 692-712, Gabrielli, *Il pegno «anomalo»*, pp. 104 e ss., e notas (140 e ss.), ID, em Galgano (org.), *I Contratti*, I, pp. 868 e ss., Enrico Gabrielli / G. Andrea Danese, "Le garanzie sui beni dell'impresa: profili della floating charge nel diritto inglese", em *BBTC* 58 (1995), I, p. 633-659, Emanuele Ferrari, "I floating charges e le garanzie del credito all'impresa", em *RN* 50 (1996), pp. 1357-1366, Albina Candian, *op. cit.*, pp. 274 e ss.

da garantia, liquidá-lo e pagar a esse titular, tendo a anterior administração da sociedade que se sujeitar às determinações do *receiver*[90].

As vantagens do *floating charge* residem na sua grande flexibilidade, dado que, até ao momento da cristalização, não há necessidade de estabelecer restrições à faculdade de disposição do devedor, nem qualquer imobilização sobre os seus bens. Consequentemente, qualquer adquirente a título oneroso e de boa fé desses bens, adquirirá a sua propriedade ou se for um credor prioridade no pagamento, mesmo que a alienação extravase da actividade normal da empresa[91].

Para constituir um *floating* charge basta que se elabore um documento demonstrando a intenção de cvonstituir um *charge* sobre os bens presentes e futuros do devedor, e se autorize este a aliená-los no curso normal dos seus negócios. O *floating charge* é, no entanto, sujeito a registo, de acordo com a section 95 *Companies Act* 1948, após a realização do instrumento, sendo apenas necessário um registo para abranger todos os bens presentes e futuros do devedor, ou parte deles, conforme o que as partes estipularem.

6. O sistema de garantias no Direito norte-americano (em especial, o regime do *Uniform Commercial Code*)

O actual direito norte-americano tem um sistema harmónico de garantias consistente no célebre Art. 9 do *Uniform Comercial Code*. Este sistema deve-se essencialmente à obra de GRANT GILMORE, que juntamente com os seu colaboradores ALLISON DUNHAM e KARL LLEWELYN puderam ordenar um confuso sistema que absorvia soluções da *common law* e da *equity* juntamente com *statutes*, muitas vezes com grandes variações entre Estados[92].

[90] Cfr. CARL, *op. cit.*, pp. 128-129.

[91] Neste sentido, cfr. *Evans v. Rival Granite Quarries, Ltd.* (1910) 2 *K.B.* 970.

[92] Para uma análise do Direito Norte-Americano existente à data da aprovação do UCC, cfr. GRANT GILMORE, *Security Interests in Personal Property*, 2 vols, I, Boston & Toronto, Little, Brown & Company, 1965, Parte I, §§ 1-8, pp. 5-286. Sobre o regime do UCC, veja-se JAMES J. WHITE / ROBERT S. SUMMERS, *Uniform Commercial Code*, 4ª ed., St. Paul, Minn., West Publishing, 1995, pp. 714 e ss. LUIS ROJO AJURIA, "Las garantías mobiliarias (Fundamentos del Derecho de Garantías Mobiliarias a luz de la experiência de los Estados Unidos de America)", em *ADC* 42 (1989), pp. 717-811, MIRELLA VIALE, "Il sistema delle garanzie personali negli USA", em *CeI* 1989, pp. 675-709, ANNA VENNEZIANO, *op. cit.*, pp. 121 e ss. e ALBINA CANDIAN, *op. cit.*, pp. 111 e ss. e HARRY C. SIGMAN, "Security in movables in the United States – Uniform Commercial Code Article 9: a basis for comparison", em

O Article 9 UCC estabelece o sistema das garantias baseado essencialmente em quatro princípios: *a)* a definição de contratos de garantia (*secured transactions*) e a consequente aplicação do seu regime é estabelecida numa base funcional e não estrutural; *b)* qualquer garantia (*secured interest*) acompanha automaticamente os bens que constituem o seu objecto em caso de transmissão para terceiro; *c)* a prioridade entre garantias é estabelecida numa base funcional, que permite uma adequada avaliação do risco e reflecte as práticas existentes no mercado; *d)* a constituição das garantias efectua-se normalmente com o registo (*notice filing*), o qual sendo informático permite a qualquer credor rápida e eficientemente averiguar a partir de qualquer lugar quais as garantias existentes em relação a determinados bens.

No âmbito deste sistema, vem a ser abandonado qualquer *numerus clausus* de garantias que ainda é comum, pelo menos em relação às garantias reais, na maioria dos ordenamentos, instituindo o Art. 9 um sistema flexível, necessário ao moderno financiamento empresarial[93].

O núcleo da abordagem funcional efectuada pelo Article 9 corresponde ao conceito de *security interest*, definido no §1-201 (37) como "*an interest in personal property or fixtures which secures payment or performance of an obligation*", sendo irrelevante a *location of title*, ou seja, que a propriedade do bem se encontre no devedor ou passe para o titular da garantia[94]. Face à formu-

Eva-Maria Kieninger (org.), *Security Rights in Movable Property in European Private Law*, Cambridge, CUP, 2004, pp. 54-80. Afirma Jacob S. Ziegel, "Canadian Perspectives on Chattel Security Law Reform in the United Kingdom", em *C.L.J.* 54 (1995), pp. 430-446 (433): "*Most contemporary American lawyers, I suspect, saw Article 9 as the brilliant inspiration of Gilmore himself and his fellow worker Allison Dunham rather that as an invincible legal force*".

[93] Cfr. Ronald C. C. Cuming, "The Internationalization of Secured Financing Law: the Spreading Influence of the Concepts UCC, Article 9 and its Progeny", em Ross Cranston, *Making Commercial Law. Essays in Honour of Roy Goode*, Oxford, Clarendon Press, 1997, pp. 499-523 (500-501). Afirmam White/Summers, *op. cit.*, p. 715 que "*in article 9 of the Uniform Commercial Code, Professers Llewellyn, Gilmore and Dunham introduced a single, "unitary", security device. Terms such as "pledgor", "mortgagee", "conditional vendee", and "trust receipt" do not appear in the Article. In place of the plethora of jargon bespeaks, and in place of this jargon itself, Article 9 substitutes one device and one set of terms: "secured party", "debtor", "collateral", and "security interest". There is no official Code name for the device itself, only names for its components. The device is often called, simply, "the Article 9 security interest"*. Rojo Ajuria, *ADC* 42 (1989), p. 736 fala numa "destipificação" dos direitos de garantia, que seriam integralmente absorvidos por um único e omnicompreensivo direito de garantia.

[94] Cfr. § 9-202: "*Except as otherwise provided with respect to consignments or sales of accounts, chattel paper, payment intangibles, or promissory notes, the provisions of this article with regard to rights and*

lação funcional que o Art. 9 adopta, um *security agreement* é definido apenas como "*an agreement that creates or provides for a security interest*" (§ 9-102 (a) (73)). O conceito de *security interest* é assim propositadamente vago, em ordem a, abandonando qualquer ideia de tipicidade nas garantias, abranger toda uma pluralidade de situações que anteriormente eram objecto de garantias específicas, bem como as que recaíssem fora do âmbito específico das mesmas[95], pelo que reconhecidamente se trata de um conceito que apenas pode ser preenchido por via da elaboração judicial[96]. Em qualquer caso, e como se viu, nem a titularidade do bem nem a forma da transacção têm qualquer relevância para a definição do *secured interest*[97]. Efectivamente, o sistema tem uma grande capacidade de expansão, que permite a aplicação deste conceito a qualquer acordo com função de garantia que se possa desenvolver na prática, podendo abranger bens presentes ou futuros, determinados ou indeterminados, incluindo mesmo todos os bens do devedor[98]. No entanto, alguma doutrina não tem deixado de sustentar

obligations apply whether title to collateral is in the secured person or the debtor". Salienta ALBINA CANDIAN, *Le garanzie*, p. 59, que este sistema se apresenta como um exacto oposto da *fiducia cum creditore* romanística, que se baseia precisamente no excesso de meios (a transferência da propriedade), em relação ao fim prosseguido (a garantia). Neste caso, é o fim prosseguido que determina a qualificação como garantia, sendo irrelevante que tenha ocorrido ou não a transferência da propriedade. Cfr. ainda ANNA VENEZIANO, *op. cit.*, pp. 133 e ss.

[95] Veja-se, neste âmbito a exposição do principal autor do UCC, GILMORE, *Security*, I, § 11.1., p. 333: "*A considerable amount of pre-Code case law was devoted to the invalidation of security transactions on the ground that one of the specialized devices had been used outside its "proper" field. Under Article 9 the whole elaborate structure of technical limitations disappears: whatever other troubles a secured party may run into, he no longer has to make the often fastidious and complicated choice between conditional sale and chattel mortgage, trust receipt and factor's lien and so on. On the other hand, it is no longer possible for him or his counsel to jockey for position by choosing a "strong" device instead of a "weak" one or to draft his way out of the statute by inventing a new device. Any transfer of property for security ad in addition certain sales of accounts, contract rights andd chattel paper, will be within the Article and subject to his rules*".

[96] Isso mesmo afirma GILMORE, *op. cit.*, § 11.1., pp. 334-335: "*It is not suggested that anything useful could have been done to explain the phrase "an interest ... which secures ... an obligation": the draftman's art does not go so far. What is important to remember is that, ultimately, the Article 9 security interest floats, unmoared, in a void. Whether any particular transaction creates "an interest ... which secures ... an obligation" is a question for judicial determination*".

[97] Cfr. CUMING, *Essays Roy Goode*, p. 505.

[98] Cfr. BIANCA CASSANDRO SULPASSO, *Il "crédit de mobilisation"*, p. 27. MICHAEL BRIDGE, em EVA-MARIA KIENINGER (org.), *Security Rights*, p. 82, afirma mesmo que "*article 9 of the Uniform Commercial Code represents the supreme achievement of American realist philosophy*".

que o *secured interest* do Art. 9 tem a natureza de uma hipoteca, perante os quadros romanísticos, ou de um *equitable charge*, nos quadros ingleses, estendido a todos e quaisquer bens[99].

Para ser eficaz em relação a terceiros, o *security agreement* tem que ser registado no sistema de registo do domicílio do devedor, inscrição que se efectua através da entrega de uma declaração financeira (*financing statement*) com uma breve descrição da garantia (§§ 9-310 e ss. e 9-501 e ss.), inscrição que tem o prazo de validade de cinco anos, embora possa ser renovada pelo credor através do envio de um *continuation statement*, seis meses antes do fim do prazo (§§ 9-515 e 9-510 (c)). Há, no entanto, várias excepções, consoante o tipo de bens em causa, que pode não estar sujeito a registo (cfr. §§ 9-322 (c)) e 9-327 e ss.)).

O titular do *security interest* que primeiro efectue o registo vem a prevalecer sobre outros titulares do mesmo direito (*first to file rule*, constante do § 9-322 UCC), bem como sobre os credores comuns do devedor. Se não efectuar o registo, o seu direito não pode ser oponível aos credores que executem o bem, pois sem o registo é-se apenas titular de uma garantia imperfeita (*unperfected security interest*), que consequentemente não prevalece contra os direitos do credor que obtenha a apreensão judicial do bem, uma vez que neste caso está-se perante um *lien creditor*, cujos direitos prevalecem sobre os dos outros credores (§ 9-317 (a) (2)). Admite-se, no entanto, uma protecção especial em relação aos vendedores a crédito de um bem que, se o encontrarem no património do devedor, têm prioridade sobre os outros credores (*money purchase security rule*)[100].

O *security interest* do Art. 9 não pode, no entanto, abranger garantias pessoais, uma vez que este é considerado um *interest in property*, tendo consequentemente natureza real. Assim, as garantias pessoais ficam excluídas do Art. 9, sendo essencialmente reguladas pela *common law*, tendo as posições comuns dos tribunais nesta matéria sido recolhidas no *Restatement of the Law of Suretyship and Guaranty*[101].

[99] Cfr. CUMING, *Essays Roy Goode*, p. 507.

[100] Cfr. sobre esta regra, CANDIAN, *op. cit.*, pp. 138 e ss. Em geral sobre o sistema de registo, veja-se ANNA VENEZIANO, *op. cit.*, pp. 146 e ss. e HARRY C. SIGMAN, em EVA-MARIA KIENINGER (org.), *Security Rights*, pp. 76 e ss.

[101] Cfr. HARRY C. SIGMAN, em EVA-MARIA KIENINGER (org.), *Security Rights*, pp. 56-57.

Em termos de garantias pessoais, o Direito dos Estados Unidos conhece essencialmente quatro tipos: as *surety bonds*, as *guarantee bonds*, as *standby letters of credit*, e as *letters of comfort* ou *letters of intent*.

A *surety bond* corresponde a um contrato pelo qual alguém se obriga perante outrem a garantir o cumprimento de uma obrigação assumida por terceiro. Esta admite uma distinção entre a *private* ou *common law bond*, que é prestada com base na autonomia privada, e a *statutory bond*, que corresponde a exigências legais. Também se pode distinguir consoante a *surety bond* é *conditional*, ou seja, pressupõe a demonstração do incumprimento do devedor, ou *unconditional*, caso em que o garante tem que pagar *on first demand*. São exemplos de *surety bonds* as *bid bonds*, em que se garante a manutenção de uma oferta contratual, as *payment bonds*, em que se pretende manter o credor indemne em relação a alguma exigência de pagamento que lhe seja formulada por terceiro, como exemplo um subempreiteiro ou fornecedor, e as *performance bonds*, que garantem o exacto cumprimento de um contrato já celebrado.

A *guarantee bond* distingue-se da *surety bond* por ser prestada apenas por bancos ou companhias de seguros e ter por objecto apenas o pagamento de uma quantia em dinheiro, verificados certos pressupostos. Podem ser prestadas *on first demand*, caso em que pressupõem apenas a exigência por escrito do beneficiário.

A *standby letter of credit* consiste num título de crédito utilizado como pagamento nas vendas internacionais, que se caracteriza por subsistir independentemente do contrato base (*it stands by itself*), vinculando-se o garante a cumprir as obrigações desse contrato e ressarcir os danos causados pelo respectivo incumprimento. Ao contrário do que sucede com as letras de câmbio comuns, disciplinadas no *article* 5 do *Uniform Commercial Code* (UCC, § 5-101 e ss.), as *standby letters of credit* apenas são apresentadas a pagamento se o devedor incumprir o contrato principal, a menos que se convencione o seu pagamento *on demand*.

Já as *letters of comfort* não representam propriamente uma obrigação, sendo antes uma garantia mais débil, resultante de um compromisso do emitente relativamente a um estado de coisas que certifica[102].

[102] Cfr. VIALE, *CI* 1989, pp. 662 e ss.

7. A uniformização do regime das garantias

A utilização de garantias nos contratos internacionais fez surgir o problema das disparidades legislativas e diferente reconhecimento internacional das garantias. Desde cedo surgiu por isso a tendência de criar regras uniformes nesta matéria. O pioneirismo neste âmbito coube à CCI que em 1978 fez aprovar umas Regras Uniformes sobre as garantias contratuais (*Uniform Rules for Contract Guarantee*)[103], substituídas em 1991 pelas *Uniform Rules for Demand Guarantees*[104]. Posteriormente, deve salientar-se a Convenção da ONU sobre garantias independentes e *stand-by letters of credit* (*United Nations on Independent Guarantees and Stand-By Letters of Credit*), de 11 de Dezembro de 1995, entrada em vigor no 1º de Janeiro de 2000[105].

Estes instrumentos não devem obliterar as grandes dificuldades que existem na uniformização do regime das garantias, as quais levaram mesmo a UNCITRAL a abandonar em 1980 um projecto de tinha de desenvolvimento de umas *Modern Uniform rules for secured financing* por o ter considerado inviável[106]. Efectivamente, o Direito das Garantias é baseado em

[103] Cfr. JUAN SÁNCHEZ-CALERO GUILARTE, *El contrato autónomo de garantía. Las garantías a primera demanda*, Madrid, Centro de Documentación Bancaria y Bursátil, 1995, pp. 77 e ss.

[104] Cfr. sobre estas, ALFREDO CALDERALE, "Le nuove norme della camera di commercio internazionale sullle «*demand guarantees*» e la riforma dell'art. 5 dell'art. 5 dell'*Uniform Commercial Code* negli Stati Uniti", em UGO DRAETTA/CESARE VACCÀ, *Le garanzie contrattuali. Fideiussione e contratti autonomi di garanzia nella prassi interna e nel commercio internazionale*, Milano, EGEA, 1994, pp. 97-151 (as regras são publicadas a pp. 493-499).

[105] Cfr. NORBERT HORN, "The UN-Konvention über unabhängige Garantien. Ein Beitrag zur lex mercatoria", em *RIW* 1997, pp. 717-723 e BROGGINI, *BBTC* 53 (2000), I, pp. 351 e ss.

[106] Cfr. *UNCITRAL Yearbook*, vol. XI (1980), Part 1, pp. 10-11, onde se salienta que o tema das garantias é complexo demais para ser objecto de uniformização, uma vez que os conceitos variam de uma jurisdição para outra e o tema apresenta-se conexo com várias outras matérias, como a falência, que teriam de ser assim igualmente uniformizadas. Os documentos relativos a este projecto são os relatórios do Secretário-Geral, "Study on Security Interests (A/CN.9/131)", publicado em *UNCITRAL Yearbook* vol. VIII (1977), Part 2, p. 171 – que inclui como anexo um estudo comparativo da autoria de U. DROBNIG, "Legal principles governing security interests", *ibid*, pp. 171-221, e ainda uma "Note by the Secretariat on article 9 of the Uniform Commercial Code of the United States of America (A/CN.9/132), *ibid*, a pp. 222-231 –, "Security Interests; Feasibility of uniform rules to be used in the financing of trade (A/CN.9/165)", publicado em *UNCITRAL Yearbook* vol. X (1979), Part 2, pp. 81-86. e "Security Interests: Issues to be considered in the preparation of uniform rules (A/CN.9/186)", publicado em *UNCITRAL Yearbook* vol. XI (1980), Part 2, pp. 89-95. Sobre este projecto, cfr. ainda RONALD C. C. CUMMING, "La réglementation internationale de certains aspects des sûretés grévant le materiel susceptible d'être déplacê d'un État dans un autre/International

regras de propriedade que são típicas de específicas famílias de direitos. Para além disso, esta área obedece a particulares atitudes culturais e políticas públicas que variam enormemente entre países ou mesmo entre ordenamentos internos de um mesmo país, levando a que seja praticamente impossível encontrar um regime comum[107]. Finalmente, a uniformização do regime das garantias não se pode fazer sem uma uniformização do regime da insolvência, já que quaisquer mudanças significativas no regime das garantias seriam frustradas sem uma adaptação simultânea do regime da insolvência[108].

Por esse motivo, mesmo no âmbito da criação do mercado interno europeu, não se sentiu inicialmente a necessidade de harmonização do regime das garantias, até porque uma das regras do Tratado da União Europeia é a de que este não pode conflituar com o regime da propriedade nos Estados membros (art. 345º do Tratado UE, ex-art. 295º e ex-art. 222º do Tratado CE). Não deixaram, no entanto, de surgir vozes a propor uma harmonização do regime das garantias, no âmbito de um direito uniforme sobre o crédito[109], ou que consideraram incompatível com o mercado comum o não reconhecimento de garantias criadas noutro Estado membro (art. 34º do Tratado UE, ex-art. 28º e ex-art. 30º do Tratado CE)[110]. Em 1973, a Comissão chegou a apresentar uma proposta de Directiva sobre a harmonização de legislações dos Estados membros sobre reconhecimento de garantias mobiliárias e reservas de domínio inseridas em contratos de compra e venda de bens móveis, no intuito de criar uma obrigação de qualquer Estado-membro de reconhecer as garantias criadas noutro Estado, com base num sistema de registo[111]. O projecto foi, no entanto, abandonado

regulation of aspects of security interests in mobile equipment", em *RDU/ULR* 1990, pp. 62-206 (122 e ss.) e ALBINA CANDIAN, *Le garanzie*, p. 10, nota (14).

[107] Cfr. SIXTO SANCHEZ LORENZO, *Garantias Reales en el Comercio Internacional (Reserva de dominio, venta en garantia y leasing)*, Madrid, Civitas, 1993, pp. 65 e ss.

[108] Cfr. CUMING, *Essays Roy Goode*, p. 499.

[109] Cfr. R. M. GOODE, "A Credit Law for Europe?", em *I.C.L.Q.* 23 (1974), pp. 227-291 (246 e ss.) e PIEPOLI, *op. cit.*, pp. 1 e ss.

[110] Cfr. EVA-MARIA KIENINGER, "Securities in Movable Property within Common Market", em *ERPL* 4 (1996), pp. 41-66 e *Mobiliarsicherheiten in Europäischen Binnenmarkt. Zur Einfluß der Warenverkehrsfreiheit auf das nationale und internationale Sachenrecht der Mitgliedstaaten*, Baden Baden, Nomos, 1996, pp. 122 e ss.

[111] Doc. COM XI/466/73/E, 1973. Cfr. SANCHEZ LORENZO, *op. cit.*, p. 256 e EVA-MARIA KIENINGER, em ID (org.), *Security Rights*, p. 22..

por não se ter conseguido obter acordo sobre esse sistema de registo. Em 1979/80, a Comissão efectuou uma segunda tentativa, desta vez limitada à reserva de propriedade, propondo que os Estados-Membros devessem sempre reconhecer o direito do vendedor a reivindicar os bens, quando estes fossem apreendidos em processo de insolvência do comprador ou em execução movida por terceiro, mas o projecto não teve igualmente seguimento, tendo sido abandonado em 1980[112].

Em consequência, a intervenção posterior da União Europeia no âmbito das garantias tem sido limitada a aspectos sectoriais[113], como o das garantias nos contratos com os consumidores, objecto de regulação pela Directiva 87/102/CEE do Conselho, de 22 de Dezembro de 1986, relativa à aproximação de disposições legais, regulamentares e administrativas nos contratos dos Estados membros em matéria de crédito ao consumo, modificada pela Directiva 90/88/CE do Conselho de 22 de Fevereiro de 1990[114], e depois substituída pela Directiva 2008/48/CE, do Parlamento Europeu e do Conselho de 23 de Abril de 2008. Foi ainda regulada a afectação do regime das garantias em caso de insolvência, através do Regulamento (CE), nº 1346/2000, de 29 de Maio, de 2000, depois substituído pelo Regulamento (UE) 2015/848, do Parlamento Europeu e do Conselho, de 20 de Maio de 2015. Também a eficácia das garantias financeiras, no âmbito de sistemas de liquidação e compensação foi regulada pelas Directivas 98/26/CE, de 19 de Maio de 1998, 2002/47/CE, de 6 de Junho de 2002[115], e 2009/44/CE, de 6 de Maio de 2009[116]. Outras tentativas não tiveram sucesso, como a da

[112] Cfr. Eva-Maria Kieninger, *Mobiliarsicherheiten*, pp. 223 e ss., e em ID (org), *Security rights*, pp. 22-23.

[113] O que não tem impedido o surgimento de obras gerais sobre o tema, como a de Peter Von Wilmowsky, *Europäisches Kreditsicherungsrecht. Sachenrecht und Insolvenzrecht unter dem EG-Vertrag*, Tübingen, Mohr, 1996, pp. 77 e ss. e passim. Cfr. ainda do mesmo autor o opúsculo *Kreditsicherheiten im Binnenmarkt*, Bonn, Rheinische Friedrich-Wilhelms-Universität, 1997. A já referida obra de Eva-Maria Kieninger (org.), *Security Rights in Movable Property in European Private Law*, Cambridge, CUP, 2004, em que tivémos ocasião de colaborar como relator português, é essencialmente um estudo de Direito Comparado na busca do núcleo comum (*common core*) dos diversos sistemas jurídicos europeus.

[114] Cfr. Sanchez Lorenzo, *op. cit.*, pp. 252-253.

[115] Cfr. sobre o seu regime, Roy Goode, *Legal problems*, pp. 227 e ss.

[116] Cfr. Luís Miguel Pestana de Vasconcelos "A Directiva 2002/47 do Parlamento Europeu e do Conselho, de 6/6/02 (alterada pela Directiva 2009/44/CE do Parlamento Europeu e do Conselho de 6/05/09), relativa aos acordos de garantia financeira ou os primeiros

uniformização mínima do regime da reserva de propriedade, proposta pela Comissão no âmbito dos trabalhos preparatórios da Directiva 2000/35/CE, de 29 de Junho de 2000, sobre os atrasos de pagamento nas transacções comerciais, que tendo sido recusada pelo Conselho, apenas implicou na versão final no seu art. 4º um mero reconhecimento genérico da figura, no quadro das legislações nacionais aplicáveis e do direito de conflitos dos Estados[117], disposição que depois transitou para o art. 9º da Directiva 2011/7/UE do Parlamento Europeu e do Conselho, de 16 de Fevereiro de 2011, que a substituiu. Mais recentemente surgiu a Directiva 2014/17/UE, de 4 de Fevereiro de 2014, relativa ao crédito hipotecário, complementada pelo Regulamento Delegado (UE) 1125/2014, de 19 de Setembro de 2014 que, embora não regulando directamente a hipoteca como garantia, institui normas de protecção dos consumidores no acesso ao crédito hipotecário.

No que se refere aos imóveis, surgiu no âmbito europeu o projecto de estabelecer regras comuns no âmbito da hipoteca, através da criação da denominada "euro-hipoteca" (*euro-mortgage, eurohypothèque,* ou *Eurohypothek*)[118]. Estas regras não passavam, no entanto, pelo estabeleci-

passos na harmonização do Direito Europeu das Garantias Mobiliárias", no *BFD* 85 (2009), pp. 693-723.

[117] Cfr. Ana Catarina Rocha, "A cláusula de reserva de propriedade na Directiva 2000/35/CE do Parlamento Europeu e do Conselho sobre as medidas de luta contra os atrasos no pagamento", em *RFDUP* 2 (2005), pp. 9-78.

[118] Cfr. Otmar M. Stöcker, *Die "Eurohipothek" – Zur Bedeutung eines einheitlichen nicht-akzessorischen Grundpfandrechts für den Aufbau eines "Europäischen Binnenmarktes für den Hypothekarkredit"*, Berlin, Duncker & Humblot, 1992, maxime pp. 296-297, Hans G. Wehrens, "Der schweizer Schuldbrief und die deutsche Briefgrundschuld. Eine rechtsvergleich als Basis für eine zukünftige Eurohypothek", em *ÖNotZ* 120 (1988), pp. 181-191, ID, "Überlegungen zu einer Eurohypothek", em *WM* 1992, pp. 557-563, ID, "Das Projekt einer Eurohypoyhek – Rückblick und Ausblick", em *WPNR* 125 (1994), nº 6126, pp. 170-171, ID "Real security regarding immovable objects – reflections on a euro-mortgage", em Ulrich Drobnig, "Security rights in movables", em Arthur Hartkamp / Martijn Hesselink / Ewoud Hondius / Carla Joustra / Edgar du Perron, *Towards an european civil code*, 2ª ed., The Hague / London / Boston, Kluwer Law International, 1998, pp. 551-564, Rolf Stürner, "Das Grundpfandrecht zwischen Akzessorietät und Abstraktheit und die europäische Zukunft", em Ulrich Huber / Erik Jayme (org.), *Festschrift für Rolf Serick zum 70. Geburtstag*, Heidelberg, Recht und Wirtschaft, 1990, pp. 377-388 (386 e ss.), A. A. Van Velten, "Hypotheek en Europese Gemeenschap", em *WPNR* 122 (1991), nº 6001, pp. 241-246, Astrid Stadler, *op. cit.*, pp. 615 e ss., Herbert Hofmeister, "Das Liegenschaftsrecht im Zeichen der Annäherung Österreichs an die EG" em *ÖNotZ*

mento de um regime comum ou sequer de uma aproximação de legislações entre os diversos Estados, uma vez que o seu regime varia muito, quer quanto à constituição da hipoteca, quer quanto ao sistema de registo[119]. A ideia seria por isso estabelecer um regime uniforme de hipoteca, apenas aplicável aos créditos transfronteiriços, o qual poderia seguir o modelo suíço da *Schuldbrief*[120]. Sustentou-se, na altura, que a euro-hipoteca deveria ser uma garantia real não acessória, não dependendo da efectiva constituição ou subsistência do crédito, já que a sua constituição implicaria uma promessa abstracta de pagamento, a qual envolveria também res-

123 (1991), pp. 282-288 (286 e ss.), RUDOLF KAINDL, "Die Eurohypothek", em *ÖNotZ* 125 (1993), pp. 277-280, EDMOND GRESSER, "L'eurohypothèque", en *ZBGR/RNRF* 74 (1993), pp. 337-349, J. B. VEGTER, "Over het rechtskarakter van de Eurohypotheek", em *WPNR* 124 (1993), nº 6077, pp. 55-58, MATHIAS HABERSACK, "Die Akzessorietät – Strukturprinzip der europäischen Zivilrechte und eines künftigen europäischen Grundpfandrechts", em *JZ* 1997, pp. 857-865, CRISTOPH GRAF VON BERNSTORFF, "Das Hypothekenrecht in den EU-Staaten", em *RIW* 43 (1997), p. 181-188, UNION INTERNATIONALE DU NOTARIAT LATIN / COMISSION DES AFFAIRES EUROPÉENNES, *La cédule hypothécaire suisse et la dette fonciére allemande – Etude comparative, base d'une future Euro-hypothèque*, Amsterdam, Fondation pour la Promotion de la Science Notariale, 1988, COMISSION DE AFFAIRES DE LA COMMISSION EUROPÉENE/UNION INTERNATIONALE DU NOTARIAT LATIN, *L'Euro-hypothèque; Rapport de la 'Commission des Affaires de la Communauté Européenne" au sein de la Union Internationale du Notariat Latin (CACE/UINL)*, Amsterdam, Fondation pour la Promotion de la Science Notariale, 1992.

119 Efectivamente, enquanto que nalguns estados europeus (França, Bélgica e Luxemburgo), a hipoteca constitui-se antes do registo, sendo estes mera condição de oponibilidade a terceiros, bem como determinativo da preferência concedida ao titular, noutros estados europeus (Alemanha, Áustria, Suíça, Holanda, Itália, Grécia, Espanha e Portugal), a hipoteca nem sequer existe sem o registo. Enquanto na maioria dos países, a hipoteca pode ser constituída por simples declaração unilateral, noutros como França, Holanda, e Bélgica, exige-se a celebração de um contrato com o credor hipotecário. Relativamente ao registo, este varia entre o sistema do *Grundbuchsystem*, vigente na Alemanha, Suíça, Áustria, e também de uma forma distinta na Espanha, Alsácia-Lorena e Tirol do Sul, e o sistema da publicação, vigente na França, Bélgica, Itália, Luxemburgo, Holanda. No primeiro sistema efectua-se uma descrição geral de todos os direitos incidentes sobre o prédio, sendo efectuada uma inscrição hipotecária com base na escritura, cuja regularidade é confirmada pelo conservador. No segundo sistema, o apresentante não apenas entrega escritura, mas também dois certificados de registo, sendo-lhe um deles devolvido para prova do seu direito, e podendo nem sequer ser efectuada uma inscrição mas apenas arguivados os documentos submetidos. Cfr. WEHRENS, *WM* 1992, pp. 558-559 e "Real Security", pp. 554 e ss., KAINDL, *ÖNotZ* 125 (1993), pp. 277-278 e GRESSER, *ZBGR/RNRF* 74 (1993), p. 340.

120 Cfr., neste sentido, STADLER, *op. cit.*, p. 617 e WEHRENS, "Real Security", pp. 556 e ss.

ponsabilidade pessoal para o autor da garantia[121]. No entanto, houve quem se opusesse a esta solução, defendendo que a acessoriedade da hipoteca deve manter-se como princípio estruturante do Direito Civil europeu[122]. O projecto da "euro-hipoteca" acabou, no entanto, por não ter seguimento.

Existiram ainda alguns esforços a nível académico para unificação do Direito das Garantias[123], aparentemente sem grande sucesso. Assim, no âmbito de elaboração dos trabalhos de preparação de um Código Civil Europeu, o grupo de Trento publicou um estudo comparativo sobre as garantias mobiliárias no Direito Privado Europeu, organizado por EVA-MARIA KIENINGER[124]. o grupo de estudo do Max-Planck Institut de Hamburgo, sobre os princípios do Direito Europeu, presidido por ULRICH DROBNIG, publicou em 2007 uns *Principles of European Law – Personal Security*[125], a que se seguiu em 2015 uns *Principles of European Law – Proprietary Security in Movable Assets*[126]. Finalmente a *Draft Common Frame of Reference*, também publicada no âmbito do Grupo de Estudo sobre o Código Civil Europeu dedica-se, no Livro IV, parte G, às garantias pessoais (arts. IV.G.1:101 e ss.) e no Livro IX às garantias reais (arts. IX-1:101 e ss.)[127]. Estes projectos têm, porém, permanecido na esfera académica, sem tradução legislativa.

Tem-se, por isso, reconhecido que, apesar de mais de trinta anos de esforços, a União Europeia não chegou a qualquer harmonização reconhe-

[121] Cfr., neste sentido, WEHRENS, *WM* 1992, p. 560.

[122] Cfr., neste sentido, HABERSACK, *JZ* 1992, pp. 857 e ss. (862).

[123] Cfr. sobre os mesmos, PESTANA DE VASCONCELOS, *Direito das Garantias*, pp. 32 e ss.

[124] Cfr. EVA-MARIA KIENINGER (org.), *Security Rights in Movable Property in European Private Law*, Cambridge, CUP, 2004.

[125] Cfr. PRINCIPLES OF EUROPEAN LAW. STUDY GROUP ON A EUROPEAN CIVIL CODE / ULRICH DROBNIG (org.), *Personal Security (PEL Per. Sec.)*, Staempler / Bruylant / Sellier, 2007.

[126] PRINCIPLES OF EUROPEAN LAW. STUDY GROUP ON A EUROPEAN CIVIL CODE / ULRICH DROBNIG / OLE BÖGER (org.), *Proprietary Security in Movable Assets (PEL Prop. Sec.)*, Oxford University Press, 2015.

[127] Cfr. AAVV, *Principles, definitions and model rules of European private law. Draft Common Frame of Reference* (DCFR), prepared by the Study Group on an European Civil code and the Research Group on EC Private Law (Acquis Group), based in part on a revised version of the Principles of European Contract Law, editado por Christian von Bar, Eric Clive and Hans Schulte Nölkee, Hugh Beagle, Johnny Herre, Jérôme Huet, Mathias Storme, Stephen Swann, Paul Varul, Anna Veneziano and Fryderyk Zoll, Sellier, European Law Publishers, Munique, 2009, pp. 2468 e ss. e 4446 e ss.

cível no Direito das Garantias[128]. Assim, a regulação da União Europeia, cada vez mais presente nas diversas matérias jurisprivatísticas, encontra-se aqui quase completamente ausente, o que não deixa de ser estranho, quando se pensa na importância do reconhecimento das garantias para o funcionamento da União Económica e Monetária[129].

O fracasso da intervenção da União Europeia neste âmbito levou, no entanto, ao surgimento de outras tentativas de harmonização do Direito das Garantias, quer através de esforços isolados dos Estados, quer através do trabalho de organizações internacionais, ou da doutrina nos vários países. Efectivamente, a internacionalização da economia tornou premente a necessidade de instituição de garantias com eficácia transnacional, que superassem as divergências de regime existentes nos diversos ordenamentos, tendo consequentemente surgido uma avalanche de estudos comparativos neste âmbito[130]. Surgiram assim diversas propostas de harmonização legislativa[131], ou mesmo de criação de um direito uniforme, para o que se procurou essencialmente efectuar uma exportação do célebre Art. 9 UCC norte-americano para outros ordenamentos[132].

[128] Cfr. Eva-Maria Kieninger, em ID (org.), *Security Rights*, pp. 23-24. Entre nós, LUÍS Miguel Pestana de Vasconcelos, *BFD* 85 (2009), p. 720 considera as Directiva 2002/47/CE e 2009/44/CE um "embrião" para "a criação de um direito europeu das garantias", o que nos parece excessivamente optimista.

[129] Cfr. Cabrillac/Mouly, *op. cit.*, p. 11.

[130] Cfr. Sanchez Lorenzo, *op. cit.*, pp. 233 e ss., Eva-Maria Kieninger, *Mobiliarsicherheiten*, pp. 23 e ss., e *ERPL* 4 (1996), pp. 47 e ss., Ulrich Drobnig, "Mobiliarsicherheiten – Vielfalt oder Einheit? Vergleichender Generalbericht", em Karl F. Kreuzer (org.), *Mobiliarsicherheiten. Vielfalt oder Einheit?*, Baden-Baden, Nomos, 1999, pp. 9-41, Bianca Cassandro Sulpasso, "Comparazione Giuridica ed Uniformazione delle Legislazioni: Le Garanzie Mobiliari" em *RDCiv.* 41 (1995), I, pp. 566-594, PAU ALI, *The Law of Secured Finance. An International Survey of Security Interests over Personal Property*, Oxford, University Press, 2002, Ian M. Fletcher/Odd Swarting (org.), *Remedies under Security Interests*, London/The Hague/New York, Kluwer, 2002, Gerardo Broggini, "Le garanzie nei contratti internazionali", em *BBTC* 53 (2000), I, pp. 335-360 (346 e ss.).

[131] Cfr. DROBNIG, *UNCITRAL Yearbook* vol. VIII (1977), Part 2, pp. 175 e ss., e Goode, *I.C.L.Q.* 23 (1974), pp. 227 e ss.

[132] As primeiras referências a esta ideia encontram-se nos artigos de 1969 de Abel, Goode e Gower, Sher, Drobnig e Caron, respondendo à questão "Is Article 9 of the Uniform Commercial Code exportable?". Cfr. Albert S. Abel, "Is Article 9 of the Uniform Commercial Code Exportable? The Ontario Experience", R. M. Goode / L. C. Gower, "Is Article 9 of the Uniform Commercial Code Exportable? An English Reaction", Byron D. Sher, "Is Article 9 of the Uniform Commercial Code Exportable? An American Comment",

Efectivamente, apesar de não haver qualquer indicação de que os autores do Art. 9 UCC o tivessem encarado como um modelo possível de harmonização internacional do Direito das Garantias, a verdade é que os conceitos e o regime constante do Art. 9 UCC têm vindo a ser adoptados por um grande número de projectos como base para a harmonização do Direito das Garantias fora dos Estados Unidos e mesmo alguns dos seus conceitos influenciam o desenvolvimento de um regime internacional comum relativo às garantias[133].

O primeiro país a receber o regime do Art. 9 UCC foi o Canadá, cujas províncias e territórios adoptaram *Personal Property Security Acts* (PPSA) baseados neste artigo, caracterizando as garantias de uma forma funcional independentemente da configuração do negócio ou da localização da propriedade do bem[134]. Mesmo o Quebec, um estado de *civil law*, ao adoptar um novo Código civil, instituiu um regime de garantias baseado no Art. 9 UCC (Livro 6, Título 3)[135]. Logo de seguida, a Austrália e a Nova Zelândia iniciaram a preparação de reformas influenciadas pelo Art. 9 UCC[136]. A Nova Zelândia aprovou mesmo um *New Zealand Personal Property Secu-*

ULRICH DROBNIG, "Is Article 9 of the Uniform Commercial Code Exportable? A German View", YVES CARON, "L'article 9 du Code Uniforme de Commerce peut-il être exporté? Point de vue d'un juriste québecois", todos em JACOB S. ZIEGEL / WILLIAM F. FOSTER (org.) *Aspects of Comparative Commercial Law: Sales, Consumer Credit and Secured Transactions*, Montreal / New York, McGill University / Oceana Publications Inc., 1969, respectivamente a pp. 291-297, 298-349, 350-367, 368-373, 374-395.

[133] Cfr. CUMING, *Essays Roy Goode*, p. 500.

[134] Pode ver-se na internet os PPSA da British Columbia em http://www.qp.gov.bc.ca/statreg/stat/P/96359_01.htm, do Saskatchewan, em http://www.qp.gov.sk.ca/index.cfm?fuseaction=publications.details&p=803 e o de New Brunswick, em http://www.gnb.ca/acts/acts/p-07-1.htm . Sobre esta inspiração, cfr. ZIEGEL, *C.L.J.* 54 (1995), pp. 430 e ss., CHARLES W. MOONEY, JR., "Security interests in personal property under the Laws of the United States of America and Canada", em KARL F. KREUZER (org.), *Mobiliarsicherheiten. Vielfalt oder Einheit?*, Baden-Baden, Nomos, 1999, pp. 91-103, CUMING, *Essays Roy Goode*, p. 508, RONALD C. C. CUMING/CATHERINE WALSH, "Revised Article 9 of the Uniform Commercial Code: Implications for the Canadian Personal Property Security Acts" em *B.F.L.R.* 16 (2000-2001), pp. 339-389 e JOHN R. SANDRELLI/CHRISTOPHER J. RAMSAY/ANJILI I. BAHADOORSINGH, "Remedies under Security Interests in Canada: An Overview", em IAN M. FLETCHER/ODD SWARTING (org.), *Remedies under Security Interests*, London/The Hague/New York, Kluwer, 2002, pp. 53-100.

[135] Sobre esta legislação, cfr. ANNA VENEZIANO, *op. cit.*, pp. 178 e ss.

[136] Cfr. CUMING, *Essays Roy Goode*, pp. 511 e ss.

rity Act em 1999, que entrou em vigor em 1 de Maio de 2002[137], seguida pela Austrália que aprovou em 2009 um *Personal Property Securities Act*[138].

Em ordem a permitir aos Estados da Europa do Leste uma reforma do seu Direito das Garantias, o *European Bank for Reconstruction and Development* aprovou em 1993 a *Model Law on Secured Transactions*[139]. De acordo com o seu prefácio, a pp. 5, esta lei pretendeu combinar as tradições romanísticas destes países com as úteis soluções que os sistemas da *common law* adoptaram para acomodar as modernas técnicas de financiamento. Não é, por isso, de estranhar que esta lei se inspire grandemente no Art. 9 do UCC, estabelecendo no seu art. 1.1. um novo conceito amplo de garantia (*charge*) equivalente ao conceito de *security interest* do Art. 9 UCC[140], e se determina uma qualificação de garantias mediante a *functional approach*, que leva a que a reserva de propriedade seja tratada como um *charge* (arts. 9.1.1., 9.1.2 e 9.2. EBRD-MLST)[141].

No Reino Unido apesar de já existirem propostas de realização de reforma do Direito das Garantias baseadas no Art. 9 UCC[142], ainda não foi iniciada nenhuma reforma nesse sentido[143].

[137] Cfr. Roy Goode, *Legal Problems*, p. 4.

[138] Este diploma pode encontrar-se em http://www.austlii.edu.au/au/legis/cth/consol_act/ppsa2009356/ . Sobre o correspondente projecto de 2001, cfr. Ralph Simmonds, "The PPSA Cometh to Australia? An Introduction to the Current State of Play" em *Murdoch University Electronic Journal of Law*, vol. 9, nº 3 (Setembro 2002), acessível em http://www.murdoch.edu.au/elaw/issues/v9n3/simmonds93_text.html .

[139] Este diploma pode ser encontrado em http://www.ebrd.com/country/sector/law/st/core/modellaw/main.htm . Cfr. sobre ele Jan-Hendrik Röver, "Das EBWE-Modellgesetz für Sicherungsgeschäfte", em Karl F. Kreuzer (org.), *Mobiliarsicherheiten. Vielfalt oder Einheit?*, Baden-Baden, Nomos, 1999, pp. 125-134 e Frederique Dahan/John Simpson, "The European Bank for Reconstruction and Development's Secured Transaction Project: a model law and ten core principles for a modern secured transactions law in countries of Central and Eastern Europe (and elsewehre!)", em Eva-Maria Kieninger (org.), *Security Rights in Movable Property in European Private Law*, Cambridge, CUP, 2004, pp. 98-113.

[140] Cfr. art. 1.1. EBRD-MLST: "*Things and rights may be encumbered by the owner with a security right (called a charge) in order to grant security for a debt*".

[141] Cfr. Cuming, *Essays Roy Goode*, p. 519, Eva-Maria Kieninger, *Mobiliarsicherheiten*, pp. 219 e ss., e Anna Veneziano, *op. cit.*, pp. 289 e ss.

[142] Cfr. Iwan Davies, "The reform of personal property security law: can article 9 of the US Uniform Commercial Code be a precedent?", em *I.C.L.Q.* 37 (1988), pp. 465-504 (475 e ss.), Jacob S. Ziegel, *C.L.J.* 54 (1995), pp. 430 e ss., e Sanchez Lorenzo, *op. cit.*, p. 255.

[143] Cfr. Cuming, *Essays Roy Goode*, p. 517, nota (68).

Também no âmbito das discussões em torno da elaboração do Código Civil Europeu ou pelo menos de harmonização do Direito Privado Europeu, o sistema americano das garantias tem sido igualmente tomado em consideração[144]. A UNION INTERNATIONALE DU NOTARIAT LATIN já concluiu pela possibilidade de estabelecimento de um regime comum europeu das garantias mobiliárias, assentando na extensão do regime da hipoteca a todos os bens[145]. Para esse efeito, existe a proposta de estabelecer um sistema de registo computorizado voluntário para as garantias mobiliárias[146], o que representa naturalmente uma aproximação ao sistema do Art. 9 UCC. Outra possibilidade passa pela instituição de uma nova garantia comum em toda a União Europeia, que coexistisse com as garantias já consagradas no âmbito do direito interno dos Estados-Membros[147], solução que igualmente se aproxima do modelo do *security interest* americano.

[144] Para uma referência às discussões que ocorreram nesta sede, veja-se especialmente UWE E. SCHNEIDER, "Europäische und internationale Harmonisierung des Bankvertragsrechts. Zugleich ein Beitrag zur Angleichung des Privatrechts in der Europäischen Gemeinschaft" em *NJW* 1991, pp. 1985-1993 (que numa perspectiva de uniformização do Direito bancário europeu, chega a sugerir a elaboração de um *European Uniform Code of Banking Contracts*). Mais recentemente, cfr. ASTRID STADLER, *Gestaltungsfreiheit und Verkehrsschutz durch Abstraktion. Eine rechtsvergleichende Studie zur abstrakten und kausalen Gestaltung rechtsgeschäftlicher Zuwendungen anhand des deutschen, schweizerischen, österreichischen, französischen, und US-amerikanischen Rechts*, Tübingen, Mohr, 1996, pp. 693 e ss.

[145] Cfr. UNION INTERNATIONALE DU NOTARIAT LATIN / COMMISSION DES AFFAIRES DE L'UNION EUROPÉENNE (CAUE), *De la possibilité d'un systeme uniforme pour les garanties mobiliéres au sein de l'Union Européenne*, Amsterdam, Fondation pour la Promotion de la Science Notariale, 1997.

[146] Assim, J. F. DOLAN / J. B. VEGTER, "A voluntary filing system for secured financing transactions in the European Union", em *ERPL* 6 (1998) pp. 195-224 (214 e ss.). No mesmo sentido, veja-se CHRISTIAN MOULY, "La publicité des sûretés réelles mobilières" em *ERPL* 6 (1998), pp. 51-69, e a resposta de M. G. BRIDGE, "Comment on Professor Mouly's proposal", em *ERPL* 6 (1998), pp. 71-75. Cfr. ainda FERRARINI, *op. cit.*, p. 496.

[147] É esta a proposta de KARL F. KREUZER, "Europäisches Mobiliarsicherungsrecht oder: von den Grenzen des Internationalen Privatrecht", em WALTER A. STOFFEL/PAUL VOLKEN (org.), *Conflits et harmonisation. Kollision und Vereinheitlichung. Conflicts and Harmonization. Mélanges en l'honneur d'Alfred E. von Overbeck à l'occasion de son 65éme anniversaire*, Fribourg Suisse, Éditions Universitaires, 1990, pp. 613-641 (637 e ss.). O autor propõe a criação de uma garantia mobiliária europeia (*Europäisches Mobiliarsiccherungsrecht*, ou *ESR*) com base no modelo da patente comunitária, a qual teria a vantagem de não implicar qualquer harmonização dos direitos nacionais, podendo as partes optar livremente por ela, o que se tornaria a tendência comum nas operações internacionais. Essa garantia seria uma garantia real unitária de conteúdo amplo, podendo ter qualquer objecto e ser estipulada em qualquer contrato, seja

Para Drobnig, autor de um estudo preparatório do Código Civil europeu, no que se refere aos móveis, esse Código Civil deveria proceder à integração das alternativas entre o penhor por um lado e a reserva da propriedade ou alienação fiduciária em garantia, por outro lado, num moderno regime do penhor, cujo modelo geral deveria ser o penhor sem desapossamento, à semelhança do novo Código Civil holandês, com o acrescento de que se deveria proceder igualmente à integração da reserva de propriedade, à semelhança do modelo americano, ainda que se pudesse conceber uma garantia mais forte para o crédito do vendedor. O autor nega, porém, a vantagem de se instituir um sistema de registo público das garantias sobre bens móveis, que não considera necessário nem útil, já que deveria antes estabelecer-se o princípio geral de que qualquer adquirente de um bem valioso deve presumir que ele pode ter sido objecto de uma garantia prévia a favor de determinado credor[148].

Por último, refira-se que o UNIDROIT preparou igualmente uma Convenção Internacional, a *Cape Town Convention on International Interests in Mobile Equipment*, complementada por um *Protocol on Matters Specific to Aircraft Equipment*, ambas assinadas no Cabo, em 16/11/2001[149], para a instituição de um registo internacional das garantias internacionais sobre bens móveis (arts. 16º e ss. da Convenção), essencialmente destinado aos bens móveis de elevado valor como as aeronaves, aliás objecto de um protocolo suplementar[150]. A Convenção inclui aliás definições de *security*

ele de aquisição ou de financiamento, tendo como forma de publicidade um registo central, à semelhança do UCC, o qual teria eficácia constitutiva da garantia.
Esta proposta não deixou, no entanto, de suscitar críticas como a de Sanchez Lorenzo, *op. cit.*, p. 273, o qual refere que, embora a proposta seja factível e realista, apresenta-se como incompleta, já que a subsistência dos sistemas nacionais de garantias implicaria entraves à livre circulação das empresas comunitárias, além de que a garantia não poderia prescindir da necessária harmonização do direito falimentar. O autor propõe, por isso, em alternativa uma harmonização material progressiva do sistema das garantias, através das Directivas comunitárias. Em sentido próximo, cfr. ainda Drobnig, em Kreuzer (org.), *Mobiliarsicherheiten*, p. 37.

[148] Cfr. Ulrich Drobnig, "Security rights in movables", em Arthur Hartkamp / Martijn Hesselink / Ewoud Hondius / Carla Joustra / Edgar du Perron, *Towards an european civil code*, 2ª ed., The Hague / London / Boston, Kluwer Law International, 1998, pp. 511-524 (524).

[149] Estes documentos podem ser encontrados em http://www.unidroit.org .

[150] Cfr. Cuming, *RDU/ULR* 1990, pp. 62 e ss., e *Essays Roy Goode*, pp. 519 e ss., Albina Candian, *op. cit.*, p. 10, nota (14) e 284 e ss., Anna Veneziano, *op. cit.*, pp. 272 e ss. e

interest e *security agreement* (art. 1º *ii)* e *jj)*), em termos muito próximos dos que constam do Art. 9 UCC.

Eva-Maria Kieninger, em ID (org.), *Security Rights*, pp. 25-26. Entre nós, pode ver-se Menezes Leitão, "A Convenção do Cabo e o Protocolo sobre equipamento aeronáutico: registo internacional de aeronaves", na *ROA* 71 (2011), I, pp. 35-48. Encontra-se uma referência aos trabalhos preparatórios desta convenção em Rui Pinto Duarte, "Mobilidade dos bens e garantia dos credores", na *RB* nº 15 (1990), pp. 101-117.

Capítulo III
A Garantia Geral das Obrigações

1. Configuração da garantia geral das obrigações

É bastante conhecida a discussão sobre o lugar da garantia no âmbito da obrigação, a qual se relaciona com o conceito e estrutura da obrigação, discussão em que não se pretende entrar[151]. Há, no entanto, que questionar se a denominada "garantia geral", que no fundo se reconduz à responsabilidade patrimonial se pode inserir no conceito de garantia, ou se essa expressão deve apenas abranger as garantias especiais[152]. Apesar da proliferação de opiniões adversas à integração da responsabilidade patrimonial entre as garantias das obrigações[153], temos entendido, na esteira de

[151] Exprimimos a nossa posição em MENEZES LEITÃO, *Direito das Obrigações*, I- *Introdução. Da constituição das obrigações*, 9ª ed. Coimbra, Almedina, 2010, pp. 69 e ss.

[152] Sobre esta questão, veja-se MANUEL JANUÁRIO DA COSTA GOMES, *Assunção fidejussória de dívida. Sobre o sentido e o âmbito da vinculação como fiador*, Coimbra, Almedina, 2000, pp. 14 e ss.

[153] Não faltam efectivamente autores, que pretendem afastar a responsabilidade patrimonial do conceito de garantia, que reservam para as garantias especiais. Esta é a posição da doutrina alemã, como se pode ver de EKKEHARD BECKER-EBERHARD, *Die Forderungsgebundenheit der Sicherungsrechte*, Bielefeld, Gieseking, 1993, pp. 1 e ss. e 5 e ss. PETER BÜLOW, *Recht der Kreditsicherheiten. Sachen und Rechte, Personen*, 6ª ed., Heidelberg, Müller, 2003, nºs 1 e ss., pp. 1 e ss., WEBER, *op. cit.*, pp. 7 e ss., que consequentemente não inclui a garantia geral nos conceitos de *Sicherheit* e de *Sicherung*. Em França, apesar da metáfora implícita na expressão "*Droit de gage général*", este não é comummente designado como uma *sûreté* em sentido técnico. Na Itália, também MICHELE FRAGALI, "Garanzia (dir. priv.)" na *ED* 18 (1969), pp. 448-466 (451 e ss.) considera que a responsabilidade patrimonial não é uma garantia em sentido técnico, mas antes uma forma de actuação da acção executiva. Entre nós igualmente GUILHERME MOREIRA, *BFD* 7 (1921-1923), pp. 48-49, e CARNEIRO PACHECO, *Dos privilégios creditórios*, p. 8, entendiam que a palavra garantia estaria reservada para as garantias especiais.

PAULO CUNHA[154], que essa integração é plenamente justificada. Efectivamente, a faculdade que a lei atribui ao credor de executar o património do devedor, principal tutela jurídica de que goza o direito de crédito, representa uma forma de assegurar ao credor a realização do seu direito, e nesse sentido constitui naturalmente uma garantia[155]. É precisamente essa função de garantia que justifica que a lei atribua ao credor diversos meios de conservação do património do devedor, os quais examinaremos em seguida.

2. Declaração de nulidade

O primeiro dos meios de conservação da garantia patrimonial que a lei atribui aos credores é a declaração de nulidade (art. 605º)[156], que consiste na faculdade de os credores, se nisso tiverem interesse, poderem vir invocar em tribunal a nulidade dos actos praticados pelo devedor (como, por exemplo, no caso de negócios simulados celebrados no intuito de defraudar os credores, art. 240º). Em bom rigor, esta norma nem seria necessária, já que, conforme se sabe, a nulidade é invocável a todo o tempo por qualquer interessado e até pode ser declarada oficiosamente pelo tribunal (art. 286º), o que legitimaria sempre os credores interessados a requerer a declaração de nulidade.

O legislador procurou, porém, através do art. 605º resolver duas questões debatidas na doutrina no âmbito do Código Civil de 1867, em virtude de este associar a declaração de nulidade à simulação (arts. 1031-1032º). A primeira dizia respeito a saber se a declaração de nulidade poderia abranger actos anteriores ao crédito, respondendo agora o legislador afirmativamente. Não se exige assim uma efectiva intenção fraudatória do devedor em relação a determinados credores, aquando da celebração do negócio,

[154] Cfr. PAULO CUNHA, *Da garantia*, I, p. 22 e *Dir.* 66 (1935), pp. 100 e ss.

[155] Refere PAULO SOUSA MENDES, "A garantia geral das obrigações", na *RJ* nº 6 (1986), pp. 87-131 (126), que "o poder facultado ao credor de fazer apreender e executar quaisquer bens do devedor inadimplente susceptíveis de penhora (...) representa a mais importante e eficaz garantia das obrigações".

[156] Cfr., sobre esta, PAULO CUNHA, *Da garantia*, I, pp. 319 e ss. e 329 e ss., VAZ SERRA, "Responsabilidade patrimonial", no *BMJ* 75 (1958), pp. 5-410 (148 e ss.), ANTUNES VARELA, *Obrigações*, II, pp. 433 e ss., ALMEIDA COSTA, *Obrigações*,, pp. 849-850, MENEZES CORDEIRO, *Obrigações*, 2º, pp. 478 e ss., e *Tratado*, X, pp. 282 e ss., e LUÍS MENEZES LEITÃO, *Direito das Obrigações*, II – *Transmissão e extinção das obrigações. Não cumprimento e garantias do crédito*, 8ª ed., Coimbra, Almedina, 2009, pp. 307 e ss.

sendo permitida a invocação da nulidade pelos credores, mesmo em relação a negócios celebrados antes da constituição do crédito. A segunda dizia respeito a saber se a legitimidade para os credores requererem a nulidade do acto dependia da circunstância de este produzir a insolvência do devedor (tese defendida por GUILHERME MOREIRA e CUNHA GONÇALVES[157]), ou se bastaria que do acto resultasse qualquer prejuízo dos credores, como o risco de desaparecimento ou diminuição da segurança constituída pelos bens do devedor (tese de PAULO CUNHA e GOMES DA SILVA[158]). Actualmente, a lei vem dispor que a legitimidade dos credores para a invocação da nulidade dos actos do devedor depende do simples interesse nessa declaração, não se exigindo que esses actos venham produzir ou agravar a insolvência do devedor.

Fica assim esclarecido que o art. 605º atribui aos credores legitimidade para invocar a nulidade de qualquer acto praticado pelo devedor que os possa prejudicar, independentemente do momento em que esse acto ocorreu ou das suas consequências para o património do devedor. A solução é correcta, uma vez que, face à gravidade que normalmente revestem as causas de nulidade dos negócios, não se justificaria estabelecer qualquer requisito suplementar (para além do normal interesse em agir) para permitir que estas possam ser invocadas por qualquer credor.

A lei esclarece que a declaração de nulidade aproveita, não apenas ao credor que a haja invocado, mas também a todos os demais (art. 605º, nº 2). Efectivamente, a declaração de nulidade tem efeito retroactivo pelo que determina a restituição de tudo o que tiver sido prestado ou, se a restituição em espécie não for possível, do valor correspondente (art. 289º, nº 1). Essa restituição far-se-á naturalmente ao património do devedor, em benefício de todos os credores, pelo que o credor que invocou a nulidade não adquire, por esse motivo, qualquer preferência no pagamento.

[157] Cfr. GUILHERME MOREIRA, *Instituições*, II, pp. 187, e LUIZ DA CUNHA GONÇALVES, *Tratado de Direito Civil Português*, V, Coimbra, Coimbra Editora, 1932, pp. 762 e ss.

[158] Cfr. PAULO CUNHA, *Da garantia*, pp. 334 e ss. e *Simulação processual e anulação do caso julgado*, Lisboa, s.e., 1935, pp. 383 e ss., e MANUEL DUARTE GOMES DA SILVA, *Conceito e estrutura da obrigação*, Lisboa, s.e., 1943, p. 57.

3. Sub-rogação do credor ao devedor

3.1. Modalidades de acção sub-rogatória

No art. 606º e ss. do Código encontra-se prevista a sub-rogação do credor ao devedor, que a doutrina tradicionalmente denomina de acção sub-rogatória[159].

A acção sub-rogatória tem sido classificada como acção sub-rogatória directa ou indirecta. A acção referida nos arts. 606º e ss. é a acção sub-rogatória *indirecta*. Consiste esta num meio de conservação da garantia geral, representado pela possibilidade que os credores têm de exercerem contra terceiro os direitos de conteúdo patrimonial que competem ao devedor, mas que não atribui qualquer preferência no pagamento aos credores que a ela recorram, uma vez que é exercida em proveito de todos os credores (cfr. art. 609º). Já a acção sub-rogatória *directa* tem natureza diferente, consistindo na possibilidade conferida a algum ou alguns credores de exercerem em proveito próprio os direitos que competem ao devedor, para obterem imediatamente a satisfação dos seus créditos, o que lhes atribui preferência no pagamento sobre os restantes credores. Não se trata, por isso, de um meio de conservação da garantia geral, sendo apenas conferida em situações particulares (como na locação, art. 1063º, ou no mandato sem representação, art. 1181º, nº 2).

A lei qualifica, porém, ainda como sub-rogação do credor ao devedor a situação prevista no art. 2067º, referente ao caso em que o devedor, em prejuízo dos seus credores, procede ao repúdio de uma herança que lhe tinha sido atribuída. Atribui-se assim neste caso aos credores do repudiante a possibilidade de aceitarem a herança em nome deste nos termos previstos nos arts. 606º e ss. No entanto, e apesar desta remissão, a verdade é que se verificam substanciais diferenças entre esta figura e o regime geral da sub-rogação. A primeira é a de que não se está perante uma substituição pelo credor num acto cuja prática o devedor omitiu, mas antes na destruição dos efeitos de um acto (o repúdio) que o devedor praticou. A segunda é a

[159] Cfr. Paulo Cunha, *Da Garantia*, I, pp. 324 e ss. e 359 e ss., Vaz Serra, *BMJ* 75 (1958), pp. 153 e ss., Antunes Varela, *Obrigações*, II, pp. 436 e ss., Almeida Costa, *Obrigações*, pp. 851 e ss., Menezes Cordeiro, *Obrigações*, 2º, pp. 481 e ss., e *Tratado*, X, pp. 287 e ss., e Menezes Leitão, *Obrigações*, II, pp. 308 e ss.
Na doutrina italiana, veja-se Girolamo Alessandro Monteleone, *Profili sostanziali e processuali dell'azione surrogatoria. Contributo allo studio della responsabilità patrimoniale dal punto di vista dell'azione*, Milano, Giuffrè, 1975 e Giovanni Brunelli, "Azione surrogatoria", no *NovissDI* II (1958), pp. 182-183.

de que a sub-rogação neste caso não produz a reversão dos bens ao património do devedor, já que a lei determina que, pagos os credores do repudiante, o remanescente da herança não aproveita a ele, mas aos herdeiros imediatos (art. 2067º, nº 3).

3.2. Pressupostos da acção sub-rogatória

A lei estabelece no artigo 606º os seguintes pressupostos para o exercício da sub-rogação do credor ao devedor (acção sub-rogatória indirecta):

1) Omissão pelo devedor de exercer os seus direitos contra terceiros;
2) Conteúdo patrimonial desses direitos e não atribuição do seu exercício exclusivo, por natureza ou disposição da lei, ao seu titular;
3) Essencialidade do exercício desses direitos para a satisfação ou garantia do direito do credor.

O primeiro requisito da acção sub-rogatória é a omissão pelo devedor de exercer os seus direitos. Efectivamente, a acção sub-rogatória caracteriza-se por ser uma reacção do credor contra uma conduta omissiva do devedor, pelo que, se o devedor vier a actuar positivamente em ordem a prejudicar o credor, a via adequada para este reagir já não será a da acção sub-rogatória, mas antes a da impugnação pauliana ou do arresto. Para além disso, essa omissão do devedor tem que ser relativa ao exercício de direitos subjectivos que este já adquiriu, pelo que estará naturalmente excluída a acção sub-rogatória relativamente a simples expectativas de aquisição de direitos (ex: a celebração de um contrato ou a publicação de uma obra já elaborada)[160]. Já é, porém, permitido o exercício da sub-rogação em relação a direitos sujeitos a condição ou a prazo, desde que o credor se encontre em condições de demonstrar que tem interesse em não aguardar pela verificação da condição ou pelo vencimento do crédito (art. 607º)[161]. Admite-se, por outro lado, o exercício da sub-rogação em relação à própria faculdade de sub-rogação, através da denominada acção sub-rogatória de segundo grau, nos termos da qual o credor, substituindo-se ao devedor, exerce os direitos que o devedor deste tem perante terceiro[162].

[160] Cfr. ANTUNES VARELA, *Obrigações*, II, p. 440.

[161] Efectivamente, em certos casos pode suceder que essa dilação prejudicasse a possibilidade de sub-rogação.

[162] Cfr. ANTUNES VARELA, *Obrigações*, II, p. 442 e MENEZES CORDEIRO, *Obrigações*, 2º, p. 485 e *Tratado*, X, p. 305.

O segundo requisito da sub-rogação é que os direitos, cujo exercício se omitiu, tenham conteúdo patrimonial, não estando esse exercício reservado, por natureza ou por disposição da lei, ao respectivo titular. Excluem-se assim da acção sub-rogatória, quer os direitos de natureza pessoal (ex: o direito de requerer o divórcio ou a separação judicial de pessoas e bens, bem como as acções de investigação de maternidade ou paternidade), quer mesmo aqueles que, não sendo daquela natureza, a lei reserve o seu exercício ao respectivo titular (ex: a revogação da doação por ingratidão do donatário ou a simples separação judicial de bens).

O terceiro requisito da sub-rogação é o de que o exercício desses direitos se apresente como essencial à satisfação ou garantia do direito do credor (art. 606º, nº 2). Efectivamente, e ao contrário do que sucede na declaração de nulidade (art. 605º, nº 2), não basta qualquer interesse do credor para que a sub-rogação possa ser decretada, exigindo-se a sua essencialidade para a satisfação ou garantia do seu direito. Tal pressupõe a demonstração de que sem o exercício daqueles direitos se verifica a impossibilidade de satisfação da obrigação (porque, por exemplo, o devedor não chega a adquirir a coisa infungível necessária para tal), ou de que o património do devedor se encontra insolvente, permitindo a sub-rogação eliminar ou reduzir essa situação.

3.3. Regime da acção sub-rogatória

Conforme se deduz *a contrario* do art. 608º, a acção sub-rogatória pode ser exercida tanto judicial como extrajudicialmente. No caso, porém, de ser exercida judicialmente é necessária a citação do devedor para a acção, verificando-se assim uma situação de litisconsórcio necessário passivo (art. 33º CPC), cuja preterição acarreta a ilegitimidade do réu.

Em relação aos meios de defesa que o terceiro demandado tem perante a acção sub-rogatória, parece que eles se limitarão àqueles que ele possui contra o devedor, que é o efectivo titular do direito, não podendo assim ser opostos meios de defesa que o terceiro possua contra o próprio credor, uma vez que este se limita a exercer o direito em substituição do seu verdadeiro titular[163].

Exercida a sub-rogação, o art. 609º determina que esta aproveita a todos os credores, o que implica ter a lei consagrado a modalidade da acção sub-

[163] Cfr. Antunes Varela, *Obrigações*, II, p. 445.

-rogatória indirecta, que não atribui qualquer preferência no pagamento ao credor que a ela recorre, mas antes determina o ingresso dos bens obtidos no património do devedor, ficando aí sujeitos ao poder de execução de todos os credores. Assim, o autor da sub-rogação não adquire qualquer vantagem especial pelo facto de a ela ter recorrido, sendo a sua actuação exercida em benefício de todos os outros credores.

4. Impugnação pauliana

4.1. Generalidades

A impugnação pauliana consiste na faculdade que a lei confere a cada credor de reagir contra os actos do devedor que diminuem a garantia patrimonial do crédito, ou seja, o património do devedor, em seu prejuízo[164]. Essa reacção dos credores é admissível, quer em relação à primeira alienação realizada pelo devedor (arts. 610º e ss.), quer em relação a alienações subsequentes efectuadas pelo adquirente dos bens (art. 613º) e constitui uma acção específica, destinada à impugnação desses actos[165]. A impugnação pauliana, na medida em que vai afectar a livre disposição pelo devedor dos seus próprios bens constitui, por isso, um dos principais argumentos invocados pelos que defendem a existência de um direito do credor sobre o património do devedor, como sucede com as concepções realista e mista do vínculo obrigacional.

[164] Cfr. Paulo Cunha, *Da garantia*, I, pp. 322 e ss. e 347 e ss., Vaz Serra, *BMJ* 75 (1958), pp. 192 e ss., Romano Martinez/Fuzeta da Ponte, *op. cit.*, pp. 15 e ss., João Antunes Varela, "Fundamento da acção pauliana", em *RLJ* 91 (1959), pp. 349-353, 366-370 e 379-383, Id, *Obrigações*, II, pp. 445 e ss., Almeida Costa, *Obrigações*, pp. 855 e ss., Id, "Nótula a propósito da impugnação pauliana", em *RLJ* 132 (1999), pp. 165-167, Menezes Cordeiro, *Obrigações*, 2º, pp. 488 e ss., "Anotação Ac. 19/2/1991", na *ROA* 51 (1991), pp. 525-572 e "Impugnação pauliana. Fiança de conteúdo indeterminável", em *CJ* 17 (1992), III, pp. 55-64 e *Tratado*, X, pp. 311 e ss., Henrique Mesquita, "Anotação Ac. STJ 17/1/1995", em *RLJ* 128 (1996), pp. 218-224, e 251-256, e Menezes Leitão, *Obrigações*, II, pp. 311 e ss., Paula Costa e Silva, "Impugnação pauliana e execução – Ac. do TRC de 11.2.2003, Agravo 3895/02", em *CDP* 7 (Julho-Setembro 2004), pp. 52-63, João Cura Mariano, *Impugnação pauliana*, Coimbra, Almedina, 2004, e Romeu Martins Ribeiro Filho, "Impugnação pauliana como meio de conservação da garantia patrimonial", em Jorge Ferreira Sinde Monteiro (org.), *Garantias das obrigações. Publicação dos trabalhos de mestrado*, Coimbra, Almedina, 2007, pp. 451-489.

[165] Não parece possível que a impugnação pauliana seja exercida por via de excepção. Em sentido contrário, veja-se, porém, D. Geib, "Gläubigeranfechtung durch Einrede", em *AcP* 119 (1921), pp. 157-285.

4.2. Evolução Histórica e Direito Comparado.

O instituto da impugnação pauliana, que a nossa lei prevê nos arts. 610º e ss., recorda a velha *actio pauliana* romana[166], assim denominada por, segundo a tradição, ter sido criada por um édito do pretor romano PAULUS[167].

Efectivamente, o instituto da impugnação pauliana tem origem na circunstância de se ter considerado um delito (*fraus creditorum*) o acto pelo qual o devedor cria ou aumenta conscientemente a sua insolvência (cfr. D.42.8.), atribuindo-se para a sua repressão uma *actio poenalis* (a denominada *actio pauliana*) com um prévio *arbitratus de restituendo* (D.22.1.38.4.[168]). A natureza penal da *actio* não punha em causa assim a exigência de restituição dos bens pelos credores, já que o devedor a quem tivesse sido solicitada uma reparação por esse delito poderia liberar-se restituindo o que tivesse sido pedido com o arbitramento. Essa restituição de bens poderia ser também exercida através de um *interdictum fraudatorium* (D.42.8.10.pr.), procedimento administrativo através do qual um magistrado determinava a restituição de um bem saído do património do devedor. Para além disso, poderia proceder-se à recuperação dos bens através de uma *in integrum restitutio* (D.42.8.6.7. e 10.16.), onde, por via judicial, os credores ou o *curator bonorum* tutelavam, após a *missio in bona*, a *par conditio creditorum*, procedendo, mediante de um *iudicium rescisorium*, à recuperação dos bens do devedor alienados a terceiro. Não existia assim no direito romano clássico uma única acção pauliana, correspondendo esta a três figuras: a *actio pauliana poenalis*, o *interdictum fraudatorium* administrativo e a *in integrum restitutio* judicial.

[166] Sobre a impugnação pauliana no Direito Romano, cfr. WALTER GERHARDT, *Die systematische Einordnung der Gläubigeranfectung*, Göttingen, Otto Schwarz & Co, 1969, pp. 46 e ss., FERDINANDO PUGLIA, *Dell'azione pauliana e del fondamento scientifico del diritto di proprietà*, Napoli, Ernesto Anfossi, 1886, pp. 5 e ss., ENRICO SERAFINI, *Della revoca degli atti fraudolenti compiuti dal debitore secondo il diritto romano*, I, Pisa, Francesco Mariotti, 1887, e II, Pisa, Francesco Mariotti, 1889, passim, SIRO SOLAZZI, *La revoca degli atti fraudolenti nel diritto romano*, 3ª ed., Napoli, Jovene, 1934, passim, ANTONIO BUTERA, *Dell'azione pauliana o revocatoria*, Torino, Utet, 1934, pp. 2 e ss., ANGELO MAIERINI, *Della revoca degli atti fraudolenti*, 4ª ed., com notas de Giorgio Giorgi, Firenze, Fratteli Cammelli, 1912, pp. 1 e ss.

[167] Há, porém, uma tese de PAUL COLINNET, "L'origine byzantine du nom de la paulienne (aprés 533 – VIIe siècle)", em *NRHDFE* 43 (1919), pp. 187-208, que contesta a existência de um pretor PAULUS, considerando bizantina a origem do nome. No mesmo sentido, veja-se CURA MARIANO, *op. cit.*, p. 21, nota (6).

[168] É este trecho o único no Digesto em que se faz referência à expressão *actio pauliana*.

O direito justinianeu procedeu, porém, a uma fusão destes três remédios, procurando eliminar, tanto quanto possível, o carácter penal da *actio* e acentuar a sua função restitutória, embora mantivesse expressamente o delito (fraude aos credores) como pressuposto da restituição. Essa configuração delitual conduzia a que os terceiros beneficiários só pudessem ser demandados se fossem cúmplices do acto, exigindo-se assim que tivessem conhecimento da fraude (cfr. D.42.8.6.8.). O desenvolvimento do instituto levou, porém, a que se estabelecesse uma distinção, mantendo-se apenas a exigência da cumplicidade se o acto fosse a título oneroso, mas dispensando-a em caso de aquisição gratuita, atendendo a que nessa hipótese ocorreria um enriquecimento sem causa do adquirente à custa do credor (cfr. D.42.8.6.11.)[169].

Com essa origem remota, a impugnação pauliana tem-se mantido nos diversos direitos, como meio de conservação da garantia geral, destinada a permitir aos credores reagir contra os actos do devedor que se apresentam como lesivos dessa garantia[170].

A regulação da impugnação pauliana no *Code Civil* francês é extremamente parca, na medida em que o art. 1167 se limita a prever que os credores podem, em seu nome pessoal, atacar os actos praticados pelo devedor em fraude aos seus direitos, embora a doutrina dedique bastante atenção à figura da acção pauliana[171].

[169] Cfr. EMILIO BETTI, *Teoria Generale delle Obbligazioni*, III-2- *Vicende dell'obbligazione*, IV-*Difesa preventiva e successiva dell'obbligazione*, Milano, Giuffrè, 1955, p. 181, ROLF MÖHLENBROCK, *op. cit.*, pp. 13 e ss., e 18 e ss., ÁNGEL CRISTÓBAL MONTES, *La vía pauliana*, Madrid, Tecnos, 1997, pp. 15 e ss., YUSSEF SAID CAHALI, *Fraudes contra credores*, São Paulo, Revista dos Tribunais, 2002, pp. 81 e ss., ANTUNES VARELA, *Obrigações*, II, p. 446 e MENEZES CORDEIRO, *Obrigações*, 2º, p. 489, e *Tratado*, X, p. 313, e MENEZES LEITÃO, *O enriquecimento sem causa no Direito Civil*, Lisboa, CEF, 1996, p. 853, nota (3).

[170] Cfr., no âmbito do Direito Comparado, a obra de JOAQUÍN J. FORNER DELAYGUA (org.), *La protección del crédito en Europa: La acción pauliana*, Barcelona, Bosch, 2000, da qual resulta que apenas o Direito inglês não possui uma *actio pauliana*, ainda que contemple diversas vias de reagir contra transferências fraudulentas. Sobre essas, cfr. a análise de Direito Inglês de ROBERT STEVENS/LIONEL SMITH, "Actio pauliana in English law", trad: "La acción pauliana en Derecho Inglês", nessa mesma obra, respectivamente a pp. 195-208 e 95-111.

[171] Cfr. MARCEL PLANIOL /GEORGES RIPERT, *Traité pratique de Droit Civil Français*, VII, Paris, LGDJ, 1931, nºs 926 e ss., pp. 229 e ss., CH. BEUDANT, *Cours de droit civil français*, VIII – *Les contrats et les obligations*, Paris, Arthur Rousseau, 1936, nºs 637 e ss., pp. 460 e ss., H. SINAY, "Action paulienne et responsabilité delictuelle a la lumière de la jurisprudence récente", na *RTDCiv* 46 (1948), pp. 183-193, LOUIS JOSSERAND, *Cours de droit civil positif français*, II – *Théorie*

Na sequência do Código Civil francês, o Código Civil Português de 1867 considerava a impugnação pauliana como uma acção de rescisão do acto (cfr. arts. 1033º e ss., esp. art. 1044º), considerando a doutrina os seus efeitos equiparáveis aos da acção de nulidade.

Da mesma forma, o Código Civil espanhol de 1889 vem incluir a impugnação pauliana entre os meios que a garantia patrimonial concede aos credores (art. 1111) considerando a figura como uma hipótese de rescisão dos contratos "*celebrados en fraude de acreedores, cuando éstos no puedan de otro modo cobrar lo que se les deba*" (art. 1291, 3, do CC espanhol), sendo igualmente rescindíveis "*los pagos hechos en estado de insolvencia por cuenta de obligaciones a cuyo cumplimiento no podría ser compelido al deudor al tiempo de hacerlos*". O art. 1297 estebelece uma presunção de fraude aos credores para todas as alienações de bens a título gratuito e ainda para as alienações onerosas "*hechas por aquellas personas contra las cuales se hubiese pronunciado antes sentencia condenatoria en cualquir instancia o expedido mandamiento de embargo de bienes*". No entanto, o art. 1294 vem estabelecer a subsidiariedade da acção de rescisão, estabelecendo que ela não poderá ser exercida a não sendo quando o prejudicado careça de qualquer outra forma de obter a reparação do prejuízo, sendo o seu prazo limite de quatro anos (art. 1299). Julgada procedente a rescisão, esta determina obrigações de restituição do que foi prestado, bem como dos respectivos frutos ou juros, a qual é no entanto excluída, sendo substituída por indemnização, se as coisas objecto do contrato forem transmitidas para terceiro de boa fé (art. 1295º). No caso da fraude aos credores, o adquirente de má fé é igualmente sujeito a indemnizar os credores dos danos e prejuízos que a indemnização lhes

générale des obligations. Les principaux contrats du droit civil. Les suretés, Paris, Sirey, 1939, nºs 676 e ss., pp. 427 e ss., C. AUBRY/C. RAU, *Cours de Droit civil français d'aprés la méthode de Zachariae*, IV, 4ª ed., Paris, LGDJ, 1871, § 313, pp. 130 e ss., C. DEMOLOMBE, *Cours de Code Napoléon*, XXV, Paris, Imprimerie Générale, 1878, nºs 143 e ss., pp. 148 e ss., ALEXANDRE GROUBER, *De l'action paulienne en Droit Civil français contemporain*, Paris, Arthur Rousseau, 1913, HENRI MAZEAUD / LÉON MAZEAUD / JEAN MAZEAUD / FRANÇOIS CHABAS, *Leçons de Droit Civil*, II-1 – *Obligations. Théorie générale*, 9ª ed., por François Chabas, Paris, Montchrestien, 1998, nºs 980 e ss., pp. 1053 e ss., JEAN CARBONNIER, *Droit Civil*, IV – *Les Obligations*, 22ª ed., Paris, Puf, 2000, nº 367, pp. 639-640 e JEAN PASCAL CHAZAL, "L'action paulienne en Droit Français", e trad: "La acción pauliana en Derecho francés", em JOAQUÍN J. FORNER DELAYGUA (org.), *La protección del crédito en Europa: La acción pauliana*, Barcelona, Bosch, 2000, respectivamente a pp. 177-194 e 73-94.

tivesse ocasionado sempre que, por qualquer causa, lhe seja impossível devolvê-las (art. 1298)[172].

A recepção do Direito Romano na Alemanha levou a que naturalmente a impugnação pauliana viesse a ser recebida neste ordenamento[173]. No entanto, o instituto não chegou a ser contemplado no BGB, uma vez que já se encontrava previsto na Lei de 21/07/1879, que contemplou expressamente a revogação dos actos jurídicos praticados pelo devedor, não compreendidos num processo falencial, lei essa que viria a ser modificada pela Lei de 20/5/1898. Posteriormente, em 1994 surge a *Anfechtungsgesetz*, que abarca a situação da impugnação pauliana[174].

[172] Cfr. Federico de Castro, "La acción pauliana y la responsabilidad patrimonial. Estudio de los artículos 1.911 y 1.111 del Código Civil", em *RDPriv* 19 (1932), pp. 198-227, Rolf Möhlenbrock, *op. cit.*, pp. 81 e ss., Ángel Cristóbal Montes, *op. cit.*, passim, Francisco Rivero, "La acción pauliana en Derecho español", em Joaquín J. Forner Delaygua (org.), *La protección del crédito en Europa: La acción pauliana*, Barcelona, Bosch, 2000, pp. 43-71 e José Manuel de Torres Perea, *Presupuestos de la acción rescisoria*, Valencia, Tirant lo Bloch, 2001.

[173] Cfr. Möhlenbrock, *op. cit.*, p. 34.

[174] Cfr. sobre a impugnação pauliana no Direito alemão, Konrad Cosack, *Das Anfechtungsrecht der Gläubiger eines zahlungsunfähigen Schuldners innerhalb und außerhalb des Konkurses nach deutschem Reichsrecht*, Suttgart, Ferdinand Enke, 1884, Lippmann, "Die rechtliche Natur des Anfechtungsrechfts", em *JhJb* 36 (1896), pp. 145-248, Paul Oertmann, "Die Wirkung der Gläubigeranfechtung", em *ZZP* 33 (1904), p. 1-33, Friedrich Hellmann, "Die rechtliche Natur der Gläubigeranfechtung", em *SeuffBl.* 70 (1905), pp. 401-426, R. Falkmann, *Die Anfechtung von Rechtshandlungen durch die Gläubiger außerhalb des Konkurses*, Berlin, Franz Siemenroth, 1908, Ernst Jaeger, *Die Gläubigeranfechtung außerhalb des Konkursverfahrens. Erläuterungen des Anfechtungsgesetzes mit systematischer Einführung*, 2ª ed., Berlin, Walter de Gruyter, 1938, Gotthard Paulus, "Sinn und Formen der Gläubigeranfechtung", em *AcP* 155 (1956), pp. 277-374, Stefan Rutkowsky, *Rechtsnatur und Wirkungsweise der Gläubigeranfechtung unter besonderer Berücksichtigung der Einzelfälle anfechtbar Rechtshandlungen*, Diss. Bonn, 1969, Walter Gerhardt, *Die systematische Einordnung*, passim, ID, "Grundprobleme der Gläubigeranfectung und Spezialfragen der Übertragung eines belasteten Miteigentumsanteils", em *ZIP* 1984, p. 397-403, Volker Mesch, *Die Rechtsnatur der Gläubigeranfectung innerhalb und außerhalb des Konkurses*, Regensburg, Roderer, 1993, Ludwig Häsemeyer, "Aktuelle Tendenzen in der Rechtsprechung zur Konkurs- und Einzelanfechtung", em *ZIP* 1994, pp. 418-424, Rolf Möhlenbrock, *Die Gläubigeranfechtung im deutschen und spanischen Recht: eine rechtsvergleichende Betrachtung der Gläubigeranfechtung innerhalb und außerhalb des Konkurses*, Frankfurt a. M./Berlin/Bern/New York/Paris/Wien, Lang, 1996, Peter Allgayer, *Rechtsfolgen und Wirkungen der Gläubigeranfechtung*, Köln, Kommunikationsforum, 2000, Michael Huber, *Anfechtungsgesetze. Gesetz über die Anfechtung von Rechtshandlungen eines Schuldner außerhalb des Insolvenzverfahrens*, 9ª ed., München, Beck, 2000, Nadja Hoffmann, "Die Actio Pauliana im deutschen Recht: Gläubigeranfechtung

Diferente é a concepção adoptada pelo Código Italiano[175], cujos arts. 2901 e 2902 consideram expressamente a *azione revocatoria* como uma acção destinada a obter uma declaração de ineficácia dos actos em relação ao credor, podendo em consequência o credor exercer sobre os bens as acções executiva e conservatória, atribuindo-lhe preferência em relação ao terceiro contraente. A *azione revocatoria* pressupõe a realização pelo devedor de actos de disposição do seu património que causem prejuízo ao credor, concorrendo as seguintes condições: *a)* o devedor conheça o prejuízo causado ou, tratando-se de acto anterior ao crédito, ele tenha sido dolosamente pré-ordenado em ordem a impedir a sua satisfação; *b)* tratando-se de acto a título oneroso, o terceiro fosse conhecedor do prejuízo ou, tratando-se de acto anterior ao crédito, tenha participado na sua pré-ordenação dolosa. A ineficácia do acto não prejudica, no entanto, os direitos adquiridos a título oneroso por terceiro de boa fé, salvo prévia inscrição da acção no registo. A acção revogatória prescreve no prazo de cinco anos após a prática do acto (ar. 2903).

4.3. Pressupostos da impugnação pauliana em relação à primeira alienação

4.3.1. Generalidades

Nos termos dos arts. 610º e ss. a impugnação pauliana tem os seguintes pressupostos:

- *a)* a realização pelo devedor de um acto que diminua a garantia patrimonial do crédito e não seja de natureza pessoal;
- *b)* que o crédito seja anterior ao acto, ou sendo posterior, ter sido ele dolosamente praticado com o fim de impedir a satisfação do direito do futuro credor;

nach dem Anfechtungsgesetz und der Insolvenzordnung", e trad: "La *actio pauliana* en Derecho alemán: impugnación de los acreedores según la ley de impugnación y la regulación referente a la insolvencia", em JOAQUÍN J. FORNER DELAYGUA (org.), *La protección del crédito en Europa: La acción pauliana*, Barcelona, Bosch, 2000, respectivamente a pp. 153-176 e 15-41.

[175] Sobre a impugnação pauliana no Direito italiano, cfr. no âmbito do anterior Código Civil, BUTERA, *op. cit.*, passim, CAMILLO BREZZO, *La revoca degli atti fraudolenti compiuti a danno dei creditori*, Torino, Fratelli Bocca, 1892, MAIERINI, *op. cit.*, passim, e ANTONIO CICU, *L'obbligazione nel patrimonio del debitore*, Bologna, polic., 1922-1923, pp. 40 e ss. e VIRGILIO ANDRIOLI, *L'azione revocatoria*, Roma, s.e., 1935. No âmbito do actual, veja-se ALBERTO MAFFEI ALBERTI, *Il danno nella revocatoria*, Padova, Cedam, 1970 e BARTOLOMEO QUATRARO/ ALBERTO FUMAGALLI, *La revocatoria ordinaria e fallimentare*, 2ª ed., Milano, IPSOA, 1994.

c) que o acto seja de natureza gratuita ou, sendo oneroso, ocorra má fé tanto do alienante como do adquirente;
d) que resulte do acto a impossibilidade de o credor obter a satisfação integral do crédito ou agravamento dessa impossibilidade.

Examinemos sucessivamente estes pressupostos:

4.3.2. Realização pelo devedor de um acto que diminua a garantia patrimonial do crédito e não seja de natureza pessoal

O primeiro pressuposto da impugnação pauliana é a realização pelo devedor de actos que impliquem diminuição da garantia patrimonial do crédito. Efectivamente, ao contrário da acção sub-rogatória, que permite ao credor reagir contra as omissões do devedor, a impugnação pauliana é dirigida contra os actos praticados por ele, destinando-se a impedir que esses actos possam afectar a garantia patrimonial do crédito. Estão assim em causa actos que se repercutam em termos negativos no património do devedor, quer em virtude da diminuição do seu activo (doação de um imóvel, remissão de uma dívida), quer em virtude do aumento do seu passivo (assunção de uma dívida de outrem, prestação de garantias)[176]. Já não poderão, porém, ser objecto de impugnação pauliana actos que no curto prazo representem um incremento patrimonial do devedor, ainda que a logo prazo possam incrementar o seu passivo, como a obtenção de créditos ou financiamentos[177]. Igualmente não poderá ser objecto de impugnação a alienação de bens impenhoráveis do devedor, uma vez que estes não integram a garantia patrimonial do crédito.

Exige-se que os actos sejam praticados pelo devedor, pelo que actos em que ele não tenha qualquer intervenção não podem ser objecto de impugnação pauliana. Tem sido, porém, questionada a hipótese de ela poder ser igualmente aplicada em relação a actos que, embora não praticados directamente pelo devedor tenham sido por ele determinados[178].

[176] Trata-se de posição pacífica. Cfr., por todos, CAHALI, *op. cit.*, p. 250.

[177] Em sentido contrário, veja-se, porém, LEITE DE CAMPOS, "A responsabilidade do banqueiro pela concessão ou não concessão de crédito", na *ROA* 46 (1986), pp. 49-55 (51 e ss.) que admite que a injustificada concessão de crédito por parte dos bancos possa ser objecto de impugnação pauliana, que teria como efeito negar ao banco a possibilidade de cobrar o crédito, bem como ter de restituir os juros e amortizações recebidas. No sentido defendido MENEZES CORDEIRO, *Manual de Direito Bancário*, pp. 395-396.

[178] Neste sentido, na jurisprudência alemã em BGH 5/12/1991, em *JZ* 1992, pp. 742-745, considerou-se que poderia ser objecto de impugnação pelo credor de um sócio titular de

Não estão, porém, sujeitos à impugnação os actos do devedor que tenham natureza pessoal, mesmo que deles resulte eventualmente uma diminuição do seu património. Assim, se o devedor decide casar em comunhão geral de bens, ou efectuar a adopção ou perfilhação de uma criança, ou requerer o divórcio ou a separação judicial de bens, os credores não poderão reagir contra estes actos através da impugnação pauliana[179]. Mas já não são actos de natureza pessoal os acordos de partilha dos bens comuns do casal, pelo que estes poderão ser paulianamente impugnados[180].

Pode, porém, colocar-se algumas dúvidas sobre a sujeição à impugnação pauliana de certas categorias de actos praticados pelo devedor, sendo alguma dessas dúvidas resolvidas por lei.

A primeira diz respeito aos actos nulos, como por exemplo os negócios simulados (arts. 240º e ss.), uma vez que acarretando a nulidade a não produção de efeitos jurídicos do acto, poderia questionar-se se dele resultaria efectivamente a diminuição da garantia patrimonial do crédito. No entanto, a verdade é que a lei expressamente admite a impugnação pauliana em relação a esses actos (art. 615º, nº 1), o que bem se compreende, uma vez que conhecidas as dificuldades de prova de certos fundamentos da nulidade, como no caso da simulação, seria incorrecto sujeitar o credor aos riscos da improcedência de uma acção de nulidade que, em qualquer caso, até se revelaria menos benéfica para o credor do que a impugnação pauliana[181]. Nada impede, porém, o autor, perdida a acção de impugnação pauliana, de suscitar a questão da nulidade, nos termos do art. 605º, uma vez que não há obstáculos temporais a essa acção (art. 286º). O que

uma participação numa sociedade civil o facto de esta, por determinação do sócio, ter alienado todo o seu património para tornar sem valor a referida participação social. Para uma análise da decisão, veja-se Walter Gerhardt, "Zur Anfechtbarkeit bei Übertragung des einzigen Vermögensgegenstandes einer Gesellschaft bürgerlichen Rechts – Zugleich eine Besprechung der Urteile des BGH vom 5.12.1991 – IX ZR 270/90 und 271/90", em *JZ* 1992, pp. 724-727.

[179] Cfr. Almeida Costa, *Obrigações*, p. 858. Em sentido contrário, quanto à separação judicial de bens ou à convenção antenupcial de comunhão geral, Romano Martinez/Fuzeta da Ponte, *op. cit.*, p. 17.

[180] Cfr. Ac. RP 14/7/2008 (Pinto de Almeida), em *CJ* 33 (2008), 3, pp. 196-201.

[181] Efectivamente, na acção de nulidade, o obrigado à restituição pode exigir que as obrigações de restituição sejam cumpridas simultaneamente, nos termos da excepção de não cumprimento do contrato (arts. 290º e 428º e ss.), enquanto que na impugnação pauliana, o terceiro fica vinculado à restituição perante o credor (art. 616ª), sendo que esse direito não é minimamente afectado pelos direitos que possua contra o devedor (art. 617º, nº 2).

já não pode é pedir cumulativamente na mesma acção a impugnação pauliana e a declaração de nulidade ou anulação, uma vez que o acto objecto de impugnação pauliana tem que se apresentar para efeitos deste instituto como válido[182]. Também não podem naturalmente os réus invocar a nulidade em ordem a impedir a procedência da impugnação pauliana[183].

Outra situação diz respeito ao cumprimento das obrigações vencidas, que a lei considera estar excluído da impugnação pauliana, sendo esta, porém, admissível, quer em relação ao cumprimento de obrigações ainda não exigíveis, quer em relação ao cumprimento de obrigações naturais (art. 615º, nº 2). Esta norma, apesar de já constar dos monumentos romanos (D.42.8.6.6) carece de alguma explicação. Efectivamente, encontrando-se o devedor numa situação patrimonial deficitária, não há dúvida que o facto de ele efectuar o pagamento a apenas um dos credores implica vir este a ser beneficiado em relação aos restantes, o que se poderia considerar como atentatório do princípio do tratamento igualitário dos credores, resultante do art. 604º, nº 1[184]. Mas a verdade é que, não se encontrando o devedor na iminência de insolvência[185], cabe-lhe a faculdade de gerir livremente o seu património, o que pode passar por dar prioridade a alguns credores (v.g., fornecedores principais), cuja reacção ao não cumprimento lhe poderia acarretar mais prejuízos, quer para os seus próprios interesses, quer mesmo para os restantes credores[186]. Por outro lado, o credor recebe aquilo a que tem direito, pelo que não se vê como obrigá-lo à restituição da prestação que lhe era efectivamente devida e exigível (*"nullam videtur fraudem facere qui suum recepit"*)[187].

[182] Cfr. LUÍS CARVALHO FERNANDES, "O regime registral da impugnação pauliana", em RUI MANUEL DE MOURA RAMOS / CARLOS FERREIRA DE ALMEIDA / ANTÓNIO MARQUES DOS SANTOS / PEDRO PAIS DE VASCONCELOS / LUÍS DE LIMA PINHEIRO / MARIA HELENA BRITO / DÁRIO MOURA VICENTE, *Estudos em Homenagem à Professora Doutora Isabel de Magalhães Collaço*, II, Coimbra, Almedina, 2002, pp. 25-47 (30-31).

[183] Cfr. Ac. STJ 14/1/1997 (TORRES PAULO), no *BMJ* 463 (1997), pp. 464-470.

[184] Sobre este princípio, veja-se MENEZES CORDEIRO, "A 'impossibilidade moral': do tratamento igualitário no cumprimento das obrigações" na *TJ* 18 (1986), pp. 5-7 e 19 (1986), pp. 1-5, recolhido em ID, *Estudos de Direito Civil*, I, Coimbra, Almedina, 1987, pp. 97-113.

[185] A iminência de insolvência reforça para o devedor o seu dever de tratamento igualitário dos credores. Assim, o art. 121, nº 1 *f)* e *g)* do CIRE admite que os pagamentos realizados na iminência da insolvência possam ser resolúveis em benefício da massa.

[186] Cfr. ALMEIDA COSTA, *Obrigações*, p. 859.

[187] Cfr. ANTUNES VARELA, *Obrigações*, II, p. 454.

Esta exclusão da aplicação da impugnação pauliana ao cumprimento das obrigações não é, porém, extensível ao cumprimento de obrigações ainda não exigíveis, nem ao cumprimento de obrigações naturais. Efectivamente, ao satisfazer créditos ainda não exigíveis, o devedor beneficiaria indiscutivelmente o titular desse crédito em relação aos demais credores, não se justificando que o faça nas situações em que tal diminua a garantia patrimonial dos restantes. Da mesma forma, não será permitido ao devedor satisfazer créditos naturais em detrimento dos seus créditos civis, uma vez que, apesar de o cumprimento da obrigação natural corresponder a um dever de justiça, não se admite que esse dever possa ser satisfeito à custa da lesão da garantia patrimonial dos credores civis.

Se em lugar de efectuar o cumprimento, o devedor vier a extinguir a dívida através de outras causas de extinção, como a dação em cumprimento, a dação *pro solvendo* ou a novação, naturalmente que os restantes credores poderão recorrer à impugnação pauliana, uma vez que essas causas de extinção beneficiam aquele credor em relação aos restantes, e não são abrangidas pela exclusão do cumprimento das obrigações[188].

4.3.3. Anterioridade do crédito em relação ao acto, ou sendo ele posterior, prática do acto dolosamente com o fim de impedir o direito do futuro credor

O segundo requisito da impugnação pauliana é a anterioridade do crédito em relação ao acto. Efectivamente, aquando da constituição do crédito, o credor toma normalmente em consideração a situação patrimonial do devedor, pelo que é com essa situação que deve poder contar para efeitos da garantia geral. Por esse motivo, se se admite que o credor possa reagir contra posteriores actos do devedor que afectem essa garantia, já dificilmente se compreenderia que a sua reacção se estendesse aos actos anteriores à constituição do crédito, uma vez que tal implicaria fazer abranger na garantia patrimonial bens que já não pertenciam ao património do devedor no momento em que o crédito se constituiu e com os quais o credor portanto não contava. É apenas relevante a data da constituição do crédito, e não a data em que o credor obteve um título executivo sobre o devedor, dado que essa circunstância não se inclui entre os pressupostos da impugnação pauliana[189].

[188] Cfr. FALKMANN, *op. cit.*, pp. 23-24.

[189] Diferentemente, o § 2 *AnfG* alemã apenas admite o exercício da impugnação após o credor ter obtido um título executivo contra o devedor, o qual é directamente oponível

A lei admite, porém, uma excepção a essa regra, que consiste na circunstância de o acto ter sido realizado dolosamente com o fim de prejudicar a satisfação do direito do futuro credor. Efectivamente, se apesar de anterior ao crédito, se puder concluir que o devedor visou dolosamente com o acto impedir a satisfação do direito do futuro credor, justifica-se a concessão da impugnação pauliana, para reprimir a fraude ao credor. Será, por exemplo, o caso de o devedor solicitar a concessão de um mútuo, que lhe é deferida, atendendo à sua situação patrimonial mas, antes da efectiva celebração do contrato, proceder à alienação de todos os seus bens. Neste caso, apesar da prioridade temporal do acto em relação ao crédito, é manifesto que o acto teve em vista precisamente defraudar a garantia com que contava o credor, sendo, por isso, justificado que, em função desse dolo específico, o credor nesse caso possa reagir através da impugnação pauliana.

A lei resolve expressamente a questão da anterioridade em relação aos créditos ainda não exigíveis ou sujeitos a condição suspensiva, no momento em que o acto é praticado (art. 614º). Relativamente à circunstância de o crédito ainda não ser exigível, a lei estabelece que tal não obsta ao exercício da impugnação (art. 614º, nº 1), sendo assim a questão da anterioridade do crédito considerada como dizendo respeito à sua constituição e não à sua exigibilidade. Mas já relativamente ao crédito sujeito a condição suspensiva excluiu-se a impugnação, admitindo-se apenas que, verificados os seus requisitos, o credor possa exigir a prestação de caução (art. 614º, nº 2). Relativamente a créditos sujeitos a condição ou termo resolutivo, naturalmente que independentemente de futuramente vir a ocorrer a verificação da condição ou o vencimento do termo, já estão constituídos antes do acto, pelo que naturalmente poderão utilizar a via da impugnação pauliana.

Caso o crédito seja transmitido para outrem por via de sucessão por morte, cessão ou sub-rogação após a realização do acto impugnável, naturalmente que tal não afecta a sua anterioridade em relação ao mesmo acto, uma vez que esta toma por base a data de constituição do crédito, independentemente das vicissitudes a que o mesmo posteriormente seja sujeito[190].

ao terceiro demandado. Cfr., sobre esta disposição HANS FRIEDHELM GAUL, "Der Einwendungsausschluß in bezug auf den Schuldtitel nach § 2 AnfG als Problem der Gläubigeranfechtung und der Urteilswirkungen gegenüber Dritten", em PETER GOTWALD / HANNS PRÜTTING, *Festschrift für Karl Heinz Schwab zum 70. Geburtstag*, München, Beck, 1990, pp. 111-138.

[190] Neste sentido, BUTERA, *op. cit.*, pp. 495 e 514 e YUSSEF SAID CAHALI, *op. cit.*, p. 162.

4.3.4. Natureza gratuita do acto ou, sendo ele oneroso, ocorrência de má fé tanto do alienante como do adquirente

Sendo o acto de natureza gratuita, a lei não exige um específico *consilium fraudis* por parte do alienante e do adquirente, por entender que os interesses que estão em causa num acto gratuito, não podem prevalecer contra os direitos do credor. Assim, relativamente aos actos gratuitos, a impugnação pauliana procede, mesmo que o devedor e o terceiro tenham agido de boa fé. Entre os actos gratuitos incluir-se-ão naturalmente as doações modais ou onerosas[191], uma vez que, estas apesarem de imporem encargos ao beneficiário, não deixam de constituir verdadeiras liberalidades, representando o modo ou encargo não uma contraprestação, mas uma restrição da liberalidade[192]. Deve igualmente ser considerado como acto gratuito o cumprimento das obrigações naturais, uma vez que não existindo um dever jurídico à realização da prestação, a situação aproxima-se da liberalidade[193]. Serão também considerados actos gratuitos a prestação de garantias a terceiros, a menos que seja prestada uma remuneração adequada pela garantia[194]. Pelo contrário, parecem dever considerar-se como actos onerosos a partilha judicial dos bens do devedor[195], e a dação em cumprimento[196].

Quando a alienação é a título oneroso, a impugnação pauliana só pode proceder se o devedor e o terceiro adquirente tiverem agido de má fé (*consilium fraudis*), considerando a lei como má fé a consciência do prejuízo que o acto causa ao credor (art. 612º, nº 2). Tem vindo a constituir objecto de ampla controvérsia na doutrina a forma como deve ser definida a má fé,

[191] Neste sentido, cfr. na jurisprudência Ac. RC 24/4/2012 (Barateiro Martins), na *CJ* 37 (2012), 2, pp. 37-40.

[192] Cfr. Antunes Varela, *Ensaio sobre o conceito do modo*, Lisboa, Atlântida, 1955, pp. 82 e ss., e *Obrigações*, II, p. 456.

[193] Neste sentido, Almeida Costa, *Obrigações*, p. 865.

[194] Sobre esta questão, cfr. Carlos Mota Pinto, "Onerosidade e gratuitidade das garantias de dívidas de terceiro na doutrina da falência e da impugnação pauliana", em *BFD número especial* (1983) – *Estudos em homenagem ao Prof. Doutor J. J. Teixeira Ribeiro*, III-Iuridica, pp. 93-117, que considera onerosa a constituição das garantias, mesmo que por terceiro, se a contrapartida for a concessão de crédito.

[195] Considerando a partilha judicial susceptível de impugnação pauliana, vejam-se o Ac. RC 24/4/2012 (Ferreira Lopes), na *CJ* 37 (2012), 2, pp. 41-42 e o Ac. STJ 9/2/2012 (Hélder Roque), na *CJ-ASTJ* 20 (2012), 1, pp. 75-80.

[196] Cfr. Ac. STJ 10/11/1998 (Silva Paixão), em *CJ-ASTJ* 6 (1998), 3, pp. 104-106.

para efeitos da impugnação pauliana[197], mas parece-nos que este conceito deve abranger tanto os casos de dolo como de negligência consciente em relação à verificação do prejuízo. Já os casos de negligência inconsciente – as partes celebram o negócio sem ter consciência da possibilidade de lesar o credor, quando poderiam, se actuassem diligentemente, ter adquirido essa consciência – não poderão, a nosso ver, integrar o conceito de má fé, referido no art. 612º, nº 2. Relativamente ao tipo de prejuízo em questão, ele deve ser entendido como a impossibilidade prática de satisfação do crédito, admitindo-se assim a existência de má fé, sempre que haja intenção ou consciência dessa impossibilidade. Quer a má fé do alienante, quer a do adquirente, terão que ser provadas pelo credor, para que a impugnação pauliana possa ser julgada procedente.

[197] O art. 1036º do Código Civil de 1867 definia a má fé como o conhecimento do estado de insolvência do devedor. Mas já GUILHERME MOREIRA, *Instituições*, II, pp. 170 e ss., entendia não bastar o conhecimento do estado de insolvência exigindo-se antes a consciência do prejuízo causado ao credor, a qual não teria, porém, que corresponder a uma intenção de prejudicar, tese igualmente seguida por CUNHA GONÇALVES, *Tratado*, V, p. 773.
No âmbito dos trabalhos preparatórios, VAZ SERRA, "Responsabilidade patrimonial", no *BMJ* 75 (1958), pp. 5-410, p. 215, nota (302) e art. 8º, nº 2 do anteprojecto, a p. 220 defendeu expressamente a solução de que se deveria incluir na má fé a ignorância por negligência do prejuízo causado ao credor, posição que continuaria a defender em "Anotação Ac. STJ 30/1/1968" na *RLJ* 102 (1970), pp. 5-10. Esta posição foi depois expressamente sufragada por MENEZES CORDEIRO, *Da Boa Fé no Direito Civil*, Coimbra, Almedina, 1984, pp. 492 e ss. Já para ALMEIDA COSTA, "Anotação Ac. STJ 23/1/1992", na *RLJ* 127 (1995), pp. 274-278, o conceito de má fé abrange tanto o dolo como a negligência consciente, mas não pode abranger a negligência inconsciente, posição que parece merecer igualmente a adesão de ANTUNES VARELA, *Obrigações*, II, p. 452. No mesmo sentido, ROMANO MARTINEZ/FUZETA DA PONTE, *op. cit.*, pp. 22-23.
A jurisprudência também tem andado dividida sobre esta questão. No (Ac. STJ 23/1/1992 (RICARDO VELHA) em *BMJ* 413 (1992), pp. 548-553 = *RLJ* 127 (1995), pp. 270-274, sustentou-se que a má fé aqui referida apenas poderia abranger casos de dolo. No Ac. STJ 11/1/2000 (MARTINS DA COSTA), no *BMJ* 493 (2000), pp. 351-353 entende-se que a má fé prevista no art. 612º, nº 2, exigiria pelo menos a negligência consciente, posição igualmente seguida no no Ac. STJ 3/5/2000 (SILVA PAIXÃO), no *BMJ* 497 (2000), pp. 315-319, no Ac. RP 14/7/2008 (PINTO DE ALMEIDA), em *CJ* 33 (2008), 3, pp. 196-201 e no Ac. STJ 23/2/2010 (CARDOSO DE ALBUQUERQUE), em *CJ-ASTJ* 18 (2010), 1, pp. 67-71. Já no Ac. STJ 15/2/2000 (TORRES PAULO), no *BMJ* 494 (2000), pp. 302-311 manifesta-se adesão à tese de MENEZES CORDEIRO, mas a decisão a que se chega dificilmente pode ser vista como aplicação dessa doutrina.
A nosso ver, a solução preferível é a que exige a negligência consciente, já que não se afigura correcto sujeitar o terceiro a ver frustrada uma aquisição que efectuou a título oneroso, se ele ignorava, ainda que por negligência, os danos causados ao credor.

4.3.5. Impossibilidade de o credor obter a satisfação integral do crédito ou agravamento dessa impossibilidade

O último dos requisitos da impugnação pauliana é a de que do acto impugnado resulte para o credor a impossibilidade de satisfação parcial do crédito ou agravamento dessa impossibilidade (art. 610º *b)*). No âmbito do Código de 1867, o art. 1033º exigia expressamente que do acto resultasse insolvência do devedor. Actualmente, a lei vai mais longe, exigindo apenas a mera impossibilidade de satisfação do crédito. Parece assim que esta fórmula poderá abranger, não apenas os casos em que o acto implique a colocação do devedor numa situação de insolvência ou agrave essa situação, se ela já se verificava, mas também os casos em que, embora não ocorrendo essa insolvência, o acto produza ou agrave a impossibilidade fáctica de o credor obter a execução judicial do crédito (como na hipótese de o devedor resolver alienar todos os imóveis que possui, ficando, porém, com o dinheiro da sua venda, que facilmente poderá depois ocultar ou dissipar)[198].

Cabe, porém, salientar que a demonstração deste requisito não tem que ser realizada pelo credor, uma vez que é ao devedor ou a terceiro interessado na manutenção do acto que cabe a prova de que o obrigado possui bens penhoráveis de igual ou maior valor (art. 611º). Assim, se o credor provar o montante das dívidas e não for feita pelo devedor ou por terceiro a prova da existência de bens penhoráveis no património do devedor, a impugnação pauliana será naturalmente julgada procedente.

4.4. Pressupostos da impugnação pauliana em relação às transmissões posteriores

Conforme se referiu, o facto de o adquirente dos bens ter procedido a uma nova alienação não prejudica a possibilidade de os credores impugnarem igualmente esta transmissão através da impugnação pauliana. O art. 613º, nº 1, exige apenas para admitir essa nova impugnação que se verifiquem os seguintes requisitos:

a) que relativamente à primeira transmissão se verifiquem os requisitos de impugnabilidade acima referidos;

b) que, no caso de a nova transmissão ser a título oneroso, ocorra má fé, tanto do alienante como do posterior adquirente.

[198] Cfr. ANTUNES VARELA, *Obrigações*, II, p. 448. Em sentido diverso, MENEZES CORDEIRO, *Obrigações*, 2º, p. 490, e *Tratado*, X, pp. 358-359.

Daqui resulta que, uma vez verificada a impugnabilidade da primeira transmissão, fica facilitada a impugnação de posteriores transmissões, uma vez que a lei basta-se nesse caso com a demonstração da má fé do alienante e do posterior adquirente, se a transmissão for a título oneroso. Se ela for realizada a título gratuito, nem sequer se exige qualquer outro requisito.

O art. 613º, nº 2, acrescenta ainda que a mesma solução "é aplicável, com as necessárias adaptações, à constituição de direitos sobre os bens transmitidos, em benefício de terceiro".

Tem sido ainda questionada a possibilidade de impugnação no caso de extinção do direito transmitido, como na hipótese da cessão do crédito que vem a ser satisfeito pelo devedor ao cessionário, conhecendo a impugnabilidade da cessão. Na Alemanha, a jurisprudência tem defendido que o próprio devedor não pode ser considerado como transmitente, para que o pagamento por ele efectuado possa ser objecto da segunda impugnação pauliana[199], posição que nos parece igualmente de sufragar.

4.5. Regime da impugnação pauliana

4.5.1. Efeitos da impugnação pauliana em relação ao credor

Os efeitos da impugnação pauliana em relação ao credor encontram-se referidos no art. 616. Um aspecto importante do regime da impugnação pauliana é o de que *os seus efeitos aproveitam apenas ao credor que a tenha requerido* (art. 616º, nº 4) e que, consequentemente, com a impugnação pauliana, não há qualquer retorno dos bens ao património do devedor[200]. No âmbito do Código de Seabra, o art. 1044º determinava que "rescindido o acto ou contrato, revertem os valores alienados ao cúmulo dos bens do devedor, em benefício dos seus credores", mas desde cedo a doutrina questionou essa regra. GUILHERME MOREIRA chamava a atenção para o facto de essa disposição ser incoerente com a circunstância de a impugnação pauliana cessar logo que o devedor ou o adquirente demandado satisfazem

[199] Cfr., neste sentido BGH 5/2/1987, em *KTS* 48 (1987), pp. 295-303. Crítico em relação à decisão, WOLFGANG MAROTZKE, "Rechtsprobleme des Gläubigerzugriffs auf anfechtbar zedierte Forderungen des Schuldners – Stellungnahme zu dem Urteil des BGH, KTS 1987, 295-", em *KTS* 48 (1987), pp. 569-596.

[200] Neste sentido, vide ALMEIDA COSTA, *Obrigações*, pp. 868 e ss. e CARVALHO FERNANDES, *op. cit.*, p. 31. Na jurisprudência, cfr. Ac. RP 4/1/1994 (LOBO DE MESQUITA), sumarizado no *BMJ* 433 (1994), p. 618, e Ac. RL 20/4/1994 (CÉSAR TELES), em *CJ* 19 (1994), 2, pp. 169-171 e Ac. STJ 28/3/1996 (ALMEIDA E SILVA), no *BMJ* 455 (1996), p. 498-506.

a dívida (art. 1040º-1041º C.C. 1867), defendendo que, quando não estivesse em causa uma alienação de valores, os efeitos da impugnação pauliana aproveitassem apenas ao credor que a tivesse requerido[201]. Também CUNHA GONÇALVES veio defender que a impugnação pauliana não deveria importar em caso algum a reversão dos bens alienados ao património do devedor[202]. Pelo contrário, GOMES DA SILVA, qualificando a impugnação pauliana como uma acção de anulação da transmissão, generalizava o art. 1044º, considerando que a reversão ao património do devedor respeitava não apenas em relação aos credores, mas também em relação ao devedor e adquirente[203]. Actualmente, em face do art. 616º, nº 4, é manifesto que esta acção tem natureza individual, beneficiando apenas o credor (ou os credores) que dela fazem uso.

Julgada procedente a impugnação pauliana, o art. 616º, nº 2, determina que o credor que a ela recorre tem direito à restituição dos bens na medida do seu interesse, podendo executá-los no património do obrigado à restituição (cfr. art. 818º, *in fine*) e praticar os actos de conservação da garantia patrimonial autorizados por lei. O seu direito tem, no entanto, um conteúdo distinto, consoante o adquirente esteja de boa ou de má fé[204]. Se o adquirente estiver de boa fé "responde só na medida do seu enriquecimento" (art. 616º, nº 3). Se o adquirente estiver de má fé é responsável pelo valor dos bens que tenha alienado, bem como dos que tenham perecido ou se hajam deteriorado por caso fortuito, salvo se provar que a perda ou deterioração se teriam igualmente verificado no caso de os bens se encontrarem no poder do devedor (616º, nº 2).

O direito do credor contra o adquirente não se destina meramente a permitir a conservação do património do devedor, afectado pela alienação, uma vez que nessa hipótese ficaria naturalmente sujeita ao regime do concurso de credores nesse património, o que, conforme se verificou não acontece (cfr. art. 616º, nº 4)[205]. A impugnação pauliana atribui pelo

[201] Cfr. GUILHERME MOREIRA *Instituições*, II, pp. 179 e ss.

[202] Cfr. CUNHA GONÇALVES, *Tratado*, V, pp. 793.

[203] Cfr. GOMES DA SILVA, *Conceito*, p. 60.

[204] Cfr. o nosso *O enriquecimento*, pp. 852 e ss., que seguiremos nas páginas seguintes.

[205] Daí que não seja exacta a afirmação de ANTUNES VARELA, *Obrigações*, II, p. 457 e de MENEZES CORDEIRO, *Direitos reais*, p. 310 e *Obrigações*, 1º, p. 268 de que a impugnação pauliana permite ao credor exigir de terceiro a restituição, ao devedor, dos meios necessários para efectivar o seu crédito. Também PAULA COSTA E SILVA, *CDP* 7 (Julho-Setembro

contrário ao credor uma pretensão directa contra terceiro, fundada na aquisição de bens por este ao devedor e no prejuízo que essa aquisição representou para o credor em virtude da consequente diminuição da sua garantia patrimonial. Ora, entendida nestes termos, parece claro que essa pretensão tem por fonte o enriquecimento sem causa do terceiro à custa do credor, sendo um enriquecimento por desconsideração de património semelhante às hipóteses previstas no art. 481º e no art. 289º, nº 2. A qualificação desta pretensão como resultante de enriquecimento sem causa é, aliás, natural em face do paralelismo de regime do art. 616º, nºs 1 a 3 com os arts. 479º e 480º, uma vez que em ambos os casos se prevê a restituição do obtido à custa de outrem, ou da restituição do valor em caso de impossibilidade, sendo que essa restituição, em caso de boa fé, é limitada ao enriquecimento.

Assim, o credor terá direito a que o terceiro lhe entregue, para satisfação do seu crédito, o bem cuja alienação impugnou. Estando em causa a ilegítima constituição de uma garantia sobre o bem, tem o credor o direito que essa garantia lhe seja inoponível, mas não parece que possa determi-

2004), pp. 55 e ss. considera ocorrer uma restituição dos bens ao património do devedor. Neste sentido, ainda ARMINDO RIBEIRO MENDES, "Exercício da impugnação pauliana e a concorrência entre credores", em RUI MANUEL DE MOURA RAMOS / CARLOS FERREIRA DE ALMEIDA / ANTÓNIO MARQUES DOS SANTOS / PEDRO PAIS DE VASCONCELOS / LUÍS DE LIMA PINHEIRO / MARIA HELENA BRITO / DÁRIO MOURA VICENTE, *Estudos em Homenagem à Professora Doutora Isabel de Magalhães Collaço*, II, Coimbra, Almedina, 2002, pp. 417-455 (442 e ss.). Não se verifica, porém, qualquer restituição dos bens ao património do devedor. Efectivamente, a impugnação pauliana dirige-se directamente contra o terceiro, que deve restituir ao credor os bens adquiridos na medida do seu interesse, não tendo os bens que sair do património daquele. Neste sentido, vide ALMEIDA COSTA, *Obrigações*, p. 869 e *RLJ* 132 (1999), pp. 165-167.

Tem, suscitado alguma controvérsia na doutrina a questão de saber se o credor que recorre à impugnação pauliana se encontra sujeito a concorrer com os credores do adquirente. Em sentido negativo, se pronuncia ANTUNES VARELA, *Obrigações*, II, p. 457, interpretando o art. 616º, nº 1, como instituindo uma preferência legal, parecendo ser essa também a posição do Ac. RL de 30/11/1999 (SOARES CURADO) em *CJ* 24 (1999), 5, pp. 109-112. No mesmo sentido, ARMINDO RIBEIRO MENDES, *loc. cit.*, considera que a impugnação pauliana faz surgir um património autónomo na esfera do devedor alienante, o qual não responde pelas dívidas deste, nem pelas dívidas do adquirente. Mas a solução correcta parece ser a afirmativa, já que como sustenta ALMEIDA COSTA, *Obrigações*, pp. 869 e ss., e *RLJ* 132 (1999), pp. 165-167, o beneficiário da impugnação pauliana é um credor do adquirente como qualquer outro, não havendo motivo para o privilegiar em relação aos demais credores, sendo certo ainda que ele pode reforçar a sua posição, solicitando o arresto dos bens em questão (cfr. 407º, nº 2 C.P.C. e art. 619, nº 2).

nar a extinção ou a cessão da garantia, uma vez que tal implicaria estender a eficácia da impugnação pauliana em relação a terceiros[206], o que é vedado pelo art. 616º, nº 4.

4.5.2. Efeitos da impugnação pauliana na relação entre o devedor e terceiro

O art. 617º ocupa-se dos efeitos da impugnação pauliana nas relações entre o devedor e o terceiro. Uma vez que a impugnação pauliana não constitui uma acção de anulação, mantém-se válido e eficaz o acto celebrado entre o devedor e o terceiro, ocorrendo apenas uma situação de responsabilidade do devedor perante o terceiro, em virtude de o credor ter, em consequência da acção do devedor lesiva da garantia patrimonial, adquirido sobre o terceiro um direito à restituição dos bens na medida do seu interesse.

O art. 617º, nº 1, determina que essa responsabilidade varia consoante o acto seja gratuito ou oneroso. Se o acto for gratuito, o devedor só é responsável perante o terceiro nos termos do disposto em matéria de doações, ou seja, nos termos do art. 957º, se o devedor se tiver expressamente responsabilizado ou houver procedido com dolo. Se o acto for oneroso, o terceiro tem direito de exigir do devedor aquilo com que este se enriqueceu. Trata-se, neste caso, de uma situação de enriquecimento por pagamento de dívidas alheias, uma categoria de enriquecimento por despesas, tendo o devedor que restituir ao terceiro o enriquecimento obtido com a exoneração da sua dívida perante o credor.

A lei não regula, porém, uma situação específica que é a circunstância de o negócio impugnado ser nulo, caso em que o terceiro teria sempre que restituir ao devedor os bens que afinal vai ter que entregar ao credor. Nesse caso, parece que a obrigação de restituição ao credor instituída pela impugnação pauliana prevalecerá sobre a obrigação de restituição dos bens ao devedor, pelo que o terceiro apenas terá que cumprir esta última na medida em que tal afecte o direito do credor.

O art. 617º, nº 2, determina que os direitos que o terceiro adquira contra o devedor não prejudicam a satisfação dos direitos do credor sobre os

[206] Neste sentido, veja-se igualmente na doutrina alemã BARTMANN, "Die Anfechtung von Grundstückbelastungen nach dem Anfechtungsgesetz", em *DJZ* 1929, col. 1678-1679, L. BARTH, "Rechtsnatur und Grenzen des Rückgewahrsanspruches (§ 7 AnfG) bei anfechtbar bestellten Grundpfandrechten", *NJW* 1959, p. 2143-2145.

bens que são objecto da restituição. Desta norma resulta que a responsabilidade do devedor perante o terceiro não pode ser invocada como este como excepção para não satisfazer os direitos do credor. Efectivamente, a lei determina que a satisfação do direito do credor tem primazia sobre a satisfação do direito do terceiro contra o devedor, pelo que, só após a satisfação daquele é que poderá vir a ser exercido este.

4.5.3. O regime registral da impugnação pauliana

Foi durante bastante tempo objecto de controvérsia a questão da sujeição da impugnação pauliana a registo. Efectivamente, o registo da acção pode corresponder a um interesse legítimo do credor, em ordem a poder opor eficazmente o seu direito em caso de transmissão posterior dos bens para terceiro, sem ter que se sujeitar ao regime do art. 613º do Código Civil, já que nos termos do art. 263º, nº 3, CPC, a sentença proferida na acção de impugnação pauliana passaria a poder ser oponível a terceiros adquirentes. Por esse motivo, tendo em atenção esses interesses defenderam *de iure condendo* Vaz Serra, Henrique Mesquita e Carvalho Fernandes a sujeição a registo da impugnação pauliana[207]. Vaz Serra e também Menezes Cordeiro, Romano Martinez/Fuzeta da Ponte e Carvalho Fernandes chegaram mesmo a defender essa solução *de iure condito*[208], no que foram acompanhados por alguma jurisprudência[209].

[207] Cfr. Vaz Serra, no *BMJ* 75 (1958), pp. 293-295 que no anteprojecto sobre impugnação pauliana propõe a correspondente sujeição a registo da acção (art. 11º, 3, a pp. 398), Henrique Mesquita, *RLJ* 128 (1996), p. 254, e nota (2), que defende ser o registo materialmente possível e revestido de interesse para o credor, e Carvalho Fernandes, *op. cit.*, p. 39.

[208] Cfr. Vaz Serra, "Anotação Ac. STJ 13/10/1977", na *RLJ* 111 (1978-1979), pp. 153-159 e 162-164 (156, nota (1)), que argumentava com a proximidade do regime do registo da acção de impugnação pauliana e da acção de resolução, Menezes Cordeiro, *ROA* 51 (1991), p. 567, Romano Martinez/Fuzeta da Ponte, *op. cit.*, pp. 29 e ss. e Carvalho Fernandes, *op. cit.*, pp. 42 e ss. Para este último autor, a sujeição a registo justifica-se, dado que na impugnação pauliana haveria uma modificação nos direitos reais, na medida em dando-se uma ineficácia relativa parcial do acto, o adquirente perde a hipótese de usar os embargos de terceiro para defesa da sua propriedade (art. 342º, nº 1 CPC), o que constituiria uma limitação ao seu direito de propriedade, a qual poderia ser assim objecto de registo.

[209] No sentido de que a acção pauliana deve ser registada, cfr. Ac. RC, 17/1/1995 (Virgílio de Oliveira), em *CJ* 20 (1995), I, pp. 27-31 = *RLJ* 122 (1996), pp. 210-218 Ac. RE de 17/6/1999 (Santos Martins), em *CJ* 24 (1999), 3, pp. 278-282, e Ac. RE 24/4/2002 (Verdasca Garcia), em *CJ* 27 (2002), 2, pp. 275-277. Em sentido contrário, veja-se Ac. STJ 28/3/1996

A melhor solução *de iure condendo* é, no entanto, a que defende a insusceptibilidade de registo da acção de impugnação pauliana, tendo sido por isso de aplaudir que o AUJ 6/2004, publicado no D.R. de 14 de Julho de 2004, tenha uniformizado a jurisprudência nesse sentido[210].

Efectivamente, começa por se salientar que na impugnação pauliana, tal como ela nos aparece desenhada no art. 616º, não há qualquer perturbação da aquisição por parte do terceiro, que possa desencadear a reversão dos bens ao devedor. O que se passa é que o credor adquire contra o terceiro um direito à restituição dos bens na medida do seu interesse, que pode executar no património do obrigado à restituição e praticar os actos de conservação da garantia patrimonial autorizados por lei (art. 616º, nº 1). Daqui resulta que o impugnante tem apenas em relação ao terceiro um direito de crédito, com os poderes que normalmente o caracterizam, como seja o poder de executar o património do devedor (art. 817º) e o recurso aos meios de conservação da garantia patrimonial (arts. 605º e ss.), entre os quais naturalmente se inclui uma segunda impugnação pauliana.

É por isso de lamentar que o D.L. 116/2008, de 4 de Julho, tenha vindo, em sentido contrário à jurisprudência firmada, alterar o art. 3º, nº 1, *a)* do CRP, passando a sujeitar a registo as acções de impugnação pauliana, embora as mesmas sejam exceptuadas da obrigatoriedade do registo de acções, consagrada no art. 8º-A, nº 1, CRP. Face a esta alteração, o impugnante deixa de ter que demonstrar os pressupostos do art. 613º para ter que recorrer a uma segunda impugnação pauliana se vier a proceder ao registo da acção, produzindo a sentença efeitos em relação a qualquer adquirente dos bens, salvo se este registar a sua aquisição antes do registo da acção (art. 263º, nº 3, CPC). É manifesto, no entanto, que a procedência da impugnação pauliana não pode implicar o cancelamento da inscrição do registo a favor do adquirente dos bens[211].

(ALMEIDA E SILVA), no *BMJ* 455 (1996), p. 498-506, e Ac. RP de 25/5/2000 (PINTO DE ALMEIDA), sumarizado no *BMJ* 497 (2000), p. 439.

[210] Critica, sem razão, esta decisão PAULA COSTA E SILVA, *CDP* 7 (Julho/Setembro 2004), p. 54, nota (2).

[211] Neste sentido, cfr. Ac. RE 6/11/2008 (RUI MACHADO E MOURA), em *CJ* 33 (2008), 5, pp. 250-254.

4.5.4. Extinção do direito à impugnação pauliana

No âmbito do Código Civil de 1867 previa-se a extinção da impugnação pauliana, "logo que o devedor satisfaz a dívida, ou adquire bens com que possa desempenhar-se" (art. 1040º C.C. 1867), podendo também o adquirente "fazer cessar a acção, pagando a importância em dívida" (art. 1041º C.C. 1867), estabelecendo ainda que "esta acção prescreve, não sendo intentada dentro de um ano, contado desde o dia em que a insolvência do devedor haja sido judicialmente verificada" (art. 1045 C.C. 1867).

O Código actual não repetiu as duas primeiras disposições, mas é óbvio que a sua doutrina se mantém. Efectivamente, se vem a ocorrer a satisfação do direito de crédito, seja por cumprimento, seja por outra causa de extinção das obrigações, quer resulte do devedor, quer de terceiro, é manifesto que o credor perde o direito à impugnação pauliana. Esse direito também se perderá se o devedor vier a recuperar os bens ou a adquirir novos bens suficientes para assegurar a garantia patrimonial do crédito, uma vez que neste caso qualquer dos réus estará em condições de efectuar a prova a que se refere o art. 611º.

Onde se verificou uma significativa alteração de regime foi em relação ao prazo de exercício da impugnação pauliana. Efectivamente, enquanto o art. 1045º do Código anterior estabelecia um prazo de prescrição de um ano, a contar da data da verificação judicial da insolvência do devedor, o art. 618º estabelece antes um prazo de caducidade de cinco anos, contados da data do acto impugnável. A alteração é justificada uma vez que a solução anterior poderia prolongar por tempo excessivo a incerteza sobre o acto sujeito a impugnação. Trata-se de um prazo relativamente longo, mas tal justifica-se uma vez que o seu início é fixado na data do acto impugnável (e não do seu conhecimento pelo credor) e, sendo o actual prazo de caducidade, em princípio não se suspende nem interrompe (art. 328º).

4.6. Natureza da impugnação pauliana

É controvertida na doutrina a natureza da impugnação pauliana, discutindo-se inclusivamente se ela vai afectar a aquisição da propriedade pelo terceiro (teoria real) ou se se limita a constituir um direito de crédito sobre este a favor do credor impugnante (teoria obrigacional). Qualquer destas posições admite variações, já que no âmbito da teoria obrigacional tem havido opiniões a qualificá-la como uma acção de responsabilidade delitual[212], uma acção fundada numa *obligatio ex lege*[213], uma acção que se funda simultanemente na responsabilidade delitual e na *obligatio ex lege*[214], uma acção de enriquecimento sem causa[215], uma acção que se funda simultaneamente na responsabilidade civil e no enriquecimento sem causa[216], ou um caso de responsabilidade sem dívida[217]. No âmbito da teoria real, que parte da ideia de que a aquisição do terceiro é afectada, igualmente se discute se a impugnação pauliana constitui uma acção de declaração de nulidade, uma acção de anulação, ou apenas uma acção de declaração de ineficácia dos actos em relação ao credor[218]. Esta última é a posição dominante na nossa doutrina[219] e jurisprudência[220].

[212] A doutrina que qualifica a impugnação pauliana como tendo fundamento delitual é comum na doutrina pandectística (cfr. F. G. PUCHTA, *Pandekten*, 12ª ed., Leipzig, Barth, 1877, § 380, pp. 557-558, CARL FRIEDRICH FERDINAND SINTENIS, *Das practische gemeine Civilrecht*, II - *Das Obligationenrecht*, 2ª ed., Leipzig, Bernhard Tauchnitz, 1861, § 124, pp. 734 e ss., GUSTAV MANDRY, *Der civilrechtliche Inhalt der Reichgesetze*, Freiburg/Leipzig/Tübingen, Mohr, 1898, p. 540) Mais recentemente, veja-se PAULUS, *AcP* 155 (1956), pp. 300 e ss. É também uma posição muito presente na doutrina italiana (cfr. MAIERINI, *op. cit.*, pp. 11 e ss.) e na doutrina francesa (cfr. PLANIOL/RIPERT, *Traité pratique*, VII, nº 926, p. 229 e nº 967, pp. 272 e ss., AUBRY/RAU, *Cours*, IV, § 313, p. 130). Há que referir que alguns autores franceses fundamentam especificamente esta ilicitude no abuso de direito, como LOUIS JOSSERAND, *De l'esprit des droits et de leur relativité. Théorie dite de l'Abus des Droits*, 12ª ed., Paris, Dalloz, 1939, nºs 105 e ss., pp. 147 e ss., e *Cours*, II, nº 703, p. 440, e GROUBER, *op. cit.*, p. 4. Próxima parece ser, entre nós, a posição de HENRIQUE MESQUITA, *RLJ* 128 (1996), pp. 222 e ss., que qualifica a impugnação pauliana como uma acção pessoal de indemnização.

[213] É esta a tese de COSACK, *Anfechtungsrecht*, § 6, pp. 24 e ss. Próximas desta são certas teses que fundamentam a acção na equidade e na conveniência civil, como a de CAMILLO BREZZO, *op. cit.*, p. 106.

[214] É o caso de FALKMANN, *op. cit.*, p. 2, que considera trata-se de uma acção de responsabilidade delitual, nos casos de aquisição de má fé a título oneroso e de uma acção *ex lege*, nos casos de aquisição gratuita.

[215] Esta posição foi inicialmente defendida por ADOLF MENZEL, *Das Anfechtungsrecht der Gläubiger nach österreichischen Recht*, Wien, Alfred Hölder, 1886, pp. 29 e 232 e ss., e continuada por FRITZ SCHULZ, "System der Rechte auf den Eingriffserwerb", no *AcP* 105 (1909), pp. 1-488 (246 e ss.), ERNST VON CAEMMERER, "Bereicherung und unerlaubte Handlung", em HANS DÖLLE/MAX RHEINSTEIN/KONRAD ZWEIGERT, Festschrift für Ernst Rabel, I- *Rechstvergleichung und Internationales Privatrecht*, Tübingen, Mohr, 1954, pp. 333-401 (367 e ss.), e GERHARDT, *Die systematische Einordnung*, pp. 153 e ss.

[216] É esta a posição de DEMOLOMBE, *op. cit.*, nº 146, p. 156.

[217] É esta a posição de MESCH, *op. cit.*, pp. 99 e ss. e RUTKOWSKY, *op. cit.*, p. 143.

[218] Esta posição parece ter sido sustentada inicialmente por LIPPMANN, *JhJb* 36 (1896), pp. 145 e ss., para quem a impugnação pauliana consiste num acto de execução do próprio direito de crédito que, em casos especiais, pode ser exercido contra terceiro. Efectivamente,

É manifesto que a impugnação pauliana não constitui uma acção de indemnização, pois não é atribuída reparação dos danos sofridos pelo credor[221]. Não se trata de uma acção de declaração de nulidade, uma vez que os actos impugnados são em princípio válidos, não sendo, porém, a sua validade sequer apreciada na acção (art. 615º, nº 1). Também não se trata de uma acção de anulação da transmissão, uma vez que a procedência da acção não faz reverter os bens alienados ao património do devedor, mas apenas permite ao credor exigir do adquirente a restituição dos bens na medida do seu interesse (art. 616º, nº 1)[222]. Finalmente, não se trata de uma

o Estado retiraria ao devedor o poder de disposição nos casos em que o acto visa prejudicar os credores, pelo que a impugnação pauliana representa apenas uma declaração dessa ineficácia, necessária para a execução poder ser dirigida contra terceiro. Mais recentemente, vejam-se Wolfgang Marotzke, "«Dingliche» Wirkung der Gläubiger- und Konkursanfechtung", em *KTS* 48 (1987), pp. 1-25 (19-20). No mesmo sentido, na doutrina francesa, Mazeaud / Chabas, *Obligations*, nº 1002, p. 1068. Na doutrina espanhola, De Castro, *RDPriv* 19 (1932), pp. 204-205.

[219] Na doutrina defenderam a configuração da impugnação pauliana, como uma acção de declaração de ineficácia dos actos em relação ao credor Menezes Cordeiro, *CJ* 17 (1992), 3, pp. 62-63, Carvalho Fernandes, *op. cit.*., pp. 33-34, Romano Martinez / Fuzeta da Ponte, *op. cit.*, p. 16. Mais mitigada nesse sentido é a posição de Antunes Varela, *Obrigações*, II, pp. 457 e ss., *RLJ* 91 (1959), pp. 381 e ss., e "Anotação Ac. STJ 13/12/1984", na *RLJ* 122 (1990), pp. 243-256 (252 e ss.), que embora qualifique a impugnação pauliana como uma situação típica de ineficácia, entende que na alienação de bens se exige algo mais, consistente na restituição do bem no interesse do credor, apenas sendo de considerar a situação como mera ineficácia, em outros actos objecto da pauliana, como a constituição duma garantia a favor do credor comum ou a assunção de um dívida de terceiro.

[220] Cfr. Ac. STJ 28/3/1996 (Almeida e Silva), no *BMJ* 455 (1996), p. 498-506, Ac. RC 17/1/1995 (Virgílio de Oliveira), em *CJ* 20 (1995), I, pp. 27-31, Ac. RL de 30/11/1999 (Soares Curado) em CJ 24 (1999), 5, pp. 109-112.

[221] No sentido de que o requisito da diminuição da garantia patrimonial não se identifica com o conceito de dano para efeitos da responsabilidade civil, cfr. L. Cohn, "Über das Verhältniß des Reichsanfechtungsgesetzes vom 21. Juli 1879 zu den Deliktsklagen des BGB", em *JW* 1900, pp. 695-698 (697-698).

[222] A multiplicidade de acções de impugnação pauliana em que erradamente se solicitava a anulação da transmissão, levou a que se discutisse na jurisprudência se o tribunal poderia corrigir oficiosamente o erro, e decretar o verdadeiro efeito da pauliana. A questão veio a ser resolvida pelo AUJ 3/2001 de 23 de Janeiro de 2001, *D.R.*, I-A, nº 34 de 9 de Fevereiro de 2001, que firmou a seguinte doutrina: "Tendo o autor, em acção de impugnação pauliana, pedido a declaração de nulidade ou a anulação do acto jurídico impugnado, tratando-se de erro na qualificação jurídica do efeito pretendido, que é a ineficácia do acto em relação ao autor (nº 1 do art. 616º) o juiz deve corrigir oficiosamente tal erro, e declarar tal ineficácia, como é permitido pelo art. 664º do CPC".

simples declaração de ineficácia dos actos em relação ao credor, na medida em que o credor adquire, por via da impugnação pauliana pretensões próprias contra o terceiro adquirente, cujo conteúdo varia consoante a sua boa ou má fé (art. 616º, nºs 1 e 2)[223].

A impugnação pauliana consiste assim numa acção pessoal[224], que visa restituir ao credor, na medida do seu interesse, os bens com que ele contava para garantia do seu crédito. Nesse âmbito, a procedência da impugnação pauliana constitui um direito de crédito à restituição, que em relação ao adquirente tem por objecto os bens em espécie ou o seu valor, se estiver de má fé, ou o seu enriquecimento se estiver de boa fé. Nessa medida, a impugnação pauliana faz surgir uma pretensão à restituição do enriquecimento por desconsideração de património[225].

A fundamentação dogmática para a atribuição neste caso de uma pretensão de enriquecimento contra terceiro parece residir assim na consideração de que a aquisição pelo terceiro não constitui uma legítima *causa retentionis*, a partir do momento em que se verifica a impugnação pauliana do negócio, o que permite ao credor o uso da acção de enriquecimento por desconsideração de património[226]. Caso a aquisição do terceiro seja gratuita, a situação é paralela às do art. 289º, nº 2 e 481º, uma vez que, face à lei, a aquisição gratuita é considerada uma *causa minor* de aquisição, que não constitui uma legítima *causa retentionis*, quando se processa à custa de outrem que não o próprio doador, justificando-se por isso a restituição do enriquecimento, mesmo em caso de boa fé do terceiro adquirente (art. 612º, nº 1). Mais complicada é a explicação dogmática da restituição

[223] O conceito de ineficácia relativa é, aliás, dogmaticamente muito pouco adequado, na medida em que, como demonstra GOTTHARD PAULUS, "Schranken des Gläubigerschutzes aus relativer Unwirksamkeit", em ROLF DIETZ/HEINZ HÜBNER, *Festschrift für Hans Carl Nipperdey zum 70. Geburtstag*, I, München/Berlin, Beck, 1965, pp. 909-937, não passa de uma ficção que pretende ultrapassar a alternativa em reconhecer ou não uma alienação que a lei veda, limitando o seu não reconhecimento no confronto com o credor.

[224] Cfr. RIBEIRO DE FARIA, *Obrigações*, I, p. 242, nota (1).

[225] No mesmo sentido, afirma hoje MENEZES CORDEIRO, *Tratado*, X, p. 403: "a pauliana não se limita a colmatar a inobservância de um dever acessório de respeito pela integralidade da garantia geral; ela é criativa, atribuindo, a quem a use, um duplo direito que não compete aos quirografários: o direito a uma determinada restituição, calculada tipo enriquecimento: o valor recebido, até ao montante do dano; o direito de reter, para si, em detrimento do coletivo de credores, a restituição em causa".

[226] Seguimos o nosso *O enriquecimento*, pp. 854 e ss.

em virtude da aquisição onerosa, uma vez que esta constitui em princípio uma causa legítima de aquisição que, conforme se verificou, em princípio exclui a aplicação do enriquecimento sem causa. A explicação parece residir no novo pressuposto da impugnação pauliana que este caso exige: a má fé simultânea do devedor e do terceiro, consistente na consciência do prejuízo causado ao credor (o denominado *consilium fraudis*; cfr. art. 612º), que leva a que essa aquisição não se possa considerar fundada numa causa legítima[227]. A consciência de que essa aquisição se efectua à custa do credor, implicando a diminuição da sua garantia patrimonial e a impossibilidade de satisfação do seu crédito, obriga o terceiro à restituição dessa garantia patrimonial, independentemente do carácter oneroso da aquisição (art. 616º, 1 e 818º), embora este posteriormente possa exigir do devedor aquilo com que este se enriqueceu (art. 617º, nº 1 *in fine*). Essa restituição tem por base um enriquecimento injustificado do terceiro à custa dos credores, já que, embora a título oneroso, aquele celebrou um negócio de aquisição que implicou um desvio de bens de uma função que legalmente lhes é atribuída: a de servirem de garantia patrimonial dos créditos. Não sendo lícita a celebração desse negócio, a aquisição não tem causa justificativa, pelo que, uma vez paulianamente impugnada, deve ser reposta essa garantia patrimonial obtida à custa de outrem (art. 479º, nº 1) e não se aplicando a limitação do enriquecimento em virtude da má fé (cfr. art. 479º, nº 2).

5. Arresto

5.1. Generalidades

O último dos meios de conservação da garantia geral é o arresto de bens do devedor (arts. 619º e ss. do Código Civil e 391º e ss. do Código de Processo Civil), o qual consiste numa apreensão judicial de bens, semelhante à da penhora, e sujeita, aliás às mesmas regras (art. 391º, nº 2 C.P.C.)[228].

[227] JACQUES MAURY, *Essai sur le rôle de la notion d'équivalence en droit civil français*, II- *La notion d'équivalence en matière extra-contractuelle*, Paris, Jouve, 1920, p. 76 refere, a este propósito, que a má fé do terceiro, no âmbito da impugnação pauliana, implica a supressão da causa jurídica, mesmo em caso de aquisição onerosa. Também RAMÓN ROCA SASTRE, "La causa en el negócio jurídico" em RAMÓN ROCA SASTRE, *Estudios de derecho privado*, com a colaboração de José Puig Brutau, Madrid, Editorial Revista de Derecho Privado, 1948, pp. 48-93 (52-53) entende que o *consilium fraudis* gera a ilicitude da causa, falando a este propósito em "causa com motivação ilícita".

[228] Sobre o arresto, cfr. VAZ SERRA, "Realização coactiva da prestação (execução) (regime civil)", no *BMJ* 73 (1958), pp. 31-394 (110 e ss. e 132 e ss.), ANTUNES VARELA, *Obrigações*, II,

5.2. Pressupostos do arresto

O arresto pode ser requerido sempre que o credor tenha justo receio de perda da garantia patrimonial do seu crédito (art. 619º, nº 1). Basta, por isso, que exista um risco de o devedor ir proceder à ocultação, alienação ou dissipação dos seus bens ou que se verifiquem quaisquer outras circunstâncias que indiciem a possibilidade de futuro desaparecimento dos bens que constituem a garantia patrimonial do crédito. Nesse caso, o credor pode requerer judicialmente que seja decretado, sem audiência do devedor (art. 393º, nº 1 CPC), arresto sobre bens deste que sejam suficientes para garantia do crédito.

O arresto pode ainda ser decretado em relação ao adquirente dos bens do devedor, exigindo-se nesse caso que tenha sido judicialmente impugnada a transmissão (art. 619º, nº 2), por exemplo, através da declaração de nulidade ou da impugnação pauliana[229], ou, não o tendo ainda sido, que se demonstrem factos que tornem provável a procedência dessa impugnação (art. 392º, nº 2 CPC).

Há ainda uma situação especial de arresto requerido pelo Ministério Público contra tesoureiros ou quaisquer funcionários ou agentes do Estado ou de outras pessoas colectivas públicas, que é sempre admissível quando forem encontrados em alcance, sem necessidade de provar o justo receio de perda da garantia patrimonial (art. 396º CPC).

5.3. Responsabilidade do requerente

Se o arresto for julgado injustificado ou caducar, o requerente é responsável pelos danos causados ao arrestado, quando não tenha agido com a prudência normal (art. 621º). O arresto é considerado injustificado sempre que posteriormente se verifique, após a oposição ou em sede de recurso, que não se verificava o justo receio de perda da garantia patrimonial. O arresto está sujeito às causas gerais de caducidade dos procedimentos cautelares referidas no art. 373º CPC e ainda ao caso especial de caducidade referido no art. 395º CPC. Sempre que qualquer desses factos resulte de o reque-

pp. 463 e ss., ALMEIDA COSTA, *Obrigações*, pp. 875 e ss., MENEZES CORDEIRO, *Obrigações*, 2º, pp. 494 e ss., e *Tratado*, X, pp. 404 e ss, MIGUEL TEIXEIRA DE SOUSA, *Estudos sobre o novo processo civil*, 2ª ed., Lisboa, Lex, 1997, pp. 235 e ss., MENEZES LEITÃO, *Obrigações*, II, pp. 326 e ss., SALVADOR DA COSTA, *O concurso*, pp. 9 e ss., RITA BARBOSA DA CRUZ, "O arresto" em *Dir.* 132 (2000), I-II, pp. 107-196, PINTO DUARTE, *Direitos Reais*, pp. 259 e ss.

[229] Cfr. ANTUNES VARELA, *Obrigações*, II, p. 466, nota (1).

rente ter actuado com diligência inferior à de um bom pai de família (art. 487º, nº 2), o arresto, face à lesão dos direitos do devedor que representa, pode constituir o seu requerente em responsabilidade.

Admite-se, aliás, que o requerente do arresto seja logo obrigado a prestar caução, se tal lhe for exigido pelo tribunal (art. 620º).

5.4. Objecto do arresto

Uma vez que se lhe aplicam as regras da penhora, o arresto só pode incidir sobre bens penhoráveis, sendo portanto excluídos do arresto os bens impenhoráveis, referidos nos arts. 736º a 739º CPC. Encontram-se ainda disposições especiais a excluir o arresto de certos bens, como sucede em relação a géneros e mercadorias depositadas em armazéns gerais (cfr. art. 414º CCom), e em relação aos direitos de autor (50º CDADC).

Ao contrário do que se estabelecia no direito anterior a 1996, deixou de existir qualquer proibição do arresto dos bens dos comerciantes (art. 406º, nº 3, CPC 1961, hoje revogado). Igualmente pode ser requerido o arresto relativamente a navios e mercadorias nele carregados, mesmo que o navio se encontre despachado para viagem (art. 12º da Lei 35/86, de 4 de Setembro e art. 9º D.L. 201/98, de 10 de Julho)[230].

Se tiver sido requerido em mais bens do que os suficientes para segurança normal do crédito reduzir-se-á a garantia aos justos limites (art. 393º, nº 2 CPC), não podendo em caso algum o devedor ser privado dos rendimentos estritamente indispensáveis aos seus rendimentos e da sua família (art. 393º, nº 3 CPC).

5.5. Efeitos do arresto

Decretado o arresto, os bens ficam apreendidos para garantia do cumprimento da obrigação, como se tivessem sido penhorados, o que implica a ineficácia em relação ao requerente dos actos de disposição dos bens arrestados (art. 622º, nº 1 e 819º) e a atribuição de preferência sobre os mesmos bens, a partir da data do arresto (art. 622º, nº 2 e 822º, nº 2), que é convertido em penhora na execução do crédito de que constitui garantia

[230] Relativamente ao arresto de navios de mar, Portugal encontra-se vinculado à *Convenção Internacional para Unificação de Certas Regras sobre o Arresto de Navios de Mar*, assinada em Bruxelas em 10 de Maio de 1952 e objecto de ratificação pelo Decreto-Lei 41007, de 16 de Fevereiro de 1957. Sobre esta convenção, cfr. SALVADOR DA COSTA, *O concurso*, pp. 14 e ss. Existe ainda neste âmbito a Convenção de Genebra de 12 de Março de 1999 sobre o arresto de navios.

(art. 762º CPC). Essa preferência fica, porém, sem efeito no caso de vir a ser decretada a insolvência do devedor (art. 140º, nº 3 CIRE), por forma a assegurar a igualdade entre os credores (*par conditio creditorum*).

5.6. Publicidade do arresto

Se tiver por objecto bens imóveis ou móveis sujeitos a registo, o arresto tem que ser registado, sob pena de não produzir efeitos em relação a terceiros (art. 2º, nº 1, *n)* CRPred). Exige-se igualmente o registo do arresto que incida sobre créditos garantidos por hipoteca ou consignação de rendimentos (art. 2º, nº 1, *o)* CRPred), que neste caso se efectua por averbamento à respectiva inscrição (art. 101º, nº 1, *a)* CRPred).

5.7. Natureza do arresto

A natureza do arresto é controvertida. Para SALVADOR DA COSTA, o facto de o arresto determinar a ineficácia em relação ao requerente dos actos de disposição dos bens arrestados, de acordo com as regras próprias da penhora, e de lhe serem extensíveis os seus efeitos, leva a que o arresto revista a natureza de garantia real, ainda que não tenha sido convertido em penhora[231]. Incluem igualmente o arresto na figura dos direitos reais de garantia MENEZES CORDEIRO[232] e RITA BARBOSA DA CRUZ[233]. Outros autores, sem tomarem posição, estendem ao arresto a preferência resultante da penhora independentemente da qualificação. É o caso de ANSELMO DE CASTRO[234], ANTUNES VARELA[235], ALMEIDA COSTA[236] e MIGUEL TEIXEIRA DE SOUSA[237].

A nosso ver, o arresto tem natureza de garantia real, à semelhança do que sucede com a penhora, tendo, no entanto, natureza provisória, atento o facto de resultar de um procedimento cautelar.

[231] Cfr. SALVADOR DA COSTA, *O concurso*, p. 13.

[232] Cfr. MENEZES CORDEIRO, *Direitos Reais*, pp. 771-772.

[233] Cfr. RITA BARBOSA DA CRUZ, *Dir.* 132 (2000), I-II, p. 195.

[234] Cfr. ANSELMO DE CASTRO, "O problema do valor do arresto na execução pendente de outro credor", na *RDES* 13 (1966), pp. 192-196.

[235] Cfr. ANTUNES VARELA, *Obrigações*, II, pp. 468-469.

[236] Cfr. ALMEIDA COSTA, *Obrigações*, p. 878.

[237] Cfr. MIGUEL TEIXEIRA DE SOUSA, *Estudos*, p. 236.

Capítulo IV
As Garantias Especiais das Obrigações

1. Configuração genérica da garantia especial

A garantia especial representa um reforço suplementar de segurança atribuído a alguns ou alguns dos credores, em relação à garantia comum, que é conferida pelo património do devedor. Esse reforço da garantia que representa a garantia especial varia, consoante se trate de garantias pessoais ou de garantias reais.

Na garantia pessoal, esse reforço consiste em instituir uma obrigação secundária, assumida por um devedor diferente, o que implica uma segunda aplicação, também em relação a este, do mecanismo da garantia geral das obrigações. As garantias pessoais caracterizam-se assim por implicarem um reforço da garantia geral, tornando responsáveis à face do credor outra ou outras pessoas diferentes, o que implica consequentemente a vinculação dos patrimónios destas à satisfação do direito de crédito. Para além disso, normalmente o garante da obrigação assegurada adquire, em caso de pagamento, ou o crédito, em resultado da sub-rogação, ou um direito de regresso sobre o primitivo devedor[238].

Na garantia real, esse reforço traduz-se antes em instituir uma afectação de bens, quer do devedor, quer de terceiro, ao pagamento preferencial de certas dívidas[239]. Essa afectação coloca, no entanto, naturais problemas de tutela de terceiros, que podem não saber da existência da garantia, pelo que há normalmente que assegurar alguma publicidade relativa à sua

[238] Cfr. PAULO CUNHA, *Da garantia*, II, pp. 13 e ss.

[239] Cfr. PAULO CUNHA, *Da garantia*, II, pp. 113 e ss.

constituição. Essa publicidade pode ser dada pelo registo, como sucede na hipoteca, consignação de rendimentos, reserva de propriedade sobre bens sujeitos a registo, e no penhor sobre participações sociais ou sobre valores mobiliários. Mas também pode ser dada pela atribuição da posse sobre a coisa ao credor, como sucede no penhor de coisas e no direito de retenção. Há, no entanto, garantias que não possuem qualquer publicidade, como os privilégios creditórios, a reserva de propriedade sobre bens não registáveis, e a alienação fiduciária em garantia desses mesmos bens.

Fundamental nas garantias reais é o estabelecimento de uma ordem de preferência entre elas, a qual pode ser estabelecida tomando em função a anterioridade na constituição, a anterioridade no registo, ou a natureza da garantia[240].

No âmbito da análise económica do direito, a atribuição de garantias especiais tem vindo a ser explicada em ordem à redução, quer dos custos de monitorização da actividade do devedor (*agency costs theory*) quer dos custos de transacção (*transaction costs economics*)[241].

A primeira concepção foi defendida por JACKSON/KRONMANN e parte da ideia de que, a partir do momento em que o credor concede um financiamento ao devedor a uma determinada taxa de juro, o devedor adquire um incentivo para aumentar os riscos desse financiamento, dado que, ao assim proceder, consegue obter um financiamento de maior risco a uma taxa de juro inferior àquela que seria atribuída nesse caso[242]. Essa situação vai implicar para o credor custos de monitorização da actividade do devedor em ordem a assegurar a manutenção dos riscos do financiamento. Uma forma de evitar esses custos será a obtenção de uma garantia especial, a qual beneficia a posição do credor por duas formas: a primeira, é uma redução dos riscos do financiamento, já que a garantia especial permitirá assegurar que o financiamento será pago em caso de insolvência do devedor; a segunda é uma redução dos custos de monitorização da actividade do devedor, dado que a garantia especial permite ao credor concentrar a

[240] Sobre a prioridade no âmbito dos imóveis, cfr. ASTRID STADLER, "Der Rang im Immobiliarsachenrecht – ein noch immer ungelöst Problem?", em *AcP* 189 (1989), pp. 425-469.

[241] Cfr. ALAN SCHWARTZ, "The continuing Puzzle of Secured Debt" em *Vand. L. Rev.* 37 (1984), pp. 1051-1069, FERRARINI, *op. cit.*, pp. 479 e ss., e EVA-MARIA KIENINGER, ID (org.), *Security Rights*, pp. 7 e ss.

[242] Cfr. THOMAS H. JACKSON / ANTHONY T. KRONMAN, "Secured Financing and Priorities among Creditors", *Yale L. J.* 88 (1979), pp. 1143-1182 (1149).

sua atenção no objecto da garantia e assim desconsiderar o restante património do devedor[243]. Os autores consideram por isso que as entidades que têm mais dificuldade em monitorizar a actuação do devedor são aquelas que terão mais incentivo na obtenção de garantias especiais[244]. A posição de que as garantias especiais servem essencialmente para corrigir a assimetria informativa que ocorre entre potenciais devedores e potenciais credores foi aceite pela doutrina posterior, que não deixa de salientar que a própria exigência da garantia especial funciona como um sinal informativo para o mercado da confiança que merece o devedor[245].

Esta tese foi, no entanto, objecto de várias críticas[246]. SCHWARTZ, embora aceitando a doutrina, criticou a posição de JACKSON/KRONMAN, de que as garantias especiais são normalmente exigidas por entidades que são menos capazes de monitorar a actividade do devedor[247]. LEVMORE salienta que um banco é mais capaz de obter garantias especiais do que um fornecedor ocasional do devedor, e no entanto, aquele terá normalmente maior capacidade de controlar a sua actividade. O autor explica isso pode considerar que o contrôlo da actividade do devedor pelos seus credores levanta sérios "*free-riding problems*", que são resolvidos deixando essa actividade aos melhores vigilantes (como os bancos), os quais são beneficiados através da concessão de específicas garantias[248]. SCOTT considera que a teoria ligou o conceito de garantia ao contrôle da actividade do devedor, mas que a admissibilidade de garantias que admitem uma substituição dos bens do devedor, como o *floating lien*, alterou essa concepção, ampliando a ligação da garantia ao contrôle de futuros conflitos entre o credor e o devedor. Neste âmbito, o *floating lien* possui duas vantagens, já que garante

[243] Cfr. JACKSON / KRONMAN, *Yale L. J.* 88 (1979), pp. 1152-1153.

[244] Cfr. JACKSON / KRONMAN, *Yale L. J.* 88 (1979), pp. 1158 e ss., considerando assim que um comerciante tem uma maior vantagem informacional do que um banco e pode assim conceder crédito sem garantias.

[245] Cfr. ROBERT E. SCOTT, "A relational theorie of secured financing", em *Colum. L. Rev.* 86 (1986), pp. 901-977, GEORGE G. TRIANTIS, "Secured debt under conditions of imperfect information", em *J. Legal St.* 21 (1992), pp. 225-258, e BARRY E. ADLER, "An Equity-Agency Solution to the Bankruptcy Priority Puzzle", em *J. Legal St.* 22 (1993), pp. 73-98.

[246] Cfr. FERRARINI, *op. cit.*, p. 480.

[247] Cfr. ALAN SCHWARTZ, "Security Interests and Banktruptcy Priorities: A Review of Current Theories", em *J. Legal St.* 10 (1981), pp. 1-37 (9 e ss.).

[248] Cfr. SAUL LEVMORE, "Monitors and Freeriders in Commercial and Corporate Settings", em *Yale L. J.* 92 (1982), pp. 49-83 (52 e ss.)

ao credor uma exclusividade no financiamento, ao mesmo tempo que lhe assegura um contrôle razoável sobre as decisões empresariais do devedor e por outro lado compromete o devedor em termos credíveis no desenvolvimento do projecto[249].

A segunda concepção parte do ponto de vista dos custos económicos de transacção (*transaction costs economics*, ou TCE). Enquanto a teoria da *agency* analisa a situação de um ponto de vista de incentivo *ex ante*, a TCE preocupa-se com a criação *ex post* de estruturas de domínio (*governance structures*). Neste âmbito, tanto a *debt* (contracção de dívidas) como a *equity* (abertura de capital ao público) são vistas como estruturas de domínio pelo que a escolha entre elas depende das suas características.

Antes de 1958, os economistas sustentavam que o valor de uma empresa poderia ser aumentado por duas formas: ou pelo aumento do seu rendimento, sem riscos indevidos, ou por uma mais correcta distribuição de *securities*, baseadas em *debt* ou em *equity*. Nesse ano, no entanto, MODIGLIANI/MILLER contestaram essa formulação[250], através do que ficou conhecido como a *MM Hypothesis* ou o teorema da irrelevância. De acordo com esta hipótese, não é possível às empresas alterar o seu valor através da alteração da estrutura do seu capital, já que esse valor é apenas função do tamanho e do risco dos fluxos de rendimento da empresa. Efectivamente, o mercado financeiro preocupa-se apenas com a capacidade de a empresa gerar receitas, qual a volatilidade dessas receitas, e qual o previsível custo dos recursos necessários para as obter, pelo que empresas com a mesma capacidade de gerar fluxos de rendimento serão avaliadas pelo mercado da mesma forma, independentemente da sua estrutura de financiamento através da emissão de acções ou do endividamento. Assim, seria irrelevante para as empresas a opção entre essas duas formas de financiamento[251].

[249] Cfr. R. SCOTT, *Colum. L. Rev.* 86 (1986), pp. 925 e ss. A pp. 930, o autor aplica a este tipo de garantias a metáfora do "puny prince", segundo a qual determinado rei entrega o seu filho doente como refém do cumprimento de uma obrigação. Este tipo de garantia só tem significado, face à sua importância para o devedor, dado que é irrelevante para o credor ou terceiros. Ora, garantias sobre os bens da empresa, como o *floating lien* possuem a mesma característica, uma vez que o seu valor de mercado não tem comparação com o valor que lhes dá o devedor.

[250] Cfr. FRANCO MODIGLIANI/MERTON H. MILLER, "The Cost of Capital, Corporation Finance and the Theory of Investment", em *Am. Ec. Rev.* 48 (1958), pp. 261-297.

[251] Cfr. MODIGLIANI/MILLER, *Am. Ec. Rev.* 48 (1958), pp. 265 e ss. Cfr. ainda as sínteses de BARRY E. ADLER, *J. Legal St.* 22 (1993), e, entre nós, de FERNANDO ARAÚJO, *Introdução à Economia*, 3ª ed., Coimbra, Almedina, 2005, p. 294.

Esta posição veio a ser aceite por Schwartz, que chamou a atenção para a irrelevância de uma empresa conceder uma garantia especial, já que a menor taxa de juro que pode conseguir no financiamento é eliminada pelo facto de que os outros financiadores não garantidos subirão concomitantemente as suas taxas de juro, ao ver os riscos aumentarem com a subtracção de um bem específico ao seu poder de execução[252].

Para Williamson, no entanto, os custos do financiamento por *debt* sobem mais depressa, dado que muitas vezes obrigam à liquidação ou obrigam a empresa a comprometer decisões, enquanto a *equity governance* é mais adaptável. Assim, a *debt* é mais usada em projectos em que os bens são mais facilmente substituíveis, enquanto a *equity* é usada em bens menos substituíveis[253]. No entanto, o crédito deve ser objecto de uma garantia, sendo que o seu valor diminui à medida que a garantia se vai tornando mais específica, pelo que para a *debt* ser preferida à *equity* como forma de financiamento é necessário que haja direitos de prioridade garantidos ao credor, uma vez que, se a *debt* for *firm-specific*, a *equity* será preferida[254].

No caso específico das garantias reais, tem-se ainda salientado que os custos da sua concessão não se limitam àqueles conexos com as despesas de constituição e o nível da taxa de juro, havendo também que se salientar que a gestão da empresa se torna menos livre, a partir do momento em que concede garantias reais. Isso explica que as empresas que não apresentam riscos de insolvência sejam avessas à concessão de garantias reais, uma vez que a perda da liberdade empresarial que lhe está associada se apresenta como um factor que aumenta o custo da garantia[255].

Em qualquer caso, parece que, de um ponto de vista geral, se pode afirmar que a concessão de garantias especiais não se apresenta como contraproducente, uma vez que funcionam como facilitação do crédito para o devedor, bem como uma concessão de uma segurança suplementar a alguns credores. Se se ponderar, no entanto, a posição dos credores comuns, a

[252] Cfr. Schwartz, *Vand. L. Rev.* 37 (1984), p. 1054. Esta formulação ficou conhecida como *"the zero sum hypothesis"*. Para Scott, *Colum. L. Rev.* 86 (1986), p. 905, a hipótese demonstra antes que a garantia especial pode funcionar como uma perda líquida para o devedor, face aos custos de criação e administração da garantia.

[253] Cfr. Oliver E. Williamson, "Corporate Finance and Corporate Governance", em *J. Fin.* 43 (1988), pp. 567-591 (576 e ss.).

[254] Cfr. Williamson, *J. Fin.* 43 (1988), p. 584.

[255] Cfr. Candian, *op. cit.*, p. 64.

concessão de garantias especiais poderia afectar negativamente o devedor, já que os credores comuns tenderão a subir os seus juros, em consequência da concessão de uma garantia especial a outro credor, pois esta representa um considerável incremento dos seus riscos[256]. No entanto, essa situação é normalmente antecipada pelos credores comuns, que avaliam o património do devedor tomando em consideração a possibilidade de ele futuramente conceder garantias especiais, as quais atribuem prioridade sobre o seu crédito. Assim, os créditos sem garantias são sempre estabelecidos a uma taxa de juro superior do que aquela que resultaria da situação actual do património do devedor, tomando em consideração os riscos da sua futura modificação. Nesta perspectiva, a não concessão de garantias especiais afecta negativamente o devedor já que, tendo ele um património suficiente para cumprir todas as suas obrigações, o facto de solicitar empréstimos não cobertos por garantias especiais pode levá-lo a pagar juros superiores do que se onerasse todo o seu património com garantias especiais. Assim, teoricamente o devedor deveria primeiro onerar o seu património com garantias especiais e só depois solicitar financiamentos não cobertos pelas garantias, mas habitualmente não o faz, optando normalmente por privilegiar o crédito sem garantias, sendo habitualmente avesso a concedê-las. Diz-se, por isso, que a garantia especial deveria ser ubíqua, mas não o é, o que ficou conhecido como o "puzzle da ubiquidade" (*ubiquity puzzle*) das garantias especiais[257].

O puzzle da ubiquidade tem, porém, uma solução simples que passa pela consideração da garantia especial excessiva como algo anómalo, na medida em que afecta a paridade entre os credores, e constitui um factor de suspeição para o mercado, o qual vê a concessão de garantias especiais como algo destinado a prejudicar os credores já existentes. Este aspecto é evidenciado pela célebre definição de garantia especial apresentada por LOPUCKI: "um acordo entre A e B a estabelecer que C não receberá nada". Este autor contesta a existência de qualquer aceitação da garantia especial por parte dos credores não garantidos[258], considerando ainda que o mer-

[256] Cfr. SCHWARTZ, *J. Legal St.* 10 (1981), pp. 7 e ss. e *Vand. L. Rev.* 37 (1984), p. 1054. Cfr. ainda EVA-MARIA KIENINGER, ID (org.), *Security Rights*, pp. 8-9.

[257] Cfr. BARRY E. ADLER, *J. Legal St.* 22 (1993), pp. 83 e ss.

[258] Cfr. LYNN M. LOPUCKI, "The Unsecured Creditor's Bargain", em *Va. L. Rev.* 80 (1994), pp. 1887-1965 (1899): *"the "consent" of the unsecured creditor is implied in the best case and a blatant fiction in the worst. Security is an agreement between A and B that C take nothing"*. O autor salienta a

cado absorve limitadamente a informação concedida pela garantia especial, o que acaba por redundar em prejuízo dos credores comuns menos informados[259]. Os diversos direitos estabelecem, por isso, normalmente limites à eficácia das garantias especiais, designadamente em caso de insolvência do devedor, em ordem a evitar a afectação da posição dos credores comuns. Por outro lado, a garantia especial restringe as futuras oportunidades de financiamento do devedor, tornando mais complicada a possibilidade de reestruturação dos empréstimos em tempos difíceis, para além de constranger as futuras decisões de investimento, já que a opinião do credor garantido passa a ter que ser tomada em consideração[260]. É, por isso, compreensível a aversão dos devedores à concessão de garantias especiais.

2. A prestação de caução

Um caso especial de garantia que constitui uma figura genérica que pode ter como conteúdo outras garantias específicas consiste na prestação de caução. A prestação de caução, referida nos arts. 623º e ss. do Código Civil, resulta de uma obrigação ou autorização conferida por lei, decisão judicial ou negócio jurídico e tanto pode concretizar-se através de garan-

especificamente a lesão que os credores involuntários (como os resultantes de responsabilidade civil) podem sofrer com a concessão de garantias especiais.

[259] Cfr. LOPUCKI, *Va. L. Rev.* 80 (1994), pp. 1955 e ss. A pp. 1956-1957, o autor ilustra esta conclusão com uma história que denomina de "a parábola da escavação" (*Parable of the Pit*), que nos permitimos transcrever: *"A town (the secured creditor) persuades the legislature to permit it to dig a large pit (Article 9) in the middle of a nearby state highway (commerce) without posting any warning signs. On the morning after the pit is dug, cars begin falling into the pit. The occupants (unsecured creditors) are killed and the town take their valuables as a source of revenue. The story is reported in newspapers, the public is outraged, and legal scholars begin to debate the "efficiency" of the pit. The economists assert that the pit is not a problem because (1) the public will learn not to use the highway were the pit is located and (2) members of the public who do continue to use the highway* ***should*** *suffer because without consequences there is no incentive to learn. Through media coverage and coffee break conversation, the public becomes intensely aware of the pit's existence. The flow of cars into the pit slows to a trickle, now consistingly mostly of people whose level of social awareness is low and people who actually know of the pit but have a brief memory lapse. A proeminent Yale professor of Law and Economics opposes to expenditure necessary to post warning signs because not many people are "incompetent" enough to fall in the pit and that the harm from their vitimization is "slight". Eventually the flow stabilizes, the town derives a modest but steady subsidy from it, and the difference between the public (the market) learning and all members of the public (all participants in the market) learning becomes apparent. Market learning fails to eliminate the subsidy".*

[260] Cfr. Cfr. SCHWARTZ, *J. Legal St.* 10 (1981), p. 15.

tias pessoais como através de garantias reais[261]. A caução consiste assim em toda e qualquer garantia que, por lei, decisão judicial ou negócio jurídico, é imposta ou autorizada para assegurar o cumprimento de obrigações eventuais ou de amplitude indeterminada[262]. Em termos processuais, a prestação de caução corresponde a um processo especial regulado nos arts. 906º e ss. CPC, aplicável quer a prestação de caução seja exigida (art. 906º CPC), quer seja espontaneamente oferecida (art. 913º CPC).

A autorização ou obrigação de prestação de caução pode ter origem legal, judicial ou negocial.

Relativamente à caução de fonte legal constituem casos de autorização legal de exigir a prestação de caução as hipóteses dos arts. 614º, nº 2, 648º, 673º, e 1468º *b)*. Constituem casos de obrigação legal de prestar caução as hipóteses dos arts. 93º do C.C. e 47º, nº 3, e 733º, nº 1 *a)* CPC, em que a caução aparece como condição para exercício de determinados direitos. Relativamente à caução imposta ou autorizada por lei, sempre que esta não especifique a espécie que ela deve revestir, o art. 623º, nº 1, determina que a garantia pode ser prestada por meio de depósito de dinheiro, títulos de crédito, pedras ou metais preciosos ou por penhor, hipoteca ou fiança bancária. Apenas se nenhum destes meios puder ser utilizado é lícita a prestação de outra espécie de fiança, desde que o fiador renuncie ao benefício da excussão (art. 623º, nº 2)[263], cabendo ao tribunal apreciar a idoneidade da caução, sempre que não haja acordo dos interessados (art. 623º, nº 3).

[261] Cfr. ANTUNES VARELA, *Obrigações*, II, pp. 471 e ss., ALMEIDA COSTA, *Obrigações*, pp. 884 e ss., MENEZES CORDEIRO, *Obrigações*, pp. 502-503, e *Tratado*, X, pp. 617-618, PEDRO ROMANO MARTINEZ/PEDRO FUZETA DA PONTE, *op. cit.*, pp. 69 e ss., JANUÁRIO GOMES, *Assunção*, pp. 44-45, nota (166), e L. M. PESTANA DE VASCONCELOS, *Direito das garantias*, pp. 79 e ss. Na doutrina italiana, veja-se GIUSEPPE TUCCI, "Cauzione", em *Digesto. Disc. Priv. Sez Civ.*, 4ª ed. II, 1988, pp. 255-268.

[262] Cfr. PAULO CUNHA, *Da garantia*, II, p. 6, e ALMEIDA COSTA, *Obrigações*, p. 884 e TUCCI, *Digesto. Disc. Priv. Sez Civ.*, 4ª ed. II, 1988, p. 257. A caução é assim considerada uma garantia para obrigações incertas, quer quanto à sua existência, quer quanto ao seu âmbito. Essa formulação já deriva do termo *cautio*, do verbo *cavere*, que sempre teve um significado genérico de cautela ou garantia, que assegura algo que se encontra exposto a um risco, ou garante o cumprimento de uma obrigação, ainda que futura ou eventual.

[263] Relativamente à caução prestada por via de fiança, cfr. CATERINA MONTAGNANI, "Fideiussione in funzione di cauzione e deroghe convenzionali all'art. 1957 c.c.", em *BBTC* 47 (1984), II, pp. 63-78.

Relativamente à caução de fonte judicial, ela aparece-nos referida nos arts. 107º, 620º, 707º, 1898º, 2236º e 2246º, surgindo a caução de fonte negocial sempre que as partes a estipulem, ao abrigo da sua autonomia privada. Estas duas formas de caução obedecem, no entanto, a requisitos menos exigentes do que a anterior, já que o art. 624º, nº 1, admite a sua prestação por meio de qualquer garantia, real ou pessoal[264], continuando, porém, o tribunal a apreciar da idoneidade da caução sempre que não haja acordo dos interessados (arts. 624º, nº 2 e 623º, nº 3).

Caso a pessoa obrigada à caução não a venha efectivamente a prestar, o credor, salvo se for diferente a solução especialmente fixada na lei[265], tem o direito de requerer o registo de hipoteca sobre os bens do devedor, ou outra cautela idónea (912º, nº 1, CPC), designadamente, a apreensão de coisas móveis ou direitos não susceptíveis de hipoteca, que é havida como penhor, nos termos do art. 912º, nº 2, CPC. A garantia é, no entanto, limitada aos bens suficientes para assegurar o direito do credor (art. 625º C.C. e 912º, nº 3, CPC).

Pode, porém, ocorrer ainda que a caução, após prestada, se torne insuficiente ou imprópria, por causa não imputável ao credor. Neste caso, a lei atribui-lhe o direito de exigir que esta seja reforçada, ou que seja prestada outra forma de caução (art. 626º).

[264] Incluindo, portanto, a fiança, mesmo que ela não seja bancária e o devedor não renuncie ao benefício da excussão. No Ac. STJ 15/11/2017 (Sousa Lameira), processo 13580/16.0T8LSB-C.L1.S1 foi considerada caução idónea uma garantia bancária prestada pelo próprio banco executado, o que nos parece vedado pelo art. 623, uma vez que nesse caso o credor não adquire qualquer garantia para além da que lhe proporciona o património do devedor.

[265] Efectivamente, por vezes a lei estabelece outras sanções para a não prestação de caução, como sucede nos arts. 1470º e 2238º, nº 2.

Capítulo V
As Garantias Pessoais

1. A fiança
1.1. Generalidades

A fiança apresenta-se como a garantia pessoal típica, sendo regulada nos arts. 627º a 655º do Código Civil[266].

[266] Cfr. PAULO CUNHA, *Da garantia*, II, pp. 36 e ss., VAZ SERRA, "Fiança e figuras análogas", no *BMJ* 71 (1957), pp. 19-331, ANTUNES VARELA, *Obrigações*, II, pp. 477 e ss., ALMEIDA COSTA, *Obrigações*, pp. 888 e ss., MENEZES CORDEIRO, *Obrigações*, 2º, pp. 509 e ss., e *Tratado*, X, pp. 423 e ss., ROMANO MARTINEZ/FUZETA DA PONTE, *op. cit.*, pp. 82 e ss., L. M. PESTANA DE VASCONCELOS, *Direito das garantias*, pp. 83 e ss., e principalmente JANUÁRIO GOMES, *Assunção, passim*, e "A fiança no quadro das garantias pessoais. Aspectos de regime", em FACULDADE DE DIREITO DA UNIVERSIDADE DE COIMBRA (org.), *Comemorações dos 35 anos do Código Civil e dos 25 anos da Reforma de 1977*, III – *Direito das Obrigações*, Coimbra, Coimbra Editora, 2007, pp. 79-119.
Na doutrina espanhola, veja-se ÁNGEL CARRASCO PERERA / ENCARNA CORDERO LOBATO / MANUEL JESÚS MARÍN LÓPEZ, *Tratado de los derechos de garantía*, Cizur Menor (Navarra), Aranzadi, 2002, pp. 67 e ss.
Na doutrina alemã, veja-se WOLFGANG FIKENTSCHER, *Schuldrecht*, 9ª ed., Berlin/New York, De Gruyter, 1997, § 92, nºs. 1000 e ss., pp. 629 e ss., WALTHER HADDING/FRANZ HÄUSER/ REINHARD WELTER, "Bürgschaft und Garantie", em BUNDESMINISTER DER JUSTIZ (org.), *Gutachten und Vorschläge Überarbeitung des Schuldredchts*, III, Köln, Bundesanzeiger, 1983, pp. 571-759 (591 e ss.) WEBER, *op. cit.*, pp. 47 e ss., PETER BYDLINSKI, *Die Bürgschaft im österreichischen und deutschen Handels-, Gesellschafts-, und Wertpapierrecht*, Wien/New York, Springer, 1991, BÜLOW, *Kreditsicherheiten*, pp. 242 e ss., nºs 831 e ss., BRUNO RIMMELSPACHER, *Kreditsicherungsrecht*, 2ª ed., München, Beck, 1987, § 1, pp. 3 e ss., nºs 5 e ss., BLAUROCK, *Aktuelle Probleme*, pp. 36 e ss., HEERMANN, *op. cit.*, § 31, pp. 535 e ss., nºs 1 e ss., KLAUS TIEDKE, "Die Rechtssprechung des Bundesgerichtshofs zum Bürgschaftsrecht seit 1980", em *ZIP* 1986, pp.

A fiança surge no âmbito do Direito Romano através dos institutos da *sponsio, fidepromissio e fideiussio*, sendo o primeiro, mais antigo, resultante do *ius civile* e os últimos do *ius gentium*. A *fideiussio* assumiu-se como preponderante pelo facto de admitir a transmissão da obrigação aos herdeiros (*Gai Inst* III, 121), ao contrário do que acontecia nos outros dois casos (*Gai Inst* III, 120). Conforme o nome refere, a *fideiussio* era baseada na *fides* e expressa na fórmula "*in fide tua esse iubes? Iubeo*", por meio da qual se fazia surgir a obrigação do fiador em assegurar o pagamento da obrigação principal, constituindo assim uma *verborum obligatio*. Essa obrigação do fiador tinha carácter acessório, na medida em que pressupunha uma obrigação já existente, independentemente de qual a sua fonte ou de já estar ou não vencida[267].

No art. 627º, nº 1, refere-se que "o fiador garante a satisfação do direito de crédito, ficando pessoalmente obrigado perante o credor". A situação do fiador é, assim, a de garante da obrigação com o seu património pessoal, tendo sido discutido na doutrina se esta situação envolve a constituição de uma obrigação própria do fiador[268]. A nosso ver, a resposta deve ser afirma-

69-77, e Wolfgang Berensmann, *Bürgschaft und Garantievertrag im englischen und deutschen Recht*, Berlin, Duncker & Humblot, 1988, pp. 14 e ss.

Na doutrina italiana, cfr. Alfredo Calderale, *Fideiussione e contratto autonomo di garanzia*, Bari, Cacucci, 1989, pp. 2 e ss., e Giovanni Battista Petti, *La fideiussione e le garanzie personali del credito*, Padova, Cedam, 2000.

Na doutrina francesa, cfr. Alex Weill, *op. cit.*, pp. 9 e ss., Michel Dagot, *op. cit.*, pp. 29 e ss., Marty / Raynaud / Jestaz, *op. cit.*, pp. 365 e ss., Mazeaud / Chabas, *Sûretés*, pp. 20 e ss., Aynès / Crocq, *op. cit.*, pp. 15 e ss., Piedeliévre, *op. cit.*, pp. 15 e ss., Théry, *op. cit.*, pp. 33 e ss. e Dominique Legeais, *op. cit.*, pp. 27 e ss.

[267] Cfr. Frezza, *op. cit.*, I, pp. 11 e ss., Wilhelm Girtaner, *Die Bürgschaft nach gemeinen Civilrecht*, I- *Historisches Abteilung*, I – *Das römische Recht*, Jena, Carl Hochhausen, 1850, pp. 4 e ss., e 19 e ss. e passim, Emilio Betti, *Istituzioni di Diritto Romano*, II-1, Padova, Cedam, 1960, § 147, pp. 149 e ss., e Max Kaser, *Das Römische Privatrecht*, I- *Das altrömische, das vorklassiche und klassische Recht*, 2ª ed., München, Beck, 1971, § 155, pp. 660 e ss. e II – *Die nachklassichen Entwicklungen*, 2ª ed., München, Beck, 1975, § 278, pp. 457 e ss. Entre nós, veja-se Susana Antas Videira, "A fiança no apogeu do Direito Romano", em Jorge Miranda (org.), *Estudos em Honra de Ruy de Albuquerque*, II, Lisboa, Faculdade de Direito da Universidade de Lisboa/Coimbra Editora, 2006, pp. 837-900.

[268] A negação de que a fiança implique a constituição de uma obrigação para o fiador é típica da doutrina da *Schuld und Haftung*, que considera que o fiador não é objecto da relação debitória, mas da relação de responsabilidade, já que não deve, mas apenas responde, sendo essa situação que distingue a fiança da assunção cumulativa de dívida. Cfr. Hermann Jsay "Schuldverhältnis und Haftungsverhältnis im heutigen Recht", em *JhJb* 48 (1904), pp. 187-208

tiva, uma vez que o fiador tem um dever de prestar perante o credor, ainda que a sua função seja apenas a de assegurar a realização do pagamento pelo devedor. Daí que se o fiador efectuar a prestação, tal seja considerado como um caso de prestação por um terceiro que garantiu a obrigação, ainda que sujeita por esse mesmo motivo à sub-rogação legal (cfr. art. 644º).

A fiança é, por isso, uma garantia pessoal das obrigações, através da qual um terceiro assegura a realização de uma obrigação do devedor, responsabilizando-se pessoalmente com o seu património por esse cumprimento perante o credor. O valor da fiança como garantia encontra-se, por isso, dependente do valor do património do fiador. Normalmente, a fiança abrange todo o património do fiador, embora possa por limitação convencional ser restringida a alguns dos seus bens (art. 602º)[269]. Normalmente, a fiança restringe-se a algumas ou algumas dívidas do devedor, embora possa abranger todas as suas dívidas presentes e, eventualmente, futuras, desde que determináveis. Se não for estabelecido qualquer critério para a determinação das obrigações futuras a afiançar, o negócio não poderá deixar de ser considerado nulo por indeterminabilidade do objecto (art. 280º).

Apesar de a lei não o dizer expressamente parece claro que o negócio que dá origem à fiança tem carácter necessariamente bilateral[270]. Não

(194). Entre nós, também GOMES DA SILVA, *Conceito*, p. 66, considera que apesar de as garantias pessoais serem obrigações impostas ou assumidas por terceiros, estes não se poderiam considerar verdadeiros devedores. Mas já ANTUNES VARELA, *Obrigações*, II, p. 479, MENEZES CORDEIRO, *Obrigações*, 1º, p. 201, e *Tratado*, X, pp. 439-440, e JANUÁRIO GOMES, *Assunção*, pp. 115 e ss., e 121 e ss., qualificam o fiador como um verdadeiro devedor, ainda que acessório, considerando, por isso, que a sua situação compreenderá, forçosamente, o *quid* obrigacional em toda a sua plenitude.

[269] Cfr. neste sentido, ALMEIDA COSTA, *Obrigações*, p. 889.

[270] No mesmo sentido, ANTUNES VARELA, *Obrigações*, II, p. 484, ALMEIDA COSTA, *Obrigações*, p. 889, e nota (3), JANUÁRIO GOMES, "A estrutura negocial da fiança e a jurisprudência recente", em FACULDADE DE DIREITO DA UNIVERSIDADE DE LISBOA (org.), *Estudos em Memória do Professor Doutor João de Castro Mendes*, Lisboa, Lex, s.d., pp. 323-369 (341 e ss.), recolhido em ID, *Estudos de Direito das Garantias*, I, Coimbra, Almedina, 2004, pp. 49-107 (73 e ss.), e *Assunção*, p. 388, e L. M. PESTANA DE VASCONCELOS, *Direito das garantias*, p. 85. Na Alemanha, cfr. WEBER, *op. cit.*, p. 50. No âmbito do Código Civil de 1867 era, porém, comum a defesa da posição de que a fiança poderia ser prestada por negócio jurídico unilateral. Cfr., nesse sentido, GUILHERME MOREIRA, *Instituições*, II, nº 105, p. 319, PAULO CUNHA, *Da garantia*, pp. 37-38, e VAZ SERRA, no *BMJ* 71 (1957), p. 26. É duvidosa a posição assumida por CUNHA GONÇALVES, *Tratado*, V, pp. 157 e ss., que qualifica sempre a fiança como "acto ou contrato".

parece efectivamente razoável que alguém fique irrevogavelmente vinculado à prestação de uma garantia com base num negócio unilateral, até porque a isso se oporia o princípio da tipicidade dos negócios unilaterais. Pode, por isso, dizer-se que a fiança resulta sempre ou de um contrato entre o fiador e o credor, ou de um contrato entre o fiador e o devedor que, nesse caso, revestirá a natureza de um contrato a favor de terceiro[271]. Poderá eventualmente também resultar de um contrato plurilateral entre estas três partes.

Apesar de a fiança ser normalmente originada num contrato entre duas partes, ela é sempre elemento de uma relação trilateral entre o fiador, o credor e o devedor. Efectivamente, o devedor e o fiador têm que ser pessoas diferentes, já que seria sem valor alguém se vincular como fiador de uma dívida própria, uma vez que o devedor já responde com todo o seu património pelas obrigações que contraiu. Já o credor da obrigação principal tem necessariamente que ser o mesmo credor da obrigação do fiador, sem o que a fiança perderia a sua função de garantia[272].

Daí que a lei sinta necessidade de regular especificamente o regime das relações entre o fiador e o credor, e o fiador e o devedor.

1.2. Forma da fiança

O art. 628º, nº 1, vem estabelecer que a forma da declaração de prestação de fiança é a da forma exigida para a obrigação principal, ainda que se requeira declaração expressa do fiador[273]. Esta forma vem a ser estabelecida apenas para a declaração do fiador, já que não fazendo a lei exigência semelhante relativamente à declaração da outra parte no contrato de fiança, seja ela o devedor ou o credor, estas estarão naturalmente sujeitas ao regime da consensualidade (art. 219º), podendo ser emitidas tacitamente (art. 217º)[274].

[271] O fiador compromete-se, perante o devedor a realizar uma prestação ao credor, o que preenche os requisitos do art. 443º. Salienta-se, porém, algumas especialidades, já que na fiança o fiador não poderá opor ao credor as excepções derivadas da relação de cobertura, por tal se apresentar contrário ao fim da garantia. Nesse sentido, pode-se dizer que a declaração de fiança tem carácter abstracto. Cfr. LARENZ/CANARIS, *Lehrbuch des Schuldrechts*, II- *Besonderer Teil*, 2, 13ª ed., München, Beck, 1994, p. 3.

[272] Cfr. WEBER, *op. cit.*, p. 50.

[273] Melhor solução parece ser a que se encontra actualmente consagrada no § 766 BGB em que se exige forma escrita para a declaração de fiança, nem sequer se aceitando a sua prestação por documento electrónico.

[274] Cfr. WEBER, *op. cit.*, p. 53, JANUÁRIO GOMES, *Assunção*, p. 388. Em sentido contrário, ANTUNES VARELA, *Obrigações*, II, p. 487.

Ao fazer depender a forma da fiança apenas da forma da obrigação principal, parece claro que a lei não exige genericamente que a fiança seja prestada por escrito, podendo esta revestir forma consensual sempre que a obrigação principal não esteja sujeita a qualquer forma (ex: o pagamento do preço da compra de uma jóia). Neste caso, a fiança poderá ser provada por qualquer meio, não podendo o fiador elidir a sua responsabilidade com o argumento de que não celebrou qualquer declaração escrita. Pelo contrário, se a obrigação principal exigir forma superior à escrita para a sua constituição (ex: a obrigação do mutuário superior a 20.000 euros, em relação à qual o art. 1143º do Código Civil exige escritura pública) a fiança não será válida se não adoptar essa mesma forma, mesmo que seja prestada por escrito. Nesta hipótese, a fiança não pode considerar-se válida se for assinada em branco[275]. No caso contrário, a assinatura em branco determina a aplicação do art. 378º do Código Civil.

1.3. Principais características da fiança

A fiança tem como características principais a acessoriedade e a subsidiariedade. A acessoriedade aparece referida no art. 627º, nº 2, que nos diz que "a obrigação do fiador é acessória da que recai sobre o principal devedor". Esta característica significa que a obrigação do fiador se apresenta na dependência estrutural e funcional da obrigação do devedor, sendo determinada por essa obrigação em termos genéticos, funcionais e extintivos[276].

A dependência da obrigação do fiador em relação à obrigação do devedor começa na forma da declaração da prestação de fiança, que é a da forma exigida para a obrigação principal, ainda que seja necessária a declaração expressa do fiador (art. 628º, nº 1). Essa dependência estende-se também ao âmbito da fiança, já que no art. 631º, nº 1, se refere que a fiança não pode exceder a dívida principal nem ser contraída em condições mais onerosas, ficando sujeita à redução caso tal venha a suceder (art. 631º, nº 2).

Uma outra manifestação da acessoriedade é a de que a invalidade da obrigação principal, seja ela nulidade ou mera anulabilidade, acarreta também a invalidade da fiança, por força do art. 632º, nº 1. No caso, porém, de mera anulabilidade, o facto constitutivo da obrigação principal tem que

[275] Cfr. HEERMANN, *op. cit.*, § 31 III 1, p. 544, nº 21.

[276] Sobre as características da acessoriedade, veja-se EBERHARD STEINMEYER, *Die akzessorische Schuldverhältnisse des BGB*, Diss. Göttingen, 1933, pp. 11 e ss.

ser efectivamente anulado, para que a obrigação do fiador deixe de subsistir. No entanto, a fiança mantém-se como válida se, anulada a obrigação principal, por incapacidade ou por falta ou vício da vontade do devedor, o fiador conhecia a causa da anulabilidade ao tempo em que a fiança foi prestada. A razão para essa solução reside na circunstância de uma declaração de fiança com conhecimento da anulabilidade da obrigação principal por esse motivo dever valer também como garantia, prestada pelo fiador, de que a obrigação principal não será anulada, respondendo este por incumprimento da garantia, caso tal venha a suceder[277].

É também manifestação da acessoriedade da fiança a possibilidade que o fiador tem de opor ao credor os meios de defesa próprios do devedor, salvo se forem incompatíveis com a obrigação do fiador (art. 637º).

Finalmente, é manifestação da acessoriedade da fiança, a circunstância de a extinção da obrigação principal acarretar também a extinção da fiança (art. 651º).

A subsidiariedade reconduz-se à possibilidade de o fiador invocar o benefício da excussão, conforme resulta do art. 638º, impedindo o credor de executar o património do fiador enquanto não tiver tentado sem sucesso a execução através do património do devedor (cfr. art. 745º CPC). Para além disso, o art. 639º refere que a subsidiariedade da fiança opera mesmo existindo garantias reais constituídas por terceiro antes da fiança, já que o fiador tem igualmente o direito de exigir a execução prévia das coisas sobre que recai a garantia real.

A subsidiariedade da fiança constitui, porém, uma característica não essencial, uma vez que o fiador pode renunciar a ela, conforme se prevê no art. 640º *a)*. Para além disso, a subsidiariedade é excluída quando o devedor ou o dono dos bens onerados com a garantia não puder, em virtude de facto posterior à constituição da garantia ser demandado no território do continente ou ilhas adjacentes (art. 640º *b)*) ou quando a fiança respeitar a obrigação comercial (art. 101º CCom).

[277] Daí que discordemos das opiniões de GALVÃO TELLES, "Garantia bancária autónoma", em *Dir* 120 (1988), pp. 275-293 (279) e de ALMEIDA COSTA, *Obrigações*, p. 894, nota (2), quando consideram que neste caso a fiança passa a valer apenas para a obrigação de restituição por invalidade (art. 289º). A nosso ver, este regime destina-se a permitir ao credor a execução do património do fiador, pelo montante da obrigação principal e não pela restituição resultante da invalidade. Neste sentido, ao que julgamos, ANTUNES VARELA, *Obrigações*, II, p. 495.

1.4. Relações entre credor e fiador

Conforme acima se referiu, por força da regra da acessoriedade, "a fiança tem o conteúdo da obrigação principal e cobre as consequências legais e contratuais da mora ou culpa do devedor" (art. 634º). Daqui resulta que o credor pode exercer perante o fiador os mesmos direitos que tem perante o devedor, quer estes respeitem à acção de cumprimento, quer à indemnização por incumprimento, mora ou cumprimento defeituoso.

É, no entanto, de salientar que a exigibilidade da obrigação perante o devedor pode não se estender ao fiador, uma vez que o art. 782º estabelece que a perda do benefício do prazo não se estende aos garantes do crédito. Assim, o facto de o devedor perder o benefício do prazo não implica que o fiador possa ser imediatamente demandado[278].

Em relação aos meios de defesa, dispõe o art. 637º que o fiador pode exercer perante o credor, além dos meios de defesa que lhe são próprios, as excepções que competem ao devedor, salvo se forem incompatíveis com a sua obrigação. O fiador pode assim utilizar perante o credor tanto as excepções respeitantes à relação de fiança (por exemplo, a invalidade do contrato de fiança ou a extinção da sua obrigação por qualquer causa), como as excepções relativas à própria obrigação do devedor, não produzindo a renúncia deste a essas excepções qualquer efeito em relação ao fiador (art. 637º, nº 2). Já não se admite, porém, que o fiador possa invocar excepções relativas ao devedor que se mostrem incompatíveis com a sua obrigação, uma vez que tal representaria um *venire contra factum proprium*.

Uma questão especialmente regulada na lei, em termos semelhantes ao que sucede com os devedores solidários (arts. 522º e 531º), diz respeito à eficácia perante o fiador do caso julgado entre o credor e o devedor. Determina-se que esse caso julgado não é oponível ao fiador, mas pode ser invocado por este em seu benefício, salvo se respeitar a circunstâncias pessoais do devedor, que não excluam a responsabilidade do fiador (art. 635º, nº 1). Já quanto ao caso julgado entre credor e fiador, este aproveita ao devedor, mas não o prejudica o caso julgado desfavorável (art. 635º, nº 2).

Outra questão especialmente regulada na lei diz respeito à prescrição, e em que termos a interrupção, suspensão e renúncia à prescrição relativamente à obrigação principal se estende à obrigação do fiador (art. 637º). A lei neste caso não adopta o princípio da acessoriedade, estabelecendo

[278] Neste sentido, cfr. Ac. RC 24/5/2011 (Alberto Ruço), em *CJ* 36 (2011), 3, pp. 23-26.

antes a independência da prescrição das duas obrigações, o que implica que as causas de interrupção, suspensão ou a renúncia à prescrição de uma das obrigações não se estendem à outra. No entanto, em relação à interrupção, admite-se que se o credor interromper a prescrição contra o devedor e der conhecimento do facto ao fiador, se considere a prescrição interrompida contra este na data da comunicação (art. 636º, nº 1).

Conforme acima se referiu, o fiador pode ainda gozar do benefício da excussão, quer em relação ao património do devedor (art. 638º), quer em relação a bens onerados com garantia real anterior à fiança (art. 639º). O benefício da excussão visa evitar a execução judicial dos bens do fiador enquanto a garantia concedida pelo património do devedor ou por outras garantias reais prestadas por terceiro anteriormente à fiança não se mostre insuficiente para assegurar o cumprimento da obrigação. Efectivamente, a fiança apresenta-se normalmente como uma garantia subsidiária, a exercer apenas em caso de o património do devedor e as garantias reais anteriores à fiança não bastarem para assegurar a satisfação do crédito[279]. No caso da existência de subfiança, o subfiador goza do benefício da excussão, tanto em relação ao fiador com em relação ao devedor (art. 643º).

O benefício é, porém, excluído se o devedor a ele tiver renunciado, o que acontece designadamente se assumir a obrigação de principal pagador (art. 640º *a)*) ou se, posteriormente à constituição de fiança, o devedor ou o dono dos bens onerados com a garantia não puder ser demandado no território continental ou das ilhas adjacentes (art. 640º *b)*) e ainda se a fiança respeitar a obrigação comercial (art. 101º CCom). Efectivamente, embora estabelecido no interesse do fiador, o benefício da excussão não é instituído em termos imperativos, pelo que pode ser afastado pelas partes, o que ocorre frequentemente, bastando para o efeito que o fiador declare que igualmente se responsabiliza como principal pagador[280]. Para além disso, e por razões de tutela dos interesses do credor, se posteriormente

[279] Conforme salienta ANTUNES VARELA, *Obrigações*, II, p. 491, a concessão do benefício da excussão em relação a garantias reais anteriores à fiança ocorre porque o fiador, ao prestar fiança, já contou com a existência dessas garantias, o que implica que apenas deva responder pelo saldo negativo delas. Já não se estende, porém, esse benefício às garantias posteriores à fiança, uma vez que o devedor não contou com elas aquando da avaliação do risco fidejussório.

[280] A declaração de renúncia parece dever ter que revestir a mesma forma da fiança, uma vez que as razões da sua exigência lhe são aplicáveis (art. 221º). Neste sentido, cfr., na doutrina alemã, WEBER, *op. cit.*, p. 102.

à declaração de fiança se verifica a impossibilidade de demandar o devedor ou o proprietário dos bens onerados com a garantia no território do Continente ou das Regiões Autónomas, justifica-se que o fiador deixe de poder invocar o benefício da excussão. Esse só poderá continuar a ser invocado se essa impossibilidade já existia ao tempo da fiança, uma vez que nesse caso esse condicionalismo esteve subjacente à prestação da mesma. Finalmente, a lei afasta mesmo o benefício da excussão, se a fiança disser respeito a obrigação comercial, na medida em que o art. 101º CCom estabelece que "todo o fiador de obrigação mercantil, ainda que não seja comerciante, será solidário com o respectivo afiançado". Trata-se, neste caso, de um regime mais benéfico, para o credor de obrigação comercial, a qual estabelece uma solidariedade imprópria entre fiador e devedor principal, que se caracteriza precisamente por não admitir a invocação por aquele do benefício da excussão.

Por ser relativo apenas à fase executiva, o benefício da excussão não impede que o credor instaure imediatamente acção judicial contra o fiador. Efectivamente, determina o art. 641º, nº 1, que, mesmo havendo benefício da excussão, o credor tem sempre a possibilidade de demandar o fiador isolada ou conjuntamente com o devedor, por forma a obter um título executivo contra qualquer dos dois. Caso seja demandado sozinho, o fiador pode chamar o devedor à demanda – actualmente através do incidente de intervenção principal provocada passiva; cfr. arts. 316º e 317º CPC – ainda que não goze do benefício da excussão. Salvo declaração em contrário no processo, o não chamamento do devedor à demanda importa para o fiador renúncia ao benefício (art. 641º, nº 2).

Para além do benefício da excussão, o art. 642º atribui ainda outros meios de defesa ao fiador. Assim, é permitido ao fiador recusar o cumprimento enquanto o direito do credor puder ser satisfeito por compensação com um crédito do devedor ou este tiver a possibilidade de se valer da compensação com uma dívida do credor (art. 642º, nº 1). Para além disso, é ainda lícito ao fiador recusar o cumprimento, enquanto o devedor tiver a possibilidade de impugnar o negócio (art. 642º, nº 2).

1.5. Relações entre devedor e fiador

A lei ocupa-se das relações entre o devedor e o fiador nos arts. 644º e ss., referindo logo o art. 644º a possibilidade de sub-rogação, ao determinar que "o fiador que cumprir a obrigação fica sub-rogado nos direitos do credor, na medida em que estes foram por ele satisfeitos". Desta norma resulta que, apesar da existência de uma obrigação do fiador perante o credor (art. 627º, nº 1), o cumprimento da obrigação pelo fiador não é equiparado ao cumprimento pelo devedor solidário, na medida em que não confere apenas um direito de regresso, mas antes implica, por via da sub-rogação legal (art. 592º, nº 1), uma verdadeira transmissão do crédito para o fiador, com todos os seus acessórios e garantias. Por esse motivo, podem continuar a ser opostas ao fiador que cumpriu a obrigação as mesmas excepções que poderiam ser invocadas perante o credor. Se, porém, o devedor tiver consentido no cumprimento pelo fiador ou, avisado por este, não lhe tiver dado conhecimento, injustificadamente, dos meios de defesa que poderia opor ao credor fica impedido de opor esses meios contra o fiador (art. 647º). Esta solução justifica-se por razões de tutela da boa fé do fiador, evitando-se assim que este seja surpreendido com a invocação pelo devedor de excepções com que não contava quando decidiu cumprir a obrigação.

A lei prevê, aliás, também por razões de tutela da boa fé, deveres específicos de aviso entre devedor e fiador, por forma a evitar que o cumprimento por um acabe por lesar o outro. Assim, em relação ao fiador, o art. 645º, nº 1, dispõe que "o fiador que cumprir a obrigação deve avisar do cumprimento o devedor, sob pena de perder o seu direito contra este no caso de o devedor, por erro, efectuar de novo a prestação". Nesse caso, no entanto, o fiador poderá repetir do credor a prestação realizada, como se fosse indevida (art. 645º, nº 2)[281]. Da mesma forma, em relação ao devedor, a lei determina que "o devedor que cumprir a obrigação deve avisar do cumprimento o fiador, sob pena de responder pelo prejuízo que causar se culposamente o não fizer" (art. 646º).

A lei admite ainda que o fiador possa, em certos casos, exigir a sua liberação ou a prestação de caução. Esses casos constam do art. 648º e correspondem aos seguintes:

a) Se o credor obtiver contra o fiador sentença exequível;
b) Se os riscos da fiança se agravarem sensivelmente;

[281] Não se trata neste caso de um enriquecimento por prestação, mas antes de um enriquecimento por intervenção, uma vez que o pagamento pelo fiador era devido quando foi realizado, passando este a ser o titular do crédito por via da sub-rogação, o qual é objecto de uma intervenção pelo primitivo credor, ao receber o pagamento do devedor. Cfr. MENEZES LEITÃO, *O enriquecimento*, pp. 621 e 787.

c) se, após a assunção da fiança, o devedor se colocar na situação de não poder ser demandado ou executado no território continental ou das ilhas adjacentes;
d) Se o devedor se houver comprometido a desonerar o fiador dentro de certo prazo ou verificado certo evento e já tiver decorrido o prazo ou se tiver verificado o evento previsto;
e) Se houverem decorrido cinco anos, não tendo a obrigação principal um termo, ou se, tendo-o, houver prorrogação legal imposta a qualquer das partes.

Conforme se pode verificar as hipóteses legalmente previstas correspondem a situações em que o fiador vê aumentarem os riscos de ser demandado em virtude da prestação de fiança (alíneas *a)* e *b)*), ou se torna mais difícil o exercício da sub-rogação contra o devedor (alínea *c)*) ou a vinculação do fiador se tornar excessiva, ou por ultrapassar o evento ou estender-se para além do prazo em que o devedor deveria proceder à sua exoneração (alínea *d)*[282]) ou ainda por vigorar em termos indefinidos ou muito prolongados (alínea *e)*). Nestes casos, torna-se razoável que o fiador adquira contra o devedor[283] o direito a obter a sua liberação ou a prestação de caução, para garantia do seu direito à eventual sub-rogação. A liberação do fiador ocorrerá naturalmente com o cumprimento da obrigação do devedor perante o credor ou com qualquer outra forma alternativa de satisfação do direito deste. Já a prestação de caução pode ocorrer por qualquer das formas referidas no art. 623º.

1.6. Pluralidade de fiadores

Nos arts. 649º e 650º, a lei ocupa-se da questão da pluralidade de fiadores. Neste caso, coloca-se o problema de saber se a responsabilidade de cada fiador abrange a satisfação integral do crédito ou se, pelo contrário, cada um deve responder por uma parte da obrigação, respondendo o outro ou os outros fiadores pelo restante. A questão é resolvida nos seguintes termos:

[282] O prazo ou o evento surgem neste caso apenas como pressuposto de uma obrigação de o devedor exonerar o fiador, não respeitando ao negócio de fiança em si, pois neste último caso ela caducaria automaticamente, de acordo com as regras gerais.

[283] Este direito só se adquire perante o devedor e não perante o credor, pelo que sendo constituída sem o acordo do devedor não surgirá este direito. Cfr. Almeida Costa, *Obrigações*, p. 901.

Se cada fiador decidiu isoladamente afiançar o devedor, então em princípio responde cada um pela satisfação integral da dívida, sendo aplicável o regime das obrigações solidárias, com as necessárias adaptações. Tal só não ocorrerá se tiver sido convencionado entre as partes o benefício da divisão (art. 649º, nº 1).

Se os fiadores se obrigaram conjuntamente, ainda que em momentos diferentes, então cada um deles poderá invocar o benefício da divisão, respondendo apenas pela sua parte na obrigação. Se porém, um dos fiadores se encontrar insolvente, ou não puder ser demandado no Continente ou nas Regiões Autónomas, responderão os outros fiadores proporcionalmente pela quota daquele (arts. 649º, nºs 2 e 3).

No caso de cada um dos fiadores ser responsável pelo cumprimento integral da obrigação, o facto de um deles vir a efectuar esse cumprimento não apenas o investe no direitos do credor contra o devedor por via de sub-rogação[284], mas também no direito de regresso sobre os outros fiadores, de harmonia com as regras das obrigações solidárias[285] (art. 650º, nº 1). No entanto, é manifesto que o fiador não pode exercer simultaneamente os dois direitos, pelo que, se, invocando a sub-rogação, conseguir receber do devedor o que pagou, nada pode exigir dos restantes fiadores com fundamento no direito de regresso. Da mesma forma, se o fiador optar por exercer primeiramente o direito de regresso sobre os outros fiadores, a sub-rogação nos direitos do credor ficará limitada à parte do crédito, em relação à qual não tenha exercido o direito de regresso[286].

Se os fiadores gozarem do benefício da divisão, qualquer deles pode recusar-se a cumprir a sua obrigação para além da parte que lhe compete. Se, no entanto, o fiador, judicialmente demandado, decidir cumprir integralmente a sua obrigação ou uma parte superior à que lhe competia, goza, além do direito de sub-rogação sobre o credor (art. 644º), do direito de regresso sobre os outros fiadores, pela parte que lhes compete, ainda que o devedor não esteja insolvente (art. 650º, nº 2). Se, porém, esse pagamento ocorrer sem que o fiador tenha sido judicialmente demandado, ele já não terá direito de exercer o direito de regresso sobre os outros fiado-

[284] Cfr. o art. 644º.

[285] Cfr. o art. 524º.

[286] Cfr. ANTUNES VARELA, *Obrigações*, II, p. 506.

res, sem antes estar previamente excutido o património do devedor (art. 650º, nº 3)[287].

1.7. Extinção da fiança

Vimos já que, por força do princípio da acessoriedade, a fiança extingue--se quando se extinguir a obrigação principal (art. 651º). Trata-se de uma solução óbvia, uma vez que, se a função da obrigação do fiador é assegurar o cumprimento pelo devedor da sua obrigação, naturalmente que a fiança fica sem objecto, a partir do momento em que se extingue a obrigação principal, devendo consequentemente extinguir-se também.

Para além desta causa específica, a lei admite ainda a possibilidade de se extinguir a obrigação do fiador por certas causas referentes ao credor. Assim, se a obrigação principal for a prazo e o fiador gozar do benefício da excussão pode exigir, vencida a obrigação, que o credor proceda contra o devedor no prazo de dois meses, a contar do vencimento, sob pena de a fiança caducar, não terminando, no entanto, esse prazo sem que tenha decorrido um mês sobre a notificação (art. 652º, nº 1). Se a obrigação principal for pura, o fiador que goza do benefício da excussão tem a possibilidade, sob a mesma cominação, de exigir a interpelação do devedor, a partir do momento em que haja decorrido mais de um ano sobre a assunção de fiança (art. 652º, nº 2). Com a atribuição dessa faculdade, a lei pretende evitar que, tendo o fiador a possibilidade de obter a excussão do património do devedor, possa ver no futuro prejudicada essa possibilidade pela inacção do credor em proceder atempadamente contra o devedor.

Para além disso, a lei prevê ainda que o fiador fique exonerado pelo facto de, em virtude da conduta do credor, ter perdido a possibilidade de sub-rogação nos direitos do credor contra o devedor, ocorrendo essa exoneração mesmo que se verifique a solidariedade entre fiadores (art. 653º)[288]. Efectivamente, também neste caso, a conduta do credor (activa ou omissiva) vem a traduzir-se num prejuízo para o exercício dos direitos do fiador, situação que a lei considera incompatível com a manutenção da

[287] Conforme refere ANTUNES VARELA, *Obrigações*, II, p. 507, trata-se neste caso de um benefício da excussão concedido pela lei aos outros fiadores, perante a exigência do regresso pelo fiador que cumpriu a obrigação.

[288] Entre esses direitos compreendem-se naturalmente as garantias reais de beneficiava o credor, conforme era expressamente referido na correspondente disposição do art. 853º C.C. 1867. Cfr. ANTUNES VARELA, *Obrigações*, II, p. 510.

obrigação de fiança[289]. Se, no entanto, a impossibilidade de sub-rogação for apenas parcial a fiança não se extingue, ocorrendo apenas a redução da obrigação do fiador[290].

Por último, a fiança pode ainda extinguir-se se surgir em relação a ela qualquer causa geral de extinção das obrigações, independentemente da subsistência ou não da obrigação principal[291]. Uma causa geral de extinção muito comum no âmbito da fiança é a caducidade por decurso do prazo. Efectivamente, se o fiador se obrigar apenas durante certo prazo, a fiança caduca quando o prazo chega ao termo.

A lei tem, aliás, o cuidado de instituir prazos supletivos para a obrigação do fiador em dois casos: a fiança para garantia de obrigação futura (art. 654º) e a fiança para garantia das obrigações do locatário (art. 655º).

No caso da fiança para garantia de obrigação futura, além de se admitir ao fiador, enquanto a obrigação não se constituir, a possibilidade de se liberar da garantia se a situação patrimonial do devedor se agravar em termos de pôr em risco os seus direitos contra este, admite-se também que essa liberação ocorra se tiverem decorrido cinco anos sobre a prestação de fiança, quando outro prazo não resulte de convenção (art. 654º).

No caso de fiança para garantia das obrigações do locatário, prevê-se que ela deve abranger apenas o período inicial do contrato (art. 655º, nº 1), não abrangendo por isso as suas renovações. Se, no entanto, o fiador se obrigar em relação aos períodos de renovação, a fiança extingue-se, na falta de nova convenção, logo que haja alteração da renda ou decorra o prazo de cinco anos sobre o início da primeira prorrogação (art. 655º, nº 2).

1.8. Modalidades especiais de fiança

1.8.1. A subfiança

A subfiança[292], denominada de abonação no art. 827º do Código Civil de 1867, encontra-se actualmente prevista no art. 630º, que qualifica como

[289] Um exemplo da exoneração do fiador por impossibilidade de sub-rogação, ocorre caso o credor demore a accionar o devedor principal e este seja declarado falido. Cfr. Ac. RL 1/2/2007 (ANA PAULA BOULAROT), em *CJ* 32 (2007), 1, pp. 100-102.

[290] Cfr. ANTUNES VARELA, *Obrigações*, II, p. 510 e ALMEIDA COSTA, *Obrigações*, p. 904.

[291] Assim, por exemplo, a fiança pode prescrever sem que se verifique a prescrição da obrigação principal, em virtude da ineficácia em relação ao fiador da suspensão e interrupção da obrigação principal. Cfr. o art. 636º.

[292] Cfr. PAULO CUNHA, *Da garantia*, II, pp. 81 e ss., ANTUNES VARELA, *Obrigações*, II, p. 477, nota (2), ALMEIDA COSTA, *Obrigações*, pp. 906 e ss., ROMANO MARTINEZ/FUZETA DA

subfiador "aquele que afiança o fiador perante o credor". A subfiança consiste assim numa segunda fiança que é prestada para garantia da obrigação do fiador, estabelecendo-se um segundo nível de garantia: da mesma forma que o fiador garante a obrigação do devedor principal, o subfiador garante perante o credor a obrigação do fiador[293].

A subfiança não estabelece relações directas entre o devedor e o subfiador, pelo que os direitos que o fiador adquire legalmente contra o devedor, só podem ser usados pelo subfiador em relação ao fiador, não em relação ao devedor principal. No entanto, a relação entre o credor e o devedor tem sobre a subfiança uma eficácia indirecta, já que, sendo a obrigação do fiador acessória desta, e a do subfiador acessória da do devedor, acabarão por se repercutir sobre a subfiança as causas de extinção da fiança.

Consistindo a subfiança numa fiança como qualquer outra, são-lhe integralmente aplicáveis as disposições que acima referimos relativas à fiança. A lei não deixa, no entanto, de contemplar a situação da subfiança em disposições particulares. Assim, em relação ao benefício da excussão, estabelece-se que o subfiador beneficia deste, tanto em relação ao fiador como em relação ao devedor (art. 643º), tendo assim um duplo benefício[294], o qual, no entanto, pode ser excluído nos termos gerais (art. 640º e art. 101º CCom.). Igualmente, no caso de a subfiança ser prestada numa situação de pluralidade de fiadores, o art. 650º, nº 4, dispõe que o subfiador "não responde, perante os outros fiadores, pela quota do seu afiançado que se mostre insolvente, salvo se o contrário resultar do acto de subfiança". Efectivamente, resulta da subfiança que o subfiador apenas afiança o fiador perante o cre-

PONTE, *op. cit.*, pp. 106-107, JANUÁRIO GOMES, *Assunção*, pp. 871 e ss., 915 e ss. e 1100 e ss., e L. M. PESTANA DE VASCONCELOS, *Direito das garantias*, pp. 98 e ss. Na doutrina espanhola, veja-se CARRASCO PERERA / CORDERO LOBATO / MARÍN LÓPEZ, *op. cit.*, pp. 300 e ss. Na doutrina alemã, veja-se WEBER, *op. cit.*, § 4 VIII, pp. 112 e ss., LARENZ/CANARIS, *op. cit.*, § 60 V, pp. 20 e ss.

[293] A subfiança não se destina a garantir a obrigação do devedor principal perante o credor, mas antes a obrigação do próprio fiador. Tem-se, no entanto, considerado que também em relação à subfiança é considerado como devedor principal o devedor da obrigação inicial e não o fiador. Neste sentido, cfr. WEBER, *op. cit.*, § 4 VIII, p. 113. Em sentido contrário, LARENZ/CANARIS, *op. cit.*, § 60 V 3, p. 20..

[294] Salientam CARRASCO PERERA / CORDERO LOBATO / MARÍN LOPEZ, *op. cit.* p. 301, que este benefício não é consequência da acessoriedade, uma vez que o benefício de que goza o subfiador não é afectado pela renúncia do fiador ao seu próprio benefício.

dor (art. 630º), pelo que se entende que a sua garantia não se deve considerar extensiva a outros fiadores, salvo quando tal seja estipulado.

Cumprindo o devedor principal a sua obrigação perante o credor, extinguem-se tanto a fiança como a subfiança. No caso de ser o fiador a cumprir a sua obrigação perante o credor, extingue-se a subfiança, adquirindo o fiador por via da sub-rogação o crédito do credor sobre o devedor (art. 644º)

Já no caso de ser o subfiador a cumprir a obrigação perante o credor, parece que deverá adquirir tanto o crédito sobre o devedor principal como sobre o fiador. Efectivamente, a sub-rogação referida no art. 644º verifica-se em relação ao crédito principal, que é extinto, mas também em relação ao crédito sobre o fiador, que constitui uma garantia que igualmente se transmite com a sub-rogação, nos termos dos arts. 594º e 582º[295].

1.8.2. A retrofiança

A retrofiança[296] consiste numa fiança destinada a garantir o eventual crédito que o fiador venha a adquirir sobre o devedor em consequência da sub-rogação legal que se opera, caso venha a satisfazer essa obrigação (arts. 644º e 592º). Efectivamente, o fiador pode, para prestar fiança, exigir que lhe seja conferida uma garantia adicional relativa ao crédito em que ficará investido no caso de vir ser chamado a cumprir a sua obrigação. A retrofiança desempenha essa função, vindo um terceiro a prestar ao fiador uma fiança relativa à obrigação do devedor resultante da sub-rogação. Assim, o retrofiador não assume qualquer vinculação perante o primitivo credor, mas apenas perante o fiador, e apenas na hipótese de ele vir a ser sub-rogado no crédito sobre o devedor[297].

Sendo a retrofiança uma fiança como qualquer outra, é naturalmente sujeita ao regime geral dos art. 627º e ss., não prevendo a lei qualquer disposição especial a regular esta situação. O fiador adquire normalmente o seu crédito sobre o devedor por via da sub-rogação, quando satisfaz a obrigação deste perante o credor (art. 644º), sendo nessa altura que igual-

[295] Cfr. Larenz/Canaris, *op. cit.*, § 60 V 3, pp. 20-21 e Weber, *op. cit.*, § 4 VIII, p. 113.

[296] Cfr. Antunes Varela, *Obrigações*, II, p. 477, nota (2), Almeida Costa, *Obrigações*, p. 906, nota (2), Romano Martinez / Fuzeta da Ponte, *op. cit.*, p. 107, Januário Gomes, *Assunção*, pp. 1103 e ss., e L. M. Pestana de Vasconcelos, *Direito das garantias*, pp. 100. Na doutrina alemã, cfr. Weber, *op. cit.*, § 4 IX, pp. 113 e ss.

[297] A retrofiança constitui assim uma fiança relativa a crédito futuro (cfr. art. 628º, nº 2).

mente é adquirido o seu crédito sobre o retrofiador, que se destina a precisamente garantir esse crédito.

1.8.3. A denominada fiança ao primeiro pedido

Diferentemente do que sucede na garantia autónoma, que se caracteriza pela inexistência de acessoriedade, independentemente de o seu pagamento ser ou não estabelecido à primeira solicitação, admite-se a prestação de uma fiança que, embora conservando a sua acessoriedade em relação à obrigação principal, admitisse igualmente o seu pagamento automático. É a denominada "fiança ao primeiro pedido", um caso especial de fiança em que é estabelecida uma cláusula *solve et repete*, a qual implica que a acessoriedade apenas funcione no âmbito da repetição do indevido[298].

A fiança ao primeiro pedido vem a ser admitida na Alemanha, tanto pela jurisprudência[299], como pela doutrina[300], sendo igualmente admitida

[298] Cfr. CALVÃO DA SILVA, "Garantias acessórias e garantias autónomas", em ID, *Estudos de Direito Comercial (Pareceres)*, Coimbra, Almedina, 1996, pp. 331-361 (353 e nota (39)), JANUÁRIO GOMES, "A chamada "fiança ao primeiro pedido", em ANTÓNIO MENEZES CORDEIRO/ LUÍS MENEZES LEITÃO/JANUÁRIO DA COSTA GOMES, *Estudos em Homenagem ao Professor Doutor Inocêncio Galvão Telles*, IV- *Novos Estudos de Direito Privado*, Coimbra, Almedina, 2003, pp. 833-877, recolhido em ID, *Estudos*, pp. 139-184, MÓNICA JARDIM, *A garantia autónoma*, Coimbra, Almedina, 2002, pp. 184 e ss., e L. M. PESTANA DE VASCONCELOS, "A garantia autónoma", em GLÓRIA TEIXEIRA / ANA SOFIA CARVALHO (org.), *Os 10 anos de investigação do CIJE. Estudos jurídico-económicos*, Coimbra, Almedina, 2010, pp. 611-633 (623 e ss.) e *Direito das garantias*, pp. 109 e ss.

[299] Cfr. BGH 31/1/1985 em *WM* 1985, pp. 511-512, e OLG Hamburg 10/10/1985 em *BB* 1986, pp. 834-836.

[300] Cfr. NORBERT HORN, Bürgschaften und Garantien zur Zahlung auf erstes Anfordern", em *NJW* 1980, pp. 2153-2159 (2158-2159), ID, *Bürgschaften und Garantien. Aktuelle Rechstfragen der Bank-, Unternehmens- und Außenwirtschafspraxis*, 6ª ed., Köln, Kommunikationsforum, 1995, pp. 17 e ss., e 105 e ss., TIEDKE, *ZIP* 1986, pp. 72 e ss., PETER BYDLINSKI, "Die Bürgschaft auf erstes Anfordern: Darlegungs- und Beweislast bei Rückforderung durch den Bürgen", em *WM* 1990, pp. 1401-1405, ID, "Personaler numerus clausus bei der Bürgschaft auf erstes Anfordern?", em *WM* 1991, pp. 257-262, NIKOLAOS ELEFTHERIADIS, *Die Bürgschaft auf erstes Anfordern*, Berlin, Duncker & Humblot, 2001, THEODOR HEINSIUS, "Bürgschaft auf erstes Anfordern. Anmerkung zum Urteil des Bundesgerichthofs vom 15. Juli 1990", em WALTHER GERHARDT/WOLFRAM HENCKEL/JOACHIM KILGER/GERHART KREFT (org.), *Festschrift für Franz Merz*, Köln, Kommunikationsforum, 1992, pp. 177-196, BERTHOLD KUPISCH, "Bona fides und Bürgschaft auf erstes Anfordern", em *WM* 2002, p. 1626-1632, LUTZ MICHALSKI, "Bürgschaft auf erstes Anfordern", em *ZBB* 1994, p. 289-303, ID "Ausdrückliche und konkludente Bürgschaft auf erstes Anfordern", em *ZBB* 1996, pp. 224-229, STEPHAN WETH, "Bürgschaft und Garantie auf erstes Anfordern", em *AcP* 189 (1989), pp. 303-341, BLAUROCK,

na doutrina italiana[301] e espanhola[302]. A doutrina considera que saber se é estipulada uma fiança ao primeiro pedido ou uma garantia autónoma é matéria a resolver pela interpretação da vontade das partes e pelos usos comerciais[303], ainda que na dúvida se afirma dever prevalecer a conclusão de que se trata de uma fiança, uma vez que é esse o tipo legalmente consagrado[304].

Na fiança ao primeiro pedido as partes não abdicam da acessoriedade, mas procedem simplesmente à sua suspensão até que a fiança venha a ser accionada, renunciando o devedor a fazer valer como *excepção* as vicissitudes ocorridas na relação entre credor e devedor, mas não abdicando de o fazer por via de *acção*. Assim, uma vez realizado o pagamento, o fiador poderá intentar contra o credor uma acção de repetição do indevido, demonstrando que o devedor principal não cumpriu a sua obrigação, ou que esta era inválida ou inexigível por qualquer causa, caso em que o credor terá que lhe restituir a prestação que dele recebeu.

A vantagem da cláusula *solve e repete* é a de que os custos do litígio são transferidos para o fiador, uma vez que tem que ser este a contestar judicialmente a exigência do pagamento, após a sua satisfação. O ónus da prova vem igualmente a ser invertido, já que o credor nada tem que provar nessa acção, sendo o fiador que tem que demonstrar o carácter indevido do pagamento em face da relação subjacente.

À semelhança do que ocorre com a garantia autónoma, tem-se, porém, admitido que se possa obstar à exigência automática na fiança ao primeiro pedido com fundamento no manifesto abuso de direito por parte do credor[305].

Aktuelle Probleme, pp. 47 e ss. e 60 e ss., ANDREA OETTMEIER, *Bürgschaften auf erstes Anfordern*, München, VVF, 1996, passim, e HEERMANN, *op. cit.*, § 32 I, pp. 574 e ss., nºs 2 e ss.

[301] Cfr. CALDERALE, *op. cit.*, pp. 51 e ss., G. CHINÉ, *op. cit.*, pp. 5 e ss. e principalmente EVA LECCESE, *La clausola solve e repete*, Milano, Giuffrè, 1998, pp. 33 e ss. e passim.

[302] Cfr. ALBERTO DÍAZ MORENO, "Las garantias a primer requerimento en la jurisprudencia del Tribunal Supremo", em AAVV, *Estudios de Derecho Bancario y Bursatil. Homenaje a Evelio Verdera y Tuells*, Madrid, La Ley, 1994, I, pp. 627-650 (644 e ss.)

[303] Cfr. BLAUROCK, *Aktuelle Probleme*, pp. 47-48.

[304] Cfr. HORN, *Bürgschaften*, pp. 17 e 108, BLAUROCK, *Aktuelle Probleme*, p. 47 e, entre nós, CALVÃO DA SILVA, *Estudos*, p. 353, e nota (39).

[305] Cfr. ELEFTHERIADIS, *op. cit.*, pp. 126 e ss., e KUPISCH, *WM* 2002, pp. 1627 e ss.

1.8.4. A denominada fiança geral

Tem sido muito discutida a admissibilidade de a fiança abranger todas as dívidas do devedor para com determinada entidade, prática que no comércio bancário se vulgarizou com a designação de fiança *omnibus* ou fiança geral[306]. A questão coloca-se em saber se um negócio com essas caracte-

[306] Cfr. sobre esta, entre nós, EVARISTO MENDES, "Fiança geral", na, *RDES* 37 (1995), pp. 126-158, ID, "Aval e fiança geral" em *DJ* 14 (2000), 1, pp. 149-169, VAZ SERRA, "Anotação Ac. STJ 2/11/1973" em *RLJ* 107 (1974), pp. 254-255 e 259-262, MENEZES CORDEIRO, "Impugnação pauliana. Fiança de conteúdo indeterminável", na *CJ* 17 (1992), 3, pp. 55-64 e "Impugnação pauliana de actos anteriores ao crédito – Nulidade da fiança por débitos futuros indetermináveis – Efeitos da impugnação / Anotação a STJ 19-Fev-1991", na *ROA* 51 (1991), pp. 525-572, JOÃO CALVÃO DA SILVA, *Estudos*, pp. 332-333 e nota (2), ROMANO MARTINEZ / FUZETA DA PONTE, *op. cit.*, pp. 92 e ss., JANUÁRIO GOMES, *Assunção*, pp. 621 e ss., maxime 672 e ss., FREDERICO DE SOUZA LEÃO KASTRUP DE FARO, "Da validade da fiança *omnibus*", em JORGE FERREIRA SINDE MONTEIRO (org.), *Garantias das obrigações. Publicação dos trabalhos de mestrado*, Coimbra, Almedina, 2007, pp. 249-303, e L. M. PESTANA DE VASCONCELOS, *Direito das garantias*, pp. 100 e ss.

Na doutrina alemã, HEERMANN, *op. cit.*, § 32 II, pp. 583 e ss., nºs 21 e ss., NORBERT HORN, "Globalbürgschaft und Bestimmtheitgrundsatz", em WALTHER GERHARDT/ WOLFRAM HENCKEL/JOACHIM KILGER/GERHART KREFT (org.), *Festschrift für Franz Merz*, Köln, Kommunikationsforum, 1992, pp. 217-227, e PETER BYDLINSKI, "Die aktuelle höchtsgerichtliche Judikatur zum Bürgschatsrecht in der Kritik – Neue Entwicklungen un der Rechtsprechung", em *WM* 1992, pp. 1301-1310 (1304 e ss.).

Na doutrina italiana, cfr. FRANCESCO GALGANO, "Fideiussione *omnibus* e contratto autonomo di garanzia", em AAVV, *Estudios de Derecho Bancario y Bursatil. Homenaje a Evelio Verdera y Tuells*, Madrid, La Ley, II, 1994, pp. 899-907, ALFREDO CALDERALE, "Fideiussione omnibus", em *Digesto. Disc. Priv. Sez Civ.*, 4ª ed. VIII, 1992, pp. 277-288, MARIA COSTANZA, "Fideiussione omnibus: clausole in deroga all'art. 1956 c. c. Invalidità o inefficacia?", em *GC* 42 (1992), I, pp. 221-222, ADOLFO DI MAJO, "La clausola omnibus nella fideiussione e parametri valutativi", em *CeI* 7 (1991), pp. 19-32, ERNESTO SIMONETTO, "La natura della fideiussione e la nullità della clausola c. d. *omnibus*", em *RTDPC* 41 (1987), pp. 544-549, GIOVANNI VALCAVI, "Se ed entro quali limiti la fideiussione «omnibus» sia invalida" em *FI* 108 (1985), I, pp. 507-514, FRANCESCO MACIOCE, "L'atipicità della fideiussione omnibus", em *RassDCiv* 2 (1981), pp. 387-427, MICHELE FRAGALI, "La fideiussione generale", em *BBTC* 34 (1971), I, pp. 321-345, ID, "Fideiussione generale e fideiussione del fideiussore", em *BBTC* 38 (1975), II, pp. 236-245, PIER LUIGI GRANA, "Determinabilità dell'oggetto e giudizio di buona fede nella fideiussione omnibus", em *CeI* 1985, pp. 749-772, MARIA IACUANIELLO BRUGGI, "Fideiussione omnibus: chi ha paura dell'art. 1956 c.c.?", em *GI* 1990, I, 2, pp. 467-484, ID, "La fideiussione «omnibus» tra recente passato e prossimo futuro", em *GI* 1992, I, pp. 1305-1312, PAOLO LOREFICE, "Le garanzie astratte, garanzie autonoma a prima richiesta e fideiussione omnibus", em *RN* 41 (1987), I, pp. 521-534 (528 e ss.), ALBERTO RAVAZZONI, "La fideiussione generale", em *BBTC* 63 (1980), I, p. 257-299, PIETRO RESCIGNO, "Il problema della validità delle fideiussione c.d. omnibus", em *BBTC* 35 (1972), II, pp. 22-31, EDOARDO CAPUTO, "Validità della fideiussione

rísticas preenche o requisito da determinabilidade constante do art. 280º, já que não é possível a aplicação do art. 400º quando não seja fornecido qualquer critério para a determinação do objecto da obrigação.

Se a fiança se limitar às obrigações existentes no momento da sua constituição, mesmo que não lhes seja feita referência expressa no negócio celebrado, parece existir um critério suficiente para a sua determinação, uma vez que pode ser averiguado em concreto o montante das dívidas objecto da garantia, pelo que o negócio não pode considerar-se nulo por indeterminabilidade do objecto (art. 280º, nº 1)[307]. Abrangendo, porém, a fiança todas as obrigações futuras do devedor, sem que seja estabelecido um critério que as permita determinar, tem prevalecido na doutrina e na jurisprudência a opinião de que nesse caso a fiança será nula por constituir um negócio de objecto indeterminável[308], posição que igualmente perfilhamos.

omnibus", em *BBTC* 37 (1974), II, pp. 35-38, Giuseppe Terranova, "Validità ed effetti della fideussione generale", em *RDComm* 85 (1987), II, pp. 148-163, Mirella Viale, *Le garanzie bancarie*, vol. 18 do *Tratatto di Diritto Commerciale e di Diritto Pubblico dell'Economia*, de Francesco Galgano (org.), Padova, Cedam, 1994, pp. 1 e ss., Petti, *La fideiussione*, pp. 125 e ss., Giuseppe Stolfi, "In tema di fideiussione generale", em *RDCiv* 18 (1972), I, pp. 529-537, Giuseppe Chiné, "Fideiussione omnibus", em Vincenzo Cuffaro (org.), *Le garanzie rafforzate del credito*, Torino, Utet, 2000, pp. 1-43, Emanuele Cirillo, "Brevi considerazioni in tema di validità delle fideiussioni c. d. omnibus", em Banco di Sardegna (org.), *Le garanzie reali e personali nei contratti bancari*, Milano, Giuffrè, 1976, pp. 93-97, Gianluca Sicchiero, *L'engineering, la joint venture, i contratti di informatica, i contratti atipici di garanzia*, Torino, Utet, 1991, pp. 133 e ss., e Antonello Miranda, "A *neverending story*: la fideiussione omnibus", em Ugo Draetta/Cesare Vaccà, *Le garanzie contrattuali. Fideiussione e contratti autonomi di garanzia nella prassi interna e nel commercio internazionale*, Milano, EGEA, 1994, pp. 153-166.

[307] Caso o fiador desconhecesse o montante real das dívidas, o negócio poderá eventualmente ser anulável por outro vício, como nos casos de erro (art. 251º), dolo (art. 253º) ou usura (art. 282º).

[308] Cfr., Vaz Serra, *RLJ* 107 (1974), p. 255, Pires de Lima/Antunes Varela, *Código Civil Anotado*, I, 4ª ed., Coimbra, Coimbra Editora, 1987, sub art. 628º, nº 4, p. 646, Menezes Cordeiro, *CJ* 17 (1992), 3, pp. 55 e ss., e *ROA* 51 (1991), pp. 525 e ss., João Calvão da Silva, *Estudos de Direito Comercial*, pp. 332-333 e nota (2), Romano Martinez / Fuzeta da Ponte, *op. cit.*, pp. 92 e ss. e Januário Gomes, *Assunção*, pp. 621 e ss., maxime 672 e ss. Na jurisprudência, veja-se Ac. STJ 15/6/1994 (Martins da Fonseca), no *BMJ* 438 (Julho 1994), pp. 471-476 e Ac. STJ 22/6/1999 (Francisco Lourenço), no *BMJ* 488 (Julho 1999), pp. 337-345 e recentemente o AUJ 4/2001 de 23 de Janeiro de 2001, *D.R.*, I-A, nº 57 de 8 de Março de 2001, que estabeleceu: "É nula, por indeterminabilidade do seu objecto, a fiança de obrigações futuras, quando o fiador se constitua garante de qualquer operação em direito consentida, sem menção expressa da sua origem ou natureza e independentemente da qualidade em que o afiançado intervenha". Para uma anotação a este importante acórdão,

Estando, porém, preenchido o requisito da determinabilidade do objecto, não há obstáculo a que a se estabeleça uma fiança geral de obrigações futuras. Efectivamente, se a lei admite a fiança para uma obrigação futura no art. 628º, nº 2, parece que, por interpretação extensiva, esta poderá ser igualmente prestada para uma pluralidade de obrigações futuras[309], desde que determináveis. A fiança geral será assim sujeita ao mesmo regime da fiança especial de obrigações futuras, designadamente a possibilidade de liberação do fiador ao abrigo do art. 654º[310].

2. O mandato de crédito

O mandato de crédito[311], encontra-se previsto no art. 629º do Código Civil, cujo nº 1 nos refere que "aquele que encarrega outrem de dar crédito a um terceiro, em nome e por conta do encarregado, responde como fiador se o encargo for aceite". Trata-se, assim, de um contrato em que uma das partes (o encarregado) assume perante outra (o autor do encargo) a obrigação

cfr. JANUÁRIO GOMES, "O mandamento da determinabilidade da fiança *omnibus* e o AUJ nº 4/2001", em RUI MANUEL DA MOURA RAMOS / CARLOS FERREIRA DE ALMEIDA / ANTÓNIO MARQUES DOS SANTOS / PEDRO PAIS DE VASCONCELOS / LUÍS DE LIMA PINHEIRO / MARIA HELENA BRITO / DÁRIO MOURA VICENTE, *Estudos em Homenagem à Professora Doutora Isabel de Magalhães Collaço*, II, Coimbra, Almedina, 2002, pp. 49-78, recolhido em ID, *Estudos*, pp. 109-137.

309 Cfr. RAVAZZONI, *BBTC* 63 (1980), I, pp. 276-277.

310 Neste sentido, cfr. FRAGALI, *BBTC* 34 (1971), pp. 340 e ss. (344), que salienta, no entanto, ser esta faculdade habitualmente excluída pelas cláusulas contratuais gerais bancárias.

311 Cfr. VAZ SERRA, *BMJ* 71 (1957), pp. 287 e ss., ALMEIDA COSTA, *Obrigações*, pp. 907 e ss., ROMANO MARTINEZ / FUZETA DA PONTE, *op. cit.*, pp. 108 e ss., JANUÁRIO GOMES, *Assunção*, pp. 478 e ss., JOÃO CALVÃO DA SILVA, "Mandato de crédito e carta de conforto", em ANTÓNIO MENEZES CORDEIRO / LUÍS MENEZES LEITÃO / JANUÁRIO DA COSTA GOMES, *Estudos em homenagem ao Professor Doutor Inocêncio Galvão Telles*, II- *Direito Bancário*, Coimbra, Almedina, 2002, pp. 245-264 (248 e ss.), ARMINDO SARAIVA MATIAS, *Garantias Bancárias Activas e Passivas*, Lisboa, Scripto, 1999, pp. 25 e ss., HUGO RAMOS ALVES, *Do mandato de crédito*, Coimbra, Almedina, 2007, e L. M. PESTANA DE VASCONCELOS, *Direito das garantias*, pp. 114 e ss.
Na doutrina alemã, veja-se ROTHENBERG, "Der Kreditauftrag", em *AcP* 77 (1891), pp. 323-347, D. LIPMANN, "Der Kreditauftrag des Bürgerlichen Gesetzbuch", em *JhJb* 48 (1904), pp. 315-398, LARENZ/CANARIS, *op. cit.*, § 60 VI, pp. 21 e ss., e WEBER, *op. cit.*, § 5 I, pp. 118 e ss. Ma doutrina italiana, cfr. N. LOMEO/S. D'IPPOLITO, "Il mandato di credito come negozio ad effeti preparatori", em *RN* 23 (1969), pp. 314-329, ERNESTO SIMONETTO, "Mandato di credito", em *NovissDI* X (1964), pp. 149-168, LUIGI BRAGANTINI, *Il mandato di credito*, Milano, Giuffrè, 1939, FRANCESCO A. MAGNI, "Il mandato di credito", em VINCENZO CUFFARO (org), *Le garanzie rafforzate del credito*, Torino, UTET, 2000, pp. 311-337.

de conferir crédito a um terceiro, em nome e por conta própria, passando o autor do encargo a garantir esse crédito como fiador.

Como muitos institutos do Direito Civil, a origem do mandato de crédito encontra-se no Direito Romano[312], fazendo-lhe GAIUS referência nas suas *Institutas* (Gai Inst. 3.156)[313], ainda que represente um corpo estranho no âmbito do mandato. Ao que parece, considerou-se diferente da *fideussio* a hipótese de o *mandans* determinar a concessão de crédito a terceiro, uma vez que neste caso ele possuiria uma *actio mandati directa*, para exigir o cumprimento do encargo (D.17.1.6.4), que nunca ocorreria contra o fiador. O mandatário teria que executar o encargo com diligência, uma vez que como qualquer mandato, constituiria um *iudicium bonae fidei* (D.46.3.95.11), mas adquiriria também, como sucede no mandato, uma *actio mandati contraria* em ordem a ficar indemne dos prejuízos que lhe teria causado a execução do mandato (D.17.1.26.6. e D.17.1.20), a qual seria assim aplicável sempre que o beneficiário do crédito incumprisse ou apenas cumprisse parcialmente a sua obrigação, respondendo nesse caso o mandatário objectivamente (D.46.1.13). A sua responsabilidade, no entanto, apenas economicamente se poderia aproximar da do fiador, desde logo porque não existia acessoriedade, sendo a obrigação do autor do encargo independente da válida constituição do negócio de crédito, desde que o mandatário não tenha infringido o seu dever de diligência (D.17.1.12.13), não podendo ainda o autor do encargo invocar as excepções existentes no negócio de crédito.

[312] Sobre o mandato de crédito no Direito Romano, cfr., OTTO GEIB, *Zur Dogmatik des römischen Bürgschaftsrecht*, Tübingen, Laupp'schen, 1894, pp. 149 e ss., G. BORTOLUCCI, "Il mandato de credito", em *BIDR* 27 (1914), pp. 129-191 e 28 (1915), pp. 191-260, GUSTAV C. MÜLLER, *Der Kreditauftrag als mandatum qualificatum insbesondere nach römischen und schweizerischem Recht*, Zürich, Hans A. Gutzwiller, 1926, pp. 14 e ss., PAOLO FREZZA, *op. cit.*, I, pp. 199 e ss., ANTONIO GUARINO, *Mandatum credendi*, Napoli, Jovene, 1982, pp. 107 e ss. e passim, MARÍA JOSÉ TORRES PARRA, *El mandato de crédito como garantia personal*, Madrid, Dickinson, 1998, pp. 47 e ss., GIRTANER, *op. cit.*, pp. 60 e ss., KASER, *Das Römische Privatrecht*, I, § 155 III, p. 666, e II, § 278 II, pp. 460-461, HANS BOAS, *Über l. 24 D. de fideiussoribus 46.1. Ein Beitrag zur Lehre vom Kreditauftrage nach römischem Recht und nach BGB*, Borna-Leipzig, Robert Noske, 1907, passim, BETTI, *Istituzioni di diritto romano*, II/1, pp. 152-153, e entre nós, EDUARDO VERA-CRUZ PINTO, *op. cit.*, pp. 153 e ss., e SUSANA ANTAS VIDEIRA, em *Estudos Ruy de Albuquerque*, II, pp. 858 e ss.

[313] Cfr. Gai Inst. 3.156: "*...et adeo haec ita sunt, ut quaeratur an mandati teneatur qui mandavit tibi ut Titio pecuniam faenerares...*".

Na época post-clássica procedeu-se, no entanto, a uma aproximação do mandato de crédito à *fideiussio*, tendo-se reconhecido ao autor do encargo excepções do fiador, como o benefício da divisão, o S. C. Velleianum e o benefício da excussão, o que levou a que no *Corpus Iuris Civilis* justinianeu os dois institutos tenham sido tratados conjuntamente sem, no entanto, se terem fundido[314]. Tal levou a que durante todo o direito comum o mandato de crédito tivesse permanecido como uma espécie de *mandatum qualificatum*.

Sendo quem determina a concessão do crédito, o autor do encargo tem a possibilidade de revogar o mandato enquanto o crédito não for concedido, podendo igualmente denunciá-lo a todo o tempo, sem prejuízo da responsabilidade pelos danos que haja causado (art. 629º, nº 2). A lei admite assim que o autor do encargo possa sempre livremente pôr termo ao mandato, qualificando essa situação como revogação se o crédito ainda não tivesse sido concedido e como denúncia se tal já tiver ocorrido. Neste último caso, no entanto, a denúncia não libera o autor do encargo da responsabilidade pelos danos causados.

Pelo contrário, o encarregado, a partir do momento em que aceita o encargo, deixa de poder renunciar ao mandato. A lei admite, no entanto que ele possa "recusar o cumprimento do encargo, sempre que a situação patrimonial dos outros contraentes ponha em risco o seu futuro direito" (art. 629º, nº 3). Assim, se a situação patrimonial do autor do encargo ou do terceiro vier a sofrer alteração que coloque em risco a futura satisfação do crédito do encarregado pode ele legitimamente recusar o cumprimento do encargo.

Apesar de qualificado legalmente como um mandato, o mandato de crédito não se reconduz rigorosamente ao contrato regulado nos arts. 1157º e ss. do Código Civil, na medida em que, apesar de existir uma obrigação de praticar actos jurídicos, falta o elemento da actuação do mandatário por conta do mandante, uma vez que o encarregado concede o crédito em nome e por conta própria. Mas o mandato de crédito também não se reconduz uma mera fiança para garantia de obrigação futura (art. 654º), uma vez que neste caso o encarregante não apenas responde como fiador, mas é ele próprio que determina o surgimento da obrigação principal[315],

[314] Cfr. FREESE, *op. cit.*, pp. 10 e ss.

[315] Salienta JANUÁRIO GOMES, *Assunção*, p. 485, que a causa do mandato não é a garantia, mas antes a concessão de crédito.

verificando-se ainda que as possibilidades de revogação, quer pelo mandante, quer pelo mandatário se apresentam como incompatíveis com a fiança para cumprimento de obrigações futuras[316]. Justifica-se assim que se considere o mandato de crédito como um negócio típico, que recolhe elementos dessas duas figuras, o que permite recorrer ao seu regime, em tudo o que não esteja especificamente regulado[317].

Há, no entanto, obviamente soluções destes contratos que são incompatíveis com o regime do mandato de crédito. Assim, em relação ao mandato não lhe são aplicáveis as disposições dos arts. 1181º e ss., dado que nem o encarregado tem a obrigação de transferir para o autor do encargo os direitos que adquire em sua execução nem o autor do encargo se vincula a assumir as obrigações correspondentes, sendo a sua responsabilidade apenas de fiador (art. 629º, nº 1). Igualmente não tem o encarregado o direito de exigir qualquer adiantamento para despesas antes da concessão de crédito, nem o de ser reembolsado das que tenha efectuado ou indemnizado pelos prejuízos sofridos, ao contrário do que determina o art. 1167º *a), c)*, e *d)*, uma vez que efectua a concessão de crédito por conta própria[318].

Em relação à fiança, o mandato de crédito distingue-se dela por não assentar numa declaração do fiador, sendo antes uma responsabilidade imposta por lei em virtude da aceitação pelo destinatário de um encargo de concessão de crédito a terceiro. Por esse motivo, não está o mandato de crédito sujeito à mesma forma da fiança (art. 628º, nº 1)[319]. Por outro lado, "o autor do encargo tem a faculdade de revogar o mandato enquanto o

[316] E daí que já se tenha sustentado que a renúncia à revogação é incompatível com o mandato de crédito, uma vez que este se tornaria numa fiança para cumprimento de obrigação futura. Admitindo essa renúncia, cfr. FRESE, *op. cit.*, pp. 74 e ss.

[317] Neste sentido, VAZ SERRA, *BMJ* 71 (1957), pp. 288-289, ALMEIDA COSTA, *Obrigações*, p. 907 e LUÍS CARVALHO FERNANDES, *A conversão dos negócios jurídicos civis*, Lisboa, Quid Juris, 1993, p. 817 e JANUÁRIO GOMES, *Assunção*, pp. 480 e ss. (484). Já PIRES DE LIMA/ANTUNES VARELA, *op. cit.*, I, sub art. 629º, nº 3, p. 647 qualificam o mandato de crédito como uma fiança tácita.

[318] Neste sentido, WEBER, *op. cit.*, p. 119.

[319] Neste sentido, cfr. CALVÃO DA SILVA, *Estudos em Homenagem a Galvão Telles*, II, p. 254, ROMANO MARTINEZ / FUZETA DA PONTE, *op. cit.*, pp. 108-109 e CARVALHO FERNANDES, *A conversão*, pp. 815 e ss. Em sentido contrário, JANUÁRIO GOMES, *Assunção*, pp. 486 e ss. Na jurisprudência tem-se em consequência sustentado que o mandato de crédito não exige forma especial. Nesse sentido, cfr. Ac. RL 23/2/2016 (RUI VOUGA), processo 470/12.4TVLSB.L2, na *CJ* 41 (2016), 1, pp. 98-102. Também na doutrina alemã se tem entendido que o mandato de crédito não exige forma especial. Cfr. WEBER, *op. cit.*, p. 118.

crédito não for concedido, assim como a todo o momento o pode denunciar, sem prejuízo da responsabilidade pelos danos que haja causado" (art. 629º, nº 2), enquanto que o fiador fica desde logo vinculado em função da prestação de fiança. Efectivamente, a iniciativa para a concessão de crédito parte neste caso do autor do encargo (garante), sendo por isso os seus interesses que devem ser tomados em consideração pelo credor, enquanto que na fiança o fiador limita-se a assegurar o cumprimento pelo devedor da sua obrigação, sendo no interesse deste que é concedido o crédito[320].

Dado que a lei equipara a responsabilidade do autor do encargo à do fiador, tal determina a aplicação do regime da fiança, designadamente quanto ao conteúdo e extensão da responsabilidade, aos meios de defesa do fiador, à sub-rogação em caso de pagamento, ao direito à liberação ou prestação de caução e à extinção da fiança. É de notar que a responsabilidade do autor do encargo surge logo que o destinatário o aceita, mesmo que não o execute imediatamente, pelo que parece que até à execução do encargo a responsabilidade corresponderá à de uma fiança para cumprimento de obrigação futura[321].

3. O aval

3.1. Generalidades

Uma outra garantia das obrigações consiste no aval[322].

[320] Cfr. WEBER, *op. cit.*, p. 119.

[321] Em sentido contrário, ROTHENBERG, *AcP* 77 (1891), pp. 324-325, sustentou que a responsabilidade como fiador só pode surgir com a execução do encargo e não com a sua simples aceitação.

[322] Cfr., sobre o aval, na doutrina portuguesa, MARNOCO E SOUSA, *Das letras, livranças e cheques. Comentário ao título VI do Livro II do Código Comercial*, I, 2ª ed., Lisboa/Porto/Coimbra, Lumen, 1921, pp. 457 e ss., JOSÉ GONSALVES DIAS, *Da letra e da livrança segundo a Lei Uniforme e o Código Comercial*, Coimbra, Livraria Gonçalves, 1941, VII-2ª Parte, pp. 327 e ss., PAULO CUNHA, *Da garantia*, II, pp. 85 e ss., JOSÉ GABRIEL PINTO COELHO, *Lições de Direito Comercial*, vol. II- *As letras*, fascículo V, Lisboa, 1946, ANTÓNIO FERRER CORREIA, *Lições de Direito Comercial*, III, 1975, reimp. Lisboa, Lex, 1994, pp. 521 e ss., JOSÉ DE OLIVEIRA ASCENSÃO, *Direito Comercial*, III- *Títulos de crédito*, Lisboa, 1992, pp. 165 e ss., ROMANO MARTINEZ / FUZETA DA PONTE, *op. cit.*, pp. 112 e ss., PEDRO PAIS DE VASCONCELOS, *Direito Comercial. Títulos de créditos*, Lisboa, AAFDL, 1990, pp. 125 e ss., JANUÁRIO GOMES, *Assunção*, pp. 75 e ss., JORGE HENRIQUE DA CRUZ PINTO FURTADO, *Títulos de crédito. Letra, livrança, cheque*, Coimbra, Almedina, 2005, reimp. 2000, pp. 152 e ss., PAULO SENDIN/EVARISTO MENDES, *A natureza do aval e a questão da necessidade ou não do protesto para accionar o avalista do aceitante*, Coimbra, Almedina, 1991, SARAIVA MATIAS, *op. cit.*, pp. 27 e ss., NUNO MADEIRA RODRIGUES, *Das letras. Aval*

A origem do aval aparece ligada ao desenvolvimento dos títulos de crédito, tendo surgido no séc. XVI, a partir do momento em que se tornou necessário reforçar a solvabilidade dos títulos mediante a prestação de garantias. O aval surge assim ligado ao negócio do endosso, mediante o qual se transmitiam os títulos de crédito. As primeiras referências ao aval constam de uma obra de DE TURRI, da primeira metade do séc. XVII, aparecendo depois nos capítulos das feiras de Besançon, e numa ordenança de 1673, que dele se ocupa largamente[323].

Em Portugal, o aval aparece regulado no Código Comercial de Ferreira Borges, em relação às letras de câmbio (arts. 351 a 353), sendo igualmente aplicável às livranças (art. 429) e letras da terra (art. 436). O Código Comercial de Veiga Beirão regulava igualmente o aval de letras (arts. 304º a 308º e 336º, § único), aplicável igualmente às livranças e cheques (art. 343º). O seu actual regime consta dos arts. 30º a 32º da LULL e dos arts. 25º a 27º da LUC, tendo ambas estas leis vindo a ser introduzidas entre nós pelo D.L. 23721, de 29 de Março de 1934, confirmado e ratificado por Carta de 10 de Maio de 1934[324].

O aval consiste numa garantia pessoal das obrigações cartulares, mais precisamente das resultantes de letras e livranças (arts. 30º e ss. da LULL e dos cheques (arts. 25º e ss. da LUC)[325], sendo prestado por um terceiro, ou

e protesto, Coimbra, Almedina, 2002, MÓNICA JARDIM, *op. cit.*, pp. 201 e ss., FERNANDO GONÇALVES/MANUEL JOÃO ALVES/ARLINDO JOSÉ FRANCISCO/FERNANDO ALVES PINTO, *Regime jurídico do aval e outras garantias pessoais*, Coimbra, Almedina, 2003, e L. M. PESTANA DE VASCONCELOS, *Direito das garantias*, pp. 118 e ss.

Na doutrina espanhola, veja-se CARRASCO PERERA / CORDERO LOBATO / MARÍN LOPEZ, *op. cit.*, pp. 373 e ss., JESÚS BLANCO CAMPAÑA, "Aval cambiario y aval como contrato de garantia" em *RDBB* 2 (1982), pp. 677-688, XABIER AÑOVEROS TRIAS DE BES, *El aval cambiario*, Madrid, Civitas, 1990, JUAN SÁNCHEZ-CALERO GUILARTE, "El aval cambiario", em AAVV, *Estudios de Derecho Bancario y Bursatil. Homenaje a Evelio Verdera y Tuells*, III, Madrid, La Ley, 1994, pp. 2387-2425.

Na doutrina alemã, cfr. WEBER, *op. cit.*, pp. 115 e ss., e PETER BYDLINSKI, *Die Bürgschaft*, pp. 149 e ss.

Na doutrina italiana, veja-se GIORGIO DE MARCHI, "Onerosità e gratuitità dell'avallo e delle garanzie personali in generale", em *RDCiv* 4 (1958), pp. 637-650,

[323] Cfr. MARNOCO E SOUSA, *op. cit.*, p. 457.

[324] Sobre a evolução histórica do aval, veja-se PAULO SENDIN/EVARISTO MENDES, *op. cit.*, pp. 17 e ss.

[325] Fala-se, também em aval para referir outra garantia pessoal das obrigações, não cartulares, cuja especificidade é a de ser prestada pelo Estado ou por outras pessoas colectivas de Direito

mesmo por um signatário do título de crédito, com a excepção do sacado no caso dos cheques, em ordem a garantir o pagamento, por algum dos co-obrigados no título, da obrigação nele incorporada ou de parte dela (art. 30º da LULL e 25º da LUC). Ao contrato do que sucede com os outros obrigados cambiários, o avalista não participa na circulação do título, limitando-se a reforçá-lo, através de uma declaração destinada a garantir o seu pagamento. O aval implica assim a assunção de uma nova obrigação cambiária, cujo fim é o de garantir o pagamento da obrigação de qualquer outro dos subscritores do título.

3.2. Regime

A forma do aval consiste na subscrição do título, ou folha anexa, com a expressão "bom para aval" ou outra equivalente Se as partes nada estipularem sobre a favor de qual dos obrigados no título é prestado o aval, presume-se que seja prestado a favor do sacador (art. 31º da LULL e art. 26º da LUC)[326].

Público, actualmente regulada pela Lei 112/97, de 16 de Setembro. O aval do Estado consiste assim numa garantia, cuja especificidade reside na natureza da entidade garante, e que é sujeita a um regime especial, face às características dessa entidade. Cfr., sobre esta figura, no domínio da anterior Lei 1/73, de 2 de Janeiro, RAUL VENTURA, "Aval do Estado. Vencimento da obrigação do Estado avalista", em *RB* nº 4 (1987), pp. 67-96, EDUARDO DA PAZ FERREIRA, *Da dívida pública e das garantias dos credores do Estado*, Coimbra, Almedina, 1995, pp. 161 e ss., e "Aval do Estado", em JOSÉ DE OLIVEIRA ASCENSÃO/RUY DE ALBUQUERQUE/MARTIM DE ALBUQUERQUE/PEDRO ROMANO MARTINEZ (org.), *Estudos em Homenagem ao Professor Doutor Raul Ventura*, II – *Direito Comercial. Direito do Trabalho. Vária*, Coimbra, Coimbra Editora, 2003, pp. 997-1030, ALBERTO LUÍS, *Direito Bancário. Temas críticos e legislação conexa*, Coimbra, Almedina, 1985, pp. 177 e ss., JORGE COSTA SANTOS, *O aval do Estado*, Lisboa, Lex, 2000, e FERNANDO GONÇALVES/MANUEL JOÃO ALVES/ARLINDO JOSÉ FRANCISCO/FERNANDO ALVES PINTO, *op. cit.*, pp. 31 e ss. No domínio da lei actual, veja-se JANUÁRIO GOMES, *Assunção*, p. 75, nota (287) e FERNANDO GONÇALVES/MANUEL JOÃO ALVES/ARLINDO JOSÉ FRANCISCO/FERNANDO ALVES PINTO, *op. cit.*, pp. 55 e ss.

[326] Essa presunção aplica-se também no âmbito das relações imediatas, sendo considerada inilidível, de acordo com a jurisprudência fixada pelo Assento STJ de 1 de Fevereiro de 1966 (ALBERTO TOSCANO), publicado no *DG* I Série de 22/2/1966, pp. 265-266, segundo a qual "mesmo no domínio das relações imediatas, o aval que não indique o avalizado é sempre prestado a favor do sacador". A doutrina deste assento tem sido, porém, objecto de crítica generalizada por se considerar que, no âmbito das relações imediatas não se justifica retirar às partes a possibilidade de demonstrar que o aval não foi prestado ao sacador. Cfr. VAZ SERRA, "Anotação Ac. STJ 12/3/1974 na *RLJ* 108 (1975-1976), pp. 76-80 (78 e ss.), FERRER CORREIA, *Direito Comercial*, pp. 524-525, e OLIVEIRA ASCENSÃO, *Direito Comercial*, III, pp. 166 e ss. Em sentido contrário, PINTO FURTADO, *Títulos de crédito*, p. 162.

O aval tem afinidades com a fiança, mas distingue-se dela, uma vez que não constitui uma obrigação acessória, mas antes autónoma, já que a obrigação do avalista subsiste, ainda que a obrigação principal seja nula por outra razão que não seja um vício de forma (art. 32º II LULL e art. 27º II LUC)[327]. Por maioria de razão, também não poderão aproveitar ao avalista as excepções pessoais de que beneficia o avalizado[328]. Para além disso, o avalista não responde subsidiariamente, mas antes solidariamente com o avalizado (art. 32 I e 27 I LULL).

Os vícios de forma da obrigação principal que dão origem à invalidade do aval têm que se reconduzir à subscrição do título[329]. São vícios de forma as declarações cambiárias formuladas incorrecta ou incompletamente ou a que a lei não atribua eficácia cambiária[330]. Deve igualmente considerar-se como vício de forma a falta de algum dos elementos necessários para que o título valha como tal. Não é, pelo contrário, vício de forma que determine a nulidade do aval a assinatura de um avalisado incapaz ou a invalidade da obrigação por circunstância não verificada em face do título. A assinatura falsa ou a assinatura por representante sem poderes do avalisado não constituem vício de forma desencadeador da invalidade do aval[331]. O facto de o aval ser prestado em relação a uma letra ou livrança em branco

[327] Neste sentido, PETER BYDLINSKI, *Die Bürgschaft*, p. 150 e, entre nós, OLIVEIRA ASCENSÃO, *Direito Comercial*, III, pp. 172 e ss. e SARAIVA MATIAS, *op. cit.*, p. 27. SANCHEZ-CALERO GUILARTE, *Estudios Verdera y Tuells*, III, a pp. 2391 e ss., entende, no entanto, que a qualificação do aval como garantia de cariz autónomo não significa a eliminação da acessoriedade, mas apenas uma sua limitação, já que ela se mantém em termos funcionais, em ordem a delimitar o conteúdo da obrigação do avalista, e também limitadamente em termos genéticos, quanto ao vício de forma. Defende igualmente a existência de acessoriedade no aval, ainda que imperfeita, FERRER CORREIA, *Direito Comercial*, pp. 522 e 526 e "Notas para o estudo do contrato de garantia bancária", em *RDE* 8 (1982), pp. 247-258 (254-255). No mesmo sentido, PAIS DE VASCONCELOS, *Títulos*, pp. 126 e 128 e MÓNICA JARDIM, *op. cit.*, p. 202. Já TRIAS DE BES, *op. cit.*, p. 42, qualifica o aval como uma obrigação autónoma da principal em relação à substância, mas acessória quanto à forma.

[328] Cfr. OLIVEIRA ASCENSÃO, *Direito Comercial*, III, pp. 174 e ss.

[329] Sobre a nulidade do aval por vício de forma, veja-se PAULO M. SENDIN, "Nulidade do aval por vício de forma – Parecer", em *DJ* 13 (1999), I, pp. 313-329.

[330] Assim, nos Ac. STJ 24/10/2006 (ALVES VELHO), em *CJ-ASTJ* 14 (2006), 3, pp. 96-98, e Ac. STJ 12/1/2010 (AZEVEDO RAMOS), em *CJ-ASTJ* 18 (2010), 1, pp. 17-19, considerou-se que, faltando a indicação da qualidade de avalista no título cambiário, a simples assinatura no verso não responsabiliza como tal, nem sequer no âmbito das relações imediatas.

[331] Neste sentido, SANCHEZ-CALERO GUILARTE, *Estudios Verdera y Tuells*, III, p. 2392. No sentido de que não é vício de forma determinante da nulidade do aval a assinatura de um

também não é considerado vício de forma, salvo se a letra não tiver sido preenchida entretanto[332].

Se o avalizado for o aceitante, o avalista responde sempre, verificado o vencimento da obrigação, não podendo exigir qualquer acção prévia contra qualquer outra pessoa. Se o avalizado for o sacador ou um endossante, o avalista apenas responde verificados os pressupostos da responsabilidade destas entidades, ou seja, após o aceitante ter sido demandado e não ter cumprido as suas obrigações. O avalista não pode, porém, ser considerado como um obrigado cambiário, uma vez que não emite ou aceita qualquer ordem de pagamento prevista no título, antes se limita a prestar uma garantia autónoma ao portador do título, que assegura ao tempo do vencimento, o pagamento destes nos mesmos termos da obrigação do seu avalizado. Precisamente por esse motivo, o aval pode garantir apenas o cumprimento parcial da obrigação avalizada (arts. 30º LULL e 25º LUC).

Havendo pluralidade de avalistas, a sua responsabilidade é solidária (art. 47º LULL e 44º LUC). Por esse motivo, em caso de pagamento por algum dos avalistas haverá direito de regresso sobre os restantes nos mesmos termos do estabelecido para as obrigações solidárias[333].

Pagando o avalista a letra ou a livrança, ele fica sub-rogado nos direitos emergentes da mesma contra a pessoa a favor de quem foi dado o aval e contra os obrigados para com esta em virtude da letra ou da livrança (art. 32º III e 77º LULL). Tratando-se, porém, de co-avalistas, não surgem entre eles de relações de natureza cambiária, sendo o respectivo direito de regresso regulado pelo regime da pluralidade de fiadores (art. 650º, nº 1), que por sua vez remete para o regime das obrigações solidárias[334].

avalizado sem poderes, cfr. Ac. STJ 28/9/2006 (Moreira Camilo), em *CJ-ASTJ* 14 (2006), 3, pp. 68-70.

[332] Neste sentido, cfr. Sanchez-Calero Guilarte, *Estudios Verdera y Tuells*, III, p. 2404. No Ac. STJ 11/9/2008 (Azevedo Ramos), em *CJ-ASTJ* 16 (2008), 3, pp. 28-31. considerou-se não ser o aval nesse caso condicional, uma vez que o mesmo só se materializa após o completo preenchimento do título.

[333] Nos termos do AUJ 7/2012, publicado no D.R. nº 137, I Série, de 17/7/2012 = Ac. STJ 5/6/2012 (Abrantes Geraldes), processo 2493/05.0TBBCL.G1.S1, foi uniformizada a jurisprudência no sentido de que "sem embargo de convenção em contrário, há direito de regresso entre os avalistas do mesmo avalizado numa livrança, o qual segue o regime previsto para as obrigações solidárias".

[334] Cfr., neste sentido, Ac. STJ 29/4/2008 (Moreira Camilo), em *CJ-ASTJ* 16 (2008), 2, pp. 41-43. No Ac. STJ 27/10/2009 (Azevedo Ramos), em *CJ-ASTJ* 17 (2009), 3, pp. 103-106,

Têm sido suscitadas na doutrina diversas questões em torno do aval, designadamente a necessidade ou não de protesto para accionar o avalista do aceitante[335] e quais as consequências da interrupção da prescrição em relação ao aceitante por parte do avalista respectivo[336].

considerou-se ,porém, que o direito de regresso só pode ser exercido com base numa convenção extracambiária, que terá que ser alegada e provada, já que a sua existência não se presume. A divergência jurisprudencial veio a ser uniformizada no sentido que defendemos através do AUJ de 5/6/2012 (Santos Geraldes), na *CJ-ASTJ* 20 (2012), 2, pp. 37-46, o qual fixou a jurisprudência no seguinte sentido: "Sem embargo de convenção em contrário, há direito de regresso entre os avalistas do mesmo avalizado numa livrança, o qual segue o regime previsto para as obrigações solidárias".

[335] Cfr. Carlos Pereira, "Perde ou não o portador da letra os seus direitos contra o avalista do aceitante por não ter feito o protesto atempadamente?", na *ROA* 4 (1944), pp. 166-193, e José Gabriel Pinto Coelho, "Relatório sobre a dúvida que antecede e a sua discussão no Instituto da Conferência", *ibid*, a pp. 193-207, e Paulo Sendin/Evaristo Mendes, *op. cit.*, pp. 47 e ss. A posição dominante na nossa doutrina (cfr. a *RLJ* 71 (1938-1939), pp. 323-335, Gonsalves Dias, *op. cit.*, VII-2ª Parte, pp. 505-506, Pinto Coelho, *Lições* vol. 2, Fasc. 5, pp. 19 e ss. e *ROA* 4 (1944), pp. 193 e ss., Ferrer Correia, *Direito Comercial*, p. 524, Oliveira Ascensão, *Direito Comercial*, III, pp. 201-204, Pais de Vasconcelos, *Títulos*, p. 128, e na nossa jurisprudência (cfr., por todos, o Ac. STJ 17/3/1988 (Almeida Ribeiro), em *BMJ* 375 (1988), pp. 399-402 e o Ac. RP 9/12/2004 (Ataíde das Neves), em *CJ* 19 (2004), t. 5, pp. 192-195) é a de que não é necessário o protesto para se acionar o avalista do aceitante, uma vez que sendo esse avalista responsável exactamente nos mesmos termos em que o aceitante (art. 32º LULL e 27º LUC), aplica-se-lhe igualmente o regime da dispensa de protesto. Essa posição é, no entanto, contraditada por Paulo Sendin/Evaristo Mendes e por Nuno Madeira Rodrigues. Paulo Sendin/Evaristo Mendes, *op. cit.*, pp. 87 e ss., sustentam que, sendo o avalista garante do pagamento da letra, não tem uma responsabilidade restrita à obrigação do aceitante, pelo que, como co-obrigado do pagamento e por razões de segurança, o art. 53º LULL exige o protesto para que possa ser demandado. Igualmente Nuno Madeira Rodrigues, *op. cit.*, pp. 56 e ss., entende que, face às funções certificativa-publicitária e de interpelação do protesto, o mesmo não deveria ser dispensado, a menos que exista uma presunção de conhecimento da situação pelo avalista, como no caso de avales dados por administradores à sociedade, avales dados por sociedades dominantes às sociedades dominadas, ou avales entre cônjuges. Mesmo nesse caso, no entanto, o autor entende (pp. 65-68) que o avalista poderia afastar essa presunção, no caso de a relação ter cessado, caso em que voltaria a aplicar-se a exigência do protesto.

[336] No Ac. STJ 3/6/1969 (Rui Guimarães, vencido Correia Guedes), em *RLJ* 103 (1970-1971), pp. 404-409, considerou-se que a interrupção da prescrição em relação ao aceitante produz igualmente efeito em relação ao avalista. Essa doutrina é, porém, claramente rejeitada em brilhante anotação de Vaz Serra, *ibid*, pp. 409-416 e 420-432 (421 e ss.). O Assento 5/95, de 28/3/1995 (Oliveira Branquinho), publicado no *D.R.* I Série de 20/5/1995, pp. 3125-3132, veio fixar a doutrina de que "por força do disposto no artigo 71º da Lei Uniforme sobre

3.3. O aval geral

Tem sido ainda suscitado a questão de o aval poder ou não ser prestado sem determinação do montante da garantia, designadamente nas hipóteses de se exigir a subscrição do título em branco por parte do devedor, previamente avalizado nessas condições, o que tem sido denominado de "aval geral"[337]. A exigência dessa garantia é comum no caso de financiamentos concedidos a sociedades comerciais, em que se pretende obter a responsabilização dos sócios ou administradores pela garantia, assim se ultrapassando a limitação da responsabilidade conferida pelas sociedades de capitais.

O aval geral parece ser admissível nos casos em que exista um pacto de preenchimento do título, relativamente aos elementos essenciais em causa, dado que nessa situação o aval não deixa de desempenhar a sua função de garantia do pagamento do título, nos termos definidos pelo pacto de preenchimento. O avalista, ao colocar o aval no título em branco, sujeita-se assim a que o mesmo seja preenchido de acordo com o respectivo pacto de preenchimento, nos mesmos termos que qualquer outro signatário do título[338].

A validade do aval geral não é, no entanto, absoluta, uma vez que pressupõe que não ocorra abuso no preenchimento do título. Efectivamente, podem ocorrer situações de preenchimento abusivo, como no caso de o mesmo ocorrer sem prévia interpelação ao avalista[339].

Letras e Livranças, aplicável por via do seu artigo 78º, a interrupção da obrigação cambiária contra o subscritor de uma livrança não produz efeito em relação ao respectivo avalista".

[337] Cfr. Evaristo Mendes, *DJ* 14 (2000), 1, pp. 149 e ss. A pp. 156, o autor salienta alguma incorrecção nesta denominação, já que "pelos seus termos, o aval não é geral nem deixa de o ser. O avalista garante sempre o pagamento pontual do título tomando como referência típica uma dada operação cartular (saque, aceite, endosso). Como regra, os termos da sua garantia e correspondente responsabilidade aferem-se por essa operação (arts. 32 LULL e 27 LUCh). O problema que é conhecido sob esta designação é, especificamente, um *problema do aval em branco e da autorização* geral *de preenchimento* e utilização do respectivo título. A equacionar e resolver, portanto, no âmbito deste instituto". Cfr. ainda L. M. Pestana de Vasconcelos, *Direito das garantias*, pp. 122 e ss.

[338] Conforme se salienta no Ac. STJ 24/1/2008 (Oliveira Rocha), em *CJ-ASTJ* 16 (2008), 1, pp. 59-61, é indiferente que o avalista dê ou não o seu consentimento ao preenchimento do título, uma vez que não é sujeito da relação jurídica subjacente ao pacto de preenchimento, mas apenas da relação subjacente à obrigação cambiária de aval.

[339] Efectivamente a jurisprudência tem considerado imprescindível ocorrer uma interpelação prévia ao avalista antes do preenchimento do título, para ele ter conhecimento do montante

É, porém, duvidoso o que ocorre se, em caso de abuso de preenchimento do título, este vier a ser transmitido para terceiro de boa fé. Em face das regras dos arts. 10º e 17º LULL e 13º e 22º LUC, parece que o preenchimento abusivo é um risco que corre a cargo dos subscritores do título em branco, não podendo ser oponível a quem, de boa fé, e sem falta grave veio a adquirir o título[340].

Suscitou-se, ainda, a questão de saber se, tendo o aval em branco sido prestado por um sócio no quadro das relações societárias, o mesmo poderá ser denunciado pelo facto de desse sócio ter posteriormente alienado a participação social na referida sociedade. No AUJ 4/2013, o STJ fixou a jurisprudência no sentido de que "tendo o aval sido prestado de forma irrestrita e ilimitada, não é admissível a sua denúncia por parte do avalista, sócio de uma sociedade a favor de quem aquele foi prestado, em contrato em que a mesma é interessada, ainda que, entretanto, venha a ceder a sua participação social na sociedade avalizada"[341].

3.4. Natureza jurídica do aval

Encontram-se na doutrina uma divergência doutrinária sobre a natureza jurídica do aval, podendo apontar-se as seguintes teorias:

a) a teoria do aval-fiança;
b) a teoria do aval-garantia híbrida;
c) a teoria do aval-garantia autónoma.

De acordo com a teoria do aval-fiança, defendida entre nós por Marnoco e Sousa, no âmbito da legislação anterior, e por Gonsalves Dias, Pinto Coelho e Fernando Olavo, no âmbito da actual, o aval tem a natureza de uma fiança, sendo tal como esta uma garantia pessoal acessória da obrigação do avalizado. A acessoriedade do aval resultaria do facto de o art. 32 I LULL determinar a sua responsabilidade "nos mesmos termos" do que a pessoa avalizada, não sendo obstáculo à sua qualificação

exacto e data do vencimento da garantia prestada. Nesse sentido, cfr. Ac. RL 20/11/2011 (Maria Manuela Gomes), processo 1847/06.5TBBBRR-A.L1-6, Ac. RE 27/2/2014 (Mata Ribeiro), processo 1470/11.7TBSTB-A.E1 e Ac. RL 11/10/2016 (Luís Espírito Santo), processo 4233.10.3TBVFX-A.L1-7.

[340] Neste sentido, Evaristo Mendes, *DJ* 14 (2000), 1, p. 159.

[341] Cfr. AUJ 4/2013, publicado no D.R. nº 14, I Série de 21/1/2013 = Ac. STJ 11/12/2012 (Gabriel Catarino), processo 5903/09.4TVLSB.L1.L1.S1.

como fiança o disposto no art. 32 II LULL, já que a fiança também subsiste em certos casos de invalidade da obrigação garantida (cfr. art. 632º, nº 2), sendo a dilatação dessa solução explicada em função do rigor próprio da obrigação cambiária[342].

Já de acordo com a teoria do aval-garantia híbrida, defendida pela maioria da doutrina, designadamente por PAULO CUNHA, FERRER CORREIA, e VAZ SERRA, o regime do art. 32 II, primeira parte, LULL impede que o aval possa ser qualificado como fiança, uma vez que a obrigação do avalista não é acessória, mas antes autónoma, sendo este uma garantia pessoal híbrida, que se aproxima da fiança em certos aspectos do regime[343].

Finalmente, de acordo com a teoria do aval-garantia autónoma, defendida por FERNANDO GONÇALVES / MANUEL JOÃO ALVES / ARLINDO JOSÉ FRANCISCO / FERNANDO ALVES PINTO, o aval não corresponde uma fiança, ao contrário do que sustenta a tese do aval-fiança, e nem sequer se pode considerar que tenha traços da mesma, ao contrário do que defende a tese do aval-garantia híbrida. Efectivamente, ao contrário da fiança, o aval não se constitui como garantia de uma obrigação, de que seria acessório, sendo antes uma garantia do pagamento da letra. Por isso, a qualificação que se lhe adequa é antes a de uma garantia autónoma do pagamento da letra[344].

4. A garantia autónoma

4.1. Generalidades

No âmbito dos negócios de garantia pessoal, tem vindo a assumir desenvolvimento especial a garantia autónoma[345], por vezes igualmente desig-

[342] Cfr. MARNOCO E SOUSA, *op. cit.*, pp. 465 e ss., GONSALVES DIAS, *op. cit.*, VII, 2ª Parte, pp. 355 e ss., PINTO COELHO, *Lições*, vol. 2, fasc. 5º, pp. 6 e ss., e *ROA* 4 (1944), pp. 194 e ss. e FERNANDO OLAVO, *Direito Comercial.* Apontamentos das Lições de 1959-1960 coligidos por José Eduardo Jardim e Luís Braz Teixeira, Lisboa, AAFDL, 1959, pp. 402 e ss. Encontra-se uma recensão da sua posição em PAULO SENDIN/EVARISTO MENDES, *op. cit.*, pp. 27 e ss.

[343] Cfr. PAULO CUNHA, *Da Garantia*, II, pp. 89 e ss., FERRER CORREIA, *Direito Comercial*, pp. 522-523, e VAZ SERRA, *RLJ* 103 (1970-1971), pp. 424 e ss.

[344] Cfr. FERNANDO GONÇALVES/MANUEL JOÃO ALVES/ARLINDO JOSÉ FRANCISCO/FERNANDO ALVES PINTO, *op. cit.*, pp. 27-29.

[345] Cfr. VAZ SERRA, *BMJ* 71 (1957), pp. 296 e ss., A. FERRER CORREIA, "Notas para o estudo do contrato de garantia bancária", em *RDE* 8 (1982), pp. 247-258, GALVÃO TELLES, "Garantia bancária autónoma", em *Dir.* 120 (1988), pp. 275-293, "Garantia bancária autónoma (Parecer)", em *Dir.* 120 (1988), pp. 581-604 e *Contratos*, pp. 503 e ss., ANTUNES VARELA, *Obrigações*, II,

nada por garantia bancária autónoma, em virtude de ser frequentemente prestada por bancos. Esta garantia ocorre quando determinada entidade

pp. 512 e ss., ALMEIDA COSTA/PINTO MONTEIRO, "Garantias Bancárias. O contrato de garantia à primeira solicitação", em *CJ* 11 (1986), 5, pp. 15-34, MENEZES CORDEIRO, *Das cartas de conforto no Direito Bancário*, Lisboa, Lex, 1993, pp. 45 e ss., *Manual de Direito Bancário*, pp. 771 e ss., e *Tratado*, X, pp. 527 e ss., JOÃO CALVÃO DA SILVA, "Garantias acessórias e garantias autónomas" (1990), em *Estudos de Direito Comercial (Pareceres)*, Coimbra, Almedina, 1996, pp. 331-361 (332 e ss.) e *Direito Bancário*, pp. 384 e ss., PEDRO ROMANO MARTINEZ, "Garantias bancárias", em ANTÓNIO MENEZES CORDEIRO/LUÍS MENEZES LEITÃO/ JANUÁRIO DA COSTA GOMES, *Estudos em homenagem ao Professor Doutor Inocêncio Galvão Telles*, II – *Direito Bancário*, Coimbra, Almedina, 2003, pp. 265-288. ROMANO MARTINEZ/ FUZETA DA PONTE, *op. cit.*, pp. 118 e ss., MENEZES LEITÃO, *Obrigações*, II, pp. 353 e ss., JANUÁRIO GOMES, *Assunção*, pp. 66 e ss., JOSÉ SIMÕES PATRÍCIO, "Preliminares sobre a garantia "on first demand"", na *ROA* 43 (1983), pp. 677-718, JORGE DUARTE PINHEIRO, "Garantia bancária autónoma", em *ROA* 52 (1992), pp. 417-465, FRANCISCO CORTEZ, "A garantia bancária autónoma – alguns problemas", em *ROA* 52 (1992), pp. 513-610, MANUEL CASTELO BRANCO, "A garantia bancária autónoma no âmbito das garantias especiais das obrigações", na *ROA* 53 (1993), pp. 61-83, FÁTIMA GOMES, "Garantia bancária autónoma à primeira solicitação" em *DJ* 8 (1994), 2, pp. 119-210, EVARISTO MENDES "Garantias bancárias. Natureza", na *RDES* 37 (1995), pp. 445-473, ARMINDO SARAIVA MATIAS, *op. cit.*, pp. 28 e ss., MÓNICA JARDIM, *A garantia autónoma*, Coimbra, Almedina, 2002, MARIA DO ROSÁRIO EPIFÂNIO, "Garantias bancárias autónomas – Breves reflexões", em MANUEL AFONSO VAZ/J. A. AZEREDO LOPES, *Juris et de jure. Nos 20 anos da Faculdade de Direito da Universidade Católica Portuguesa (Porto)*, Porto, UCP, 1998, pp. 319-365, ANTÓNIO SEQUEIRA RIBEIRO, "Garantia bancária autónoma à primeira solicitação: algumas questões", em ANTÓNIO MENEZES CORDEIRO/LUÍS MENEZES LEITÃO/JANUÁRIO DA COSTA GOMES, *Estudos em homenagem ao Professor Doutor Inocêncio Galvão Telles*, II – *Direito Bancário*, Coimbra, Almedina, 2003, pp. 289-426, e LUÍS MIGUEL PESTANA DE VASCONCELOS, em GLÓRIA TEIXEIRA / ANA SOFIA CARVALHO (org.), *Os 10 anos*, pp. 611 e ss., e *Direito das garantias*, pp. 125 e ss.
Para o direito alemão, cfr. RUDOLF STAMMLER, "Der Garantievertrag. Eine civilistische Abhandlung", em *AcP* 69 (1886), pp. 1-141, WILHELM KROENER, *Der Garantievertrag und seine Abgrenzung von der Bürgschaft*, Diss. Erlangen, 1911, *passim*, NORBERT BINDEWALD, *Der Garantievertrag auf Forderungsausfall*, Greifswald, Julius Abel, 1911, pp. 15 e ss., ERICH ZSCHALER, "Zum Unterschied von Ausbietungsgarantie und Bürgschaft", em *LZ* 1919, pp. 840-843, OERTMANN, "Die Ausbietungsgarantie" em *DJZ* 1919, pp. 228-234, HEINZ PRIESTER, *Der Garantievertrag*, Berlin, Risse, 1935, ERNST VON CAEMMERER, "Bankgarantien im Außenhandel" em BERNHARD AUBIN/ERNST VON CAEMMERER/ PHILIPPE MEYLAN/KARL H. NEUMAYER/GERD RINCK/WALTER STRAUSZ, *Festschrift für Otto Riese aus Anlass seines siebzigsten Geburtstages*, Karlsruhe/Müller, 1964, pp. 295-307, JAN BOETIUS, *Der Garantievertrag*, Diss. München, 1966, R. LIESECKE, "Rechtsfragen der Bankgarantie", em *WM* 1968, pp. 22-28, PETER FINGER, "Formen und Rechtsnatur der Bankagarantie", em *BB* 1969, pp. 206-208, VIKTOR STÖTTER, "Das Garantieversprechen (Garantievertrag)", em *DB* 1971, pp. 2145-2147, BEAT KLEINER, *Bankgarantie. Die Garantie*

(normalmente uma instituição bancária ou financeira) vem garantir pessoalmente a satisfação de uma obrigação assumida por terceiro, indepen-

unter besonderer Berücksichtigung des Bankgarantiegeschäftes, 3ª ed., Zurich, Schultess, 1979, passim, maxime pp. 162-163, SIEGFRIED SICHTERMANN, *Die Ausbietungsgarantie als Sicherungsmittel in der Grundstückszwangsversteigerung*, 4ª ed., Stuttgart, Sparkassenverlag, s.d., FRIEDRICH GRAF VON WESTPHALEN, *Die Bankgarantie im internationalen Handelsverkehr*, Heidelberg, Recht und Wirtschaft, 1982, ULRICH LOHMANN, *Einwendungen gegen den Zahlungsanspruch auns einer Bankgarantie und ihre Durchsetzung im rechtsvergleichender Sicht*, Köln, Wienand, 1984, JOHANNES C. D. ZAHN/EKKARD EBERDING/DIETMAR EHRLICH, *Zahlung und Zahlungssicherung im Außenland*, Berlin/New York, De Gruyter, 1986, pp. 346 e ss., PETER O. MÜLBERT, *Mißbrauch von Bankgaranties und einstweiliger Rechtsschutz. Die dogmatischen Grundlagen der Bankgarantie "auf erstes Anfordern" und ihre Behandlung im Verfahren des einstweiligen Rechtschutzes*, Tübingen, Mohr, 1985, ID, "Neueste Entwicklungen des materiellen Rechts der Garantie "auf erstes Anfordern"", em *ZIP* 1985, pp. 1101-1114, JOACHIM JEDZIG, "Aktuelle Rechtsfragen der Bankgarantie auf erstes Anfordern", em *WM* 1988, pp. 1469-1474, WETH, *AcP* 189 (1989), pp. 303 e ss., BERENSMANN, *op. cit.*, pp. 115 e ss., CLAUS-WILHELM CANARIS, *Bankvertragsrecht*, I, 3ª ed., Berlin/New York, de Gruyter, 1988, nºs 1102 e ss., pp. 748 e ss., e LARENZ/CANARIS, *op. cit.*, § 64 III, pp. 73 e ss., BÜLOW, *Kreditsicherheiten*, pp. 504 e ss., nºs 1543 e ss., HADDING/HÄUSER/WELTER, *Gutachten* III, pp. 682 e ss. WEBER, *op. cit.*, pp. 122 e ss., RIMMELSPACHER, *op. cit.*, § 2, pp. 18 e ss., nºs 79 e ss., HEERMANN, *op. cit.*, § 34, pp. 613 e ss., nºs 1 e ss., ULRICH AUHAGEN, *Die Garantie einer Bank auf "erstes Anfordern" zu zahlen*, Diss. Freiburg, 1966, FIKENTSCHER, *Schuldrecht*, § 92 II 2, nºs. 1008 e ss., pp.636 e ss., THOMAS BÄR, *Zum Rechtsbegriff der Garantie, insbesondere im Bankgeschäft*, Winterthür, Keller, 1963, WOLFGANG MARSCHALL VON BIEBERSTEIN (org.), *Garantievertrag im Handelsverkehr*, Frankfurt, Metzner, 1972.

No direito francês, veja-se MAZEAUD / CHABAS, *Sûretés*, pp. 107 e ss. e DOMINIQUE LEGEAIS, *op. cit.*, pp. 243 e ss.

No direito italiano, veja-se GIUSEPPE P. PORTALE, "Fideiussione e *Garantievertrag* nella prassi bancaria", em PIERO VERRUCOLI (org.), *Nuovi tipi contrattuali e tecniche di redazione nella pratica commerciali. Profili comparatistici*, Milano, Giuffrè, 1978, pp. 3-38 = GIUSEPPE B. PORTALE (org.), *Le operazioni bancarie*, Milano, Giuffrè, s.d. (mas 1978), pp. 1043-1078, ID, "Nuovi sviluppi del contratto autonomo di garanzia", em *BBTC* 48 (1985), I, pp. 169-187, MICHELE SESTA, "Pagamento a prima richiesta", em *CeI* 1985, pp. 939-958, PAOLO LOREFICE, *RN* 41 (1987), I, pp. 521 e ss., FULVIO MASTROPAOLO, "Pagamento a prima richiesta, limiti alla inopponibilità delle eccezeioni e problemi probatori", em *BBTC* 53 (1990), II, pp. 553-590, e *I contratti*, pp. 125 e ss., GIOVANNI GRIPPO, "Clausula di «sopravvivenza» e clausola «a semplice richiesta» nei nuovo modelli A.B.I. di fideiussione: le tappe della giurisprudenza", em AAVV, *Estudios de Derecho Bancario y Bursatil. Homenaje a Evelio Verdera y Tuells*, II, Madrid, La Ley, 1994 pp. 1235-1248, CALDERALE, *op. cit.*, pp. 179 e ss., MIRELLA VIALE, "I contratti autonomi di garanzia", em *NGCC* 6 (1990), II, pp. 175-198, ID, *Le garanzie bancarie*, pp. 175 e ss., FRANCO BONELLI, *Le garanzie bancarie a prima domanda nel commercio internazionale*, Milano, Giuffrè, 1991, SICCHIERO, *op. cit.*, pp. 84 e ss., UBALDO LA PORTA, "Considerazioni sulla causa e sui limiti delll'autonomi del contratto autonomo di garanzia", em *RN* 46 (1992),

dentemente da validade ou eficácia desta obrigação e dos meios de defesa que a ela possam ser opostos, assegurando assim que o credor obterá sempre o resultado do recebimento dessa prestação.

Modernamente o instituto da garantia autónoma tem por base a investigação de STAMMLER, segundo o qual ter-se-ia generalizado na prática a situação de alguém assumir contratualmente, na totalidade ou em parte, o risco de uma empresa alheia, incluindo as suas obrigações e créditos, situação que o autor resolve denominar de contrato de garantia[346], e que qualifica como um instituto jurídico independente[347]. O contrato de garantia distinguir-se-ia da fiança, por lhe faltar a característica da acessoriedade, uma vez que a ele é alheia qualquer ligação com uma obrigação principal[348], bem como do contrato de seguro, por ser unilateral, enquanto o seguro é um contrato bilateral[349]. Para o autor, o instituto teria como antecedente a figura romana da *promissio indemnitatis*, onde o promitente poderia estabelecer uma vinculação própria e independente com o fim de assumir totalmente o risco da não realização da prestação, o que seria distinto dos negócios de intercessão, onde o intercedente se limitaria a assumir uma obrigação alheia[350].

A investigação de STAMMLER levou à publicação de numerosos estudos sobre o tema, de que se destacam os trabalhos de WIENSTEIN, KROENER, BINDEWALD, OERTMANN e ZSCHALER[351]. O instituto veio posteriormente

pp. 123-160, LUCIANO PONTIROLI, *Le garanzie autonome ed il rischio del creditore. Un contributo alla lettura del sistema*, Padova, Cedam, 1992, GIUSEPPE BOZZI, *Le garanzie atipiche*, I – *Garanzie personali*, Milano, Giuffrè, 1999, pp. 3 e ss., FRANCESCO BENATTI, "Garanzia (contratto autonomo di)", em *NovissDI*, App. III, pp. 918-925, FRANCO BONELLI, "Le garanzie bancarie nel commercio internazionale", em *DCI* 1987, pp. 127-206, ERNESTO BRIGANTI, "Garanzie personali atipiche", em *BBTC* 51 (1988), I, pp. 573-610, GIOVANNI GRIPPO, "La garanzia automatica in bilico tra «tecnica» e «politica»: tendenze della giurisprudenza", em *BBTC* 48 (1985), II, p. 83-97, LUCIANA LAUDISA, *Garanzia autonoma e tutela giurisdizionale*, Milano, Giuffrè, 1993, EVA LECCESE, *op. cit.*, pp. 35 e ss., e passim, GIUSEPPE B. PORTALE, "Le garanzie bancarie internazionali", em *BBTC* 51 (1988), I, pp. 1-55, PETTI, *op. cit.*, pp. 495 e ss. No direito espanhol, veja-se CARRASCO PERERA / CORDERO LOBATO / MARÍN LOPEZ, *op. cit.*, pp. 337 e ss.

346 Cfr. STAMMLER, *AcP* 69 (1886), pp. 1 e ss.

347 Cfr. STAMMLER, *AcP* 69 (1886), pp. 5 e ss.

348 Cfr. STAMMLER, *AcP* 69 (1886), pp. 36 e ss.

349 Cfr. STAMMLER, *AcP* 69 (1886), pp. 47 e ss

350 Cfr. STAMMLER, *AcP* 69 (1886), pp. 52 e ss.

351 Cfr. WIENSTEIN, "Inwiefern gibt es nach geltendem Privatrecht einen besonders gearteten Garantievertrag?", em *AbR* 31 (1907), pp. 1-20, WILHELM KROENER, *Der Garantievertrag*,

a extravasar as fronteiras alemãs, passando a ser utilizado para abranger as situações em que se verificava a garantia de um resultado por parte do seu autor, ou quando este renunciava a invocar excepções respeitantes ao devedor principal. Após a II Guerra Mundial, com o incremento do comércio internacional, a figura passou a ser utilizada neste âmbito, como forma de colmatar os riscos que envolvia a celebração de contratos comerciais internacionais, tornando-se uma garantia frequentemente prestada por bancos e companhias de seguros, que se comprometiam a realizar a prestação com autonomia em relação à obrigação do devedor principal, ou seja, mesmo nos casos em que esta não se tivesse chegado a constituir ou viesse a ser extinta. Posteriormente, veio mesmo a admitir-se a cláusula de pagamento à primeira solicitação, caso em que o garante deve efectuar o pagamento logo que lhe seja exigido, sem que o beneficiário tenha que provar a ocorrência dos pressupostos que justificam o seu direito[352].

Não se encontrando prevista na lei, a sua admissibilidade resulta do princípio da autonomia privada (art. 405º), uma vez que se verificou que uma simples fiança era insuficiente para as necessidades do tráfego comercial, em face da elevada protecção que o princípio da acessoriedade confere ao fiador, na medida em que permite a invocação contra o credor de toda e qualquer meio de defesa oriundo da obrigação principal[353]. Tornou-se, por isso, frequente, especialmente no âmbito dos contratos internacionais[354], a estipulação de uma garantia que, em lugar de acessória fosse autónoma, ou seja, que não tivesse a sua prestação dependente da obrigação principal. Essa estipulação não viola qualquer regra de ordem pública, já que corresponde a um legítimo interesse do credor o de assegurar a subsistência da obrigação do garante, mesmo nos casos em que não pode por qualquer razão demandar o devedor principal.

passim, NORBERT BINDEWALD, *Der Garantievertrag*, pp. 15 e ss., OERTMANN, *DJZ* 1919, pp. 228 e ss. e ZSCHALER, *LZ* 1919, pp. 840 e ss.

[352] Cfr. ALMEIDA COSTA/PINTO MONTEIRO, *CJ* 11 (1986), 5, pp. 18-19 e MÓNICA JARDIM, *op. cit.*, pp. 17-18.

[353] Cfr. CALVÃO DA SILVA, *Estudos*, p. 337.

[354] Cfr. ERNST VON CAEMMERER, *FS Riese*, pp. 295 e ss., e JORGE DUARTE PINHEIRO, *ROA* 52 (1992), pp. 427 e ss. e JEDZIG, *WM* 1988, p. 1469 (que chega de afirmar que a garantia autónoma é filha da desconfiança que os exportadores internos possuem em relação aos seus clientes estrangeiros).

A doutrina tem costumado distinguir, no âmbito da garantia autónoma, entre as garantias relativas a uma oferta (*bid bonds*), as garantias de boa execução (*performance bonds*) e as garantias de reembolso (*repayment bonds*). As primeiras destinam-se a assegurar a manutenção de uma oferta, mesmo em caso de ela ser retirada pelo proponente. As segundas destinam-se a garantir o adequado cumprimento de uma obrigação. Já as terceiras asseguram o reembolso de determinadas quantias que vierem a ser dispendidas pelo beneficiário[355]. O comércio internacional conhece ainda outros exemplos, como as garantias de retenção (*retention money bond*), mediante a qual é assegurado ao exportador o pagamento integral do preço acordado, mesmo perante a hipótese de uma sua retenção parcial efectuada pelo adquirente; a garantia de pagamento (*payment guarantee*), mediante a qual o exportador é garantido com o recebimento do preço dos bens e serviços exportados; e a garantia de manutenção (*maintenance guarantee*), com formulação análoga às *performance bonds*[356].

À semelhança da fiança, a garantia autónoma tem natureza contratual[357], sendo um negócio causal na medida em que comporta em si uma função económico-social própria: a função de garantia[358]. Efectivamente, à semelhança do que acontece na fiança o garante não promete o resultado da prestação a título primário, mas antes para a hipótese de não se verificar o cumprimento por parte do devedor principal[359]. No entanto, a garantia bancária autónoma distingue-se da fiança, na medida em que

[355] Cfr., por todos BONELLI, *DCI* 1987, pp. 127 e ss., que inclui formulários detalhados a pp. 161 e ss., e ainda PONTIROLI, *op. cit.*, pp. 53 e ss.

[356] Cfr., BONELLI, *DCI* 1987, p. 131.

[357] Cfr. GALVÃO TELLES, *Dir.* 120 (1988), pp. 287 e *Contratos*, p. 512, e JORGE PINHEIRO, *ROA* 52 (1992), pp. 430 e ss.

[358] Cfr. BONELLI, *Le garanzie bancarie*, p. 29 e, entre nós, GALVÃO TELLES, *Dir.* 120 (1988), pp. 287-288 e *Contratos*, p. 512, MENEZES CORDEIRO, *Manual de Direito Bancário*, p. 764, e *Tratado*, X, p. 572, ROMANO MARTINEZ/FUZETA DA PONTE, *op. cit.*, pp. 119 e 129, JANUÁRIO GOMES, *Assunção*, p. 72, SARAIVA MATIAS, *op. cit.*, pp. 32-33, e MÒNICA JARDIM, *op. cit.*, p. 276, e, na jurisprudência, Ac. STJ 9/1/1997 (SOUSA INÊS), em *CJ-ASTJ* 5 (1997), 1, pp. 35-37 e Ac. RE 4/6/1998 (ANTÓNIO SILVA) em *CJ* 23 (1998), 3, pp. 265-267 (266). Pronuncia-se, pelo contrário, no sentido da sua qualificação como negócio abstracto SIMÕES PATRÍCIO, *ROA* 43 (1983), pp. 688 e ss. Hesitante quanto à qualificação JORGE PINHEIRO, *ROA* 52 (1992), pp. 438 e ss..

[359] Neste sentido, JOACHIM GERNHUBER, *Das Schuldverhältnis. Begründung und Änderung, Pflichten und Strukturen, Drittwirkungen*, Tübingen, Mohr, 1989, § 18 II-2, p. 439 e LARENZ/CANARIS, § 64 III, p. 76. Em sentido contrário, GALVÃO TELLES, *Dir.* 120 (1988), pp. 285 e

a obrigação do garante não se molda sobre a obrigação principal, quer quanto ao seu objecto, quer quanto aos pressupostos da sua exigibilidade, instituindo antes uma obrigação própria e autónoma, em tudo distinta da do devedor[360].

A garantia autónoma é assim um negócio causal não acessório, cuja distinção da fiança reside precisamente na ausência da acessoriedade. Por esse motivo, saber se num caso concreto as partes pretenderam celebrar uma garantia autónoma ou antes uma fiança será normalmente uma questão de interpretação negocial: a de averiguar se as partes pretenderam que a obrigação do garante ficasse ou não dependente das excepções oponíveis à obrigação principal devendo, em caso de dúvida presumir-se pela mera estipulação de fiança[361].

4.2. Modalidades: a garantia autónoma simples e a garantia autónoma à primeira solicitação

A garantia autónoma admite duas modalidades: a garantia autónoma simples e a garantia à primeira solicitação. A determinação de qual das modalidades foi escolhida é naturalmente uma questão que resulta da interpretação do contrato[362].

Quando a garantia é simplesmente estabelecida como autónoma, as partes limitam-se a prever a autonomia da obrigação do garante em relação à existência, validade ou excepções oponíveis ao crédito garantido, admitindo apenas a oponibilidade de excepções próprias da relação de garantia. Este tipo de garantia limita-se, por isso, à derrogação da regra da acessoriedade existente na fiança. Assim, ao contrário da fiança, que se caracteriza pela acessoriedade, permitindo a fiador recusar a prestação em caso de invalidade da obrigação principal (art. 632º, nº 1), ou em caso de existirem meios de defesa oponíveis a essa obrigação (art. 637º), a garantia autónoma não depende da obrigação principal, podendo ser exercida

599 e Romano Martinez/Fuzeta da Ponte, *op. cit.*, p. 119, posição que não nos parece compatível com a natureza causal que atribuem ao negócio de garantia.

[360] Cfr. Francisco Cortez, *ROA* 52 (1992), p. 556. Sobre a distinção entre os dois negócios, veja-se Daniel Medina Ataíde, "A garantia autônoma e a fiança: Distinções e divergências", em Jorge Ferreira Sinde Monteiro (org.), *Garantias das obrigações. Publicação dos trabalhos de mestrado*, Coimbra, Almedina, 2007, pp. 175-205

[361] Cfr. Larenz/Canaris, § 64 III, p. 76.

[362] Cfr. Ac. STJ 19/5/2010 (Azevedo Ramos), em *CJ-ASTJ* 18 (2010), 2, pp. 74-75.

logo que se verifiquem os seus pressupostos, e mesmo em caso de invalidade desta ou da existência de excepções a esta.

Já na garantia à primeira solicitação, as partes estipulam ainda que o garante não oporá qualquer excepção à exigência da garantia, mas antes a satisfará imediatamente sem discussão logo que tal seja solicitado pelo credor[363]. Neste caso, ainda se distingue entre a garantia com ou sem justificação documental, consoante o pedido de pagamento tenha que ser acompanhado de documentação comprovativa do evento que desencadeia a garantia ou possa ser realizado independentemente da junção de qualquer documentação[364]. Em qualquer caso, verificados os pressupostos do accionamento da garantia, o garante terá que satisfazer imediatamente a correspondente obrigação, sendo extremamente limitadas as excepções que pode invocar, que praticamente se reconduzem à extinção da garantia por cumprimento, resolução ou caducidade, e ainda à existência de fraude manifesta e abuso de direito por parte do credor[365].

[363] Cfr. OTTO MÜHL, "Materiellrechtliche und verfahrensrechtliche Fragen bei der Bankgarantie 'Zahlung auf erstes Anfordern'", em RONALD H. GRAVESON / KARL KREUZER / ANDRÉ TUNC / KONRAD ZWEIGERT, *Festschrift für Imre Zajtay / Mélanges en l'honneur d'Imre Zajtay*, Tübingen, Mohr, 1982, pp. 389-407 e GIUSEPPE CHINÉ, "Garanzia a prima richiesta", em VINCENZO CUFFARO (org.), *Le garanzie rafforzate del credito*, Torino, Utet, 2000, pp. 83-116. Entre nós, veja-se CALVÃO DA SILVA, *Estudos*, pp. 340 e ss. Na jurisprudência, vejam-se os Ac. RC 27/1/2004 (TÁVORA VÍTOR), em *CJ* 39 (2004), 1, pp. 17-21 e Ac. STJ 20/5/2008 (CARDOSO DE ALBUQUERQUE), em *CJ-ASTJ* 16 (2008), 2, pp. 65-67.

[364] Sobre a exigência de justificação documental na garantia à primeira solicitação, cfr. HELMUT RÜSSMANN/JÖRG W. BRITZ, "Die Auswirkungen des Grundsatzes der formellen Garantiestrenge auf die Geltendmachung einer befristeten Garantie auf erstes Anfordern", em *WM* 1995, pp. 1825-1834 e CRISTOPH KLAAS, "Formelle Dokumentenstrenge im Recht der Bankgarantie", em *ZIP* 1997, pp. 1098-1102.

[365] Sobre a excepção de abuso de direito, e os seus equivalentes anglo-saxónicos de *fraud* e *strict fraud*, cfr. LOHMANN, *op. cit.*, passim, maxime, pp. 102 e ss., MÜLBERT, *Mißbrauch*, pp. 32 e ss. e *ZIP* 1985, pp. 1108 e ss., MIRELLA VIALE, "L'azione inibitoria tra «fraud» e «strict fraud» nella giurisprudenza inglese recente in tema di garanzie bancarie a prima domanda", em *BBTC* 52 (1989), pp. 453-462. Tem-se admitido nesses casos que o garante possa inclusivamente lançar mão de uma providência cautelar, em ordem a inibir o credor de exigir o pagamento (neste sentido, cfr. ALMEIDA COSTA/PINTO MONTEIRO, *CJ* 11 (1986), 5, pp. 24 e ss. e CALVÃO DA SILVA, *Estudos*, pp. 344 e ss., ZAHN/EBERDING/EHRLICH, *op. cit.*, pp. 426 e ss., MÜLBERT, *Missbrauch*, pp. 92 e ss., DARIO LOIACONO, "La tutela cautelare dell'ordinante nelle garantzie bancarie autonome: recenti tendenze", em *BBTC* 49 (1986), II, pp. 431-439, PORTALE, *BBTC* 51 (1988), I, pp. 30 e ss. e LUCIANA LAUDISA, *op. cit.*, pp. 27 e ss.

4.3. Forma

Tratando-se de um negócio atípico, o contrato de garantia autónoma não tem exigências de forma legalmente estabelecidas. Entre nós, e ao contrário do que sucede no Direito alemão[366], não parece de equacionar a aplicação analógica da forma da fiança (art. 628º), uma vez que esta é estabelecida em função da regra da acessoriedade que, conforme se sabe, não existe na garantia autónoma. No entanto, parece que a mera aplicação da regra da liberdade de forma do art. 219º chocaria em relação a um contrato com o risco que envolve a garantia autónoma, em que a elaboração de um documento escrito parece essencial para assegurar a ponderação da decisão do garante. Pronunciamo-nos, por isso, no sentido de que deverá ser exigida a forma escrita para a declaração do vinculado à garantia autónoma[367]. Já relativamente à declaração de aceitação por parte do beneficiário não será de exigir forma especial (art. 219º), podendo inclusivamente a aceitação ser meramente tácita (art. 217º e 234º)[368].

4.4. Regime

À semelhança do que sucede com a fiança, a garantia autónoma institui uma relação triangular, em que é possível distinguir uma *relação de cobertura*, entre o garantido, dador de ordem, e o garante, no âmbito da qual este se compromete, normalmente mediante remuneração, a prestar a garantia; uma *relação de atribuição*, entre o dador de ordem e o beneficiário da garantia, que justifica a sua concessão; e finalmente, uma *relação de execução*, entre o garante e o beneficiário da garantia, que consiste precisamente na prestação da garantia.

[366] É controvertida na ordem jurídica alemã a aplicação à garantia autónoma da forma da fiança, que o § 766 sujeita à exigência de documento escrito. LARENZ/CANARIS, § 64 III, p. 77, e RIMMELSPACHER, *op. cit.*, § 2 II, pp. 18 e ss., nºs 94 e ss., entendem que a analogia é de estabelecer. Em sentido contrário, defendendo a liberdade de forma, cfr. OERTMANN, *DJZ* 1919, p. 231, LIESECKE, *WM* 1968, p. 22.

[367] No sentido de que deve ser exigida a forma escrita para a garantia autónoma, cfr. JANUÁRIO GOMES, *Assunção*, p. 443 e EVARISTO MENDES, *RDES* 37 (1995), p. 457. Em sentido contrário, defendendo a liberdade de forma, ROMANO MARTINEZ/FUZETA DA PONTE, *Garantias*, pp. 15 e ss., MÓNICA JARDIM, *A garantia autónoma*, p. 242, e, ainda que com alguma hesitação, LUÍS MIGUEL PESTANA DE VASCONCELOS, em GLÓRIA TEIXEIRA / ANA SOFIA CARVALHO (org.), *Os 10 anos*, pp. 617-618.

[368] Cfr. GALVÃO TELLES, *Dir.* 120 (1988), p. 291, nota (2). Sustentando que a garantia autónoma, como contrato unilateral, se perfecciona com o envio de cartas de garantia por parte do garante, veja-se PONTIROLI, *op. cit.*, pp. 149 e ss.

No âmbito da relação de cobertura, há um compromisso entre o garante e o garantido pelo qual aquele se compromete a emitir uma garantia a favor da pessoa que venha a ser designada por este, exigindo como contrapartida o pagamento de uma comissão, ao mesmo tempo que o garantido se compromete, além de pagar essa comissão, a reembolsar imediatamente o garante, caso este venha a ter que efectivamente que efectuar ao beneficiário da garantia a prestação a que se comprometeu[369].

No âmbito da relação de atribuição, existe um negócio específico entre o dador de ordem e o beneficiário da garantia, que justifica que a garantia venha a ser prestada.

Já na relação de execução, o garante vincula-se a prestar ao beneficiário a garantia nos termos exactos em que se obrigou perante o dador da ordem. Estamos aqui perante um verdadeiro contrato, uma vez que se exige a aceitação do beneficiário, ainda que esta possa ser tácita nos termos gerais (art. 217º). O contrato é, no entanto, de cariz unilateral ou não sinalagmático por criar apenas obrigações para o garante[370].

No âmbito da relação de execução torna-se necessário, conforme se referiu, distinguir entre a garantia autónoma simples e a garantia à primeira solicitação.

Na garantia autónoma simples, o garante compromete-se a realizar ao beneficiário a prestação pecuniária objecto da garantia, independentemente das vicissitudes da obrigação principal e das excepções que a esta pudessem ser opostas. Ao garante é por isso vedado opor ao beneficiário os meios de defesa próprios do devedor e quaisquer objecções relativas à subsistência ou validade do crédito sobre este. Assim, a não constituição da obrigação em relação ao devedor, a invalidade desse contrato por vício de fundo ou forma, a sua extinção por impossibilidade de cumprimento, ou por compensação não impedirão o beneficiário de accionar a garantia[371]. Mas também é vedado ao garante opor ao beneficiário excepções oriundas da relação de cobertura, designadamente o facto de o dador deixar de pagar a retribuição acordada pela prestação da garantia, ou ter ordenado ao garante que não prestasse a garantia. Mas já se torna necessário, para poder exigir o cumprimento da obrigação do garante, que o beneficiário

[369] Cfr. Jorge Duarte Pinheiro, *ROA* 52 (1992), p. 420.

[370] Cfr. Francisco Cortez, *ROA* 52 (1992), pp. 529.

[371] Cfr. Francisco Cortez, *ROA* 52 (1992), pp. 532.

faça perante este prova de que ocorreu o facto constitutivo do seu direito, sem o que o garante poderá legitimamente recusar o cumprimento.

Na garantia autónoma à primeira solicitação, a obrigação do garante é estabelecida automaticamente perante a primeira exigência de cumprimento (*on* ou *upon first demand, auf erstes Anfordern, à premiére demande, alla prima richiesta*) por parte do beneficiário, sendo vedado ao garante opor quaisquer excepções a essa exigência de cumprimento[372], a qual deve satisfazer de imediato[373], desde que naturalmente estejam a ser respeitados os termos estipulados para a exigência da garantia. Neste âmbito, é que se estabelece a distinção entre garantia autónoma à primeira solicitação *com* ou *sem justificação documental*. Efectivamente, se a garantia autónoma à primeira solicitação é estabelecida com justificação documental, não basta que o credor formule ao garante a exigência da garantia, sendo necessário que essa exigência seja comprovada documentalmente com a demonstração de que ocorreu o facto que determina a exigência da garantia[374]. Se, pelo contrário, a garantia autónoma é estabelecida sem justificação documental, basta ao credor formular pura e simplesmente a exigência da garantia, devendo o garante, independentemente de qualquer prova, liquidá-la imediatamente sem discussão[375]. Neste último caso, a obrigação do garante é imediatamente exigível com a simples interpelação do beneficiário da

[372] Cfr. na jurisprudência, Ac. RL 11/12/1990 (SANTOS MONTEIRO), em *CJ* 15 (1990) 5, pp. 134-137 (136) e Ac. RP 13/11/1990 (MIRANDA GUSMÃO), em *CJ* 15 (1990), 5, pp. 187-193 (189-190).

[373] Conforme afirma GALVÃO TELLES, *Dir.* 120 (1988), pp. 598, "o devedor dá ordem a um banco para prestar ao credor uma garantia que funcione automaticamente, isto é, que o banco efective imediatamente, ao primeiro pedido do credor, sem que este tenha que justificar esse pedido e sem que o banco possa opor-lhe objecções, alegando a pretensa inexistência da dívida garantida. O banco, digamos, paga «de olhos fechados»". No entanto, MANUEL JANUÁRIO DA COSTA GOMES, "Sobre a mora do garante na garantia bancária autónoma (a propósito do Acórdão STJ 21-11-2002)", em JORGE MIRANDA (org.), *Estudos em Honra de Ruy de Albuquerque*, Lisboa, Faculdade de Direito da Universidade de Lisboa/Coimbra Editora, 2006, pp. 17-38, entende que a obrigação do garante não é pura, já que ele terá que ter um prazo razoável para examinar a pretensão do beneficiário.

[374] Assim, na falta de justificação documental, o garante pode recusar-se a prestar a garantia. Neste sentido, cfr. Ac. STJ 30/9/2004 (ALVES VELHO), em *CJ-ASTJ* 12 (2004), 3, pp. 34-37.

[375] No sentido de que na garantia bancária autónoma à primeira solicitação, o garantido não tem o ónus de provar os pressupostos de exercício do direito, cfr. Ac RC 26/11/1996 (SANTOS LOURENÇO), em *CJ* 21 (1996), 5, pp. 27-29.

garantia, não podendo o garante exigir sequer qualquer justificação ou fundamentação para esse pedido, que deve ser automaticamente satisfeito[376].

No entanto, e conforme se referiu, mesmo neste último caso, o pagamento poderá ser recusado em determinadas hipóteses típicas, como sejam a extinção da garantia por cumprimento, resolução ou caducidade, sendo ainda de acrescentar a estas a existência de manifesta fraude ou abuso de direito por parte do credor[377]. Reconhece-se, aliás, a faculdade de o ordenante instaurar acção ou providência cautelar em ordem a evitar que a garantia seja exigida nessa situação[378]. A providência cautelar só poderá, porém, ser decretada se existir uma prova clara e indubitável da existência da fraude ou for evidente o abuso manifesto, não bastando um mero juízo de probabilidade resultante de uma prova sumária[379].

Em alternativa à realização do cumprimento, o credor pode contentar-se com uma prorrogação do prazo de vigência inicial da garantia. Trata-se da denominada interpelação *extend or pay*, que normalmente se destina a evitar a caducidade da garantia pelo decurso do prazo inicial de vigência, sem que o interesse do credor se encontre satisfeito. Neste caso, o pedido de prorrogação da garantia, se não vier a ser concedido pelo garante, é qualificado como exigência de pagamento[380].

Após a efectivação da garantia, fica naturalmente o garante sub-rogado nos direitos que o beneficiário tinha contra o garantido, nos termos do

[376] Conforme salienta FRANCISCO CORTEZ, *ROA* 52 (1992), p. 536 visa-se neste caso evitar o risco de o beneficiário ter de provar o facto que determinou a exigência da garantia, evitando-se qualquer litigância sobre este aspecto.

[377] Neste sentido, cfr. GALVÃO TELLES, *Dir.* 120 (1988), pp. 289-290 e 600. Sobre esta excepção, cfr. LUIGI GAROFALO, "Per un'applicazione dell'*exceptio doli generalis* romana in tema di contratto autonomo di garanzia", em *RDCiv* 42 (1996), I, pp. 629-661, e, entre nós, MÓNICA JARDIM, *op. cit.*, pp. 288 e ss. Sobre as consequências da sua não invocação, veja-se CLAUS-WILHELM CANARIS, "Die Bedeutung des "materiellen" Garantiefalles für den Rückforderungsanspruch bei der Garantie "auf erstes Anfordern", em *ZIP* 1998, pp. 493-502".

[378] Cfr. MÓNICA JARDIM, *op. cit.*, pp. 327 e ss., e, na jurisprudência, Ac. STJ 14/10/2004 (OLIVEIRA BARROS), em *CJ-ASTJ* 12 (2004), 3, pp. 55-61.

[379] Neste sentido, MÓNICA JARDIM, *op. cit.*, p. 337, e, na jurisprudência, os Ac. RL 21/1/2010 (ROQUE NOGUEIRA), e RL 23/2/2010 (ABRANTES GERALDES), ambos em *CJ* 35 (2010), 1, respectivamente a pp. 80-83 e 118-123 e o Ac. RL 16/6/2011 (ONDINA CARMO ALVES), em *CJ* 36 (2011), 3, pp. 116-122.

[380] Cfr. FRANCO BONELLI, *Le garanzie bancarie a prima domanda*, pp. 122 e ss., BOZZI, *Le garanzie*, I, pp. 13 e 78. Entre nós, veja-se JANUÁRIO GOMES, *Assunção*, pp. 712-713, nota (503) e MÓNICA JARDIM, *op. cit.*, pp. 250 e ss.

art. 592º[381]. É, no entanto de referir que, caso a garantia seja à primeira solicitação, um dos termos do negócio é que o reembolso do garante seja também efectuado à primeira solicitação, o que exclui que o devedor possa opor ao garante as excepções relativas ao crédito que sobre ele tinha o beneficiário, devendo efectuar também automaticamente o pagamento[382] e reclamar posteriormente do beneficiário o que ele obteve do garante, caso tenha accionado indevidamente a garantia[383]. Aliás, normalmente para assegurar o reembolso o garante exige a entrega de letras aceites ou livranças assinadas em branco por parte do dador da ordem[384] ou permite ao garante obter o reembolso por levantamentos em depósitos que o dador da ordem tenha no próprio banco[385].

Em caso de cessão do crédito garantido, apesar de a garantia autónoma não ser acessória, deve considerar-se que a mesma se transmite com esse crédito (art. 582º, nº 1). A transmissão da faculdade de exigência automática, dado o seu cariz *intuitu personae* já não deve, porém, ocorrer sem o consentimento do garante[386]. Já no caso de assunção de dívida se deve exigir o consentimento do garante para a transmissão da garantia autónoma (art. 599º), sendo esta solução igualmente aplicável por analogia à cessão da posição contratual[387].

381 Neste sentido, cfr. ROMANO MARTINEZ/FUZETA DA PONTE, *op. cit.*, p. 120. Em sentido contrário, veja-se, porém, JORGE DUARTE PINHEIRO, *ROA* 52 (1992), p. 443, FÁTIMA GOMES, *DJ* 8 (1994), 2, pp. 197 e ss. e, na jurisprudência, Ac. RP 13/11/1990 (MIRANDA GUSMÃO), na *CJ* 15 (1990), 5, pp. 187-193. Também na doutrina alemã, esta questão tem sido discutida. Pela aplicação analógica do § 774 pronunciou-se MANUEL BAROCH CASTELLVI, "Zum Übergang der gesicherten Forderung auf den zahlenden Garanten", em *WM* 1995, pp. 868-872. Contra a sua aplicação, defendendo que o regresso só poderia resultar das regras da gestão de negócios ou do enriquecimento sem causa, cfr. OERTMANN, *DJZ* 1919, p. 231.

382 O pagamento deve neste caso ser efectuado pelo devedor, mesmo que ele tenha comunicado ao garante a sua oposição a que ele satisfizesse a garantia. Cfr. Ac. RC 11/12/1990 (SANTOS MONTEIRO), na *CJ* 15 (1990), 5, pp. 135-137

383 Cfr. GALVÃO TELLES, *Dir.* 120 (1988), pp. 283, e nota (4) e 599.

384 Cfr. JORGE DUARTE PINHEIRO, *ROA* 52 (1992), p. 432.

385 Cfr. FRANCISCO CORTEZ, *ROA* 52 (1992), p. 525.

386 Neste sentido, MENEZES LEITÃO, *Cessão de créditos*, Coimbra, Almedina, 2005, pp. 327 e ss. Já MÓNICA JARDIM, *op. cit.*, pp. 123 e ss. (134), defende mesmo a necessidade do consentimento do garante para qualquer transmissão da garantia autónoma. Em qualquer caso, o consentimento pode ser tacitamente prestado, como se decidiu no Ac. STJ 27/9/2016 (FERNANDES DO VALE), processo 174/13.0YYPRT-A.P1.SJ, na *CJ-ASTJ* 24 (2016), 3, pp. 54-58.

387 Cfr. MENEZES LEITÃO, *Obrigações*, II, p. 92. Na jurisprudência, veja-se 27/5/2010 (SERRA BAPTISTA), em *CJ-ASTJ* 18 (2010), 2, pp. 91-95.

5. As cartas de conforto

Uma outra garantia especial, cuja importância prática tem vindo a crescer consideravelmente, consiste nas cartas de conforto (*comfort letter*), também denominadas de cartas de patrocínio (*lettre de patronage, lettere di patronage, Patronatserklärungen*)[388]. Consistem estas em situações em que alguém por

[388] Cfr. MENEZES CORDEIRO, *Das cartas de conforto, Manual de Direito Bancário*, pp. 771 e ss., e *Tratado*, X, pp. 575 e ss., ANTÓNIO PINTO MONTEIRO, "Sobre as cartas de conforto na concessão de crédito", em ANTUNES VARELA/DIOGO FREITAS DO AMARAL/JORGE MIRANDA/J. J. GOMES CANOTILHO (org.), *Ab Uno ad Omnes – 75 anos da Coimbra Editora – 1920-1995*, Coimbra, Coimbra Editora, 1998, pp. 413-467, JOÃO CALVÃO DA SILVA, "Cartas de conforto", em *Estudos de Direito Comercial (Pareceres)*, Coimbra, Almedina, 1996, pp. 363-394, e *Direito Bancário*, pp. 391 e ss., ROMANO MARTINEZ/FUZETA DA PONTE, *op. cit.*, pp. 150 e ss., JANUÁRIO GOMES, *Assunção*, pp. 405 e ss., ANDRÉ NAVARRO DE NORONHA, *As cartas de conforto*, Coimbra, Coimbra Editora, 2004, VASCO SOARES DA VEIGA, "Cartas de conforto ou declarações de patrocínio", na *RB* nº 24 (1992), pp. 113-123, ANA VILHENA, "As cartas de conforto na supervisão bancária: a experiência de Hong Kong e a sua influência na legislação de Macau", na *RJM*, vol. 3, nº 3 (Set-Dez 1996), pp. 59-74, e ALEX HENNEMANN, "Cartas de conforto", em JORGE FERREIRA SINDE MONTEIRO (org.), *Garantias das Obrigações. Publicação dos Trabalhos de Mestrado*, Coimbra, Almedina, 2007, pp. 51-85, e L. M. PESTANA DE VASCONCELOS, *Direito das Garantias*, pp. 143 e ss., e "As garantias difusas de financiamento societário: as cartas de conforto", em *RED* Fevereiro 2014, nº 1.
Na doutrina alemã, veja-se LARENZ/CANARIS, *op. cit.*, § 64 V, pp. 82 e ss., DIETRICH RÜMKER, "Probleme der Patronätserklärung in der Kreditsicherungspraxis", em *WM* 1974, pp. 990-999, HANS-JÜRGEN SCHAFFLAND, "Patronätserklärungen – eine Untersuchung des Sicherheitscharakters und ihrer Auswirkungen auf die Rechnungslegung", em *BB* 1977, pp. 1021-1025, HELMUT KÖHLER, "Patronatserklärungen als Kreditsicherheit: tatsächliche Verbreitung – wirtschaftliche Gründe – rechtliche Bedeutung", em *WM* 1978, pp. 1338-1349, WOLFGANG MOSCH, *Patronatserklärungen deutscher Konzernmuttergesellschaften und ihre Bedeutung für die Rechnungslegung*, Bielefeld, Gieseking, 1978, passim, MATHIAS HABERSACK, "Patronatserklärungen ad incertas personas", em *ZIP* 1996, pp. 257-263, HOLGER FLEISCHER, "Gegenwartsprobleme der Patronatserklärung im deutschen und europäischen Privatrecht", em *WM* 1999, pp. 666-676, WEBER, *op. cit.*, pp. 126 e ss., RIMMELSPACHER, *op. cit.*, § 3, pp. 28 e ss., nºs 108 e ss., HEERMANN, op. cit., § 36, pp. 650 e ss., nºs 1 e ss., JÖRG FRIED, *Die weiche Patronätserklärung*, Berlin, Duncker & Humblot, 1998, HELMUT KÖHLER, "Patronatserklärungen als Kreditsicherheit: Tatsächliche Verbreitung – wirtschaftliche Gründe – rechtliche Bedeutung", em *WM* 1978, pp. 1338 e ss., LUTZ MICHALSKI, "Die Patronatserklärung", em *WM* 1994, pp. 1229-1240 e ss., WOLFGANG MOSCH, *Patronatserklärungen deutscher Konzernmuttergesellschaften*, Bielefeld 1978, MANFRED OBERMÜLLER, "Die Patronatserklärung", em *ZGR* 1975, pp. 1-47 e ss., DIETRICH RÜMKER, "Probleme der Patronatserklärung in der Kreditsucherungspraxis", em *WM* 1974, pp. 991 e ss., HANS-JÜRGEN SCHAFFLAND, "Patronatserklärung – eine Untersuchung des Sicherheitscharakters und ihrer Auswirkungen auf die Rechnungslegung" em *BB* 1977, pp. 1021-1025, UWE H. SCHNEIDER, "Patronatserklärung gegenüber der Allegemeinheit", em *ZIP* 1989,

alguma forma presta um conforto ao credor em relação ao facto de outrem vir a cumprir uma obrigação que tem perante aquele, o que se tem tornado

pp. 619-625, JAN SCHRÖDER, "Die "harte" Patronatserklärung – verschleierte Bürgschaf/ Garantie oder eigenständiger Kreditsicherungstyp?" em *ZGR* 1982, pp. 552-566, REINER STECHER, *"Harte" Patronatserklärungen, rechtsdogmatische und praktische Probleme*, Köln, Wienard, 1978.
Na doutrina espanhola, veja-se CARRASCO PERERA / CORDERO LOBATO / MARÍN LOPEZ, *op. cit.*, pp. 307 e ss.
Na doutrina italiana, veja-se BARBIERA, *BBTC* 55 (1992), pp. 743 e ss., FRANCESCO DI GIOVANNI, *Le Lettere Di Patronage*, Padova, Cedam, 1984, ALBERTO MAZZONI, "Le dichiarazioni di *patronage*", em PIERO VERRUCOLI (org.), em *Nuovi tipi contrattuali e tecniche di redazione nella pratica commerciali. Profili comparatistici*, Milano, Giuffrè, 1978, pp. 39-95, ID "Le lettere di patronage", em GIUSEPPE B. PORTALE (org.), *Le operazioni bancarie*, Milano, Giuffrè, s.d. (mas 1978), pp. 1079-1129, ID, "Lettere di patronage, mandato di credito e promessa del fatto del terzo", em *BBTC* 47 (1984), II, p. 334-382, ID, "Le lettere di patronage nelle procedure concorsuali: contributo allo studio dei profili sistematici delle garanzie autonome", em *BBTC* 47 (1984), II, pp. 385-400, ID, *Le Lettere di Patronage*, Milano, Giuffrè, 1986, ID, "Lettere di patronage" em *Digesto. Disc. Priv. Sez. Comm.*,VIII, 4ª ed., Torino, Utet, 1992, pp. 563-580, ID, "Le lettere di *patronage* nei rapporti tra società madre e società figlia all'interno di un gruppo di emprese", em UGO DRAETTA/CESARE VACCÀ, *Le garanzie contrattuali. Fideiussione e contratti autonomi di garanzia nella prassi interna e nel commercio internazionale*, Milano, EGEA, 1994, pp. 463-484, MASTROPAOLO, *I contratti*, pp. 172 e ss., VINCENZO ALLEGRI, "Brevi note sulle lettere di patronage", em *BBTC* 45 (1982), I, pp. 316-331, ANNALISA ATTI, "Il «patronage» e i gruppi di società: le fattispecie e il valore giuridico", em *CeI* 1985, p. 878-937, ID, "La responsabilità del «patron» è, dunque, extracontrattuale", em *CeI* 1986, pp. 41-46, GIUSEPPE CASSONI, "Le «lettres de patronage» nel diritto internazionale privato italiano", em *BBTC* 45 (1982), I, pp. 571-579, SICCHIERO, *op. cit.*, pp. 251 e ss., GIUSEPPE CHINÉ, "I confini del *patronage*: un istituto ancora in cerca di autore", em *GI* 1996, I, 2, pp. 257-266, ID, "La Cassazione sul patronage: una voce fuori dal coro", em *GI* 1996, I, 1, pp. 737-742, FILIPPO CHIOMENTI, "Le «lettere di conforto»", em *RDComm* 72 (1974), I, pp. 346-352, MARIA DELI/ ANDREA GIARDINA, "Le lettere di patronage", em *DCI* 1987, pp. 273-305 e 577-596, ANGELA DE SANCTIS RICCIARDONE, "Patronage e «raccomandazione»", em *RCDP* 1 (1983), pp. 397-415, CARMINE DE SIMONE, "La lettera di patronage", em BANCO DI SARDEGNA (org.), *Le garanzie reali e personali nei contratti bancari*, Milano, Giuffrè, 1976, pp. 107-118, WALTER DI MEO, *La lettera di patronage nell'economia di azienda*, Padova, Cedam, 1984, MARIA COSTANZA, "*Patronage* e obblighi solidali del *patronnant*", em *GC* 44 (1994), I, pp. 2980-2981, ID, "Lettere di *patronage* «deboli» e responsabilità del *patronnant*", em UGO DRAETTA/CESARE VACCÀ, *Le garanzie contrattuali. Fideiussione e contratti autonomi di garanzia nella prassi interna e nel commercio internazionale*, Milano, EGEA, 1994, pp. 485-490, CATERINA MONTAGNANI, "Le garanzie prese sul serio: cortesia, pratiche generali interpretative e controlli nelle lettere di *patronage*", em *BBTC* 49 (1986), II, pp. 450-494, ANTONELLA PORRETTI, *Lettere di patronage*, Torino, Giappichelli, 1991, OSVALDO PROSPERI, "Lettre de patronage e mendacio bancario", em *BBTC* 42 (1979), I, pp. 152-179, LUCA G. RADICATI DI BROZOLO, "La disciplina valutaria

frequente nos grupos de sociedades, em ordem a permitir a existência de alguma espécie de comprometimento da sociedade-mãe relativamente a dívidas que irão ser contraídas pela sociedade-filha[389]. As declarações a expressar esse comprometimento podem ser variadíssimas[390], incluindo, entre outras, declarações de conhecimento ou de concordância com a concessão de crédito, declarações de manutenção da participação no capital e de confiança na gestão da sociedade, declarações de influência na gestão e de adopção de certa política empresarial, asserções de solvência da sociedade devedora, designadamente através de compromissos de transferência de fundos ou de assunção das suas obrigações, etc[391]. Normalmente, as cartas de conforto são imprecisas, traduzindo uma ideia de contratação mitigada ou enfraquecida, uma vez que os seus autores evitam assumir vinculações precisas, sendo esse facto que evita que se tenham transformado em garantias comuns, eventualmente atípicas[392].

delle lettere di patronage", em *DCI* 1987, pp. 597-611, SERGIO SCOTTI CAMUZZI, *Unico azionista, gruppi, «lettres de patronage»*, Milano, Giuffrè, 1979, pp. 163 e ss., ID, "Le lettere di patrocinio", na *RDComm* 78 (1980), I, pp. 157-186, MARIO SEGNI, "La «lettre de patronage» come garanzia personale impropria", em *RDCiv* 21 (1975), I, pp. 126-178, FAUSTO SEVERINI, "Il *patronage* tra la promessa unilaterale atipica e la promessa del fatto del terzo", em *GComm* 18 (1991), I, pp. 884-917, SILVIA VANONI, "Lettere di patronage «deboli» e responsabilità del patronnant", em *BBTC* 57 (1994), II, pp. 43-57, ID, "Interpretazione e qualificazione delle lettere di *patronage*: conferme e sviluppi in alcune recenti sentenze", em *BBTC* 60 (1997), II, pp. 408-424, MIRELLA VIALE, *Le garanzie bancarie*, pp. 153 e ss., FRANCESCO GALGANO, "Lettera di patronage e promesse unilaterali atipiche", em *CeI* 1996, pp. 9-16, BOZZI, *Le garanzie*, I, pp. 331 e ss., GIUSEPPE CHINÉ, "Le Lettere di Patronage", em VINCENZO CUFFARO (org.), *Le garanzie rafforzate del credito*, Torino, Utet, 2000, pp. 117-153, PETTI, *op. cit.*, pp. 540 e ss.

389 Cfr. sobre este aspecto, JOSÉ A. ENGRÁCIA ANTUNES, *Os grupos de sociedades*, Coimbra, Almedina, 1993, pp. 680-681

390 O que leva a que se refira a expressão "carta de conforto" como correspondendo a um conceito amplo (*Sammelbegriff*) descritivo, aplicável a um grande número de declarações, sujeitas a regime distinto. Cfr. RÜMKER, *WM* 1974, p. 990, MICHALSKI, *WM* 1994, p. 1229, OBERMÜLLER, *ZGR* 1975, p. 2, UWE SCHNEIDER, *ZIP* 1989, p. 620 e, entre nós, CALVÃO DA SILVA, *Estudos*, p. 370. ANDRÉ NAVARRO DE NORONHA, *op. cit.*, pp. 29 e ss., apresenta uma tipologia de cartas de conforto que abrange declarações de conhecimento, declarações de participação, declarações sobre a estabilidade da participação, declarações de *"policy"*, declarações sobre a situação da patrocinada em ordem ao cumprimento das suas obrigações, declarações de vigilância e de influência, declarações de solvência e declarações de garantia de pagamento e de assunção do risco de perdas.

391 Cfr. PORRETTI, *op. cit.*, pp. 10 e ss., e ROMANO MARTINEZ/FUZETA DA PONTE, *op. cit.*, p. 157.

392 Neste sentido, veja-se expressamente MENEZES CORDEIRO, *Das cartas de conforto*, pp. 21 e ss. (23). Nas palavras de CALVÃO DA SILVA, *Estudos*, pp. 373-374, e *Direito Bancário*, p. 396,

As cartas de conforto sugiram na prática norte-americana da década de sessenta do séc. XX. A internacionalização do Direito Comercial produziu a sua extensão para o Continente europeu, ocorrendo já uma sua ampla difusão prática na Alemanha, França e Itália. A principal razão para a sua difusão prende-se com as vantagens que apresentam em relação à fiança. Efectivamente, a concessão de uma fiança é um acto que tem que ser evidenciado no balanço, o que implica uma publicitação que pode minar o crédito do fiador, enquanto que a carta de conforto normalmente permanece oculta. Para além disso, a carta de conforto não tem sido sujeita nos diversos países à mesma tributação que incide sobre a fiança, o que a torna mais vantajosa no plano fiscal. Finalmente, a carta de conforto, face à sua informalidade, não exige uma deliberação formal do órgão de administração da sociedade, podendo ser prestada por qualquer administrador delegado[393].

De acordo com uma tipificação comum na doutrina italiana[394], poderemos indicar os seguintes exemplos de declarações que, isolada ou conjuntamente, podem constituir hipóteses de cartas de conforto:

a) Declaração que se tem conhecimento da concessão de crédito à sociedade patrocinada;
b) Declaração de que existe uma relação de domínio ou de grupo com a sociedade patrocinada;
c) Declaração de que o patrocinante tem confiança na gestão da sociedade patrocinada ou que a considera regular;
d) Declaração de que o patrocinante tem intenção de manter a relação de domínio ou de grupo;

"[p]ara dar satisfação a este instável e difícil equilíbrio de interesses, em que patrocinante e Banco jogam ao "gato e ao rato", ao "esconde-esconde" – o patrocinante a não querer (ou pretender dissimular) uma verdadeira garantia; o Banco a ter de contentar-se com uma garantia anómala, imprópria ou atenuada, mas em todo o caso uma garantia –, o remédio encontrado foi o da ambiguidade ou equivocidade na redacção das cartas, que nelas permitisse ler a cada uma das partes a sua vontade".

[393] Neste sentido, cfr. PROSPERI, *BBTC* 42 (1979), I, pp. 161 e ss., ALLEGRI, em *BBTC* 45 (1982), I, p. 317, ATTI, *CeI* 1985, pp. 883-884, e G. CHINÈ, "Le lettere di patronage", em CUFFARO, (org.), a pp. 118.

[394] Cfr. CAMUZZI, *Unico azionista*, pp. 168 e ss., e *RDComm* 78 (1980), I, pp. 161 e ss., CASSONI, *BBTC* 45 (1982), I, p. 573, DI MEO, *op. cit.*, pp. 102 e ss., DELI/GIARDINI, *DCI* 1987, pp. 274 e ss. (que inclui formulários dos diversos tipos de cartas a pp. 296 e ss.) e MAZZONI, *Le Lettere*, pp. 53 e ss., e *Digesto. Disc. Priv. Sez Comm.*, VIII, p. 567.

e) Declaração de que a política do grupo de sociedades é contrária a que os concedentes de crédito às sociedades filhas sofram prejuízos em resultado dessa concessão;
f) Declaração de empenho em evitar que o credor sofra prejuízos em virtude da concessão de crédito;
g) Declaração de empenho em não descapitalizar a sociedade patrocinada;
h) Declaração de empenho em manter a solvabilidade da sociedade patrocinada;
i) Declaração de empenho em manter uma certa consistência patrimonial da patrocinada;
j) Declaração de empenho em manter a solvabilidade ou assegurar uma certa consistência patrimonial da patrocinada, a fim de que ela possa cumprir regularmente as obrigações por si contraídas;
k) Declaração de empenho em fornecer à patrocinada os meios financeiros necessários para que ela possa cumprir as suas obrigações;
l) Por último, declaração de empenho em que a sociedade patrocinada cumpra essa obrigação.

A primeira questão que se coloca em relação às cartas de conforto diz respeito à sua juridicidade, pretendendo-se saber se correspondem a verdadeiros negócios jurídicos ou são antes meros acordos de cavalheiros, regulados pelas regras do trato social. Hoje em dia parece pacífica a sua juridicidade, uma vez que delas resulta um compromisso assumido por uma parte e validamente aceite pela outra[395]. As cartas de conforto são assim negócios jurídicos e sendo a sua função a prestação de uma garantia, podem legitimamente qualificar-se como negócios jurídicos de garantia.

Apesar de resultarem de uma carta assinada pelo remetente, as cartas de conforto não correspondem a negócios unilaterais (art. 457º), sendo antes contratos, que podem ser sujeitos à aceitação tácita referida no art.

[395] Neste sentido, MENEZES CORDEIRO, *Das cartas de conforto*, pp. 63 e ss., *Manual de Direito Bancário*, pp. 775-776, e *Tratado*, X, pp. 590-591, CALVÃO DA SILVA, *Direito Bancário*, p. 397. Na doutrina italiana é comum falar-se na existência de uma "presunção de juridicidade" das cartas de conforto, a qual poderia ser elidida pelas partes. Cfr. DELI/GIARDINA, *DCI* 1987, p. 580, SEVERINI, em *GComm* 18 (1991), I, p. 886, MAZZONI, *Le Lettere*, pp. 90 e ss., e *Digesto. Disc. Priv. Sez Comm.*, VIII, p. 569, e G. CHINÈ, "Le lettere di patronage", em CUFFARO, (org.), a pp. 118. Entre nós, essa posição é seguida por PINTO MONTEIRO, "Sobre as cartas", p. 440.

234º. O facto de serem apenas assinados por uma das partes não impede essa qualificação, uma vez que essa regra é comum em contratos unilaterais, como o contrato-promessa (art. 410º, nº 2) ou o pacto de preferência (art. 415º)[396].

As cartas de conforto implicam apenas a realização de prestações, pelo que são garantias pessoais e não reais. Trata-se de garantias pessoais atípicas, cujos traços principais podem ser livremente estipulados pelas partes, mas que ao contrário da fiança, não são acessórias de uma obrigação principal, nem funcionam à primeira solicitação, ao contrário do que normalmente ocorre na garantia bancária autónoma[397].

De acordo com a formulação maioritária na doutrina alemã[398], italiana[399] e espanhola[400], e em certa medida também na portuguesa[401], deve distinguir-se entre cartas de conforto fraco e cartas de conforto forte. No caso de

[396] Cfr. MENEZES CORDEIRO, *Das cartas de conforto*, pp. 61 e ss., *Manual de Direito Bancário*, p. 775, e *Tratado*, X, pp. 591-592 e ANA VILHENA, *op. cit.*, p. 61. Na doutrina italiana, veja-se CAMUZZI, *Unico azionista*, p. 164 e *RDComm* 78 (1980), I, p. 158.

[397] Cfr. MENEZES CORDEIRO, *Manual de Direito Bancário*, p. 773.

[398] Cfr. FLEISCHER, *WM* 1999, p. 667, LARENZ/CANARIS, *op. cit.*, § 64 V, pp. 82 e ss., e WEBER, *op. cit.*, p. 127.

[399] Cfr. especialmente SEVERINI, *GComm* 18 (1991), I, pp. 894 e ss., e SILVIA VANONI, *BBTC* 60 (1997), II, pp. 410-411. Já DI GIOVANNI, *op. cit.*, pp. 32 e ss., estabelece uma classificação entre declarações de informação, empenho e política, consoante se limitem a informar, declarem o interesse da sociedade mãe no negócio, ou definam como sua política conservar o capital possuído e assim exercer a sua gestão.

[400] Cfr. SÁNCHEZ-CALERO GUILARTE, *El contrato autónomo de garantia*, p. 120.

[401] Cfr. PINTO MONTEIRO, "Sobre as cartas", p. 459, JANUÁRIO GOMES, *Assunção*, pp. 410 e ss., Comemorações, pp. 88-89, e ANDRÉ NAVARRO DE NORONHA, *op. cit.*, pp. 152 e ss. Já MENEZES CORDEIRO, *Das cartas de conforto*, pp. 69 e ss., *Manual de Direito Bancário*, pp. 776 e ss., e *Tratado*, X, pp. 582 e ss., distingue entre conforto fraco, médio e forte, o que torna mais difusa a classificação, para além de os dois últimos termos assentarem na controversa distinção entre obrigações de meios e de resultado. Já CALVÃO DA SILVA, *Estudos*, pp. 378 e ss. e *Direito Bancário*, pp. 401 e ss. e 409 e ss., referindo uma classificação entre conforto quente (*hot comfort*), conforto frio (*cold confort*) e conforto morno, acaba por se centrar na distinção entre declarações fracas (as respeitantes a conhecimento e aprovação do crédito ou a confirmação e manutenção do controlo ou da participação social) e declarações fortes (onde inclui as obrigações de meios, de resultado e de garantia ou fiança dissimulada). ROMANO MARTINEZ/FUZETA DA PONTE, *op. cit.*, pp. 157 e ss., contrapõem a esta classificação uma distinção entre conforto fraco, forte e fianças encapotadas, considerando estes últimos autores que neste último caso a relação de fiança pode resultar de um mandato de crédito ou outra garantia pessoal, ainda que indirecta. Não nos parece, no entanto, que o último termo da classificação ainda possa corresponder a uma carta de conforto.

conforto fraco, a entidade emitente limita-se a prestar informações sobre certas situações de facto ou a assumir obrigações não relacionadas com o pagamento, como a de informar ou de solicitar determinada autorização[402]. No caso de conforto forte, a emitente assume um conteúdo promissório mais empenhado em relação ao beneficiário, como a de não ceder a sua participação social a outrem, ou obrigar-se a fornecer outras garantias no caso de a cessão vir a ocorrer, ou ainda garantir a inexistência de prejuízos para o beneficiário[403]. Em certos casos, o emitente assume mesmo o dever jurídico de pagar as dívidas que o devedor tenha para com o destinatário da carta, caso aquele falte ao pagamento devido[404], quanto mais não seja através da assunção da obrigação de dotar a filial dos capitais necessários a esse pagamento. Neste caso, a carta de conforto forte aproximar-se-á de uma fiança, uma garantia autónoma ou um mandato de crédito[405].

As consequências do incumprimento da carta de conforto variarão, consoante o tipo de conforto de que se trate. No caso de conforto fraco poderá equacionar-se a aplicação do regime da responsabilidade por informações (art. 485º), da responsabilidade pré-contratual (art. 227º) ou do *venire contra factum proprium* (art. 334º)[406]. No caso de conforto forte, há

[402] Cfr. Jörg Fried, *Die weiche Patronatserklärung*, pp. 32 e 93-94.

[403] Cfr. Severini, *GComm* 18 (1991), I, p. 895.

[404] Pode ver-se uma hipótese de conforto forte na jurisprudência em Ac. RP 6/6/2002 (Moreira Alves), em *CJ* 27 (2002), 3, pp. 193-195. Também nos parece constitui um conforto forte a obrigação de fazer todos os esforços para que a sociedade referida cumpra as suas obrigações, pelo que não estamos de acordo com a decisão tomada no Ac. RL 1/4/2008 (Maria do Rosário Barbosa), em *CJ* 33 (2008), 2, pp. 90-92.

[405] Romano Martinez/Fuzeta da Ponte, *op. cit.*, p. 160, procedem mesmo a uma identificação da carta de conforto forte com estas figuras. A maioria da doutrina alemã, na qual se incluem Mosch, *op. cit.*, p. 133, Obermüller, *ZGR* 1975, pp. 26-27, Schröder, *ZGR* 1982, pp. 553 e ss., Stecher, *op. cit.*, pp. 74 e ss., Michalski, *WM* 1994, p. 1238, e Weber, *op. cit.*, p. 127, sustentam, porém, a existência de uma distinção pelo facto de o autor da carta não se comprometer a realizar a prestação directamente ao credor, mas antes a dotar a filial dos meios necessários, o que transforma a situação num verdadeiro ou falso contrato a favor de terceiro, cabendo ao autor escolher as vias de o cumprir. Esta posição é, porém, rejeitada por Köhler, *WM* 1978, pp. 1345 e ss., que refere que uma obrigação de dotar a filial dos meios necessários não tem valor por ser judicialmente inexequível, nem tem a filial como credora, sendo antes este tipo de carta de conforto identificável com uma garantia (condicionada) relativa à solvabilidade da filial.

[406] Na Itália, Di Giovanni, *op. cit.*, pp. 184 e ss. e 195 e ss. aplica a cláusula do art. 2043 à hipótese de prestação de falsas informações na carta de conforto. No sentido igualmente da sua qualificação como responsabilidade extracontratual, De Sanctis Ricciardone, *RCDP*

uma efectiva prestação de uma garantia pessoal, pelo que o autor da carta responderá pelo incumprimento da garantia (art. 798º)[407].

6. A solidariedade passiva

6.1. Generalidades

Outra garantia pessoal das obrigações vem a ser a solidariedade passiva[408]. Efectivamente, quando existe uma pluralidade de partes numa obrigação, é totalmente diferente o credor poder exigir a totalidade da prestação de todos os devedores ou apenas uma parte a cada um deles, podendo assim considerar-se estar já perante uma situação de garantia especial[409].

A função de garantia da solidariedade passiva pode ainda ser reforçada na hipótese de nas relações internas apenas um devedor responder pela dívida, respondendo, porém, os outros nas relações externas. Trata-se

1 (1983), pp. 411 e ss., ANNALISA ATTI, *CeI* 1986, p. 46 e MARIA COSTANZA, em DRAETTA/VACCÀ, *op. cit.*, pp. 485 e ss.

[407] Cfr. PINTO MONTEIRO, "Sobre as cartas", pp. 459 e ss., e ROMANO MARTINEZ/FUZETA DA PONTE, *op. cit.*, pp. 161-162.

[408] Cfr. BÜLOW, *Kreditsicherheiten*, pp. 10 e ss., nºs 35 e ss., DIETRICH REINICKE/KLAUS TIEDKE, *Gesamtschuld und Schuldsicherung durch Bürgschaft, Hypothek, Grundschuld, Pfandrecht an beweglichen Sachen und Rechten*, Neuwied/Darmstadt, Luchterhand, 1981, KLAUS BARTELS, "Die Sicherungsgesamtschuld als akzessorische Kreditsicherheit?", em *JZ* 2000, pp. 608-613, ULRIKE SCHWEDHELM, *Das Gesamtschuldverhältnis (Entstehung-Wirkung-Ausgleich)*, Berlin, Erich Schmidt, 2003 e CABRILLAC/MOULY, *op. cit.*, pp. 319 e ss. Entre nós, veja-se MANUEL DUARTE GOMES DA SILVA, "Da solidariedade nas obrigações" na *RFDUL* 4 (1947), pp. 257-348 e 5 (1948), pp. 289-354, MANUEL DE ANDRADE, *Teoria Geral das Obrigações*, 3ª ed., Coimbra, Almedina, 1966, pp. 113 e ss., ANTUNES VARELA, *Obrigações*, I, pp. 751 e ss., ALMEIDA COSTA, *Obrigações*, pp. 828 e ss., MENEZES CORDEIRO, *Obrigações*, 1º, pp. 381 e ss., RIBEIRO DE FARIA, *Obrigações*, II, pp. 165 e ss., MENEZES LEITÃO, *Obrigações*, I, pp. 170 e ss., JANUÁRIO GOMES, *Assunção*, pp. 80 e ss., 100 e ss. e 164 e ss., e L. M. PESTANA DE VASCONCELOS, *Direito das Garantias*, pp. 182 e ss.

[409] Neste sentido, já PHILIPP HECK, *Grundriß des Schuldrechts*, Tübingen, Mohr, 1929, p. 234, salientava que, ao poder exigir a prestação de uma pluralidade de obrigados, o credor ficava como que colocado na posição de um pachá jurídico (*"Der Gläubiger ist gewissermaßen ein juristischer Pascha"*). Também PAULO CUNHA, *Da garantia*, I, pp. 86-87 e II, pp. 19 e ss., considerava que na solidariedade passiva existe uma situação de garantias pessoais mútuas, já que cada um dos diversos devedores funciona como garante da parte que compete em relação aos seus co-devedores. Em sentido diferente, BÜLOW, *Kreditsicherheiten*, p. 11, nº 36, sustenta não existir uma verdadeira garantia se na obrigação solidária todos os devedores estiverem internamente obrigados. JANUÁRIO GOMES, *Assunção*, pp. 80 e ss., salienta as dificuldades de descobrir na solidariedade passiva qual o devedor principal e quais os secundários, o que a seu ver é essencial ao conceito de garantia pessoal.

da chamada solidariedade em garantia, em que essa função é ainda mais visível.

A solidariedade passiva distingue-se da fiança, por não corresponder a uma obrigação acessória, uma vez que as obrigações dos diferentes devedores são independentes entre si, podendo extinguir-se qualquer delas sem que as outras sejam afectadas (cfr. arts. 864º e 869º)[410].

6.2. Casos de solidariedade passiva

A regra consagrada no art. 513º é a de que a solidariedade de devedores ou credores só existe quando resulte da lei ou da vontade das partes. Se nada tiver sido estipulado pelas partes nem resultar da própria lei, a regra não é assim a da solidariedade, mas antes a da conjunção. É este, portanto, o regime aplicável no silêncio da lei, em caso de ausência de estipulação. Assim, em princípio, e como sucede normalmente com as garantias pessoais, a solidariedade passiva terá que ser estipulada entre as partes.

Há, no entanto, certos casos em que a lei manda aplicar o regime da solidariedade passiva a certas obrigações, procedendo assim à instituição desta garantia por via legal. Assim, por exemplo, no Direito Comercial a regra é a da solidariedade passiva, já que o art. 100º do Código Comercial nos refere que "nas obrigações comerciais, os co-obrigados são solidários, salva estipulação contrária". A mesma solidariedade passiva é consagrada no caso de haver pluralidade de gestores (art. 467º) ou pluralidade de responsáveis pelo dano (arts. 497º e 507º), pluralidade de fiadores (art. 649º), pluralidade de comodatários (art. 1139º) e pluralidade de mandantes (art. 1169º). Também o art. 107º CIRC institui a responsabilidade solidária de todas as sociedades do grupo, pelo pagamento do IRC devido pela sociedade dominante em caso de tributação do grupo de sociedades. Finalmente, o Código do Trabalho, instituiu no seu art. 334º a responsabilidade solidária simultaneamente com o empregador das sociedades que com ele se encontrem em relação de participações recíprocas, de domínio ou de grupo pelos créditos emergentes do contrato de trabalho e da sua violação ou cessação, reforçando assim consideravelmente a garantia destes créditos[411].

[410] Cfr. Reinicke/Tiedke, *Gesammtschuld*, pp. 25-26.

[411] Cfr., sobre esta disposição, Joana Vasconcelos, "Sobre a garantia dos créditos laborais no Código do Trabalho", em António Monteiro Fernandes (org.), *Estudos de Direito do Trabalho em Homenagem ao Professor Manuel Alonso Olea*, Coimbra, Almedina, 2004, pp. 321-341 (329 e ss.).

6.3. Regime da solidariedade passiva

A solidariedade passiva tem diversas consequências em termos de regime, as quais podem ser separadamente analisadas no âmbito das relações entre o credor e os diversos devedores (relações externas) ou no âmbito das relações dos diversos devedores entre si (relações internas).

Examinemos sucessivamente estes planos:

6.3.1. Nas relações externas

No âmbito das relações externas, em relação ao credor, a solidariedade caracteriza-se, em primeiro lugar, por uma maior eficácia do seu direito, que se pode exercer integralmente contra qualquer um dos devedores (arts. 512º, nº 1 e 519º, nº 1), não podendo estes, uma vez demandados pela totalidade da dívida, vir invocar o benefício da divisão (art. 518º), tendo assim que satisfazer a prestação integral. Essa maior eficácia não se traduz, porém, na possibilidade de o credor repetir sucessivamente a pretensão perante os vários devedores, uma vez que a exigência da totalidade ou de parte da prestação a um dos devedores impede o credor de exercer nessa parte o seu direito contra os restantes, excepto se houver razão atendível, como a insolvência ou o risco de insolvência do demandado (art. 519º, nº 1, *in fine*). Se, porém, um dos devedores opõe eficazmente ao credor um meio de defesa pessoal, continua ele a poder reclamar dos outros a prestação integral (art. 519º, nº 2). O credor pode, no entanto, em lugar de aproveitar dos benefícios deste regime, optar por demandar conjuntamente todos os devedores, caso em que renuncia à solidariedade (art. 517º). É ainda admitida a possibilidade de o credor renunciar à solidariedade apenas a favor de algum dos devedores, caso em que conserva o direito à prestação por inteiro sobre os restantes (art. 527º).

Em relação aos devedores, a solidariedade caracteriza-se pelo facto de a satisfação do direito do credor, por cumprimento, dação em cumprimento, novação, consignação em depósito ou compensação, mesmo que desencadeada apenas por um dos devedores, exonerar igualmente os restantes (art. 523º). Outras causas de extinção da obrigação, que incidirem sobre a totalidade da dívida, como a impossibilidade objectiva da prestação (art. 790º), exoneram naturalmente todos os devedores. Se a dívida se extinguir apenas em relação a um dos devedores, como sucede na remissão concedida a apenas um dos obrigados (art. 864º, nº 1), ou na confusão com a dívida deste (art. 869º, nº 1), dá-se uma extinção parcial da obrigação limitada à parte daquele devedor[412]. Já se a prestação vier a ser não cumprida por facto imputável a um dos devedores, todos eles são responsáveis pelo seu valor, mas só o devedor ou os devedores a quem o facto é imputável respondem pelos danos acima desse valor (art. 520º). Em relação aos meios de defesa, o devedor, uma vez demandado pode opor ao credor os meios de defesa que lhe são próprios e os que são comuns aos outros devedores, mas não pode utilizar meios de defesa pessoais dos outros devedores (art. 514º, nº 1)[413].

6.3.2. Nas relações internas

Nas relações entre os devedores, a solidariedade caracteriza-se, em primeiro lugar, pelo facto de o devedor que satisfizer a prestação acima da parte que lhe competir adquirir um direito de regresso sobre os outros devedores, pela parte que a estes compete (art. 524º)[414]. O direito do regresso do devedor que realizou a prestação é, assim, limitado à parte de cada um dos outros devedores na obrigação comum, não se estendendo, portanto, o regime da solidariedade às relações internas. No entanto, o devedor que pagou não suporta integralmente o risco de insolvência ou de impossibilidade subjectiva de cumprimento de cada um dos devedores, já que a lei prevê que nesses casos a quota-parte do devedor que não cumpra é dividida pelos restantes, incluindo o credor de regresso e os devedores que pelo credor hajam sido exonerados da obrigação ou do vínculo de solidariedade (art. 526º, nº 1). Esse benefício de repartição deixa, porém, de aproveitar ao credor de regresso, se foi por negligência sua que não lhe foi possível cobrar a parte do seu condevedor na obrigação solidária (art. 526º, nº 2).

Os meios de defesa que cada um dos condevedores possuía em relação ao cumprimento da obrigação, quer sejam comuns, quer pessoais do demandado, podem ser igualmente opostos ao credor de regresso (art.

[412] No caso da remissão o art. 864º, nº 2, admite a possibilidade de o credor reservar o seu direito por inteiro contra os restantes devedores, caso em que eles conservam também o seu direito de regresso por inteiro sobre o devedor exonerado. Neste caso, a remissão será limitada às relações externas, pelo que não afectará o conteúdo da obrigação.

[413] Assim, a prescrição que ocorra em relação a um dos devedores não se estende aos demais (cfr. art. 521º). Já o caso julgado entre o credor e um dos devedores pode ser oposto pelos restantes, desde que não se baseie em fundamento pessoal daquele devedor (art. 522º).

[414] Esse direito de regresso pode ser exercido na própria acção de condenação na obrigação solidária, através do chamamento dos restantes devedores solidários, para efeito de condenação na satisfação do direito de regresso (cfr. art. 317º, CPC).

525º, nº 1), a menos que, sendo um meio comum de defesa, não tivesse sido oportunamente utilizado por culpa desse devedor (art. 525º, nº 2). Especificamente quanto à prescrição, esta não é oponível ao credor de regresso se, por não ter ela ainda decorrido em relação a ele, este vier a ser obrigado a cumprir a obrigação, apesar de prescritas as obrigações dos outros condevedores (art. 521º, nº 1), mas já lhe será oponível se o cumprimento da obrigação se verificou apenas em virtude de ele não ter invocado a prescrição (art. 521º, nº 2).

7. A assunção cumulativa de dívida

7.1. Generalidades

Outra específica garantia das obrigações é a assunção cumulativa de dívida[415], dado que o art. 595º, nº 2, estabelece que em caso de não ocorrer exoneração entre o primitivo devedor e o novo devedor, o novo devedor responde solidariamente com o antigo obrigado. A assunção cumulativa é assim um contrato pelo qual um terceiro aceita responder solidariamente com o devedor, na qualidade de um segundo devedor independente, mas a ele equiparado[416]. Ao contrário do que sucede na assunção liberatória de dívida, em que apenas se verifica uma mudança de devedor, na assunção

[415] Cfr., sobre esta, Wilhelm Westerkamp, *Bürgschaft und Schuldbeitritt*, Berlin, Emil Ebering, 1908, passim, maxime pp. 189 e ss. e 360 e ss., Hans Reichel, *Die Schuldmitübernahme (Kumulative Schuldübernahme)*, München, Beck, 1909, Gunter Weigelin, *Der Schuldbeitritt*, Stuttgart/Berlin, Kohlhammer, 1941, pp. 36 e ss., e passim, Thomas Bär, *op. cit.*, pp. 24 e ss., Wolfhard Kohte, "Die Stellung des Schuldbeitritts zwischen Bürgschaft und Schuldübernahme", em *JZ* 1990, pp. 997-1005, Stefan Edenfeld "Offene Fragen des Beitritts zur Dauerschuld" em *JZ* 1997, pp. 1034-1042, Stephan Madaus, *Der Schuldbeitritt als Personalsichereit. Zulässigkeit von Analogien zum Recht der Schuldübernahme und der Bürgschaft*, Berlin, Berlin Verlag, 2001, Jan Schürnbrand, *Der Schuldbeitritt zwischen Gesamtschuld und Akzessorietät*, Berlin, Duncker & Humblot, 2003, Bülow, *Kreditsicherheiten*, pp. 516 e ss., nºs 1579 e ss., Rimmelspacher, *op. cit.*, § 3 B, pp. 30 e ss., nºs 118 e ss., e Heermann, *op. cit.*, § 33, pp. 594 e ss., nºs 1 e ss.
Na doutrina italiana, cfr. Guido Biscontini, *Assunzione del debito e garanzia del credito*, Napoli, ESI, 1993, pp. 57 e ss., e Alessandro Tomassetti, *L'assunzione del debito altrui*, Milano, Giuffrè, 2001, passim.
Entre nós, veja-se Januário Gomes, *Assunção*, pp. 104 e ss. e 273 e ss., Mariana Fontes da Costa, "A assunção cumulativa de dívida como meio de (garantia do) cumprimento", em Jorge Ferreira Sinde Monteiro (org.), *Garantias das obrigações. Publicação dos trabalhos de mestrado*, Coimbra, Almedina, 2007, pp. 355-405, e L. M. Pestana de Vasconcelos, *Direito das Garantias*, pp. 187 e ss.

[416] Cfr. Madaus, *op. cit.* p. 7.

cumulativa de dívida o credor adquire um novo devedor que responde solidariamente com o primitivo credor, beneficiando assim de um considerável reforço da sua posição. O nosso legislador acaba por tratar conjuntamente as duas figuras nos arts. 595º e ss., ainda que algumas disposições sejam privativas da assunção liberatória de dívida (cfr. arts. 597º e 600º), o que provoca alguma indefinição sobre o regime aplicável à assunção cumulativa de dívida[417]. Em qualquer caso, a assunção cumulativa constitui uma forma de estabelecimento da solidariedade passiva[418], pelo que constitui tal como esta uma garantia.

7.2. Distinção entre assunção cumulativa de dívida e fiança

A assunção cumulativa de dívida distingue-se da fiança pelo facto de o assuntor não adquirir, como o fiador, uma obrigação acessória dependente da obrigação principal do devedor, mas antes possuir uma responsabilidade independente, como se ele próprio tivesse adquirido a dívida[419]. O facto de a sua responsabilidade se basear nessa aquisição leva, no entanto, a que o conteúdo da obrigação do assuntor coincida com a obrigação do primitivo devedor, e daí que o assuntor adquira igualmente as obrigações acessórias do antigo devedor que não sejam inseparáveis da pessoa deste (art. 599º, nº 1). No entanto, após a assunção da dívida essa ligação com a obrigação do primitivo devedor não se mantém, desenvolvendo-se as duas obrigações autonomamente[420]. Há, por isso, algumas diferenças de regime, já que, se o fiador cumprir a obrigação, fica sub-rogado nos direitos do credor (art. 644º), enquanto que o assuntor tem direito de regresso, como devedor solidário (art. 595º, nº 2). Por outro lado, enquanto que na fiança a invalidade da obrigação principal determina a invalidade da fiança (art. 632º, nº 1), tal situação não se verifica necessariamente na assunção de dívida (cfr.

[417] Para JANUÁRIO GOMES, *Assunção*, p. 104, só mesmo no art. 595º, nº 2, se encontra referência à assunção cumulativa.

[418] Cfr. MADAUS, *op. cit.*, pp. 17 e ss. A especialidade da assunção cumulativa de dívida em relação à solidariedade passiva em garantia resulta do facto de naquela a solidariedade surgir *a posteriori*, enquanto nesta aparece logo no momento da constituição da dívida.

[419] Cfr. KOHTE, *JZ* 1990, p. 998, WEBER, *op. cit.*, p. 120-121 e SCHÜRNBRAND, *op. cit.*, p. 14. Em sentido contrário, veja-se HABERSACK, *JZ* 1997, pp. 864-865.

[420] Cfr. KOHTE, *JZ* 1990, p. 998. THOMAS BÄR, *op. cit.*, p. 25 e GERNHUBER, *Das Schuldverhältnis*, § 14 II 6 *c)*, p. 339 falam a este respeito numa acessoriedade na constituição, que não representa, porém, uma acessoriedade no desenvolvimento.

art. 598º)[421]. Da mesma forma, se a extinção da obrigação principal determina a extinção da fiança, na assunção cumulativa de dívida nem sempre a extinção da obrigação originária se reflecte na obrigação assumida[422].

7.3. Forma da assunção cumulativa de dívida

Questionável é se a assunção cumulativa da dívida não exige forma especial. Na doutrina alemã, uma vez que o BGB não estabelece a exigência de forma especial tem-se propugnado genericamente a liberdade de forma para a assunção cumulativa de dívida[423], solução que é igualmente seguida na doutrina suíça[424]. Alguns autores sustentam, porém, a aplicação da forma escrita, à semelhança da fiança, sempre que a assunção de dívida resulte de um contrato obrigacional unilateral, não ocorrendo no âmbito de um contrato sinalagmático[425].

7.4. Pressupostos da assunção cumulativa de dívida

De acordo com a nossa lei, a assunção de dívida pode resultar tanto de contrato entre o antigo e o novo devedor, ratificado pelo credor, como de contrato entre o novo devedor e o credor com ou sem consentimento do antigo devedor (art. 595º, nº 1). É, porém, extremamente questionável a aplicação da ratificação pelo credor ou a relevância do consentimento do devedor na assunção cumulativa de dívida. Quanto à primeira, a doutrina alemã tem sustentado a desnecessidade de ratificação pelo credor da assunção cumulativa de dívida celebrada entre o assuntor e o principal devedor, sustentando que, como esta apenas atribui vantagens ao credor, uma vez que permanece a responsabilidade do devedor principal, estar-se-á perante um contrato a favor de terceiro (art. 443º), que naturalmente produz efeitos em relação ao credor, independentemente de aceitação (art. 444º, nº 1)[426]. Quanto à segunda, não parece que na assunção cumulativa de dívida tenha qualquer relevância a existência do consentimento do deve-

[421] Neste sentido, considerado que a invalidade, por falta de forma, do contrato de mútuo, em relação ao qual se verificou a assunção de dívida não prejudica a validade desta, que não está sujeita a forma especial, cfr. Ac. STJ 23/9/2008 (Azevedo Ramos), em *CJ* 16 (2008), 3, pp. 42-44.

[422] Cfr. Tomassetti, *op. cit.*, pp. 135 e ss.

[423] Cfr. Edenfeld, *JZ* 1997, p. 1038.

[424] Cfr. Thomas Bär, *op. cit.*, p. 26.

[425] Cfr. Rimmelspacher, *op. cit.*, § III B III, nº 121, p. 31, Schürnbrand, *op. cit.*, pp. 58 e ss.

[426] Cfr. Larenz, *Schuldrecht* I, § 35 II, p. 610 e Weber, *op. cit.*, p. 120.

dor, a qual importa apenas em relação à subsistência das garantias por ele prestadas, em caso de transmissão da dívida (art. 599º, nº 2). Efectivamente, não se verificando essa transmissão, naturalmente que se manterão as garantias prestadas pelo devedor, mesmo que este não tenha consentido na assunção cumulativa de dívida.

7.5. Regime da assunção cumulativa de dívida

À semelhança da fiança, a assunção cumulativa de dívida parece ser caracterizada pela acessoriedade na constituição. Assim, se a obrigação primitiva estava extinta no momento da constituição, fica a assunção cumulativa de dívida sem efeito[427]. Admite-se, no entanto, como na fiança, a assunção cumulativa de uma dívida futura ou condicional, caso em que esta fica condicionada à futura constituição da obrigação primitiva[428].

Essa acessoriedade na constituição já não corresponde, porém, a uma acessoriedade no desenvolvimento, uma vez que, a partir da assunção, as duas obrigações adquirem autonomia[429]. Assim, se o crédito principal vem a ser transmitido para outrem, não parece que o cessionário deva adquirir também o crédito sobre o assuntor. Da mesma forma, a extinção do crédito primitivo não deverá determinar a extinção do crédito assumido.

Na falta de convenção, o novo devedor não tem o direito de opor ao credor meios de defesa derivados das relações entre ele e o antigo devedor, apenas lhe podendo opor os meios de defesa derivados das relações entre o antigo devedor e o credor, desde que o seu fundamento seja anterior à assunção de dívida e não se trate de meios de defesa pessoais do antigo devedor (art. 598º). Se, no entanto, o contrato de assunção cumulativa tiver sido celebrado com o credor, naturalmente que o assuntor terá de direito de lhe opor os meios de defesa que resultem desse contrato.

Diferentemente do que sucede na fiança, caso o assuntor venha a cumprir a obrigação, não lhe é aplicável o regime da sub-rogação, mas antes o da solidariedade[430]. Trata-se, no entanto, de uma solidariedade impró-

[427] HEERMANN, *op. cit.*, § 33 I 2, p. 598, nº 8, admite, no entanto o afastamento da acessoriedade, com base na vontade das partes.

[428] Cfr. THOMAS BÄR, *op. cit.*, p. 25. No mesmo sentido, entre nós, PESTANA DE VASCONCELOS, *Direito das Garantias*, p. 189, nota (553)

[429] Cfr. THOMAS BÄR, *op. cit.*, p. 25 e GERNHUBER, *Das Schuldverhältnis*, § 14 II 6 *c)*, p. 339.

[430] A doutrina alemã não deixa de questionar a aplicação do regime da solidariedade à assunção cumulativa de dívida, em detrimento do regime da fiança, uma vez que se trata de uma garantia

pria, dado que não se presumem iguais as relações entre as partes, uma vez que da relação entre elas resulta que só uma deve suportar o encargo da dívida (art. 516º). Para além disso, o direito de regresso entre as partes não toma por base uma situação de co-responsabilidade, sendo antes definido no âmbito do contrato que serve de base à assunção. Por outro lado, qualquer meio de defesa que o primitivo devedor invoque contra o credor aproveitará ao assuntor, uma vez que a sua obrigação se molda sobre a anterior ao contrário do que sucede na solidariedade em que a invocação de meios de defesa pessoais por um dos devedores não impede o credor de reclamar de qualquer dos outros a prestação integral (art. 519º, nº 2). Por outro lado, se o novo devedor cumprir a obrigação, apesar da prescrição da obrigação primitiva, não se justifica que lhe seja atribuído o direito de regresso sobre o primitivo devedor, ao contrário do que dispõe o art. 521º, nº 1. Finalmente, ao contrário do que prevê o art. 522º, o caso julgado obtido pelo credor contra o primitivo devedor deve considerar-se oponível ao assuntor[431].

8. Seguro de créditos

Outro caso de garantia pessoal é ainda o seguro de créditos[432]. Consiste ele num contrato pelo qual um segurador se compromete perante o cre-

pessoal acessória e não de uma mera pluralidade de devedores. Cfr. SCHÜRNBRAND, *op. cit.*, pp. 97 e ss. Entre nós, ANTUNES VARELA, *Obrigações*, II, p. 378, sustenta que a remissão para o regime da solidariedade se reconduz apenas à possibilidade de o credor exigir a prestação a qualquer dos devedores, considerando, no entanto, não se tratar de solidariedade perfeita.

[431] Cfr. ANTUNES VARELA, *Obrigações*, II, pp. 378-379.

[432] Cfr., sobre este POLYBIO GARCIA, *O seguro de crédito e a sua adaptação em Portugal*, Famalicão, Minerva, 1935, JOÃO DE CASTRO MENDES, *Acerca do seguro de crédito*, Lisboa, Separata da Revista Bancária, nº 27, 1972, JOSÉ MANUEL BRACINHA VIEIRA, *Financiamento da exportação e seguro de crédito*, Lisboa, CEF, 1970, passim, maxime pp. 115 e ss., MENEZES CORDEIRO, "Contrato de seguro e seguro de créditos", em ANTÓNIO MOREIRA/M. COSTA MARTINS (org.), *II Congresso Nacional de Direito dos Seguros (Memórias)*, Coimbra, Almedina 2001, pp. 25-53 (52-53), ID, *Manual de Direito Bancário*, pp. 768 e ss., ID, *Direito dos Seguros*, Coimbra, Almedina, 2013, pp. 778 e ss., JOÃO ANTUNES VARELA, "Seguro de crédito", em *RB* 14 (1990), pp. 49-89, JOÃO CALVÃO DA SILVA, "Seguro de crédito", em ID, *Estudos de Direito Comercial (Pareceres)*, Coimbra, Almedina, 1996, pp. 99-124, SARAIVA MATIAS, *op. cit.*, pp. 43 e ss., JOSÉ VASQUES, *Contrato de seguro. Notas para uma teoria geral*, Coimbra, Coimbra Editora, 1999, pp. 70-71, e L. M. PESTANA DE VASCONCELOS, *Direito das Garantias*, pp. 159 e ss.

Na doutrina estrangeira, veja-se ANTIGONO DONATI, "L'assicurazione del credito", em *RTDPC* 9 (1955), pp. 37-73, MICHELE FRAGALI, "Fideiussione e assicurazione", em *BBTC*

dor, a pedido deste, a assumir os riscos da cobrança de um crédito existente sobre terceiro, obrigando-se a indemnizar, na data do vencimento o referido crédito, caso se verifique a insolvência ou o incumprimento por parte do respectivo devedor, ou outros riscos que possam determinar a perda do crédito. Assim, o risco no âmbito do seguro de créditos corresponde àquele que o credor suporta no seu património, em resultado da perda verificada pela não satisfação de uma obrigação por parte do devedor do crédito objecto de seguro.

Apesar de a qualificação do seguro de crédito como garantia pessoal ser controversa, ao contrário do que sucede com o seguro-caução, não vemos razão para afastar esta figura do âmbito das garantias pessoais. Efectivamente, o credor obtém neste caso através da obrigação assumida por um terceiro, uma garantia suplementar em relação à cobrança do crédito, o que é suficiente para a sua integração no universo das garantias pessoais[433].

O seguro de créditos distingue-se da fiança, uma vez que a garantia do crédito não resulta da assunção de uma obrigação acessória primária, idêntica à do devedor principal, pela qual se molda. Distingue-se igualmente da *fideiussio indemnitatis*, ou fiança com benefício de excussão automática, uma vez que dela não resulta a assunção de uma obrigação de indemnização pelos danos causados pelo devedor principal, limitada ao saldo subsistente após a excussão do respectivo património. Efectivamente, o

18 (1955), I, pp. 136-152, ID, "L'assicurazione del credito", em *ED* III (1958), pp. 528-554, GAETANO CASTELLANO/SERGIO SCARLATELLA, *Le assicurazione private*, 2ª ed., Torino, Utet, 1981, pp. 459 e ss. com bibliografia, PIETRO RUSSO, "Fideiussione, assicurazione del credito, assicurazione fideiussorie", em *GC* 33 (1983), I, pp. 240-243, ALBERTO POLOTTI DI ZUMAGLIA, "Assicurazione credito e cauzione" em *Digesto delle discipline privatistiche (Sezione Commerciale)*, Torino, Utet, 1987, pp. 454-457, RAYMOND MICHEL, *L'assurance de crédits en droit comparé. Essai théorique et technique*, Paris, 1930, JEAN BASTIN, *L'assurance-crédit dans le monde contemporain*, Paris, Jupiter/Navarre, 1978 (há tradução portuguesa com o título *O seguro de crédito no mundo contemporâneo*, Lisboa, Cosec, 1983), ID, *La défaillance de paiement et sa protection, l'assurance-crédit*, 2ª ed., Paris, LGDJ, 1993, trad. portuguesa, sob o título *Seguro de crédito. A protecção contra o incumprimento*, Lisboa, Cosec, 1994, KARL GOLSER, *Die Abgrenzung burgschäftsähnlicher Versicherungen gegenüber der Bürgschaft*, Diss. Bern, 1956.

433 A inserção do seguro de crédito no universo das garantias pessoais é efectuada, entre nós, por MENEZES CORDEIRO, *Direito dos Seguros*, pp. 778, para o seguro de crédito nuclear. Essa qualificação é, no entanto, negada por MASTROPAOLO, *I contratti*, pp. 118 e ss., PIETRO RUSSO, *GC* 33 (1983), p. 241, e entre nós por JANUÁRIO GOMES, *Assunção*, p. 76, nota (291). Já CASTRO MENDES, *op. cit.*, p. 10 sustenta a existência de uma sobreposição entre o seguro de crédito e as garantias das obrigações, na medida que ambas visariam o mesmo risco.

incumprimento do devedor é meramente tomado como facto constitutivo do surgimento da obrigação do segurador, a qual tem por conteúdo a eliminação, na medida do estipulado, dos danos sofridos pelo credor, sem se tomar em consideração as consequências jurídicas que desse incumprimento resultaram para o devedor[434]. Assim, enquanto que na fiança se procura assegurar que a obrigação será cumprida, no seguro de créditos assegura-se que serão eliminadas as consequências do incumprimento, através da indemnização dos danos que este desencadeia[435].

O seguro de créditos distingue-se do seguro-caução, uma vez que não se destina a garantir directamente o pagamento por parte do devedor, sendo antes uma forma de transferir o risco da irrecuperabilidade do crédito, em relação ao qual o incumprimento do devedor funciona como pressuposto de facto. Consequentemente, o segurador não é obrigado a realizar a prestação incumprida, mas antes a ressarcir o dano que resulta para o credor da perda total ou parcial do crédito[436].

Ao que se julga, o instituto do seguro de créditos terá tido origem na figura da *reprise d'assurance*, que constituía um segundo seguro, que o segurado celebrava para se acautelar contra a insolvabilidade do primeiro segurador, o que se justificava quando este era alguém que de fraca consistência económica ou pouca organização empresarial. A *reprise d'assurance* permitia uma certa especialização dos riscos, uma vez que se poderia solicitar às mútuas um seguro contra os riscos de mar, ao mesmo tempo que se obtinha junto de grandes companhias um seguro contra um risco terrestre, ou seja, a insolvência do primeiro segurador[437].

Com esta origem, o instituto do seguro de créditos vai surgir em Inglaterra nos primeiros anos do séc. XVIII (1710-1720), em que apesar de um relativo fracasso inicial levaram ao seu desenvolvimento no início do séc. XIX, com alguns contratos esporádicos celebrados por Loyd, uma vez que se salientava que a insolvência dos devedores ou a impossibilidade de cobrança de créditos acarretava riscos superiores aos que eram provocados pelos riscos de mar.

[434] Cfr. GAMBINO, *RDComm* 58 (1960), II, p. 71.

[435] Cfr. ainda RAYMOND MICHEL, *op. cit.*, pp. 34 e ss., e BRACINHA VIEIRA, *op. cit.*, pp. 251 e ss.

[436] Cfr. BOZZI, *Le garanzie*, I, p. 66.

[437] Cfr. DONATI, *RTDPC* 9 (1955), pp. 38-39. Para uma análise da origem histórica do seguro em geral, cfr. FERNANDO EMYGDIO DA SILVA, *Seguros mútuos*, Coimbra, Imprensa da Universidade, 1911, pp. 119 e ss.

Para o desenvolvimento do seguro de crédito aparece, porém, como essencial uma obra de SANGUINETTI, surgida em 1829 em Livorno e que se denominou *Essai d'une nouvelle théorie pour appliquer le systéme des assurances aux dommages des faillites.* Esse estudo abriu caminho para a aplicação do regime do seguro de créditos, levando ao surgimento por toda a Europa de sociedades que se dedicaram a esse negócio[438].

Em Portugal, no entanto, a introdução do seguro de crédito foi mais tardia, tendo uma Portaria de 29/10/1931, (DG II Série de 5/11/1931) criado uma Comissão para estudar a sua regulamentação, a qual apresentou um relatório em 1932[439]. Esse relatório não deu, no entanto, origem a qualquer diploma, mantendo-se o seguro de crédito sem ser praticado até aos anos 60[440], tendo sido nessa década que o Decreto-lei 46 303, de 27 de Abril de 1965, lançou as bases de uma sistema nacional de crédito (arts. 1º e ss.) e seguro de crédito à exportação (art. 27º), posteriormente modificado e completado pelo Decreto-Lei nº 47908, de 7 de Setembro de 1967 (cfr. principalmente arts. 31º e ss.). O regime foi posteriormente ainda modificado pelo D.L. 48.950, de 3 de Abril de 1969, o qual determinou a constituição da "Companhia de Seguro de Créditos" (arts. 13º e ss.)[441].

As razões para o desenvolvimento do seguro de crédito resultam, em primeiro lugar, da sua especialização. Efectivamente, ao contrário do que sucede noutras actividades, como o *factoring*, em que ao mesmo tempo que se assumem os riscos de cobrança dos créditos, se prestam múltiplos serviços, a seguradora limita-se a oferecer a cobertura do risco do crédito, não efectuando qualquer serviço conexo, como o financiamento, a gestão e cobrança de créditos ou qualquer serviço administrativo. Em segundo lugar, o seguro de créditos permite, como qualquer seguro, uma adequada distribuição dos riscos, na medida em que, de acordo com a lei dos grandes números, os prémios de seguro cobrem a percentagem que normalmente se verifica de sinistros correspondendo ao incumprimento

[438] Cfr. DONATI, *RTDPC* 9 (1955), p. 40 e GOLSER, *op. cit.*, pp. 10 e ss. e JEAN BASTIN, *L'assurance-crédit*, pp. 8 e ss. As primeiras sociedades a praticar o sistema de seguro de crédito foram a *Union de Commerce*, de 1845, e a *Assurance du Crédit de Commerce*, de 1846, a *The Ocean Accident and Guarantee Corporation, Ltd.*, em 1871, e a *Hamburger Versicherung A. G. Globus.*

[439] A citada obra de POLYBIO GARCIA constitui um trabalho preparatório dessa comissão.

[440] Cfr. CASTRO MENDES, *op. cit.*, p. 18.

[441] Cfr. BRACINHA VIEIRA, *op. cit.*, pp. 120 e ss.

de créditos objecto de seguro. Por último, o risco da actividade de seguro de créditos pode ser ainda mais reduzido através do recurso ao resseguro, que é, aliás, frequentemente praticado[442].

O seguro de crédito é assim uma garantia pessoal, cuja especialidade consiste no facto de ser prestada por uma seguradora, que o encara como um negócio de risco, mas que, no entanto, tem uma função equiparável à da fiança ou da garantia autónoma, consoante o que for estipulado pelas partes. Efectivamente, estas podem convencionar o seguro seja prestado acessoriamente à obrigação principal ou com autonomia em relação a esta e inclusivamente que seja prestado à primeira solicitação[443]. No primeiro caso, o regime do seguro de crédito é moldado sobre o regime da fiança. No segundo caso, o segurador de crédito deve efectuar o pagamento logo que para tal seja solicitado, adquirindo igualmente um direito de regresso sobre o devedor à primeira solicitação. Dogmaticamente, no entanto, o seguro de crédito distingue-se da fiança pelo facto de não ser configurado como uma obrigação secundária que visa assegurar o cumprimento da obrigação principal, sendo antes uma obrigação primária de indemnizar o dano suportado pelo credor, em resultado de um incumprimento, dano esse que tem que ser provado pelo credor[444]. Para além disso, o seguro de crédito é, como todos os seguros, um contrato necessariamente oneroso, enquanto que a fiança pode ser prestada gratuitamente[445].

Em qualquer caso, o seguro de crédito está sujeito às disposições que regulam o contrato de seguro em geral, ou seja, ao regime jurídico do contrato de seguro (RJCS), aprovado pelo D.L. 72/2008, de 16 de Abril. Assim, o contrato de seguro de crédito, embora a sua validade não dependa de forma especial deve ser reduzido a escrito num instrumento, que constituirá a apólice de seguro (art. 32º, nº 2, RJCS) a qual deve incluir os elementos referidos no art. 37º RJCS e no art. 8º do D.L. 183/88, de 24 de Maio, na redacção do D.L. 214/99, de 15 de Junho.

Em termos de regime, o art. 11º RJCS vem estabelecer que o contrato de seguro regular-se-á pela liberdade contratual, com os limites decorrentes das disposições injuntivas, referidas nos arts. 12º e ss. RJIC. Normalmente,

[442] Cfr. JEAN BASTIN, *La défaillance*, pp. 49-50, trad. portuguesa, p. 68.

[443] Cfr. MENEZES CORDEIRO, *Manual de Direito Bancário*, p. 769.

[444] Neste sentido, GOLSER, *op. cit.*, pp. 40-41.

[445] Cfr. GOLSER, *op. cit.*, pp. 48 e ss.

no entanto, o contrato de seguro é objecto de cláusulas contratuais gerais, sendo por isso a aplicação da LCCG expressamente ressalvada no art. 3º RJCS, referindo ainda o art. 45º, nº 1, RJCS que "as condições especiais e particulares não podem modificar a natureza dos riscos cobertos tendo em conta o tipo de contrato de seguro celebrado".

O regime do seguro de crédito consta, no entanto, especificamente do D.L. 183/88, de 24 de Maio, alterado pelo D.L. 127/91, de 22 de Março, pelo D.L. 214/99, de 15 de Junho, que transpôs a Directiva 98/29/CE, de 7 de Maio, e pelo Decreto-Lei 31/2007, de 14 de Fevereiro, que o republicou em anexo. Este diploma determina especificamente só serem aplicáveis as disposições sobre seguros em geral, que não sejam incompatíveis com a natureza destes ramos (art. 1º, nº 1 do D.L. 183/88). Este diploma menciona entre os seguros de crédito o seguro de créditos à exportação, o seguro de créditos no mercado interno e o seguro de créditos financeiros, estabelecendo que eles podem reportar-se a contratos celebrados e destinados a produzir os seus efeitos, quer em Portugal, quer no estrangeiro (art. 2º do D.L. 183/88). O seguro de créditos à exportação de bens e serviços visa as operações de exportação na fase anterior à encomenda firme, na fase do fabrico e na fase do crédito. O seguro de créditos no mercado interno abrange tanto a fase do fabrico como a fase de crédito. Já no seguro de créditos financeiros incluem-se os créditos concedidos por instituições financeiras ou equiparadas, por sociedades de locação financeira e por sociedades de *factoring* (art. 1º, nºs, 2, 3 e 4, do D.L. 183/88).

Relativamente aos riscos seguráveis, referem o art. 161º RJCS e, mais especificamente, o art. 3º do D.L. 183/88 que eles podem consistir no seguinte:

a) Não amortização das despesas suportadas com operações de prospecção de mercados, participação em feiras no estrangeiro e constituição de existências em países estrangeiros;
b) Suspensão ou revogação da encomenda ou resolução arbitrária do contrato pelo devedor na fase anterior à constituição do crédito;
c) Falta ou atraso no pagamento dos montantes devidos ao credor;
d) Variações cambiais relativamente a contratos cujo pagamento seja estipulado em moeda estrangeira;
e) Elevação anormal e imprevisível dos custos de produção resultante de alteração das condições económicas que afectem o fabrico dos bens, a execução dos trabalhos ou a prestação dos serviços.

Para além destes, podem ainda outros riscos ser incluídos no âmbito da cobertura do seguro de créditos, através de portaria conjunta dos Ministros das Finanças e da Economia (art. 3º, nº 2, D.L. 183/88).

Relativamente aos factos geradores do sinistro, o art. 4º do D.L. 183/88 enumera como tais:

a) a insolvência declarada judicialmente;
b) a insolvência de facto;
c) a concordata judicial;
d) a concordata extrajudicial, desde que celebrada com a generalidade dos credores do devedor e oponível a cada um deles;
e) o incumprimento, ou mora, que prevaleça pelo prazo constitutivo do sinistro indicado na apólice;
f) a rescisão ou suspensão arbitrária do contrato comercial por parte do devedor;
g) a recusa arbitrária do devedor em aceitar os bens ou serviços encomendados;
h) acto ou decisão do Governo ou de autoridades públicas do país do devedor ou de um país terceiro que obstem ao cumprimento do contrato;
i) moratória geral decretada pelo governo do país do devedor ou de um país terceiro interveniente no pagamento;
j) acontecimentos políticos, dificuldades económicas ou medidas legislativas ou administrativas que ocorram ou sejam adoptadas fora de Portugal e que impeçam ou atrasem a transferência de fundos pagos ao abrigo do contrato seguro;
l) disposições legais adoptadas no país do devedor declarando liberatórios os pagamentos por ele efectuados na divisa local quando, em resultado das flutuações cambiais, tais pagamentos quando convertidos na divisa do contrato seguro, não atinjam no momento da transferência, o montante do crédito em dívida;
m) qualquer medida ou decisão das autoridades portuguesas ou do país do titular da apólice, visando especificamente o comércio externo, incluindo as medidas e decisões da Comunidade Europeia relativas ao comércio entre um Estado membro e países terceiros, e que impossibilite a execução do contrato, a entrega dos bens ou a prestação dos serviços contratada, desde que os efeitos de tal medida não sejam compensados de outro modo;

n) ocorrência, fora de Portugal, de guerras, ainda que não declaradas, revoluções, revoltas, perturbações da ordem pública, anexações ou factos de efeitos análogos;

o) eventos catastróficos, tais como terramotos, maremotos, erupções vulcânicas, tufões, ciclones, indundações ou acidentes nucleares, verificados fora de Portugal, sempre que os seus efeitos não sejam de algum outro modo cobertos.

Conforme se pode verificar, o essencial no âmbito do seguro de créditos consiste na cobertura do risco da perda do crédito, perda essa que pode ser efectiva (como nas hipóteses de insolvência) ou meramente presumida, como sucede quando o atraso se prolonga ou quando se verificam eventos extraordinários tais como as guerras ou catástrofes.

Normalmente, o segurador de crédito não costuma cobrir o pagamento integral do crédito, uma vez que o negócio baseia-se na partilha do risco com o credor[446]. Por esse motivo, o D.L. 183/88 vem estabelecer que "a cobertura é limitada a uma percentagem do crédito seguro, a estabelecer pela seguradora, salvo no caso de seguros celebrados com a garantia do Estado, em que caberá a este aprovar tal percentagem ou dela prescindir" (art. 5º, nº 1, D.L. 183/88). "O valor da indemnização é calculado com aplicação aos prejuízos apurados, dentro dos limites do crédito seguro e da percentagem de cobertura estabelecida" (art. 5º, nº 2, D.L. 183/88). No entanto, a indemnização no seguro de créditos não pode abranger lucros cessantes nem danos não patrimoniais (art. 12º do D.L. 183/88). Para além disso, a seguradora pode ainda estipular na apólice limites à quantia segura (art. 5º, nº 3, D.L. 183/88).

Nos termos do art. 11º do D.L. 183/88, são em princípio aplicáveis a estes seguros as disposições do regime geral do pagamento dos prémios do seguro. Admite-se, porém, convenção em contrário, a qual não pode, no entanto, diminuir as garantias do regime geral do pagamento dos prémios de seguro relativas ao aviso para pagamento do prémio.

Quando estejam em causa factos geradores do sinistro de natureza política, monetária ou catatrósfica pode ser concedida pelo Estado uma garan-

[446] Assim, JEAN BASTIN, *La défaillance*, pp. 40-41, trad. portuguesa, p. 61 e, entre nós, BRACINHA VIEIRA, *op. cit.*, pp. 176 e ss., que fala a este propósito no "princípio do descoberto obrigatório".

tia prévia às seguradoras autorizadas a exercer essa actividade (arts. 15º e ss. D.L. 183/88).

O seguro de créditos é um seguro contra o incumprimento e não contra perdas financeiras pelo que os riscos económicos suportados pelo credor não são abrangidos pelo seguro. Para além disso, uma vez que estabelece uma protecção contra o incumprimento e não uma protecção jurídica, não é considerado como sinistro o facto de o devedor contestar o crédito, a não ser que se trate de uma defesa meramente dilatória, uma vez que nesse caso o segurador de crédito já não poderá recusar o pagamento do seguro[447]. A definição de incumprimento abrange, no entanto, não apenas a clássica insolvência, providências de recuperação, mora e incumprimento definitivo, mas também os denominados incumprimentos de carácter político. Esta solução foi determinada pelo interesse que os diversos Estados têm, para evitar o desequilíbrio na balança de pagamentos, em estimular as trocas com o exterior, evitando que as exportações sejam prejudicadas pelo facto de os exportadores não terem confiança na viabilidade de obter transferências a partir de determinados países. Fazer abranger no seguro de créditos a cobertura de riscos políticos constitui uma forma de estimular essas trocas[448].

Uma questão que se coloca no seguro de crédito diz respeito à sub-rogação do segurador[449]. Efectivamente, sendo o seguro de créditos um seguro contra os riscos do incumprimento, quer por força da disposição especial do art. 136º RJCS, quer por força da regra geral do art. 592º, tem que se considerar que o segurador que paga o crédito segurado fica sub-rogado nos direitos que competem ao credor relativamente a esse crédito. Concretizando essa solução, o art. 165º, nº 1, RJCS estabelece que "no seguro de crédito, o segurador fica sub-rogado na medida do monante pago, nos termos do art. 136º, mas, em caso de sub-rogação parcial, o segurador e o segurado concorrem no exercício dos respectivos direitos na proporção que a cada um for devida". Efectivamente, dado que a cobertura concedida pelo seguro de créditos não costuma ser total, limitando-se o segurador

[447] Cfr. Jean Bastin, *La défaillance*, p. 63, trad. portuguesa, p. 85.

[448] Cfr. Raymond Michel, *op. cit.*, pp. 80 e ss. e Donati, *RTDPC* 9 (1955), p. 68.

[449] Cfr. sobre esta, Jean Bastin, *La défaillance*, pp. 122 e ss., trad. portuguesa, pp. 141 e ss., Fragali, *ED* III (1958), pp. 549 e ss. Entre nós, ainda que não especificamente sobre o seguro de crédito, veja-se J. C. Moitinho de Almeida, *O contrato de seguro no direito português e comparado*, Lisboa, Sá da Costa, 1971, pp. 211 e ss.

a pagar uma parte do crédito, após o pagamento, o segurador do crédito e o credor concorrerão a fazer valer os seus direitos na proporção à soma que a cada um for devida. Uma vez que esta solução derroga o art. 593º do Código Civil, aplicar-se-á ao caso o regime do concurso de credores e não o da preferência do credor originário sobre o sub-rogado.

Poder-se-ia apontar, dado o cariz do seguro, que a sub-rogação não teria neste caso valor prático, uma vez que o seguro de crédito só é normalmente satisfeito, verificada a insolvência do devedor. Tal não impede, no entanto, que a sub-rogação apareça como essencial para a regulação jurídica da questão, uma vez que em primeiro lugar a função do seguro de crédito é indemnizar o credor e não liberar o devedor. Por outro lado, o devedor pode ter melhorias patrimoniais, caso em que a sub-rogação pelo segurador de crédito poderá ser exercida.

O seguro de créditos pode extinguir-se em caso de resolução por incumprimento (ex: falta de pagamento do prémio), mas também por caducidade como ocorre nos casos em que se verifica a adequada cobrança do crédito ou decorre o prazo do seguro. Neste último caso, no entanto, o segurador pode permanecer obrigado, caso o incumprimento se tenha verificado durante a fase de vigência do seguro. Exige-se, neste caso, que a ausência de cobrança não se tenha verificado em virtude da insolvência do segurado.

9. Seguro-caução

Outra garantia pessoal é o seguro-caução[450]. Consiste este numa garantia prestada por uma seguradora, que a pedido do devedor e mediante o

[450] Sobre o seguro-caução, cfr. CASTRO MENDES, *op. cit.*, pp. 12 e ss., MENEZES CORDEIRO, *Manual de Direito Bancário*, pp. 766 e ss., ROMANO MARTINEZ/FUZETA DA PONTE, *op. cit.*, pp. 71 e ss., MÓNICA JARDIM, *A garantia autónoma*, Coimbra, Almedina, 2002, pp. 213 e ss., JOSÉ VASQUES, *op. cit.*, pp. 72-73, MANUEL JÚLIO GONÇALVES SALVADOR, "Seguro-caução", em *Dir* 100 (1968), pp. 305-331, JOSÉ MIGUEL DE FARIA ALVES DE BRITO, "Seguro-caução", em RUY DE ALBUQUERQUE/ANTÓNIO MENEZES CORDEIRO (org.), *Estudos em Memória do Professor Doutor José Dias Marques*, Coimbra, Almedina, 2007, pp. 387-490, LUÍS EDUARDO MEURER AZAMBUJA, "Seguro-Caução", em JORGE FERREIRA SINDE MONTEIRO (org.), *Garantias das obrigações. Publicação dos trabalhos de mestrado*, Coimbra, Almedina, 2007, pp. 305-354, L. M. PESTANA DE VASCONCELOS, *Direito das Garantias*, pp. 171 e ss., JEAN BASTIN, *L'assurance-crédit*, pp. 71 e ss., e 449 e ss., ID, *La défaillance*, p. 218 e ss., trad. portuguesa, pp. 241 e ss., AGOSTINO GAMBINO, "Fideiussio, fideiussio indemnitatis e polizze fideiussorie", em *RDComm* 58 (1960), II, pp. 57-80, ANDREA FUSARO, "In tema di assicurazioni fideiussorie", em *GI* 137 (1985), I, 1, pp. 97-105, ID, "Rapporti tra debitore e garante nelle

pagamento de um prémio, aceita garantir o credor contra o incumprimento ou a mora na prestação, indemnizando-o pelos danos sofridos (art. 162º RJCS). O devedor aparece assim como tomador do seguro e o credor como seu beneficiário, estabelecendo-se uma relação triangular semelhante à da fiança[451]. O seguro-caução distingue-se do seguro de créditos pelo facto de que o seguro de créditos é solicitado pelo próprio credor e

cosiddette assicurazioni fideiussorie", em *GI* 137 (1985), I, 1, pp. 951-958, ID, "Ancora in tema di assicurazioni fideiussorie: questioni di interpretazione della volontà contrattuale e di controllo sulla autonomia privata", em GC 35 (1985), I, pp. 2852-2860, PIETRO RUSSO, *GC* 33 (1983), pp. 241 e ss., MASSIMO BELLARDINI, "In tema di assicurazioni fideiussoria e contratti autonomi di garantia", em *GI* 143 (1991), pp. 446-450, SÁNCHEZ-CALERO GUILARTE, *El contrato autónomo de garantia*, pp. 124 e ss. CASTELLANO/SCARLATELLA, *op. cit.*, pp. 463-464, GIACOMO MOLLE, "Fideiussione bancaire e assicurazioni fideiussorie", em *BBTC* 16 (1953), pp. 442-452, ANTIGONO DONATI, "Natura giuridica delle c.d. polizze fideiussorie", em *BBTC* 20 (1957), II, pp. 75-81, GIOVANNA VOLPE PUTZOLU, "Assicurazione fideiussorie, fideiussione omnibus e attività assicurativa", em *BBTC* 45 (1982), II, pp. 245-258, MARCO LIPARI, "La natura giuridica della assicurazioni fideiussoria", em *GC* 36 (1986), II, pp. 133-170, MICHELE FRAGALI, "Recenti indirizzi sulla natura dell'assicurazione fideiussoria", em *BBTC* 35 (1972), I, pp. 514-530, SICCHIERO, *op. cit.*, pp. 209 e ss., VINCENZO CARBONE, "La polizza fideiussorie come alternativa alla cauzione reale", em *CorrGiur* 9 (1992), pp. 870-872, TILDE CAVALIERE, "Le polizze fideiussorie tra assicurazione e garanzia", em *GI* 143 (1991), IV, p. 255-272, GIUSEPPE CHINÉ, "Polizza fideiussorie tributaria e contratto autonomo di garanzia", em *GI* 147 (1995), I, 1, pp. 1089-1095, FRANCO DI SABATO, "Brevi note in tema di polizze fideiussorie", em *BBTC* 23 (1960), II, pp. 543-546, ALBERTO RAVAZZONI, "Sulle c.d. polizze fideiussorie", em *FI* 80 (1957), pp. 1311-1314, RICCARDO LUPI, "Fideiussione e polizza fideiussoria", em *GI* 1983, I, 2, pp. 677-684, COSIMO MARCO MAZZONI/CONCETTA BRUGLIERE, "La polizza fideiussoria", em *NGCC* 2 (1986), II, p. 378-388, CLAUDIO RUSSO, *Le assicurazioni fideiussorie*, Milano, Giuffrè, 1997, MICHELE SESTA, "Polizze fideiussorie e cauzionali", em *Digesto. Disc. Priv. Sez Comm.*, XI, 1995, pp. 173-179, CESARE VACCÀ, "La qualificazione giuridica della cosidetta polizza fideiussoria", em UGO DRAETTA/CESARE VACCÀ, *Le garanzie contrattuali. Fideiussione e contratti autonomi di garanzia nella prassi interna e nel commercio internazionale*, Milano, EGEA, 1994, pp. 167-182, RENZO CAPOTOSTI, "In tema di garanzie cauzionali prestate dalle imprese di assicurazioni", em BANCO DI SARDEGNA (org.), *Le garanzie reali e personali nei contratti bancari*, Milano, Giuffrè, 1976, pp. 79-91, ALBERTO RAVAZZONI, "Le c. d. cauzioni fideiussorie o polizze fideiussorie", em GIUSEPPE B. PORTALE (org.), *Le operazioni bancarie*, Milano, Giuffrè, s.d. (mas 1978), pp. 1023-1042, UMBERTO SALVESTRONI, "Fideiussionei speciali, atipichi o miste e solidarietá attenuate", em *BBTC* 45 (1982), I, pp. 1085-1094, BOZZI, *Le garanzie*, I, pp. 9 e ss. e 66 e ss., GIUSEPPE CHINÉ, "Polizza fideiussorie", em VINCENZO CUFFARO (org.), *Le garanzie rafforzate del credito*, Torino, Utet, 2000, pp. 45-82, CARRASCO PERERA / CORDERO LOBATO / MARÍN LOPEZ, *op. cit.*, pp. 435 e ss.

[451] BOZZI, *Le garanzie*, I, p. 9, qualifica mesmo o seguro-caução como uma fiança prestada por uma companhia de seguros.

suportado por sua conta, enquanto que o seguro-caução é o devedor que toma a iniciativa e suporta-o a expensas suas[452], podendo ainda derivar de iniciativa do contragarante a favor do respectivo credor (cfr. art. 9º, nºs 1 e 2 do D.L. 183/88).

O seguro-caução desenvolveu-se a partir do início do séc. XVIII, sendo que as primeiras referências à sua prática surgem em Inglaterra em 1720. Em 1840, é constituída para o efeito uma sociedade de seguros, denominada *Guarantee Society of London*, o que determinou a que nesse mesmo ano o Parlamento Inglês a viesse regular através do denominado *English Guarantee Act*. O seguro-caução desenvolveu-se a partir daí extraordinariamente, dado o facto de poder ser utilizado para prestar caução no âmbito dos serviços públicos.

A partir da Inglaterra, o seguro-caução estendeu-se à América, surgindo com principal empresa a *Fidelity and Guarantee Insurance Company*, e à Alemanha, onde as primeiras referências à sua prática surgem em 1869, com a celebração de seguros-caução em Leipzig por uma sociedade de seguros de vida. A primeira companhia alemã criada para explorar o seguro-caução foi a *Fides*, fundada em 1889[453].

A prática do seguro-caução é antiga em Portugal[454], levando a que já o D.L. 29868, de 1 de Setembro de 1939 tivesse necessidade de limitar a sua celebração, tendo proibido os seguros contra a responsabilidade criminal e disciplinar e suas consequências. Na altura da elaboração do Código Civil, VAZ SERRA chegou mesmo a pronunciar-se pela possibilidade de incluir no Código uma referência ao seguro-caução, tendo-a julgado dispensável, na medida em que o considerou uma fiança como qualquer outra, ainda que prestada por uma companhia de seguros[455]. Em 23 de Setembro de 1964, surge um despacho do Ministro das Finanças a aceitar apólices de seguro-caução para cobertura do risco dos financiamentos das empresas aos trabalhadores

[452] Cfr. JEAN BASTIN, *L'assurance-crédit*, p. 72, ID, *La défaillance*, p. 19, trad. portuguesa, p. 36. Salienta MOLLE, *BBTC* 16 (1953), pp. 448-449 que no seguro de créditos ocorre um seguro contra a perda de valor do crédito, o que só se verifica quando este se torna irrecuperável, não sendo vista como tal a mera falta de pagamento na data do vencimento. Já no seguro-caução, a seguradora deve efectuar o pagamento do crédito se este não vier a ser satisfeito no momento do vencimento, sendo a sua obrigação semelhante à de uma fiança, já que o seu dever é de cumprimento (*Erfüllungspflicht*) e não de indemnização (*Schadensersatzpflicht*) como no seguro.

[453] Cfr. FERNANDO EMYGDIO DA SILVA, *Seguros mútuos*, p. 403.

[454] Cfr. sobre a evolução histórica do seguro-caução, MÓNICA JARDIM, *op. cit.*, pp. 224 e ss.

[455] Cfr. VAZ SERRA, no *BMJ* 75 (1958), p. 127, nota (157-A).

para aquisição ou construção de habitação própria, bem como para fiança de contratos de arrendamento e fornecimento de gás e electricidade e análogos. Em 1976 surge o D.L. 318/76, de 20 de Abril, que, regulando o seguro de créditos, disciplinou ainda o seguro-caução para "garantir o pagamento dos créditos em que se traduza o direito à indemnização que eventualmente nasça do incumprimento de qualquer obrigação, legal ou contratual, bem definida e identificada" (art. 29º), admitindo ao lado deste o seguro-fiança ou aval para garantia das "obrigações do devedor transacções de bens ou prestações de serviços, perfeitamente definidas e identificadas por instrumento contratual escrito, nomeadamente as obrigações do sacador ou do aceitante de letras ou do subscritor de livranças" (art. 30º). A matéria do seguro-caução viria a ser novamente regulada pelo Decreto-Lei 169/81, de 20 de Junho.

Actualmente, o regime do seguro-caução consta dos arts. 162º e ss. RJCS e do D.L. 183/88, de 24 de Maio, revisto e republicado pelo D.L. 214/99, de 15 de Junho, o qual tranpôs a Directiva 73/239/CE do Conselho de 24 de Julho de 1973, alterado e republicado pelo Decreto-Lei 31/2007, de 14 de Fevereiro. Esse diploma qualifica o seguro-caução como um contrato de seguro de riscos de crédito (art. 1º), que se rege primacialmente pelas suas normas e subsidiariamente pelas normas gerais do contrato de seguro. Efectivamente, o art. 6º, nº 1 considera risco segurável "o risco de incumprimento ou atraso no cumprimento das obrigações que, por lei ou convenção, sejam susceptíveis de caução, fiança ou aval" estabelecendo o nº 2 uma equiparação legal do seguro-caução a outras garantias especiais como o depósito bancário de numerário, títulos e outros valores, garantias bancárias e fiança, impondo a aceitação obrigatória de seguro-caução em substituição das referidas garantias para o Estado, seus estabelecimentos, organismos e serviços civis ou militares, ainda que personalizados, tribunais, institutos e empresas públicas, autarquias locais, federações e uniões e pessoas colectivas de utilidade pública administrativa. O art. 6º, nº 3, estabelece que, para esse efeito, "devem as respectivas apólices salvaguardar os direitos dos segurados nos precisos termos da garantia substituída". Apenas a obrigação de caucionar o pagamento de pensões de acidentes de trabalho não pode ser realizada através de seguro-caução.

O regime actual estabelece, na sequência da Directiva 73/239/CEE uma distinção entre seguro-caução directa e indirecta, sendo que no primeiro caso o segurador assume um compromisso directo em face do credor, que aparece assim como beneficiário do seguro, enquanto que no segundo caso compromete-se apenas a indemnizar, no todo ou em parte, a entidade que presta a caução. Para além disso, o art. 1º, nº 5, inclui ainda referências ao seguro-fiança e ao seguro-aval, que devem ser considerados como uma modalidade de seguro-caução.

No seguro-caução directa, a garantia é prestada a favor de um crédito já constituído ou a constituir do beneficiário. O beneficiário adquire, enquanto credor garantido, um crédito sobre o segurador, o qual não é naturalmente afectado em virtude das excepções existentes na relação com o devedor[456].

Em caso de pagamento, o segurador ficará naturalmente sub-rogado nos direitos que competiam ao credor sobre o devedor, nos termos do art. 592º[457]. No seguro-caução indirecta, a garantia é prestada a favor de um crédito eventual, que só surgirá no caso de o beneficiário ser chamado a honrar a garantia, verificando-se nesse caso uma dupla sub-rogação, no caso de o segurador pagar. Efectivamente, uma vez paga pelo garante ao credor, este fica sub-rogado nos seus direitos, e obtido o pagamento através do seguro-caução indirecta, verifica-se uma segunda sub-rogação a favor do segurador-caução[458].

O seguro-caução pode ser estipulado como tendo a acessoriedade, característica da fiança, mas também com a autonomia e o cariz automático da garantia-bancária autónoma, pelo que o seu regime ficará dependente dessa estipulação[459]. Em qualquer caso, o seguro-caução apresenta-se

[456] Considerou, por isso, o Ac. STJ 24/10/2006 (Mota Miranda), em *CJ-ASTJ* 14 (2006), 3, pp. 93-96, que a resolução do seguro-caução por falta de pagamento do prémio é inoponível ao garantido.

[457] Neste sentido, veja-se Ac RL 12/2/1985 (Albuquerque e Sousa), em *CJ* 10 (1985), 1, pp. 163-165 (165) e Ac. STJ 12/3/1996 (Sousa Inês), em CJ-ASTJ 4 (1996) 1, pp. 143-146 (145). Na doutrina, cfr. Luís Eduardo Meurer Azambuja, em Jorge Sinde Monteiro (org.), *Garantias*, pp. 346 e ss., e Michele Sesta, em *Digesto. Disc. Priv. Sez Comm.*, XI, 1995, p. 179.

[458] Cfr. Jean Bastin, *La défaillance*, p. 231, trad. portuguesa, p. 255.

[459] Cfr. Giorgio Meo, "Fideiussione e polizze fideiussorie: la clausola a prima richiesta", em *CeI* 14 (1998), pp. 921-940, e entre nós, Romano Martinez/Fuzeta da Ponte, *op. cit.*, pp. 72 e ss. Na jurisprudência, veja-se Ac. RP 7/5/1998 (Urbano Dias) em *CJ* 23 (1998), 3, pp. 82-88 e Ac. STJ 3/11/2016 (Abrantes Geraldes), processo 2398/12.9TVLSB.L1.S1, na *CJ-ASTJ* 24 (2016), 3, pp. 97-99. Actualmente, o art. 11º, nº 4, do D.L. 183/88, na redacção do D.L. 31/2007, faz expressa referência a essa situação, ao qualificar como cláusula de inoponibilidade "a cláusula contratual que impede a seguradora de opor aos segurados, beneficiários do contrato, quaisquer nulidades, anulabilidades e fundamentos de resolução".

como uma forma de cobrir os riscos do incumprimento ou de atraso no cumprimento das obrigações em relação às quais se prestou o seguro, correspondendo o sinistro à verificação desses factos.

Ao contrário do que sucede no seguro de créditos, o normal no seguro-caução é a cobertura integral do risco do crédito, cabendo às partes decidir qual a quantia segura. Por esse motivo, o D.L. 183/88 vem estabelecer que "os contratos de seguro-caução são, salvo casos excepcionais, celebrados sem estipulação de uma percentagem de descoberto obrigatório, a deduzir à quantia segura" (art. 7º, nº 1, D.L. 183/88), sendo que "a obrigação de indemnizar, neste tipo de seguro limita-se à quantia segura" (art. 7º, nº 2, D.L. 183/88). Consequentemente, a indemnização no seguro-caução também não pode abranger lucros cessantes nem danos não patrimoniais (art. 12º do D.L. 183/88).

O seguro-caução não é actualmente sujeito a forma especial, por força do art. 32º, nº 1, RJCS, devendo ser reduzido a escrito em documento que constitui a apólice do seguro (art. 32º, nº 2, RJCS), contendo as menções do art. 37º RJCS e do art. 8º do D.L. 183/88, de 24 de Maio.

Tem sido questionada na doutrina a natureza do seguro-caução[460]. Para uma tese, o seguro-caução corresponde a uma modalidade especial de seguro de créditos *lato sensu*, na medida em que se estabelece um seguro contra a depreciação de um bem (o crédito) resultante da sua falta de pagamento integral na data do vencimento[461]. Para outros autores, o seguro-caução não passaria de uma fiança prestada por uma instituição seguradora, na medida em que lhe falta a álea que caracteriza o contrato de seguro, ficando a seguradora, à semelhança do fiador, sub-rogada quando cumpre a sua obrigação, e tendo o contrato a mesma função sócio-económica da fiança[462]. Para outros, o seguro-caução, sendo algumas vezes quali-

[460] Cfr., sobre ela, CLAUDIO RUSSO, *op. cit.*, 1 e ss., e MÓNICA JARDIM, *op. cit.*, pp. 214 e ss.

[461] A posição é minoritária na doutrina estrangeira (cfr., por exemplo SALVESTRONI, *BBTC* 45 (1982), p. 1088), mas parece dominante na nossa doutrina. Cfr. MENEZES CORDEIRO, *Manual de Direito Bancário*, p. 768, e *Direito dos Seguros*, pp. 780-781 (que qualifica o seguro-caução como uma caução prestada através de um seguro de créditos), MÓNICA JARDIM, *op. cit.*, pp. 220 e ss., LUÍS EDUARDO MEURER AZAMBUJA, em JORGE SINDE MONTEIRO (org.), *Garantias*, p. 344, e L. M. PESTANA DE VASCONCELOS, *Direito das Garantias*, pp. 176 e ss.

[462] Neste sentido, vide MOLLE, *BBTC* 16 (1953), pp. 449 e ss., DONATI, *RTDPC* 9 (1955), pp. 51-52, e *BBTC* 20 (1957), II, pp. 75 e ss., FRAGALI, *BBTC* 18 (1955), pp. 140 e ss. (149-150), PIETRO RUSSO, *GC* 33 (1983), p. 242, MAZZONI/ BRUGLIERE, *NGCC* 2 (1986), II, p. 380, CESARE VACCÀ, em DRAETTA/VACCÀ, *op. cit.*, pp. 176 e ss., MICHELE SESTA, em *Digesto.*

ficável como fiança, pode ainda constituir uma modalidade de garantia autónoma, na medida em que se verifica que em diversas apólices se estabelece que a seguradora se obriga a satisfazer o pagamento, muitas vezes à primeira solicitação, com independência da obrigação que existe para o devedor[463]. Para outros, o seguro-caução constitui um contrato atípico de garantia, que se insere no *genus* dos contratos autónomos de garantia[464]. Para outros, o seguro-caução constituiria uma figura contratual intermédia entre a caução e o seguro que o fariam constituir um subtipo especial de fiança[465]. Finalmente, para outros o seguro-caução funcionaria em certos casos como seguro e noutros como fiança[466].

Parece-nos mais correcta a posição que qualifica o seguro-caução como uma forma especial de fiança prestada por uma seguradora, que apenas se diferencia da sua forma ordinária, pelo facto de o contrato ser estipulado e gerido segundo as regras técnicas e económicas da actividade seguradora, o que justifica a existência de uma disciplina específica.

Disc. Priv. Sez Comm., XI, 1995, p. 176 e e CARRASCO PERERA / CORDERO LOBATO / MARÍN LOPEZ, *op. cit.*, pp. 443 e ss. Entre nós veja-se VAZ SERRA, *BMJ* 75 (1958), p. 127, nota (157-A) e ALVES DE BRITO, *op. cit.*, pp. 474 e ss. Na jurisprudência, veja-se o já referido Ac RL 12/2/1985 (ALBUQUERQUE E SOUSA), em *CJ* 10 (1985), 1, pp. 163-165 (165).e também o Ac. RP 9/7/1985 (FERNANDES FUGAS), em *CJ* 10 (1985), 4, pp. 225-227 (226), em que se considerou que o seguro-caução constitui uma espécie de fiança para efeito do art. 623º, nº 2 CC.

463 Neste sentido, G. CHINÉ, "Polizza Fideiussoria", em CUFFARO (org.), *Le Garanzie*, pp. 64 e ss. Na nossa jurisprudência, veja-se o Ac. STJ 12/3/1996 (SOUSA INÊS), em *CJ-ASTJ* 4 (1996) 1, pp. 143-146 (144).

464 Cfr. MARCO LIPARI, *GC* 36 (1986), II, pp. 158-159, CARBONE, *CorrGiur* 9 (1992), pp. 870 e ss. e CHINÈ, *GI* 147 (1995), I, 1, pp. 1089 e ss.

465 Cfr. ANDREA FUSARO, *GI* 137 (1985) I 1, pp. 97 e ss. e 951 e ss.

466 Assim, CASTRO MENDES, *op. cit.*, p. 17 sustenta que o seguro-caução só se pode considerar como seguro enquanto abrange casos de não cumprimento involuntário do devedor, como nas hipóteses de falência ou insolvência. Nos casos de incumprimento voluntário, dado que não está em causa um risco, seria antes uma fiança.

Capítulo VI
As Garantias Reais

1. A consignação de rendimentos
1.1. Generalidades

Entre as garantias reais das obrigações, encontra-se a consignação de rendimentos[467], a qual pode ser definida como a afectação dos rendimentos de determinados bens imóveis ou móveis sujeitos a registo à garantia do cumprimento de obrigações, sejam estas principais, de juros ou ambas, e podendo ser quer presentes quer futuras ou condicionais (art. 656º). Assim, ao contrário do penhor e da hipoteca, que permitem ao credor pagar-se pelo valor dos bens objecto da garantia, a consignação de rendimentos apenas permite ao credor pagar-se através dos rendimentos de uma coisa ou pelo uso dela, e já não pelo valor da mesma.

1.2. Legitimidade para a constituição da consignação de rendimentos.

Consistindo numa oneração dos rendimentos dos bens, a consignação pressupõe a legitimidade para dispor desses rendimentos (art. 657º, nº 1), ainda que não necessariamente do próprio bem. A consignação pode

[467] Cfr. Adriano Vaz Serra, "Consignação de rendimentos", em *BMJ* 65 (1957), pp. 263-316, Paulo Cunha, *Da garantia*, II, pp. 239 e ss., Menezes Cordeiro, *Direitos reais*, pp. 766 e ss., Romano Martinez/Fuzeta da Ponte, *op. cit.*, pp. 46 e ss., Santos Justo, *Direitos Reais*, pp. 461 e ss., Pinto Duarte, *Direitos Reais*, pp. 238 e ss., A. Luís Gonçalves, "Consignação de rendimentos", na *RDES* 32 (1990), nºs 1 a 4, pp. 269-281, Salvador da Costa, *O concurso*, pp. 28 e ss., José Andrade Mesquita, "Consignação de rendimentos ou anticrese: alguns aspectos do seu regime e natureza jurídica", em *BCNP*, nº 21 (1990), pp. 139-155.

naturalmente ser constituída por terceiro (art. 658º, nº 2), caso em que se extingue sempre que por facto positivo ou negativo do credor, não possa dar-se a sub-rogação daquele nos direitos deste (art. 717º, nº 1, aplicável por força do art. 657º, nº 2).

1.3. Modalidades da consignação de rendimentos

A consignação pode ser voluntária ou judicial, sendo voluntária a consignação constituída pelo devedor ou por terceiro que resulte de negócio entre vivos ou de testamento, e judicial a que resulta de decisão do tribunal (art. 658º). A consignação judicial encontra-se regulada nos arts. 803º e ss. do CPC, sendo uma forma de satisfação do crédito, que é admitida por requerimento do exequente, enquanto os bens não tiverem sido vendidos ou adjudicados. Já a consignação voluntária depende de escritura pública, documento particular autenticado ou de testamento, se abranger imóveis, ou de simples escrito particular, se abranger móveis, devendo em qualquer caso ser sujeita a registo, salvo se tiver por objecto títulos de crédito nominativos, caso em que basta a simples menção nos títulos e averbamento (art. 660º, na redacção do D.L. 116-A/2008, de 4 de Julho).

1.4. Prazo da consignação de rendimentos

Dispõe o art. 659º que a consignação de rendimentos pode fazer-se por um certo número de anos ou até ao pagamento da dívida garantida, mas que, quando incida sobre os rendimentos de bens imóveis, nunca poderá exceder o prazo de 15 anos. A existência do limite máximo compreende-se, dado que a oneração que representa a consignação de rendimentos de um imóvel prejudica a livre alienação do bem.

1.5. Forma e publicidade da consignação de rendimentos

Dispõe o art. 660º, nº 1, na redacção do D.L. 116-A/2008, de 4 de Julho, que "salvo o disposto em lei especial, o acto constitutivo da consignação voluntária deve constar de escritura pública, de documento particular autenticado, ou de testamento, se respeitar a coisas imóveis, e de escrito particular, quando recaia sobre móveis", estabelecendo o nº 2 que "a consignação está sujeita a registo, salvo se tiver por objecto os rendimentos de títulos de crédito nominativos, devendo neste caso ser mencionada nos títulos e averbada, nos termos da respectiva legislação". A consignação de rendimentos está sujeita a registo (art. 2º, nº 1, *h)* do CRP). No caso de se tratar da consignação judicial de rendimentos de bens imóveis objecto de inscrição de penhora, o registo da consignação de redimentos é efectuado por averbamento à inscrição da penhora sobre o imóvel (art. 101º, nº 1 *i)* CRP). No caso de se tratar de consignação voluntária de rendimentos, o registo é efectuado por inscrição, a qual mencionará o prazo de duração ou, se for por tempo indeterminado, a quantia para cujo pagamento se fez a consignação e a importância a descontar em cada ano, se tiver sido estipulada uma quantia fixa (art. 95º, nº 1 *p)* CRP).

1.6. Objecto da consignação de rendimentos

Conforme resulta do art. 656º, nº 1, a consignação de rendimentos apenas pode incidir sobre os rendimentos de certos bens imóveis, ou de móveis sujeitos a registo, incluindo-se nestes últimos os títulos de crédito nominativos, conforme se dispõe no art. 660º, nº 2. Salienta-se, no entanto, que relativamente a bens móveis não registáveis, é possível constituir um penhor e afectar os respectivos frutos ao pagamento do capital em dívida (art. 672º), o que permite por essa via que seja obtida uma função idêntica à da consignação de rendimentos[468].

1.7. Regime da consignação de rendimentos

Em termos de efeitos, a consignação de rendimentos atribui ao credor na execução a preferência sobre os demais credores pelos rendimentos do bem sobre que incide e permite exigir esses rendimentos mesmo que o bem seja alienado a terceiro.

A consignação é, no entanto, uma figura maleável, uma vez que nela é possível estipular, tanto que continuem em poder do concedente os bens cujos rendimentos são consignados, como que esses bens passem para o poder do credor, o qual fica, na parte aplicável, equiparado ao locatário, sem prejuízo da faculdade de por seu turno os locar, quer que os bens passem para o poder de terceiro, por título de locação ou outro, ficando o credor com o direito de receber os respectivos frutos (art. 661º, nº 1, als. *a)*, *b)* *c)*). Os deveres a que as partes estão sujeitas variarão consoante a situação em causa.

[468] Cfr. Pires de Lima/Antunes Varela, *op. cit.*, I, sub art. 672º, nº 1, p. 692 e J. Andrade Mesquita, *BCNP* nº 21 (1990), p. 143.

Assim, *se os bens continuarem em poder do concedente*, o credor fica com direito de exigir dele a prestação anual de contas, se não for estipulado o recebimento de uma importância fixa (art. 662º, nº 1). O concedente mantém assim os bens em seu poder, sendo ele que entrega os respectivos rendimentos ao credor.

Se os bens passarem para o poder do credor, este fica equiparado ao locatário, sem prejuízo da faculdade que possui de efectuar nova locação desses bens. Temos assim que os bens são entregues ao credor, sendo este que os administra para obter os rendimentos que são objecto da garantia, sendo o seu estatuto equiparado ao do locatário, com exclusão da obrigação de pagamento da renda. Nesta situação, passa a ser sobre o credor que incide o dever de efectuar ao concedente a prestação de contas (art. 662º, nº 2). No caso de os bens passarem para o poder do credor este fica vinculado a administrá-los como um proprietário diligente e a pagar as contribuições e demais encargos das coisas (art. 663º, nº 1), dever que só pode elidir renunciando à garantia (art. 663º, nº 2).

Se os bens passarem para o poder de terceiro, por título de locação ou outro, o credor fica com o direito de haver os respectivos frutos. Nesta hipótese, os bens não ficam nem em poder do devedor, nem em poder do credor. São colocados na posse de terceiro, através de um título específico, como a locação, cabendo ao terceiro a faculdade de gozo desses bens mediante a contrapartida de uma prestação que é entregue ao credor, a título de garantia. Naturalmente que o contrato de locação apenas vigorará enquanto durar a consignação de rendimentos, caducando com a extinção destea, nos termos do art. 1051º *c)*[469].

A consignação pode garantir tanto dívidas já existentes, como dívidas condicionais ou futuras (art. 656º, nº 1). Nos termos do art. 656º, nº 2, a consignação de rendimentos pode garantir o cumprimento da obrigação e o pagamento dos juros, ou apenas o cumprimento da obrigação ou só o pagamento dos juros. No caso de garantir tanto o cumprimento da obrigação como o pagamento dos juros, os frutos da coisa são imputados primeiro nos juros e só depois no capital (art. 661º, nº 2). A extinção da obrigação garantida vai assim ocorrendo através da entrega desses rendimentos ao

[469] Cfr. JANUÁRIO GOMES, *Constituição da relação de arrendamento urbano*, Coimbra, Almedina, 1980, pp. 319-320. Na jurisprudência, cfr. Ac. RL 16/9/2008 (ABRANTES GERALDES), em *CJ* 33 (2008), 4, pp. 80-85.

credor, a qual não implica novação e como que se reconduz a uma dação em cumprimento[470].

Face a este regime, é manifesto que o titular da consignação não tem a faculdade de executar a coisa, podendo apenas pagar-se através dos seus rendimentos, o que obtém gradualmente sem necessidade de aguardar que o devedor incumpra a obrigação garantida. O seu direito é naturalmente oponível a terceiros, em caso de alienação da coisa, continuando o credor a ter direito aos rendimentos desta, mas não parece poder sobreviver à venda executiva (art. 824º, nº 2)[471].

Por força do art. 665º, à consignação aplica-se o regime da hipoteca, quanto à transferência do direito para indemnizações em caso de perda ou deterioração (art. 692º) pacto comissório (art. 694º), cláusulas de inalienabilidade (art. 695º), indivisibilidade (art. 696º), substituição ou reforço (art. 701º) e seguro (art. 702º).

1.8. Extinção da consignação de rendimentos

A consignação de rendimentos extingue-se pelo decurso do prazo, pela extinção da obrigação a que serve de garantia, pelo perecimento da coisa consignada e ainda pela renúncia do credor (art. 664º e 730º).

A primeira hipótese de extinção da consignação resulta do decurso do prazo. Efectivamente, se as partes estipularam um prazo de vigência da consignação de rendimentos, o decurso desse prazo faz extinguir a consignação, mesmo que a dívida não esteja paga. O crédito subsistirá, nessa parte, como crédito comum.

Outra hipótese de extinção da consignação é a extinção da obrigação, a que serve de garantia. Efectivamente, sendo a consignação de rendimentos uma garantia acessória, a extinção da obrigação a que serve de garantia determina naturalmente a extinção da consignação.

O perecimento da coisa consignada é naturalmente causa de extinção da consignação de rendimentos, dado que o desaparecimento do objecto de um direito extingue esse direito.

Finalmente, a consignação de rendimentos extingue-se com a renúncia do credor, uma vez que sendo a garantia estabelecida em seu benefício, naturalmente que não se justifica mantê-la contra a sua vontade.

470 Cfr. Salvador da Costa, *op. cit.*, p. 29.

471 Cfr. Romano Martinez/Fuzeta da Ponte, *op. cit.*, p. 47 e Pinto Duarte, *Direitos Reais*, p. 238.

1.9. Natureza jurídica da consignação de rendimentos

É controvertida a natureza jurídica da consignação de rendimentos. A posição dominante é a de que esta constitui uma garantia real das obrigações, por força da qual o credor se paga pelos rendimentos de certos bens imóveis ou móveis sujeitos a registo[472]. Há quem, no entanto, considere que a figura não tem uma natureza real verdadeira ou completa, na medida em que ao credor é retirada a possibilidade de executar o bem, e a garantia não sobrevive à venda executiva[473]. Finalmente, há quem lhe negue mesmo o cariz de garantia, considerando que representa antes um meio de realização actual do crédito, reconduzível à *datio pro solvendo*[474].

A consignação não se apresenta como um meio de satisfação do crédito, uma vez que através dela não ocorre a extinção da obrigação, mas antes uma garantia suplementar consiste na afectação dos rendimentos de uma coisa ou do seu uso à satisfação do crédito. Essa garantia, apesar de incidir sobre os rendimentos da coisa, não deixa de representar uma oneração real da mesma, na medida em que é oponível a terceiros. Não vemos, por isso, razão para afastar a consignação de rendimentos das garantias reais das obrigações. Há, no entanto, que reconhecer que, para além de ser uma garantia, a consignação pode funcionar como um meio de permitir a satisfação do crédito. Tal depende, no entanto, da vontade do devedor que pode em qualquer altura optar por cumprir a obrigação garantida, extinguindo a consignação (art. 664º e 730º *a*)).

2. O penhor de coisas

2.1. Generalidades

O penhor de coisas é objecto de regulação[475], não apenas pelos arts. 666º e ss. do Código Civil, relativos ao penhor civil, mas também pelos arts.

[472] Cfr. ANTUNES VARELA, *Obrigações*, p. 520, e nota (3), MENEZES CORDEIRO, *Direitos Reais*, p. 767, SANTOS JUSTO, *Direitos Reais*, p. 463, ROMANO MARTINEZ/FUZETA DA PONTE, *op. cit.*, p. 47 (que no entanto inserem a figura entre os acordos destinados a facilitar o cumprimento das obrigações) e A. LUÍS GONÇALVES, *RDES* 32 (1990), pp. 270-271.

[473] Cfr. PINTO DUARTE, *Direitos Reais*, pp. 238 e 242.

[474] Cfr. ANDRADE MESQUITA, *BCNP* nº 21 (1990), pp. 149 e ss.

[475] Cfr. entre nós, PAULO CUNHA, *Da garantia*, II, pp. 175 e ss., VAZ SERRA, "Penhor", em *BMJ* 58 (1956), pp. 17-292 e 59 (1956), pp. 13-269, MENEZES CORDEIRO, *Direitos Reais*, pp. 741 e ss. e *Manual de Direito Bancário*, pp. 715 e ss., SANTOS JUSTO, *Direitos Reais*, pp. 463 e ss., PINTO DUARTE, *Direitos Reais*, pp. 229 e ss., SALVADOR DA COSTA, *O concurso*, pp. 38 e ss., e L. M. PESTANA DE VASCONCELOS, *Direito das garantias*, pp. 239 e ss.

397º e ss. do Código Comercial relativos ao penhor mercantil. Para além disso ocupam-se ainda do penhor o Decreto-Lei 29 833, de 17 de Agosto de 1939 e o Decreto-Lei 32032, de 22 de Maio de 1942, relativos ao penhor bancário, e ainda o Decreto-Lei 365/99, de 17 de Setembro, alterado pelo Decreto-Lei 114/2011, de 30 de Novembro, que, em relação à actividade de prestamista, regula o mútuo garantido por penhor (arts. 10º e ss.). Em bom rigor, deverá reconhecer-se que o regime do Código Civil surge apenas como referência geral do penhor, uma vez que a grande maioria dos penhores encontra-se sujeita a regimes especiais (cfr. art. 668º).

O actual regime do penhor tem por base uma evolução histórica a partir do Direito Romano[476]. Inicialmente a forma usada para constituir as garantias residia na *fiducia cum creditore* (Gai Inst. 2.59-60 e 3.201), mediante a qual o devedor efectuava ao credor, por via da *mancipatio*, a transmissão de uma coisa sua, obrigando-se simultaneamente o credor a restituir-lha quando a obrigação fosse cumprida. Esta via era, no entanto, demasiado onerosa para o devedor, quer perdia logo a propriedade da coisa, pelo que veio a ser substitu-

Na doutrina alemã, veja-se HARALAMBOS DIMOPOULOS-VOSIKIS, *Die Legalobligation beim Pfandrecht an beweglichen Sachen nach dem BGB*, Diss. Münster, 1959, HEINZ PIKART, "Die Rechtsprechung des BGH zum Pfandrecht an beweglichen Sachen", em *WM* 1962, pp. 98-104, KONSTANTIN SIMITIS, "Das besitzlose Pfandrecht. Eine rechstvergleichende Untersuchung", em *AcP* 171 (1971), pp. 94-154, KARL-HEINZ GURSKY, "Die neuere höchstrichterliche Rechtsprechung zum Mobiliarsachenrecht", em *JZ* 1991, pp. 496-503 e 650-657 (655 e ss.), ERNST WOLF, *Lehrbuch des Sachenrechts*, 2ª ed., Köln/Bonn/Berlin/München, Carl Heymanns, 1979, pp. 294 e ss., HARRY WESTERMANN, *Sachenrecht. Ein Lehrbuch*, 7ª ed., por Harm Peter Westermann/Karl-Heinz Gursky/Dieter Eickmann, Heidelberg, Müller, 1998, §§ 125 e ss., pp. 887 e ss., FRITZ BAUR/ROLF STÜRNER, *Sachenrecht*, 17ª ed., München, Beck, 1999, § 55, pp. 671 e ss., WEBER, *op. cit.*, pp. 130 e ss., e MANFRED WOLF, *Sachenrecht*, 20ª ed., München, Beck, 2004, § 31, nºs 862 e ss., pp. 363 e ss.

Na doutrina espanhola, veja-se CARRASCO PERERA / CORDERO LOBATO / MARÍN LOPEZ, *op. cit.*, pp. 807 e ss.

Na doutrina francesa, cfr. ALEX WEILL, *op. cit.*, pp. 65 e ss., MARTY / RAYNAUD / JESTAZ, *op. cit.*, pp. 48 e ss., MAZEAUD / CHABAS, *Sûretés*, pp. 141 e ss., MESTRE / PUTMAN / BILLIAU, *Droit Spécial*, pp. 174 e ss., AYNÈS / CROCQ, *op. cit.*, pp. 193 e ss., PIEDELIÈVRE, *op. cit.*, pp. 174 e ss., DOMINIQUE LEGEAIS, *op. cit.*, pp. 295 e ss.

Na doutrina italiana, veja-se GORLA / ZANELLI, *op. cit.*, pp. 1 e ss.

[476] Cfr., sobre ela KASER, *Das Römische Privatrecht*, I, § 108, pp. 457 e ss., e II, § 250, pp. 312 e ss., FREZZA, *op. cit.*, II, pp. 81 e ss., GINO GORLA, *Le garanzie reale delle obbligazzione*, Milano, Giuffrè, 1935, pp. 35 e ss., e LUCIO BOVE, "Pegno-Diritto Romano", em *NovissDI* 12 (1965) pp. 763-766, MENEZES CORDEIRO, *Direitos Reais*, pp. 742 e ss., SANTOS JUSTO, *Direitos Reais*, pp. 464-465, e EDUARDO VERA-CRUZ PINTO, *op. cit.*, pp. 173 e ss.

ída pela *datio pignoris*, a qual não transferia a propriedade, mas apenas a posse da coisa que lhe era entregue[477]. O credor adquiria consequentemente o *ius possidendi* e para além disso o *ius distrahendi*, mediante o qual poderia vender a coisa em caso de não cumprimento da obrigação garantida, podendo também fazer sua essa mesma coisa em caso de não cumprimento (*lex comissoria*). Essa última faculdade viria, no entanto, a ser abolida por uma constituição do Imperador CONSTANTINO, por se ter considerado demasiado gravosa para o devedor, uma vez que o objecto dado em penhor vale normalmente mais do que a dívida garantida (C.8.34.3.). O *ius possidendi* do credor pignoratício veio posteriormente a ser reforçado através de uma *actio serviana utilis* mediante o qual se admitiu a possibilidade de ele reclamar a restituição da coisa, caso ele se encontre ilegitimamente na detenção de terceiro.

Nos termos do art. 666º, nº 1, do Código Civil, "o penhor confere ao credor o direito à satisfação do crédito, bem como dos juros, se os houver, com preferência sobre os demais credores, pelo valor de certa coisa móvel, ou pelo valor de créditos ou outros direitos não susceptíveis de hipoteca, pertencentes ao devedor ou a terceiro". O penhor constitui assim uma garantia real, dado que atribui uma preferência sobre bens determinados, cuja especificidade consiste em ter por objecto os bens não susceptíveis de hipoteca. No caso do penhor de créditos, dado que estes não podem ser objecto de direitos reais, o penhor perde a sua natureza real, sendo uma garantia de outro tipo.

O penhor é considerado, à semelhança da fiança, uma garantia acessória, pelo que a sua constituição, manutenção e extinção ficam dependentes da constituição, manutenção e extinção do crédito garantido. O penhor pode, porém, ser constituído em relação a uma obrigação futura ou condicional (art. 666º, nº 3), caso em que o autor do penhor transmite a posse da coisa a outrem na expectativa de que este venha a ser constituído como seu credor[478].

Ao contrário da hipoteca, o penhor resulta sempre de um contrato (contrato de penhor), o qual pode ser celebrado, quer pelo devedor, quer por

[477] Segundo explica GAIUS em D.50.16.238.2, o facto de a *datio pignoris* corresponder a uma tradição manual explica a origem do termo *pignus*, que derivaria de *pugnus* (punho): "*Pignus appellatum a pugno, quia res, quae pignori datur, manu traduntur*".

[478] Cfr. ECCIUS, "Fahrnispfand für künftige Forderungen", em *GruchotsBeitr* 50 (1906), pp. 500-503.

terceiro (art. 666, nº 1, *in fine*). No caso de alguém ser obrigado ou autorizado por lei a prestar caução e o fizer por meio de depósito de dinheiro, títulos de crédito, pedras ou metais preciosos, esse depósito é havido como penhor (art. 666º, nº 2 e 623º, nº 1).

2.2. Modalidades de penhor: o penhor com ou sem desapossamento

O penhor pode ser constituído com ou sem desapossamento. No seu enquadramento tradicional, o penhor é realizado com desapossamento, exigindo-se a entrega da coisa ou de documento que atribua a exclusiva disponibilidade dela ao credor ou a terceiro (art. 669º, nº 1), podendo essa entrega consistir na simples atribuição da composse ao credor, se essa atribuição privar o devedor da possibilidade de dispor materialmente da coisa (art. 669º, nº 2). Essencial é assim que o credor seja privado da diponibilidade material da coisa, o que desempenha uma função de publicidade, visando-se com ela assegurar que os terceiros possam ter conhecimento da existência do penhor, e que terão que suportar o exercício do direito do credor pignoratício, caso a coisa seja objecto de alienação[479]. Essa especialidade de o penhor implicar a subtracção da posse da coisa ao seu titular leva a que este desempenhe uma função económica específica como garantia, sendo especialmente utilizado em bens de que o devedor não carece para fins comerciais ou industriais e que pode dispensar por um certo período, como bens de luxo, jóias e metais preciosos[480].

Estão porém, contempladas legalmente situações especiais em que se verifica um penhor sem desapossamento, como sucede no penhor mercantil, onde se prevê uma tradição meramente simbólica (arts. 398º e ss. CCom.), e no penhor constituído em garantia de créditos de estabelecimentos bancários autorizados, em que se dispensa mesmo essa tradição (art. 1º do D.L. 29.833, de 17 de Agosto de 1939 e art. único do Decreto-Lei 32032, de 22 de Maio de 1942)[481].

Para além deste caso particular encontram-se ainda previstas em lei especial certas modalidades particulares de penhor de direitos que dispensam o desapossamento, admitindo outras forma de publicidade, como por

[479] A alienação torna-se aliás mais difícil com a subtracção da coisa ao credor pignoratício.

[480] Cfr. Ulrich Drobnig,"Security rights...", pp. 512 e ss..

[481] Sobre o penhor sem desapossamento, veja-se Inocêncio Galvão Telles, "O Penhor sem entrega no Direito luso-brasileiro", em *SI* 4 (1955), nº 15, pp. 199-216.

exemplo o registo[482]. Estão nestas condições, designadamente o penhor de participações sociais (art. 23º, nº 3 e 4 CSC), o penhor de valores mobiliários (art. 81º e 103º CVM) e o penhor do conteúdo patrimonial dos direitos de autor (art. 46º, nº 1, CDADC e 215º, nº 1 *a)* da Lei 45/85, de 7 de Setembro). Estes serão, porém, examinados no âmbito das garantias especiais sobre direitos.

Far-se-á inicialmente referência ao regime geral do penhor, para depois se abordar os respectivos regimes especiais.

2.3. Legitimidade para a constituição do penhor

Refere o art. 667º que só tem legitimidade para constituir o penhor quem puder alienar os bens, podendo naturalmente ser terceiro em relação à obrigação respectiva. O penhor constituído por terceiro encontra-se sujeito, nos termos art. 717º, aplicável por força do art. 667º, nº 2, à extinção sempre que um facto positivo ou negativo do credor tenha impossibilitado a sub-rogação do devedor, nos termos do art. 592º.

2.4. Forma do contrato de penhor

A lei não exige forma especial para o penhor de coisas, apenas referindo em relação ao penhor de direitos que ele deve revestir a forma necessária à transmissão dos direitos empenhados (art. 681º, nº 1). Há, porém, exigências de forma nos regimes especiais de penhor (cfr. art. 400º CCom e art. 11º, nº 1 D.L. 365/99).

2.5. Conteúdo da garantia

2.5.1. Âmbito do crédito garantido

O penhor pode ser constituído para garantia de quaisquer obrigações, incluindo futuras e condicionais (art. 666º, nº 3). Não há, por outro lado, limites legais à obrigação garantida, podendo esta abranger tanto o capital como os juros da obrigação, independentemente do seu montante, dado que não é aplicável ao penhor o limite estabelecido no art. 693º, nº 2, relativo à hipoteca.

2.5.2. Objecto do contrato de penhor

Podem ser objecto de penhor quaisquer coisas móveis, desde que não susceptíveis de hipoteca. Já os bens imóveis, assim como certos bens móveis,

[482] Cfr. SALVADOR DA COSTA, *O concurso*, pp. 41 e ss.

como os automóveis, navios e aeronaves, não poderão ser objecto de penhor, uma vez que se encontram abrangidos pela hipoteca. O entendimento tradicional é o de que não é admissível penhor sobre universalidades de facto, como uma colecção de selos, nem sobre coisas fungíveis, como o dinheiro, já que apenas se admite o penhor sobre coisas determinadas[483]. A prática entre nós tem vindo, porém, a admitir certas universalidades como objecto de penhor, tal como o estabelecimento comercial[484], bem como de penhor irregular[485], considerando expressamente o art. 666º, nº 2, que é havido como penhor o depósito a que se refere o art. 623º, nº 1, onde se inclui o dinheiro[486].

[483] Neste sentido, cfr. WEBER, *op. cit.*, § 6 3, p. 139. VAZ SERRA, *BMJ* 58 (1956), pp. 76 e ss., admitia, *de iure condendo*, o penhor sobre universalidades de facto, propondo ou que estas fosse entregue a terceiro, com o encargo de a gerir, ou a sua sujeição a registo.

[484] Cfr. infra.

[485] Cfr., sobre este, WEBER, *op. cit.*, § 7 III, p. 154.

[486] A interpretação a dar ao art. 666º, nº 2, apenas se pode explicar em função do seu contexto histórico. Efectivamente, para CUNHA GONÇALVES, *Tratado*, V, p. 232, a entrega de dinheiro constitui uma caução por depósito e não um penhor, uma vez que caso contrário este teria que ser vendido como qualquer penhor, o que é absurdo. Para JOSÉ GABRIEL PINTO COELHO, "O 'depósito' como caução na legislação portuguesa", em *RLJ* 62 (1929-1930), pp. 17-20 e 33-37, a caução constituída por depósito em dinheiro não constitui um depósito, para efeitos do Código Civil, mas antes um contrato de penhor, sendo um penhor de coisas incidindo sobre a quantia depositada abstractamente. Já PAULO CUNHA, *Da Garantia*, II, pp. 237 e ss. vem sustentar que que se o dinheiro é tratado como bem não fungível, então estaremos perante um penhor de coisas simples. Se o dinheiro é tratado como coisa fungível, haverá que distinguir se o depósito se coloca em poder de terceiros, caso em que o que se empenha é o crédito à restituição, havendo assim um penhor de créditos, ou se o depósito é feito nas mãos do credor, caso em que ficam a existir dois créditos de sinal contrário, ficando o crédito à restituição a servir de garantia ao outro (o que parece indicar igualmente no sentido da qualificação como penhor de créditos). Tomando em consideração a discussão VAZ SERRA, *BMJ* 59 (1956) pp. 105-106, nota (878), apenas admite a qualificação como penhor de créditos em relação ao depósito nas mãos de terceiro, considerando ser uma questão meramente doutrinal saber se existe um penhor de coisas sobre a quantia ou um penhor de créditos. No entanto, o autor pareceu excluir nos arts. 61º e 62º do seu anteprojecto a qualificação como penhor de coisas do penhor de dinheiro não considerado na sua individualidade, bem como do depósito de dinheiro (pp. 172-174). Parece, assim, que do art. 666º, nº 2, não resulta a qualificação do depósito de dinheiro como penhor de coisas, mas antes a aplicação do respectivo regime.

2.6. O regime geral do penhor

2.6.1. Constituição do penhor

O penhor com desapossamento tem vindo a perder importância no universo das garantias reais, apenas tendo lugar no âmbito do pequeno crédito, como o que resulta de empréstimos privados ou do negócio das casas de penhores[487]. Essencial para a constituição do penhor é neste caso a tradição da coisa, uma vez que o art. 669º, nº 1, refere que "o penhor só produz os seus efeitos pela entrega da coisa empenhada, ou de documento que confira a exclusiva disponibilidade dela, ao credor ou a terceiro", acrescentando o nº 2 que "a entrega pode consistir na simples atribuição da composse ao credor, se essa atribuição privar o autor do penhor da possibilidade de dispor materialmente da coisa".

Essencial ao penhor com desapossamento é assim a atribuição da posse sobre a coisa ao credor pignoratício, a qual deve resultar da tradição da coisa, a qual normalmente será material, podendo ainda ser simbólica, quando consista na tradição do documento que confira a exclusiva disponibilidadade da coisa, devendo ainda admitir-se a possibilidade de ocorrer uma *traditio brevi manu*, nos casos em que o credor pignoratício já esteja na detenção da coisa, antes da sua constituição em penhor. A posse do credor pignoratício é uma posse em nome próprio, nos termos do seu direito de penhor[488].

Em lugar da atribuição da posse integral sobre a coisa, pode ainda ser atribuída meramente a composse, desde que ela prive o proprietário da possibilidade de dispor materialmente da coisa (art. 669º, nº 2). Conforme refere o § 1206 BGB, essa situação pode ocorrer quando a coisa seja encerrada em local onde não possa ser aberta sem intervenção do credor, ou quando esteja na detenção de terceiro, que apenas a poderá restituir conjuntamente aos dois.

487 Cfr. WEBER, *op. cit.*, § 6, p. 131, que refere que na Alemanha a prática do penhor com desapossamento tem vindo a ser substituída pela transmissão da propriedade em garantia.

488 Neste sentido, já PAULO CUNHA, *Da garantia*, II, p. 207, MANUEL RODRIGUES, *A posse. Estudo de Direito Civil Português*, 3ª ed., por Fernando Luso Soares, Coimbra, Almedina, 1980, pp. 159 e ss. e MENEZES CORDEIRO, *Direitos Reais*, p. 752. Em sentido contrário, GUILHERME MOREIRA, *Instituições*, II, nº 121, p. 356, considera que o credor pignoratício não tem posse em nome próprio, mas um mero direito de detenção, resultante do penhor. Já OLIVEIRA ASCENSÃO, *Direito Civil. Reais*, p. 547, vem sustentar que a entrega no âmbito do penhor não corresponde propriamente a uma tradição, sendo a publicidade desempenhada pela privação de o autor do penhor dispor materialmente da coisa.

2.6.2. Direitos do credor pignoratício

O principal direito do credor pignoratício aparece-nos referido no art. 666º, nº 1, e consiste em poder obter a satisfação do seu crédito e eventuais juros, com preferência sobre os demais credores do devedor, pelo valor da coisa objecto do penhor. Esse direito compreende duas faculdades principais: a possibilidade de dar à execução a coisa empenhada, cumpridas as normas processuais estabelecidas para a execução do penhor, e a obtenção de uma preferência especial, já que em caso de concurso de credores o credor pignoratício obtém prioridade no pagamento sobre o valor da coisa empenhada, só podendo os credores comuns obter pagamento após a integral satisfação do seu direito[489].

Assim, a lei prevê que, vencida a obrigação a que serve de garantia, o credor adquire o direito de se pagar pelo produto da venda judicial da coisa empenhada, podendo a venda ser efectuada extraprocessualmente se as partes assim o tiverem convencionado (art. 675º, nº 1, na redacção do D.L. 38/2003, de 8 de Março[490]), tendo ainda os interessados a possibili-

[489] Cfr. Paulo Cunha, *Da garantia*, II, p. 205.

[490] Na sua anterior redacção, referia-se a que a venda poderia ser feita extrajudicialmente, o que poderia suscitar algumas dúvidas de interpretação. Efectivamente, anteriormente à Reforma de 2003, a venda em processo executivo tanto poderia ser feita judicial como extrajudicialmente, sendo assim qualificadas a venda em bolsa, directa, por negociação particular ou em leilão. Cfr. Miguel Teixeira de Sousa, *Acção executiva singular*, Lisboa, Lex, 1998, pp. 363-364. Daí resultava que se pudesse discutir se a menção à venda extrajudicial no art. 675º se referia ainda a uma venda dentro do processo executivo, ainda que extrajudicial, ou contemplava antes uma venda fora do próprio processo executivo. A doutrina era, porém, concordante no sentido de que essa disposição não se referia à venda extrajudicial em processo executivo, mas antes a uma venda fora do processo. Cfr. Vaz Serra, *BMJ* 58 (1956), pp. 241 e ss., Pires de Lima / Antunes Varela, *op. cit.*, I, sub art. 675º, nº 1, pp. 694-695, e José Pedro Fazenda Martins, "Direitos reais de gozo e garantia sobre valores mobiliários", em AAVV, *Direito dos Valores Mobiliários*, Lisboa, FDL / Lex, 1997, pp. 99-119 (112). Actualmente, desapareceu a distinção entre venda judicial e venda extrajudicial, já que toda a venda é realizada por agente de execução. Cfr. Miguel Teixeira de Sousa, *A reforma da acção executiva*, Lisboa, Lex, 2004, pp. 192 e ss., Paula Costa e Silva, *A reforma da acção executiva*, Coimbra, Coimbra Editora, 2003, p. 124 e Rui Pinto, *A acção executiva depois da reforma*, Lisboa, Lex, 2004, p. 124. O art. 675º não sofreu, porém, alteração de interpretação, continuando a referir-se à venda efectuada fora do processo executivo, e consequentemente sem a intervenção do agente de execução. Salienta, porém, Luís Miguel D. P. Pestana de Vasconcelos, *A cessão de créditos em garantia e a insolvência. Em particular da posição do cessionário na insolvência do cedente*, Coimbra, Coimbra Editora, 2007, pp. 551, em nota, que "ao permitir-se a satisfação do credor pignoratício fora do processo parece, entre outras questões, que

dade de convencionar que a coisa empenhada seja adjudicada ao credor pelo valor que o tribunal fixar (art. 675º, nº 2). No âmbito do penhor mercantil o art. 401º CCom prevê que a venda poderá efectuar-se por meio de corretor, notificado o devedor, sendo que no caso de penhor efectuado a prestamista, os arts. 19º e ss., do D.L. 365/99 admitem igualmente uma venda extrajudicial.

A regra é assim a venda processual do penhor, sendo mesmo proibido o pacto comissório (art. 694º, aplicável por força do art. 678º), o que se encontra em conformidade com a proibição da livre apropriação do objecto das garantias reais[491]. No caso do penhor, esta regra é, no entanto, atenuada pelo facto de se permitir por convenção a venda extraprocessual ou mesmo a adjudicação, mediante prévia avaliação judicial[492]. Sendo realizada a venda processualmente, ela efectua-se nos termos gerais do processo executivo, tendo sido eliminado pelo D.L. 329-A/95, de 12 de Dezembro, o anterior processo judicial de venda e adjudicação do penhor, já que o aumento do elenco dos títulos executivos tornou inútil a correspondente fase declarativa, destinada à obtenção de título executivo[493]. Essa solução mantém-se no actual CPC de 2013.

Quando houver fundado receio de que a coisa empenhada se perca ou deteriore, o credor, ou o autor do penhor, pode mesmo proceder à sua venda antecipada, mediante autorização judicial (art. 674º, nº 1), podendo o autor do penhor impedir essa venda, desde que ofereça outra garantia idónea (art. 674º, nº 3). Os direitos do credor pignoratício passam então a incidir sobre o produto da venda, podendo o tribunal, no entanto, ordenar que o preço seja depositado (art. 674º, nº 2).

se permite que sejam postergados os privilégios mobiliários que prevaleçam sobre o penhor (evidentemente, se os credores que beneficiem desses privilégios não tomarem a iniciativa), bastando, no fundo, para esse efeito, o acordo prévio quanto à venda extraprocessual. É que sendo a venda executiva, estes teriam que ser citados para reclamarem os seus créditos (art. 864º, nº 3. [hoje 786º, nº 1] CPC)".

[491] A *lex comissoria* encontrava-se inicialmente associada ao penhor, admitindo que o credor se pudesse apropriar da coisa empenhada, em caso de não cumprimento por parte do devedor. Essa *lex comissoria* veio, porém, a ser abolida por uma constituição de CONSTANTINO (C.8.34.3), com a justificação de que a cláusula seria habitualmente muito gravosa para o devedor, já que habitualmente o objecto empenhado seria de valor superior ao crédito garantido. Cfr., sobre a proibição do pacto comissório, LEO RAAPE, *Die Verfallklausel bei Pfand und Sicherungsübereignung*, Berlin, Franz Vahlen, 1913.

[492] Cfr. PAULO CUNHA, *Da garantia*, II, pp. 215 e ss.

[493] Cfr. o relatório do D.L. 329-A/95.

Para além desse direito principal, o art. 670º vem atribuir outros direitos em relação ao credor pignoratício. O primeiro, referido na alínea *a)*, é o de usar, em relação à coisa empenhada, das acções destinadas à defesa da posse, ainda que seja contra o próprio dono. Efectivamente, implicando o penhor o desapossamento ao menos parcial do dono da coisa, e a concomitante atribuição de posse ao credor pignoratício[494], são-lhe conferidos os meios de conservação da referida posse, podendo este excercê-los, quer contra o próprio dono, quer contra terceiros.

Para além desse direito, o art. 670º *b)* confere ainda ao credor pignoratício o direito de ser indemnizado das benfeitorias necessárias e úteis e de levantar estas últimas, nos termos do art. 1273º. Trata-se de uma solução que se compreende, em função da atribuição da posse ao credor pignoratício. É, no entanto, de referir que a garantia do penhor não se estende ao crédito por benfeitorias, cabendo, no entanto, em relação a estas o direito de retenção[495].

O art. 670º *c)* confere também ao credor pignoratício o direito de exigir a substituição ou o reforço do penhor ou o cumprimento imediato da obrigação, se a coisa empenhada perecer ou se tornar insuficiente para segurança da dívida, nos termos fixados para a garantia hipotecária. Aplica-se, assim, também ao penhor o regime estabelecido no art. 701º para a hipoteca, admitindo-se a possibilidade de se exigir a substituição ou reforço da garantia, ou o cumprimento imediato da obrigação, em caso de perecimento ou insuficiência da coisa prestada para o cumprimento da obrigação. Essa solução está genericamente prevista no art. 780º, em relação a todas as garantias, para o caso de a diminuição ou insuficiência da garantia resultar de causa imputável ao devedor, estendendo esta disposição o regime também a causas não imputáveis ao devedor.

Para além destes direitos, há que acrescentar-se uma faculdade restrita de uso da coisa empenhada, sempre que o uso for indispensável à conservação da coisa ou o autor do o penhor nele tenha consentido (art. 671º *b) a contrario*). Para além disso, resulta do art. 672º, nº 1, que a lei atribui também na prática um poder de fruição ao credor pignoratício ao permitir-

[494] No sentido de que o credor pignoratício tem direito à posse da coisa dada em penhor, cfr. na doutrina alemã RUDOLF SCHMIDT, "Der Pfandbesitz", em *AcP* 134 (1931), pp. 1-80 e 129-196, FRANK PETERS, "Das Pfandrecht als Recht zum Besitz", em *JZ* 1995, pp. 390-392. Entre nós, veja-se VAZ SERRA, *BMJ* 58 (1956), pp. 150 e ss.

[495] Cfr. PAULO CUNHA, *Da garantia*, II, p. 208, PIRES DE LIMA/ANTUNES VARELA, *op. cit.*, I, sub art. 670º, nº 2, p. 690 e SALVADOR DA COSTA, *O concurso*, p. 45.

-lhe haver os frutos da coisa, que serão encontrados nas despesas feitas com ela, e nos juros vencidos, devendo o excesso, na falta de convenção em contrário, ser abatido no capital que for devido. Tal permite ao credor pignoratício em termos práticos a recolha dos frutos, uma vez que pode compensar a obrigação da sua restituição com o crédito que tenha sobre despesas, juros vencidos e capital. Se tiver que restituir os frutos, eles não se considerarão abrangidos pelo penhor (art. 672º, nº 2).

2.6.3. Deveres do credor pignoratício

A relação de penhor implica ainda a atribuição de certos deveres ao credor pignoratício, referidos no art. 671º.

O primeiro dever que recai sobre o credor pignoratício é o de custódia e administração da coisa empenhada. Efectivamente, o art. 671º *a)* refere que o credor pignoratício é obrigado a "guardar e administrar como um proprietário diligente a coisa empenhada, respondendo pela sua existência e conservação". Daqui resulta que, se a coisa empenhada perecer ou se deteriorar, o credor pignoratício será responsável nos termos gerais da responsabilidade obrigacional (art. 798º), pelo que a sua culpa naturalmente se presume (art. 799º, nº 1). Para além disso, e uma vez que lhe cabem poderes de administração, o credor pignoratício deve fazer frutificar a coisa, respondendo pelos frutos que um proprietário diligente teria obtido.

O segundo dever que recai sobre o credor pignoratício é o de não usar a coisa empenhada sem consentimento do autor do penhor, excepto se o uso for indispensável à conservação da coisa (art. 671º *b)*). Efectivamente, tendo o credor pignoratício uma faculdade de uso que é apenas instrumental em relação ao seu dever de conservação da coisa, cabe-lhe o dever de não exceder os limites dessa faculdade, até porque o uso poderia implicar a desvalorização da coisa.

Finalmente, recai sobre o credor pignoratício o dever de restituir a coisa empenhada, extinta a obrigação a que serve de garantia (art. 671º *c)*). A extinção da obrigação garantida determina, até por força do princípio da acessoriedade, a imediata extinção do penhor. Por força do art. 670º *b)*, o credor pignoratício poderá ainda reclamar o direito à restituição de benfeitorias necessárias e úteis, mas elas já não serão abrangidas pelo penhor, cabendo ao credor antes o direito de retenção (art. 754º)[496].

[496] Cfr. PAULO CUNHA, *Da garantia*, II, pp. 212-213.

2.6.4. Direitos do autor do penhor

O penhor constitui um direito real de garantia, que onera a coisa empenhada, ficando em consequência o autor do penhor com todas as faculdades que lhe competem, enquanto proprietário da coisa empenhada, que não sejam incompatíveis com o direito atribuído ao credor pignoratício. Entre essas faculdades inclui-se a de alienar ou onerar a coisa empenhada, dado que nesse caso o credor pignoratício pode opor eficazmente o seu direito ao novo proprietário[497]. A lei veda aliás que se convencione qualquer proibição de o dono da coisa alienar ou onerar os bens empenhados, apenas permitindo a convenção de que a dívida se vencerá logo que esses bens sejam alienados ou empenhados (art. 695º, aplicável por força do art. 678º).

No caso de o autor do penhor ser o próprio devedor, o art. 697º, aplicável por força do art. 678º, estabelece que este tem o direito de se opor, não só a que outros bens sejam penhorados na execução enquanto não se reconhecer a insuficiência da garantia, mas ainda a que, relativamente aos bens onerados, a execução se estenda além do necessário à satisfação do penhor.

No caso de o autor do penhor ser pessoa diferente do devedor, ele tem a faculdade, por força do art. 698º, aplicável por força do art. 678º, de opor ao credor, ainda que o devedor a eles tenha renunciado, os meios de defesa que o devedor tiver contra o crédito, com exclusão das excepções que são recusadas ao fiador. Para além disso, o autor do penhor tem ainda a faculdade de se opor à execução enquanto o devedor puder impugnar o negócio donde provém a sua obrigação, ou o credor puder ser satisfeito por compensação com um crédito do devedor, ou este tiver a possibilidade de se valer da compensação com uma dívida do credor.

2.6.5. Extinção do penhor

A extinção do penhor aparece-nos regulada no art. 677º, o qual determina que "o penhor extingue-se pela restituição da coisa empenhada, ou do documento a que se refere o nº 1 do art. 669º, e ainda pelas mesmas causas por que cessa o direito de hipoteca, com excepção da indicada na alínea *b)* do artigo 730º".

Temos assim que a primeira causa de extinção do penhor é a restituição da coisa empenhada ou do documento que confira a exclusiva disponibilidade dela, a credor ou a terceiro. A lei autonomiza actualmente esta

[497] Cfr. PAULO CUNHA, *Da garantia*, II, pp. 213-214.

causa de extinção do penhor em relação à renúncia, estabelecida na alínea *d)* do art. 730º[498]. Efectivamente, desempenhando a tradição no penhor de coisas um requisito específico de publicidade dessa garantia, compreende-se que a restituição da coisa empenhada ou do respectivo documento, na medida em que faz cessar essa publicidade, importe igualmente a extinção da garantia. Esta situação ocorre, quer a restituição seja voluntária quer involuntária por parte do credor (como seria o caso de a restituição ser determinada por fraude ou violência). Efectivamente, caso o autor do penhor subtraia a coisa ao credor, poderá dispor dela a favor de terceiros, não sendo aceitável que a estes fosse oponível o penhor, uma vez que não teriam qualquer publicidade relativa ao mesmo[499]. Da mesma forma, se o credor restituir a coisa ao devedor, mesmo que a título temporário e sem intenção de extinguir o penhor, este não deixa de se extinguir[500]. A restituição da coisa empenhada não é considerada um negócio jurídico, sendo antes um acto jurídico simples, pelo que não poderá ser resolvida pelo administrador da insolvência[501].

Para além disso, e por força da remissão do art. 677º para a alínea *a)* do art. 730º, o penhor extingue-se em resultado da extinção da obrigação a que serve de garantia. Esta solução aparece como consequência do princípio da acessoriedade, uma vez que sendo o penhor uma garantia acessória de um crédito, extingue-se naturalmente com o próprio crédito que assegura[502].

Igualmente por força da remissão do art. 677º para a alínea *c)* do art. 730º, o penhor extingue-se pelo perecimento da coisa empenhada, sem prejuízo do disposto nos arts. 692º e 701º, preceitos esses igualmente aplicáveis ao penhor por força da remissão do art. 678º. Assim, se o pereci-

[498] Pelo contrário, o art. 871º do Código Civil de 1867 estabelecia antes que a restituição da coisa empenhada fazia apenas presumir a remissão do direito de penhor, se o credor não provasse o contrário.

[499] Neste sentido, VAZ SERRA, *BMJ* 59 (1956), p. 69, e OLIVEIRA ASCENSÃO, *Reais*, p. 550. Na doutrina alemã, cfr. ROLF KAMP, *Besitzverlust der Pfandsache als Erlöschengrund des Pfandrechts*, Diss. Köln, 1936. O credor poderá interpor acção possessória ou de reivindicação (art. 670º *a)*), o que lhe permitirá reconstituir o penhor. No entanto, os direitos constituídos entretanto a favor de terceiro de boa fé prevalecem.

[500] Assim, por exemplo, se alguém empenha um anel e depois pede que o credor pignoratício lho empreste para ir a uma festa, o penhor extinguir-se-á. Cfr. WILHELM WEIMAR, "Die Rückgabe der Pfandsache", em *MDR* 1969, pp. 906-908.

[501] Cfr. WEIMAR, *MDR* 1969, p. 907.

[502] Cfr. PAULO CUNHA, *Da garantia*, II, p. 219.

mento da coisa empenhada implicar para o respectivo dono o direito a uma indemnização – o que pode ocorrer em resultado de responsabilidade civil, ou em virtude de seguro – o titular da garantia conserva sobre o crédito respectivo ou sobre as quantias pagas a título de indemnização, a preferência que lhe competia em relação à coisa empenhada. Para além disso, o credor pode exigir a substituição da garantia, e não o fazendo o devedor, exigir o imediato cumprimento da obrigação, ou tratando-se de obrigação futura, registar hipoteca sobre outros bens do devedor.

Nos termos do art. 730º, *d)*, aplicável por força do art. 677º, importa igualmente extinção do penhor a renúncia do credor pignoratício à garantia. Essa renúncia que, nos termos do art. 867º, não faz presumir a remissão da dívida, resulta sempre de um negócio unilateral abdicativo do credor, mesmo que seja estabelecida no âmbito de um acordo com o garante ou com o devedor, eventualmente mediante a contrapartida de outras garantias[503].

Finalmente, pode ainda importar a extinção do penhor, a reunião na mesma pessoa das qualidades de credor e de proprietário da coisa empenhada, se não existir interesse justificado do credor na subsistência da garantia (art. 871º, nº 4).

2.7. Os regime especiais de penhor

2.7.1. Generalidades

Uma análise geral dos regimes especiais do penhor apresenta-se como complexa, face à variação de regimes que encontramos. Faremos, no entanto, uma breve referência às diversas situações.

2.7.2. O penhor mercantil

Genericamente, no âmbito do penhor mercantil, o art. 398º CCom vem prever que a tradição pode ser meramente simbólica, através de "declarações ou verbas nos livros de quaisquer estações públicas onde se acharem as coisas empenhadas", pela "tradição da guia de transporte ou do conhecimento da carga dos objectos transportados" ou "pelo endosso da cautela de penhor dos géneros e mercadorias depositadas nos armazéns gerais"[504].

[503] Já PAULO CUNHA, *Da garantia*, II, p. 220, autonomizava o distrate do contrato pignoratício, da renúncia por parte do respectivo credor.

[504] Sobre o penhor mercantil, cfr. ainda hoje LUIZ DA CUNHA GONÇALVES, *Comentário ao Código Comercial Português*, II, Lisboa, José Bastos, 1916, pp. 467-468

Relativamente a títulos de crédito, referia o art. 399º CCom que "o penhor em letras ou títulos à ordem pode ser constituído por endosso com a correspondente declaração segundo os usos da praça e o penhor em acções, obrigações ou outros títulos normativos pela respectiva declaração em competente registo". Esta disposição encontra-se, no entanto, derrogada por disposições posteriores, já que o penhor de letras é actualmente regulado pelo art. 19º da LULL, o penhor de participações sociais pelo art. 23º, nºs 3 e 4 CSC e o penhor sobre valores mobiliários pelos arts. 81º e 103º CVM.

Temos assim que no âmbito do penhor mercantil se dispensa a entrega efectiva, bastando uma tradição meramente simbólica. Consequentemente, a jurisprudência tem, desde há muito, decidido que o penhor mercantil pode constituir-se ficando os objectos empenhados em poder do devedor como fiel depositário[505]. Em relação ao penhor mercantil, também não se exige forma especial para a produção de efeitos entre as partes, referindo, no entanto, o art. 400º CCom que "para que o penhor mercantil entre comerciantes por quantia excedente a duzentos mil reis produza efeitos em relação a terceiros basta que se prove por escrito".

No caso do penhor mercantil, o art. 401º CCom estabelece que a respectiva venda é efectuada através de corretor, notificando-se o devedor. Esta disposição suscitou, no entanto, a controvérsia sobre se se permitiria a venda extrajudicial ou se se estaria a indicar uma modalidade específica de venda judicial[506].

2.7.3. O penhor em garantia de créditos de estabelecimentos bancários

Existe igualmente um regime especial para o penhor constituído em garantia de créditos de estabelecimentos bancários autorizados, onde se dispensa totalmente a tradição da coisa. Efectivamente o art. 1º do D.L. 29.833, de 17 de Agosto de 1939, estabelece que "o penhor que for constituído em garantia de créditos de estabelecimentos bancários autorizados produzirá os seus efeitos, quer entre as partes, quer em relação a terceiros, sem necessidade de o dono do objecto empenhado fazer entrega dele ao credor ou a outrem". Neste caso, para garantia do credor pignoratício, vem-se

[505] Cfr. Ac. STJ 26-6-1953 (Jaime Tomé), no *BMJ* 37 (1953), pp. 423-426, e STJ 25/1/1955 (Jaime Tomé), no *BMJ* 47 (1955), pp. 480-482.

[506] No primeiro sentido, cfr. Rui Pinto Duarte, *Direitos Reais*, pp. 233-234. No segundo sentido, ainda que dubitativamente, José Pedro Fazenda Martins, *op. cit.* pp. 112-113.

estabelecer que o dono do crédito empenhado constitui, quanto ao direito pignoratício, um mero possuidor em nome alheio, sendo-lhe aplicáveis as penas de furto "se alienar, modificar, destruir ou desencaminhar o objecto sem autorização escrita do credor, e bem assim se o empenhar novamente sem que no novo contrato se mencione, de modo expresso, a existência do penhor ou penhores anteriores, que, em qualquer caso, preferem por ordem de datas" (art. 1º, § 1º do D.L. 29833), sendo estes penas aplicáveis aos administradores, no caso de o proprietário do objecto empenhado ser uma pessoa colectiva (art. 1º, § 2º do D.L. 29.833)[507]. O art. 2º do Decreto-Lei 29833, de 17 de Agosto de 1939, estabelece, porém, em relação a este caso de penhor, que o contrato deve ser celebrado por documento autêntico ou autenticado, contando-se os seus efeitos da data do documento no primeiro caso e da data do reconhecimento autêntico, e cabendo ao notário introduzir no documento as disposições que estabelecem as sanções acima referidas (art. 2º § único do D.L. 29.833). Posteriormente, o art. único do Decreto-Lei 32032, de 22 de Maio de 1942, veio admitir a celebração do penhor por simples documento particular quando estejam em causa créditos de estabelecimentos bancários, bastando essa forma para que o penhor produza efeitos em relação a terceiros, pelo que a tradição da coisa vem a ser totalmente dispensada no âmbito do penhor bancário.

2.7.4. O penhor efectuado a prestamista

Constitui igualmente um regime especial de penhor o do penhor efectuado a prestamista, nos termos do D.L. 365/99, de 17 de Setembro, alterado pelo D.L. 114/2011, de 30 de Novembro. Esta regulação específica justifica-se por a maior parte dos seus clientes serem consumidores, o que justifica que a legislação tome em conta a sua protecção específica[508].

[507] Esta norma tem suscitado algumas relativas à sua constitucionalidade, pelo argumento de que, não se distinguindo a obrigação do depositário de qualquer outra, se estaria perante uma hipótese de prisão por dívidas. O Ac. TC 572/95, de 18/10/1995, D.R. II Série de 18 de Outubro de 1996, não atendeu esta invocação. A incriminação é igualmente mantida no Ac. STJ 16/4/1997 (Pires Salpico), em *CJ-ASTJ* 5 (1997), 2, pp. 181-186.

[508] Cfr. Drobnig, "Security rights...", p. 512. Efectivamente, é comum o estabelecimento de regimes especiais para o penhor efectuado a prestamista. Na Alemanha, este é regulado pela *Pfandleiheierverordnung* de 1/2/1961, alterada em 1976 (veja-se o comentário de Jürgen Damrau, *Pfandleiherverordnung. Kommentar zur Pfandleiherverordnung und zu den Allgemeinen Geschäftsbedingungen im Pfandkreditgewerbe*. Suttgart / Berlin / Köln, Kohlhammer, 1990). Para

Uma das situações que caracteriza especialmente este regime é o facto de o acesso à actividade de prestamista ser condicionada através de licenciamento, salvo no caso de instituições de crédito e associações de socorros mútuos (arts. 2º e 3º D.L. 365/99), onde se averigua a idoneidade dos requerentes (art. 4º D.L. 365/99), sendo a manutenção dos requisitos de acesso permanentemente controlada (arts. 6º e ss. D.L. 365/99).

Quanto à forma do penhor efectuado a prestamista, o art. 11º, nº 1 D.L. 365/99, vem obrigar à redução a escrito do contrato de mútuo garantido por penhor, feito em dois exemplares e assinado por ambas as partes, ficando um deles na posse do mutuante, que se designará «termo de penhor» e o outro, denominado «cautela de penhor» destinar-se-à ao mutuário. Os nºs 2 e 3 da mesma disposição obrigam à inclusão de uma série de menções no contrato, entre as quais se insere "a descrição pormenorizada das coisas dadas em penhor".

Relativamente às coisas que podem ser objecto de penhor efectuado a prestamista, o art. 10º D.L. 359/99, vem referir que podem ser dadas em penhor todas as coisas móveis livremente transaccionáveis, com excepção das seguintes:

a) Artigos militares ou de fardamento das Forças Armadas ou de segurança;
b) Armas de fogo;
c) Matérias inflamáveis, explosivas ou tóxicas;
d) Objectos ofensivos dos bons costumes;
e) Objectos especialmente destinados ao exercício do culto público;
f) Coisas móveis sujeitas a registo.

O penhor efectuado a prestamista caracteriza-se igualmente por permitir a venda extrajudicial do bem, ainda que com requisitos especiais de transparência. Assim, o art. 20º do D.L. 365/99 vem estabelecer que, no caso de mora por período superior a três meses, o credor pode vender a coisa dada em penhor, quer por propostas em carta fechada, quer em leilão, quer directamente a entidades que, por determinação legal, tenham competência para adquirir determinados bens, não podendo, porém, o valor base de licitação ser inferior à avaliação da coisa, efectuada aquando

HORST HAMMEN, "Zinsobergrenzen im letzten "Reservat" des Faustpfandes", em *WM* 1995, pp. 185-188, trata-se de um regime civil especial causado por razões de direito público.

da celebração do contrato. No caso de a venda ser efectuada por propostas em carta fechada ou em leilão, é obrigatória a prévia publicação de anúncios (art. 19º D.L. 365/99).

3. A hipoteca

3.1. Generalidades

O art. 686º, nº 1, do Código não define a hipoteca, limitando-se a prever que ela "confere ao credor o direito de ser pago pelo valor de certas coisas imóveis, ou equiparadas, pertencentes ao devedor ou a terceiro, com preferência sobre os demais credores que não gozam de privilégio especial ou de prioridade de registo"[509].

[509] Cfr. VAZ SERRA, "Hipoteca", no *BMJ* 62 (1957) pp. 5-356 e 63 (1957), pp. 193-396, MENEZES CORDEIRO, *Direitos Reais*, pp. 754 e ss., SANTOS JUSTO, *Direitos Reais*, pp. 470 e ss., ROMANO MARTINEZ/FUZETA DA PONTE, *op. cit.*, pp. 186 e ss. e SALVADOR DA COSTA, *O concurso*, pp. 72 e ss., PINTO DUARTE, *Direitos Reais*, pp. 217 e ss. e MARIA ISABEL HELBLING MENÉRES CAMPOS, *Da Hipoteca. Caracterização, constituição e efeitos*, Coimbra, Almedina, 2003.
Na doutrina francesa, cfr. ALEX WEILL, *op. cit.*, pp. 238 e ss., MICHEL DAGOT, *op. cit.*, pp. 283 e ss., MARTY / RAYNAUD / JESTAZ, *op. cit.*, pp. 105 e ss., MAZEAUD / CHABAS, *Sûretés*, pp. 281 e ss., AYNÈS / CROCQ, *op. cit.*, pp. 261 e ss. e MESTRE / PUTMAN / BILLIAU, *Droit Spécial*, p. 604 e ss., THÉRY, *op. cit.*, pp. 185 e ss., DOMINIQUE LEGEAIS, *op. cit.*, pp. 338 e ss., e PIEDELIÉVRE, *op. cit.*, pp. 254 e ss.
Na doutrina alemã, cfr. HEINZ K. KLINKHAMMER / FRIEDBERT RANCKE, "Hauptprobleme des Hypothekenrechts", em *JuS* 1973, pp. 665-672, ERNST WOLF, *op. cit.*, § 11, pp. 431 e ss., SIEGFRIED RÄFLE, "Die neuere Rechsprechung des Bundesgerichtshofes zu Hypothek und Grundschuld", em *WM* 1983, pp. 806-816, DAGMAR COESTER-WALTJEN, "Die Durchsetzung des Hypothek: Einreden und Einwendungen des Eigentümers", em *Jura* 1991, pp. 186-190, ULRICH BÜDENBENDER, "Grundsätze des Hypothekenrechts", em *JuS* 1996, pp. 665-674, HARRY WESTERMANN, *op. cit.*, §§ 94 e ss., pp. 687 e ss., RIMMELSPACHER, *op. cit.*, § 11, pp. 158 e ss., nºs 658 e ss., BAUR/STURNER, *op. cit.*, § 37, pp. 418 e ss., WEBER, *op. cit.*, § 11, pp. 214 e ss., MANFRED WOLF, *Sachenrecht*, § 35, pp. 428 e ss., nºs 982 e ss., JAN SCHAPP, "Die Reform des Rechts der Löschungsvormerkung und das System des Grundpfandrechts", em *JuS* 1979, pp. 544-548, KARL-BERNHARD SCHMITZ, "Die neuere Rechtsprechung des Bundesgerichtshofes zu Hypothek und Grundschuld", em *WM* 1991, pp. 1061-1069, WILHELM SCHÜTZ, "Zur Reform des Hypothekenrechts", em *WM* 1968, pp. 818-823, PETER SCHWERDTNER, "Grundprobleme des Hypotheken- und Grundschuldrechts", em *Jura* 1986, pp. 259-265, e 370-380.
Na doutrina italiana, veja-se GORLA / ZANELLI, *op. cit.*, pp. 170 e ss., e CRISTIANO CICERO, *L'ipoteca*, Milano, Giuffrè, 2000.
Na doutrina espanhola, cfr. CARRASCO PERERA / CORDERO LOBATO / MARÍN LOPEZ, *op. cit.*, pp. 449 e ss.
Para um perspectiva genérica da hipoteca em diversos Estados europeus, cfr. GRAF VON BERNSTORFF, *RIW* 43 (1997), pp. 181 e ss.

O traço distintivo desta garantia é assim o seu objecto, na medida em que se restringe às coisas imóveis ou equiparadas (automóveis, navios e aeronaves), mais precisamente certos bens registáveis, bem como o facto de ter que ser registada, sendo o registo que confere a prioridade, salvo perante certos privilégios[510].

A hipoteca teve uma evolução histórica semelhante ao penhor[511], tendo também origem na *fiducia cum creditore* do Direito Romano, embora tenha sofrido igualmente influência de um instituto de origem grega, aplicável nas províncias orientais, a *hypothéké*, de onde retiraria o nome, instituto esse que consistia numa venda em garantia, subordinada à condição suspensiva do incumprimento do devedor[512].

Efectivamente, após a evolução da *fiducia cum creditore* para a *datio pignoris*, que representou a passagem da transferência da propriedade para a mera transmissão da posse, admitiu-se a possibilidade de nem sequer ocorrer essa transmissão da posse, havendo apenas uma convenção a estabelecer a garantia. Essa convenção obteve o nome de *conventio pignoris*, distinguindo-se da *datio pignoris*, por não envolver a transmissão da posse, não adquirindo consequentemente o credor o *ius possidendi*, mas apenas o *ius distrahendi*, ou seja, a faculdade de vender a coisa em caso de incumprimento. A hipoteca no Direito Romano não era restrita aos imóveis, podendo abranger quaisquer bens, tendo essa restrição posteriormente, em virtude da necessidade de conferir publicidade à garantia, que levou a que esta se limitasse aos bens sujeitos a registo.

A expressão "Hypothéque" apenas aparece no séc. XVI em França, tendo-se, no entanto, a partir do séc. XIII admitido com a designação de *obligatio bonorum*, a convenção pela qual o devedor afectava os seus bens à garantia de uma dívida, permitindo ao credor vendê-los e pagar com o seu preço. A partir do séc. XVI esta convenção deixou de ser aplicável aos móveis, como con-

[510] A diferença essencial entre a hipoteca e o privilégio especial reside na necessidade de aquela ser registada para se constituir, enquanto que este vale perante terceiros, independentemente do registo.

[511] Cfr. FREZZA, *op. cit.*, pp. 84 e ss., GORLA, *Le garanzie reale*, pp. 35 e ss., LUIGI DE SARLO, "Ipoteca (diritto romano)", em *NDI* 7 (1938), pp. 151-156 e ELIO PALMIERI, "Ipoteca (diritto romano)", em *NovissDI* 9 (1963), pp. 48-50, CICERO, *op. cit.*, pp. 8-9 e MENEZES CORDEIRO, *Direitos Reais*, pp. 755 e ss. e EDUARDO VERA-CRUZ PINTO, *op. cit.*, pp. 178 e ss.

[512] A equivocidade do termo *hypothéké* leva, no entanto, a que se questione se designaria alguma garantia específica ou antes toda e qualquer garantia real. Cfr. J. PH. LEVY, *TR* 55 (1987), p. 233.

sequência da sua exclusão da reivindicação, apenas se admitindo a *obligatio bonorum* sobre imóveis, ainda que com o defeito de não se prever qualquer publicidade. Exigia-se, no entanto, a forma de um acto notarial para a hipoteca, entendendo-se que quer os actos notariais, quer as condenações judiciais implicavam hipoteca geral sobre todos os imóveis presentes e futuros do devedor. É apenas a Revolução Francesa, com as leis de 9 de Messidor do Ano III (27 de Junho de 1795), e 11 de Brumário do ano VIII (1 de Novembro de 1798), que vem a instituir o registo das hipotecas, permitindo a sua plena consagração no *Code Civil*[513].

A hipoteca constitui um direito real de garantia que se caracteriza por, ao contrário do privilégio, não estabelecer a preferência em atenção à causa do crédito, vigorando antes o princípio da prioridade na constituição. Para além disso, a hipoteca constitui uma garantia acessória do crédito, ficando dependente da sua constituição e acompanhando as suas vicissitudes[514]. No entanto, e conforme se prevê no art. 686º, nº 2, a obrigação garantida pela hipoteca pode ser futura ou condicional[515].

3.2. Formas de constituição da hipoteca

3.2.1. Generalidades

Em relação às formas de constituição da hipoteca, o art. 703º estabelece uma distinção entre hipotecas legais, judiciais e voluntárias, consoante resultem da lei, de sentença judicial, ou de negócio jurídico.

3.2.2. A hipoteca legal

O art. 704º define a hipoteca legal como a que resulta imediatamente da lei, sem dependência da vontade das partes, e pode constituir-se desde que exista a obrigação a que serve de garantia. De acordo com o disposto no art. 687º e 4º, nº 2, CRPred, também a hipoteca legal só se constitui mediante

[513] Cfr. Alex Weill, *op. cit.*, pp. 239 e ss. e Marty / Raynaud / Jestaz, *op. cit.*, pp. 106 e ss.

[514] Para uma análise detalhada, veja-se Büdenbender, *JuS* 1996, pp. 669 e ss. e Weber, *Kreditsicherheiten*, § 11 II 2, pp. 217 e ss.

[515] A hipoteca não deixa de ser nessa situação acessória em relação ao crédito a constituir, pelo que não poderá ser aplicada a outro crédito que se venha a constitui entre as mesmas partes. Cfr. Harry Westermann, "Die nachträgliche Entstehung der durch die Hypothek gesicherten Forderung", em *JZ* 1962, pp. 302-303.

o registo, o qual é efectuado com base em certidão do título de que resulte a garantia e em declaração que identifique os bens, se necessário[516].

A hipoteca legal distingue-se do privilégio creditório por não atender à causa do crédito, sendo antes uma garantia conferida tendo em específica atenção a especial qualidade dos credores. Nos termos do art. 705º, os credores que beneficiam da hipoteca legal são:

a) O Estado e as autarquias locais, sobre os bens cujos rendimentos estão sujeitos à contribuição predial, para garantia do pagamento desta contribuição;
b) O Estado e as demais pessoas colectivas públicas, sobre os bens dos encarregados da gestão de fundos públicos, para garantia do cumprimento das obrigações por que se tornem responsáveis;
c) O menor, o interdito e o inabilitado, sobre os bens do tutor, curador e administrador legal, para assegurar a responsabilidade que nestas qualidades vierem a assumir;
d) O credor por alimentos;
e) O co-herdeiro, sobre os bens adjudicados ao devedor de tornas, para garantir o pagamento destas;
f) O legatário de dinheiro ou outra coisa fungível sobre os bens sujeitos ao encargo do legado ou, na sua falta, sobre os bens que os herdeiros responsáveis houverem do testador.

Relativamente à hipoteca legal a favor de menor, interdito e inabilitado, face à dificuldade que estes teriam em determinar o valor e designar os bens objecto da hipoteca, vem o art. 706º estabelecer que essa determinação e designação cabe ao conselho de família, podendo o registo ser requerido pelo tutor, curador, administrador legal de bens, vogais do conselho de família e qualquier dos parentes do incapaz.

Nos termos do art. 708º, sem prejuízo do direito de redução, as hipotecas legais podem ser registadas em relação a quaisquer bens do devedor, quando não forem especificados na lei ou no título respectivo os bens sujeitos à garantia. Sendo insuficientes os bens registados para efeitos da

[516] É, portanto, claro que as hipotecas legais não resultam imediatamente da lei, uma vez que, como todas as hipotecas, necessitam do registo para se constituirem. Neste sentido, PIRES DE LIMA/ANTUNES VARELA, *op. cit.*, I, sub art. 704º, nº 1, p. 726, ANTUNES VARELA, *Obrigações*, II, p. 557, MENEZES CORDEIRO, *Direitos Reais*, p. 761 e PINTO DUARTE, *Direitos Reais*, 218.

garantia, esta poderá ser objecto de reforço, nos termos gerais (art. 701º). No entanto, relativamente às hipotecas destinadas a garantir o pagamento das tornas ou do legado de dinheiro ou outra coisa fungível, o art. 709º vem estabelecer que o credor só goza do direito de as reforçar, se a garantia puder continuar a incidir sobre os bens aí especificados.

O art. 707º estabelece que o tribunal pode autorizar, a requerimento do devedor, a substituição da hipoteca legal por outra caução, podendo igualmente essa substituição ser exigida pelo credor, no caso de o devedor não ter bens susceptíveis de hipoteca suficientes para garantir o crédito, salvo nos casos das hipotecas destinadas a garantir o pagamento das tornas ou do legado de dinheiro ou outra coisa fungível.

3.2.3. A hipoteca judicial

A hipoteca judicial encontra-se estabelecida no art. 710º[517], o qual estabelece que a sentença que condenar o devedor à realização de uma prestação em dinheiro ou outra coisa fungível é título bastante para registar hipoteca sobre quaisquer bens do obrigado, mesmo que não haja transitado em julgado (nº 1). Se a prestação for ilíquida, pode a hipoteca ser registada pelo quantitativo provável do crédito (nº 2). Se o devedor for condenado a entregar uma coisa ou a prestar um facto, só pode ser registada a hipoteca havendo conversão da prestação numa indemnização pecuniária (nº 3).

O registo de hipoteca judicial pode ser igualmente obtido com base em sentenças estrangeiras, depois de revistas e confirmadas, desde que a lei do país em que foram proferidas lhes reconheça igual valor (art. 711º). A revisão e confirmação é dispensada relativamente a sentenças oriundas de países comunitários, com base no 33º do Regulamento (CE) 44/2001, do Conselho, de 22 de Dezembro de 2000, relativo à competência judiciária e ao reconhecimento e execução de decisões em matéria civil e comercial (Bruxelas I).

A hipoteca judicial funciona como uma penhora antecipada, podendo recair sobre quaisquer bens do devedor susceptíveis de penhora, e é admissível independentemente do trânsito em julgado da decisão condenatória, bastando que ela tenha sido proferida[518]. Por esse motivo, e à semelhança

[517] Cfr. VAZ SERRA, "Algumas considerações sobre a hipoteca judicial", no *BFD Suplemento* 15 (Homenagem ao Doutor José Alberto dos Reis, I), pp. 263-285.

[518] Tem sido, no entanto, controvertido se é admissível a constituição de hipoteca judicial, perante uma condenação *in futurum*, ao abrigo do art. 610º CPC, antes do vencimento da

do que sucede com a penhora, a preferência respectiva deixa de ser atendida no caso de ser declarada a insolvência do devedor, mas as custas pagas pelo credor constituem dívidas da massa insolvente (art. 140º, nº 3 CIRE).

3.2.4. A hipoteca voluntária

Nos termos do art. 712º, a hipoteca voluntária é a que resulta de contrato ou declaração unilateral. Esta pode ser constituída, quer pelo devedor, quer por terceiro (art. 717º).

Estando em causa um negócio jurídico de oneração de bens, naturalmente que a legitimidade para a constituição da hipoteca é restrita a quem possa alienar os respectivos bens (art. 715º). No entanto, a legitimidade do proprietário não é prejudicada pelo facto de já existir uma hipoteca anterior sobre os bens, já que o art. 713º vem-nos referir que "a hipoteca não impede o dono dos bens de os hipotecar de novo; neste caso, extinta uma das hipotecas, ficam os bens a garantir na totalidade, as restantes dívidas hipotecárias".

Em termos de forma, estabelece o art. 714º, na redacção do D.L. 116-A/2008, de 4 de Julho, que, sem prejuízo do disposto em lei especial, o acto de constituição ou modificação da hipoteca voluntária, quando recaia sobre bens imóveis, deve constar de escritura pública, de testamento, ou de doumento particular autenticado.

Esta exigência é, porém, excepcionada em duas situações.

A primeira diz respeito às hipotecas constituídas para garantia de contratos de compra e venda com mútuo, referente a prédio urbano destinado a habitação, ou fracção autónoma para o mesmo fim, desde que o mutuante seja uma instituição de crédito autorizada a conceder crédito à habitação (art. 1º do D.L. 255/93, de 15 de Julho), bem como em relação a contratos pelos quais se titulem novos empréstimos relativos ao mesmo prédio ou fracção celebrados pelo respectivo proprietário com instituição de crédito autorizada a conceder crédito à habitação (art. 2º, nº 2, D.L. 255/93, de 15 de Julho. Efectivamente, o art. 2º, nº 1, do D.L. 255/93, de 15 de Julho estabelece que os referidos contratos podem ser celebrados por documento particular com reconhecimento de assinaturas, segundo modelo oficial-

obrigação respectiva. Em sentido afirmativo, cfr. PIRES DE LIMA/ANTUNES VARELA, *op. cit.*, I, sub art. 710º, nº 5, p. 733. Em sentido negativo, cfr. VAZ SERRA, "Anotação Ac. 23/3/1971", na *RLJ* 105 (1972-1973), pp. 71-79 (78-79).

mente aprovado, o qual consta da Portaria 669-A/93, de 16 de Julho, alterada pela Portaria 882/94, de 1 de Outubro[519].

A segunda respeita ao procedimento especial de transmissão, oneração e registo de imóveis, constante do D.L. 263-A/2007, de 23 de Julho, alterado pelos D.L. 211/2009, de 21 de Maio, 99/2010, de 2 de Setembro, 209/2012, de 19 de Setembro, e 125 e da Portaria 794-B/2007, de 23 de Julho, alterada pelas Portarias 1535/2008, de 30 de Dezembro, 286/2012, de 20 de Setembro, e 358/2015, de 14 de Outubro. Nos termos do art. 2º, nº 1, *e)* desse diploma, a Portaria 1167/2010, de 10 de Novembro, determinou a sua aplicação ao mútuo e demais contratos de crédito e de financiamento com hipoteca. Conforme dispõe o art. 8º, nº 3 do D.L. 263-A/2007, "os negócios jurídicos celebrados nos termos deste decreto-lei estão dispensado de formalização por escritura pública quando esta seja obrigatória nos termos gerais". Neste caso, os interessados iniciam o procedimento formulando o seu pedido junto do serviço do registo competente, manifestando a sua opção por um dos modelos de contrato (art. 6º D.L. 263-A/2007), sendo o serviço de registo que procede à elaboração dos documentos que titulam os negócios, de acordo com o modelo previamente escolhido pelos interessados (art. 8º, nº 1, *b)* D.L. 263-A/2007).

Já relativamente à hipoteca sobre bens móveis, os vários diplomas sobre registo exigem a forma escrita[520].

3.3. O registo da hipoteca

O art. 687º determina que a hipoteca deve ser registada, sob pena de não produzir efeitos, mesmo em relação às partes. Resulta assim desta disposição, reiterada no art. 4º, nº 2, do CRPred, que, ao contrário da regra geral, de que o registo é mera condição de eficácia em relação a terceiros dos actos a ele sujeitos (art. 5º CRPred), a eficácia da hipoteca entre as próprias partes depende da sua sujeição a registo[521]. O registo da hipoteca aparece,

[519] Sobre a constituição da hipoteca por instrumento particular, cfr. Augusto de Ataíde, "Nota sobre incorporação de garantias em títulos de crédito", em AAVV, *Estudos Jurídico e Económicos em Homenagem ao Prof. Doutor António de Sousa Franco*, I, Faculdade de Direito da Universidade de Lisboa/Coimbra Editora, 2006, pp. 375-389 (381 e ss.).

[520] Cfr. Pinto Duarte, *Direitos Reais*, p. 226.

[521] O actual Código resolveu a controvérsia existente na vigência do Código de Seabra, já que, enquanto Guilherme Moreira, *Instituições*, II, nº 143, p. 423, sustentava, baseado no art. 951º do C.C. 1867, que a hipoteca não registada poderia ser invocada entre as partes, posição

portanto, como condicionante da sua eficácia absoluta em relação às hipotecas voluntárias, as quais têm um outro título como constitutivo do direito. Precisamente por isso, estas hipotecas podem ser registadas provisoriamente antes de titulado o negócio (arts. 47º e 92º, nº 1 *i)* CRPred), sendo que o direito de hipoteca só se adquire com a sua celebração. Já em relação às hipotecas legais e judiciais, o registo corresponde ao próprio facto constitutivo da garantia (cfr. art. 50º CRPred)[522], podendo, no entanto, o registo de hipoteca judicial ser lavrado provisoriamente antes de passada em julgado a sentença (art. 92º, nº 1 *l)* CRPred).

3.4. Conteúdo da garantia hipotecária

3.4.1. Âmbito do crédito garantido

Como todas as garantias reais, a hipoteca é constituída para garantia de um crédito, podendo esse crédito ser futuro ou condicional (art. 686º, nº 2). À semelhança do que sucede com a fiança *omnibus*, pode ser admitida uma hipoteca global, em ordem a abranger uma série de obrigações futuras, desde que seja estabelecido um critério suficiente para a sua determinação[523].

No entanto, o art. 693º, nº 1, vem ainda estabelecer a extensão da garantia hipotecária aos acessórios do crédito que constem do registo, admitindo-se assim que, além do crédito principal, a hipoteca possa garantir outros acessórios do crédito, como sejam, os juros moratórios e remuneratórios, as cláusulas penais, e as despesas de constituição e registo, bastando que a menção a esses acessórios conste do registo (cfr. o art. 96º, nº 1 *a)* do CRPred). No entanto, em relação aos juros, estabelece o art. 693º, nº 2, que a hipoteca nunca abrange, não obstante convenção em contrário, mais do que os relativos a três anos[524], podendo, no entanto, ser

que nos parece ser seguida por José Tavares, *Os princípios fundamentais do Direito Civil*, I, Coimbra, Coimbra Editora, 1922, pp. 572-573. Já Cunha Gonçalves, *Tratado*, V, 1932, p. 367 e Paulo Cunha, *Da garantia*, II, p. 303, defendiam, invocando a definição do art. 888º, que o registo na hipoteca seria uma formalidade para a sua constituição, não produzindo esta efeitos, mesmo entre as partes, sem esse registo.

[522] Neste sentido, cfr. Pires de Lima Antunes Varela, *op. cit.*, I, sub art. 687º, p. 706, Almeida Costa, *Obrigações*, p. 938, e nota (3) e Salvador da Costa, *O concurso*, p. 75. Em sentido diferente, Pinto Duarte, *Direitos Reais*, p. 220, considera que o registo da hipoteca é sempre constitutivo.

[523] Neste sentido, cfr. Ac. RC 6/9/2011 (Isaías Pádua), em *CJ* 36 (2011), 4, pp. 12-14.

[524] Tem sido objecto de controvérsia na jurisprudência o momento a partir do qual se inicia este prazo de três anos. No sentido de que o prazo se conta a partir do momento em que os

sucessivamente registada nova hipoteca em relação a juros em dívida (art. 693º, nº 3). Esta limitação, que abrange tanto juros remuneratórios como moratórios, destina-se a proteger terceiros, que poderiam ser surpreendidos com uma extraordinária extensão da hipoteca, ao mesmo tempo que estimula o credor hipotecário a não dilatar excessivamente a execução, em virtude da existência de garantia hipotecária. Consequentemente, a limitação ocorre, mesmo que a execução se prolongue anormalmente para além desse prazo[525].

3.4.2. Objecto da hipoteca

Como direito real de garantia que é, a hipoteca só pode incidir sobre bens determinados, pertencentes ao devedor ou a terceiro. Em consequência, o art. 716º vem estabelecer a regra da especialidade, exigindo que no título constitutivo das hipotecas voluntárias conste quais são os bens hipotecados, estabelecendo a nulidade das hipotecas voluntárias que incidam sobre todos os bens do devedor ou de terceiro sem os especificar. No caso das hipotecas legais estabelece o art. 708º que, sem prejuízo do direito de redução, podem ser registadas em relação a todos os bens do devedor, enquanto não forem especificados por lei ou no título respectivo os bens sujeitos à garantia. Também em relação às hipotecas judiciais, estabelece o art. 710º a possibilidade do registo da hipoteca sobre quaisquer bens do obrigado. Tal não significa, porém, que nestes casos existam hipotecas gerais, respeitantes a bens indeterminados, uma vez que sendo o registo requisito de constituição da hipoteca, este terá sempre que ser realizado em relação a bens determinados[526].

O elenco dos bens susceptíveis de hipoteca consta do art. 688º, abrangendo os seguintes:

primeiros juros se tornam exigíveis, cfr. Ac. STJ 27/6/2006 (Azevedo Ramos), em *CJ-ASTJ* 14 (2006), 2, pp. 135-136. No sentido de que o prazo só se inicia com o incumprimento pelo devedor, cfr. Ac. RL 10/1/2015 (Sacarrão Martins), processo 1262-10.0TBCTX-A.L1-8.

[525] Cfr. Pires de Lima/Antunes Varela, *op. cit.*, I, sub art. 693º, nº 2, pp. 716-717, Almeida Costa, *Obrigações*, p. 943 e nota (3), Menezes Cordeiro, *Direitos Reais*, p. 764, Romano Martinez/Fuzeta da Ponte, *op. cit.*, pp. 192-193, e nota (412), Rui Pinto Duarte, *Direitos Reais*, pp. 221-222. Na jurisprudência, veja-se Ac. STJ 5/11/1980 (Abel de Campos), no *BMJ* 301 (1980), pp. 395-398, Ac. RL de 11/12/1972, sumarizado no *BMJ* 222 (1973), pp. 463-464, e Ac. RL 22/3/1974, sumarizado no *BMJ* 235 (1974), pp. 346-347, e Ac RP 8/10/1981 (Matos Fernandes), em *CJ* 16 (1991), 4, pp. 261-263.

[526] Cfr. Paulo Cunha, *Da garantia*, II, p. 312.

1) os prédios rústicos e urbanos (art. 688º, nº 1 *a)*), abrangendo-se nesta sede as respectivas partes susceptíveis de propriedade autónoma sem prejuízo da sua natureza imobiliária (art. 688º, nº 2).
2) o direito de superfície (art. 688º, nº 1 *c)*);
3) o direito resultante de concessões do domínio público, observadas as disposições legais relativas à transmissão dos direitos concedidos (art. 688º, nº 1 *d)*);
4) o usufruto das coisas e direitos e direitos acima referidos (art. 688º, nº 1 *e)*);
5) as coisas móveis que, para este efeito sejam por lei equiparáveis às imóveis (art. 688º, nº 1 *f)*).

Por aqui se pode verificar que elenco de bens susceptíveis de hipoteca não coincide com o elenco de coisas imóveis, referido no art. 204º, só fazendo a lei referência às árvores, arbustos e frutos naturais ligados ao solo, direitos inerentes aos imóveis, e partes integrantes dos prédios rústicos e urbanos relativamente à extensão da hipoteca (art. 691º, nº 1 *a)*), não parecendo assim considerá-los como bens susceptíveis de ser autonomamente hipotecados. Relativamente às águas, em face da sua inseparabilidade do prédio estabelecida no art. 1397º, as águas a que se referem as alíneas *d)*, *e)* e *f)* do nº 1 do art. 1386º nunca poderiam ser autonomamente hipotecadas, parecendo que esta proibição se estende igualmente às outras categorias de águas. Quanto às árvores, arbustos e frutos naturais ligados ao solo, parece que apenas poderá ser hipotecado o direito de superfície incidente sobre plantações. Já relativamente aos direitos inerentes sobre os imóveis, parece que apenas poderão ser hipotecados o usufruto e a superfície, já que outros direitos, como as servidões, não podem ser separados do prédio (art. 1545º), pelo que, sendo abrangidos na hipoteca do prédio, não são susceptíveis de ser autonomamente hipotecados. Apesar de a lei não o referir expressamente, parece que quer a nua propriedade, quer o direito do proprietário do solo podem ser objecto de hipoteca[527]. Já relativamente ao direito real de habitação periódica não parece ser ele susceptível de hipoteca[528]. Já as partes integrantes dos prédios rústicos e urbanos

[527] Neste sentido, quanto ao proprietário do solo, SALVADOR DA COSTA, *O concurso*, p. 78.
[528] Neste sentido, cfr. ALMEIDA COSTA, "A hipoteca do direito real de habitação periódica", em *RLJ* 127 (1994-1995), pp. 9-14, que apenas admite o penhor de certificados prediais.

são abrangidas pela hipoteca, mas não podem ser autonomamente hipotecadas, uma vez que perderiam a sua natureza imobiliária (art. 688º, nº 2).

A hipoteca pode incidir sobre fracções dos prédios constituídos em propriedade horizontal (arts. 1414º e ss.), uma vez que estas são susceptíveis de propriedade autónoma sem perda da sua natureza imobiliária (art. 688º, nº 2). O art. 689º admite ainda a possibilidade de ser objecto de hipoteca a quota de coisa ou direito comum, sendo que, se a coisa for dividida, a hipoteca ficará limitada à parte que for atribuída ao devedor. Face à exigência de determinação que caracteriza a hipoteca, enquanto direito real, não é susceptível de hipoteca a meação de bens comuns do casal, nem a quota em herança indivisa (art. 690º).

No caso de ser constituída uma hipoteca sobre bens insusceptíveis da mesma, o respectivo negócio será nulo por impossibilidade do objecto (art. 280º, nº 1).

3.4.3. Extensão da hipoteca

O art. 691º opera uma extensão da hipoteca para além do seu objecto inicialmente referido, na medida em que faz inserir no objecto da garantia outras situações como as coisas imóveis referidas nas alíneas *c)* a *e)* do artigo 204º, as acessões naturais e as benfeitorias, salvo o direito de terceiros.

A hipoteca sobre o prédio é assim extensiva às árvores, arbustos e frutos naturais, que nele se encontrem, enquanto estiverem ligadas ao prédio, direitos inerentes e partes integrantes dos prédios rústicos e urbanos. Relativamente a estas situações, o art. 700º, vem estabelecer que "o corte de árvores ou arbustos, a colheita de frutos naturais e a alienação das partes integrantes ou coisas acessórias abrangidas pela hipoteca só são eficazes em relação ao credor hipotecário se forem anteriores ao registo da penhora e couberem nos poderes de administração ordinária".

A hipoteca estende-se igualmente às benfeitorias que sejam efectuadas na coisa hipotecada, havendo, no entanto, que respeitar os direitos de terceiro. Esses direitos correspondem aos direitos do possuidor ao reembolso de benfeitorias necessárias e levantamento ou restituição de benfeitorias úteis, referidos nos arts. 1273º e ss., sendo-lhe inclusivamente atribuído direito de retenção (art. 754º), se tiver efectuado as benfeitorias de boa fé (art. 756º *b) a contrario)*, o qual prevalece sobre a hipoteca, mesmo que anteriormente constituída (art. 759º, nº 2). Apesar da falta de previsão expressa na lei, deve entender-se que a hipoteca abrange não apenas as benfeitorias, mas também qualquer outra transformação futura do imóvel designadamente as construções que nele vierem a ser efectuadas[529].

No caso específico da hipoteca de fábricas refere-se que se consideram abrangidos pela garantia os maquinismos e demais móveis inventariados no título constitutivo, mesmo que não sejam parte integrante dos respectivos imóveis (nº 2)[530], o que constitui uma grande aproximação com o penhor de estabelecimento comercial, dele se distinguindo, no entanto, em face da necessidade de inventário dos bens que a integram, o que o penhor de estabelecimento não prevê (cfr. art. 96º, nº 1 *b)* CRPred.). Nesse caso, os donos e possuidores dos maquinismos, móveis e utensílios destinados à exploração de fábricas, abrangidos no registo de hipoteca dos respectivos imóveis, não os podem alienar ou retirar sem consentimento escrito do credor e incorrem na responsabilidade própria dos fiéis depositários (nº 3). Parece, no entanto, que em caso de alienação ou retirada dos bens móveis, o credor não perderá a possibilidade de executar a hipoteca, caso venha a encontrar esses bens[531].

3.4.4. A indivisibilidade da hipoteca

Estabelece o art. 696º que, salvo convenção em contrário, a hipoteca é indivisível, daqui resultando duas características específicas de regime. A primeira é a de que a hipoteca é una, mesmo que abranja uma pluralidade de coisas, pelo que subsiste indiferenciadamente sobre cada uma das coisas que abrange, mesmo que estas venham a ser objecto de divisão, ficando

[529] Defendendo a extensão da hipoteca às construções efectuadas no prédio, cfr. Vaz Serra, "Anotação Ac. STJ 9/12/1967", na *RLJ* 101 (1968-1969), pp. 294-304. Na jurisprudência esta posição foi defendida no Ac. STJ 3/12/1998 (Garcia Marques), processo 98A1001, no Ac. STJ 12/7/2005 (Neves Ribeiro), processo 05B2012, e no Ac. STJ 17/5/2007 (Bettencourt de Faria), processo 07B718.

[530] Pretendeu-se com isso evitar as fraudes desencadeadas no âmbito do direito anterior, resultantes de na hipoteca de fábrica se subtrair os maquinismos e móveis, deixando apenas o edifício, normalmente o que menos vale. Cfr. Paulo Cunha, *Da garantia*, II, p. 219.

[531] Em sentido contrário, veja-se, no entanto, Romano Martinez/Fuzeta da Ponte, *op. cit.*, p. 188 que sustentam que, em caso de alienação a terceiro de boa fé, o direito do credor hipotecário não pode prevalecer contra o direito de propriedade do alienante. A verdade, no entanto, é que essa solução pressuporia que tivesse sido consagrado o princípio posse vale título, o que não aconteceu, sendo certo que a alienação do bem a terceiro não constitui causa de extinção da hipoteca.

as coisas resultantes da divisão integralmente oneradas (*est tota in toto, et tota in qualibet parte*). A segunda é a de que não há qualquer limitação do direito hipotecário, em virtude da amortização parcial da obrigação a que serve de garantia[532]. Em consequência da indivisibilidade, se por exemplo for constituída hipoteca sobre um prédio em ordem a permitir o funcionamento da construção e depois o referido prédio vier a ser constituído em propriedade horizontal, cada fracção autónoma responde por toda a dívida em causa, pelo que, mesmo que seja satisfeita a parte da dívida correspondente, só a renúncia do credor hipotecário permite que a fracção fique desonerada[533]. Da mesma forma, se após a constituição da hipoteca, for separado o usufruto da nua propriedade, naturalmente que a hipoteca passa a abranger os dois direitos[534].

O princípio da indivisibilidade da hipoteca sobre, no entanto, alguma atenuação no caso de hipoteca de coisa ou direito comum, uma vez que, sendo efectuada a respectiva divisão com o consentimento do credor, fica a hipoteca limitada à parte que for atribuída ao devedor (art. 689º, nº 2).

3.5. Vicissitudes da hipoteca
3.5.1. Modificações na garantia hipotecária
3.5.1.1. Alteração do objecto da hipoteca

O art. 692º, nº 1, vem admitir a possibilidade de alteração do objecto da hipoteca, ao estabelecer que "se a coisa ou direito hipotecado se perder, deteriorar ou diminuir de valor, e o dono tiver direito a ser indemnizado, os titulares da garantia conservam, sobre o crédito respectivo ou as quantias pagas a título de indemnização, as preferências que lhes competiam em relação à coisa onerada". Neste caso, o art. 692º, nº 2, estabelece que "depois de notificado da existência da hipoteca, o devedor da indemnização não se libera pelo cumprimento da sua obrigação com prejuízo dos direitos conferidos no número anterior", sendo o mesmo regime extensivo a outras categorias de indemnização como as devidas por expropriação

[532] Cfr. Paulo Cunha, *Da garantia*, II, p. 310.

[533] Cfr. José de Oliveira Ascensão/António Menezes Cordeiro, "Expurgação da Hipoteca", em *CJ* 11 (1986), pp. 37-47, Pinto Duarte, *Direitos Reais*, p. 223, e na jurisprudência o Ac. STJ 12/2/2004 (Pires da Rosa), em *CDP*, nº 9 (Janeiro/Março 2005), pp. 12-15, com anotação de Isabel Menéres Campos, "Indivisibilidade da hipoteca", *ibid*, a pp. 15-22.

[534] Cfr. Ac. RC 12/7/2017 (Carlos Moreira), processo 4713/16.7T8VIS-C.C1.

ou requisição, extinção do direito de superfície e outros casos análogos (art. 692º, nº 3).

Apesar de estar em causa essencialmente uma ideia de sub-rogação real, consistente na substituição do objecto da hipoteca pelo crédito à indemnização, ou pelas quantias pagas para a sua satisfação, a verdade é que neste caso a lei vai permitir que a hipoteca tenha um objecto que não pode habitualmente ter, e que inclusivamente se molda sobre o regime do penhor de créditos, exigindo-se da mesma forma a notificação ao devedor (cfr. art. 681º, nº 2).

3.5.1.2. Reforço da hipoteca

Uma vez constituída, a hipoteca pode ser objecto de reforço, no caso de os bens sobre que incide se tornarem insuficientes para a garantia. Assim, o art. 701º, nº 1, vem estabelecer que, "quando por causa não imputável ao credor, a coisa hipotecada perecer ou se tornar insuficiente para segurança da obrigação, tem o credor o direito de exigir que o devedor a substitua ou reforce; e, não o fazendo este nos termos declarados na lei de processo, pode aquele exigir o imediato cumprimento da obrigação ou, tratando-se de obrigação futura, registar hipoteca sobre outros bens do devedor". O nº 2 acrescenta que "não obsta ao direito do credor o facto de a hipoteca ser constituída por terceiro, salvo se o devedor for estranho à sua constituição; porém, mesmo neste caso, se a diminuição da garantia for devida a culpa do terceiro, o credor tem o direito de exigir deste a substituição ou o reforço, ficando o mesmo sujeito à cominação do número anterior em lugar do devedor".

Esta faculdade sofre, no entanto, uma restrição relativamente às hipotecas legais referidas no art. 705º *e)* e *f)*, em que o reforço só é permitido se a garantia puder continuar a incidir sobre os bens aí especificados.

3.5.1.3. Redução da hipoteca

Da mesma forma que pode ser reforçada, o art. 718º prevê que "a hipoteca pode ser igualmente reduzida voluntária ou judicialmente". Relativamente à redução voluntária, prevê o art. 719º que esta "só pode ser consentida por quem puder dispor da hipoteca, sendo aplicável à redução o regime estabelecido para a renúncia à garantia". Já relativamente à redução judicial, esta "tem lugar, nas hipotecas legais e judiciais, a requerimento de qualquer interessado, quer no que concerne aos bens, quer no que respeita à quantia designada como montante do crédito, excepto se, por convenção ou sentença, a coisa onerada ou a quantia assegurada tiver sido especialmente indicada" (art. 720º, nº 1).

O art. 720º, nº 2 acrescenta que neste último caso, bem como "no de hipoteca voluntária, a redução judicial só é admitida:

a) Se, em consequência do cumprimento parcial ou de outra causa de extinção, a dívida se encontrar reduzida a menos de dois terços do seu montante inicial;
b) Se, por virtude de acessões naturais ou benfeitorias, a coisa ou o direito hipotecado se tiver valorizado em mais de um terço do seu valor à data da constituição da hipoteca".

Daqui resulta que não são normalmente redutíveis as hipotecas voluntárias, solução que se apresenta coerente com o princípio da indivisibilidade da hipoteca (art. 696º).

Nos termos do art. 720º, nº 3, "a redução é realizável, quanto aos bens, ainda que a hipoteca tenha por objecto uma só coisa ou direito, desde que a coisa ou direito seja susceptível de cómoda divisão".

3.5.2. Transmissão dos bens hipotecados

3.5.2.1. Efeitos da alienação sobre o crédito hipotecário

A hipoteca não subtrai os bens ao comércio jurídico, pelo que estes podem livremente ser transmitidos para terceiro. A lei proíbe mesmo a cláusula de inalienabilidade dos bens hipotecados no art. 695º ao estabelecer que "é igualmente nula a convenção que proíba o respectivo dono de alienar ou onerar os bens hipotecados, embora seja lícito convencionar que o crédito hipotecário se vencerá logo que os respectivos bens sejam alienados ou onerados". Mesmo sem esta última convenção, o art. 725º permite ao credor hipotecário, antes do vencimento do prazo, exercer o seu direito contra o adquirente da coisa ou direito hipotecado se, por culpa deste, diminuir a segurança do crédito[535].

[535] Em alternativa, o credor pode exigir ao devedor a substituição ou o reforço da hipoteca, nos termos do art. 701º.

3.5.2.2. Possibilidade de expurgação da hipoteca

Um efeito importante da transmissão dos bens hipotecados é a atribuição ao adquirente dos bens da possibilidade de expurgar a hipoteca. Efectivamente, nos termos do art. 721º do Código Civil é permitida a expurgação da hipoteca a quem "adquiriu bens hipotecados, registou o título de aquisição e não é pessoalmente responsável pelo cumprimento das obrigações garantidas", quer através do pagamento integral aos credores hipotecários das dívidas a que os bens estão hipotecados, quer através da declaração de "está pronto a entregar aos credores, para pagamento dos seus créditos, até à quantia pela qual obteve os bens, ou aquela em que os estima, quando a aquisição tenha sido feita por título gratuito ou não tenha havido fixação do preço"[536]. O art. 722º atribui igualmente o direito de expurgação "ao doador ou aos seus herdeiros, relativamente aos bens hipotecados pelo donatário que venham ao poder daqueles em consequência da revogação da liberalidade por ingratidão do donatário, ou da sua redução por inoficiosidade".

Há assim duas formas de expurgação da hipoteca. A primeira consiste no pagamento integral aos credores das dívidas hipotecárias. A segunda forma de expurgação da hipoteca consiste na entrega aos credores hipotecários do valor de aquisição ou do valor por que são estimados. Em qualquer caso, prevê no entanto o art. 723º, nº 1, que "a sentença que declarar os bens livres de hipotecas em consequência da expurgação não será proferida sem se mostrar que foram citados todos os credores hipotecários". Assim, "o credor que, tendo a hipoteca registada, não for citado nem comparecer espontaneamente em juízo não perde os seus direitos de credor hipotecário, seja qual for a sentença proferida em relação aos outros credores" (art. 723º, nº 2).

Há que referir que para efeitos de expurgação da hipoteca referida no art. 721º pode ser solicitada pelo promitente adquirente na própria acção de execução específica referida no art. 830º, em caso de promessa de transmissão ou constituição de direito real sobre edifício ou fracção autónoma dele, a condenação do promitente alienante a entregar ao pro-

[536] No caso de a hipoteca ter sido constituída sobre todo o prédio, antes da constituição da propriedade horizontal, face ao princípio da indivisibilidade da hipoteca, a expurgação só se pode efectuar pelo pagamento total da dívida ou pela oferta do valor da fracção. Cfr. José de Oliveira Ascensão/António Menezes Cordeiro, *CJ* 11 (1986), pp. 37 e ss.

mitente adquirente a quantia necessária para expurgar a hipoteca, sempre que a extinção de tal garantia não preceda a transmissão ou constituição do direito ou não coincida com esta (art. 830º, nº 4). Trata-se, consequentemente, de um caso especial de expurgação da hipoteca[537].

3.5.2.3. Renascimento dos direitos em caso de venda judicial ou expurgação da hipoteca

No caso de o adquirente da coisa hipotecada ser, previamente à aquisição, titular de um direito real sobre a mesma, este direito vem a extinguir-se em virtude da sua reunião no mesmo titular com a propriedade plena (cfr. art. 1476º, nº 1 *b)*, 1536º, nº 1 *d)* e 871º, nº 4 *a contrario*). No caso das servidões estas extinguem-se igualmente com a reunião dos dois prédios, dominante e serviente na mesma pessoa (art. 1569º, nº 1 *a)*). No entanto, como desvio a essa regra, o art. 724º vem admitir o renascimento desse direito em caso de venda em processo de execução ou de expurgação da hipoteca, sendo atendido de harmonia com as regras legais relativas a essa venda, renascimento que vem igualmente a ocorrer relativamente às servidões incidentes sobre o prédio do terceiro adquirente em benefício do prédio hipotecado.

Esta solução determina, no caso de venda em execução, e por força do art. 824º, nº 2, que esses direitos venham a caducar, se não tiverem registo anterior ao de qualquer arresto, penhora ou garantia, salvo se, tendo sido constituídos em data anterior, produzam efeitos em relação a terceiros independentemente do registo, verificando-se que, em caso de caducidade, esses direitos se transferem para o produto da venda dos bens (art. 824º, nº 3).

3.5.2.4. Equiparação do terceiro adquirente ao possuidor de boa fé

O art. 726º vem estabelecer para efeitos dos arts. 1269º, 1270º e 1275º uma equiparação do terceiro adquirente ao possuidor de boa fé, na execução, até ao registo da penhora, e, na expurgação da hipoteca, até à venda judicial da coisa ou direito. Consequentemente, até ao momento em que se efectua o registo da penhora, na acção executiva, ou até à venda judicial, na acção de expurgação de hipoteca, o terceiro adquirente só responde pela perda ou deterioração da coisa hipotecada se tiver procedido com culpa (art. 1269º), adquire o direito aos frutos dessa coisa até ao momento em

[537] Neste sentido, cfr. PINTO DUARTE, *Direitos Reais*, p. 226.

que cessa a boa fé (art. 1270º) e tem o direito de levantar as benfeitorias efectuadas na coisa se o puder fazer sem detrimento da mesma (art. 1275º).

3.5.3. Transmissão da hipoteca

A transmissão da hipoteca aparece-nos regulada nos arts. 727º e ss., onde se distingue entre a cessão da hipoteca (arts. 727º e 728º) e a cessão do grau hipotecário (art. 729º). Ambas estão sujeitas a registo, nos termos do art. 2º, nº 1 *h)* do CRPred, o qual se efectua por averbamento à inscrição hipotecária (art. 101º, nº 1, *c)* CRPred)[538].

A cessão da hipoteca sem o crédito assegurado é admissível, desde que esta não seja inseparável da pessoa do devedor, podendo ser efectuada para garantia de crédito pertencente a outro credor do mesmo devedor, observadas as regras próprias da cessão de créditos. No caso de se tratar de hipoteca sobre coisa ou direito de terceiro, é necessário o consentimento deste (art. 727º, nº 1). A cessão é, no entanto, apenas permitida se for efectuada na sua totalidade à mesma pessoa, sendo vedada a cessão parcial, mesmo que a hipoteca incida sobre mais do que uma coisa ou direito (art. 727º, nº 2). Verificada a cessão, o novo crédito fica a ser garantido pela hipoteca, mas apenas nos limites em que era garantido o crédito originário, sendo que, após o registo da cessão, a extinção do crédito originário não afecta a subsistência da hipoteca (art. 728º).

Uma vez que é sujeita às regras da cessão de créditos, a cessão da hipoteca tem por base um determinado tipo negocial, no qual se integra (art. 578º, nº 1), sendo sujeito à respectiva forma. No caso de a hipoteca incidir sobre bens imóveis, a cessão deverá constar de escritura pública (art. 80º, nº 2 *g)* CN). A sua eficácia em relação ao devedor depende da notificação ou aceitação (art. 583º, nº 1)[539].

Da mesma forma que se permite a cessão da hipoteca, "é também permitida a cessão do grau hipotecário a favor de qualquer outro credor hipotecário posteriormente inscrito sobre os mesmos bens, observadas igualmente as regras respeitantes à cessão do mesmo crédito" (art. 729º). Não será necessário o consentimento do devedor, mas se a hipoteca incidir sobre bem de terceiro parece ser necessário o consentimento deste (art.

[538] Sobre a cessão do grau de prioridade de registo, cfr. Vaz Serra, "Anotação Ac. STJ 28/11/1969", na *RLJ* 103 (1970-1971), pp. 575-576.

[539] Cfr. Salvador da Costa, *O concurso*, p. 123.

727º, nº 1, *in fine*, por analogia). Em qualquer caso, são também aplicáveis as regras da cessão de créditos (art. 577º e ss.), o que implica que a cessão de grau hipotecário seja um efeito de um negócio no qual se integra (art. 578º, nº 1), obedecendo à forma desse negócio, embora, no caso de bens imóveis, tenha que constar de escritura pública (art. 80º, nº 2, *g)* CN)[540].

3.6. Execução da hipoteca

A hipoteca pode ser naturalmente executada, em caso de incumprimento da obrigação a que serve de garantia. A execução não pode ser dispensada, já que a lei proíbe o pacto comissório no art. 694º, ao estabelecer que "é nula, mesmo que seja anterior ou posterior à constituição da hipoteca, a convenção pela qual o credor fará sua a coisa onerada no caso de o devedor não cumprir"[541].

Se o bem hipotecado pertencer ao devedor, o art. 752º CPC estabelece que a penhora recai, independentemente de nomeação sobre a coisa hipotecada e só pode recair noutros bens quando se reconheça a insuficiência daquela para conseguir o fim da execução.

A defesa do proprietário da coisa hipotecada na execução varia consoante ele seja o próprio devedor ou um terceiro em relação à obrigação garantida. No caso de ser o próprio devedor, o art. 697º estabelece que ele "tem o direito de se opor não só a que outros bens sejam penhorados na execução enquanto não se reconhecer a insuficiência da garantia, mas ainda a que, relativamente aos bens onerados, a execução se estenda além do necessário à satisfação do direito do credor". No caso de ser um terceiro, "é-lhe lícito opor ao credor, ainda que o devedor a eles tenha renunciado, os meios de defesa que o devedor tiver contra o crédito, com excepção das

[540] Estranhamente o procedimento especial de transmissão, oneração e registo imediato de imóveis, que permite dispensar a escritura pública, não foi aplicado à cessão de de créditos hipotecários, mas apenas à sub-rogação nos direitos e garantias do credor hipotecário, nos termos do art. 591º do Código Civil (cfr. art. 2º, *d)* do D.L. 263-A/2007, na redacção do D.L. 122/2009, de 21 de Maio). Este diploma, admite, no seu art. 2º, nº 1, *e)* que o mesmo regime possa ser estendido a outros negócios jurídicos por portaria do membro do Governo responsável pela área da justiça, mas a Portaria 1167/2010, de 10 de Novembro, embora tenha efectuado essa extensão ao mútuo e demais contratos de crédito e de financiamento com hipoteca, continua sem abranger a cessão de créditos hipotecários.

[541] No Ac. STJ 21/12/2005 (Pereira da Silva), processo 04B4479 considerou-se que esta disposição proibe igualmente o pacto pelo qual se convencione um direito de venda particular, através da outorga de uma procuração irrevogável para esse efeito.

excepções que são recusadas ao fiador" (art. 698º, nº 1). Para além disso, "tem a faculdade de se opor à execução enquanto o devedor puder impugnar o crédito donde provém a sua obrigação, ou o credor puder ser satisfeito por compensação com um crédito do devedor, ou este tiver a possibilidade de se valer da compensação com uma dívida do credor" (art. 698º, nº 2).

3.7. Extinção da hipoteca

O art. 730º indica-nos as causas de extinção da hipoteca sendo a primeira a extinção da obrigação a que serve de garantia. Efectivamente, constituindo a hipoteca uma garantia acessória, naturalmente que se extinguirá com a extinção da obrigação a que serve de garantia[542]. É, no entanto de referir que a causa extintiva da obrigação pode ser declarada nula ou anulada, caso em que se verificará o renascimento da hipoteca, a menos que esta tenha sido constituída por terceiro, e a causa da invalidade seja imputável ao credor, caso em que o renascimento só ocorrerá se este conhecer o vício na data em que teve conhecimento da extinção da obrigação (arts. 766º, 839º, 856º, 860º, nº 2, 866º, nº 3, e 873º, nº 2). Se, no entanto, a inscrição hipotecária no registo tiver sido cancelada, o renascimento apenas ocorre desde a data da nova inscrição (art. 732º).

A segunda causa de extinção da hipoteca, referida no art. 730º *b)*, é a prescrição, a favor de terceiro adquirente do prédio hipotecado, decorridos vinte anos sobre o registo da aquisição e cinco sobre o vencimento da obrigação. Trata-se de prescrição relativa à própria garantia, a qual não se confunde com a prescrição relativa ao crédito assegurado[543]. Tem sido,

[542] Admite-se, porém, que essa extinção possa nem sempre ocorrer. Assm, por exemplo, em caso de novação da obrigação, havendo reserva expressa, as garantias da obrigação antiga transitam para a nova obrigação (art. 861º a contrario).

[543] A prescrição relativa ao crédito assegurado determina naturalmente a extinção da hipoteca, mas por força do art. 730º *a)*. Sobre esse fenómeno, no anterior direito alemão, cfr. CHRISTOPH SCHUCH, *Der Einfluß der Forderungsverjährung auf dingliche Schuldversicherungsrecht*, Berlin, Duncker & Humblot, 2002. Entre nós, na vigência do Código de Seabra, questionava-se se a referência à prescrição no art. 1026º, nº 3, aplicável à hipoteca, por força do art. 1027º, nº 3, seria referente à hipoteca ou antes ao próprio crédito. Para GUILHERME MOREIRA, *Instituições*, II, nº 169, pp. 509 e ss., a disposição referia-se antes à prescrição do crédito, uma vez que enquanto subsistisse a obrigação deveria subsistir a hipoteca. Mas já PAULO CUNHA, *Da garantia*, II, pp. 352 e ss., salientava o interesse de se admitir a autónoma prescrição da hipoteca, dado que, quando ela fosse constituída por terceiro, os factos suspensivos e interruptivos da prescrição relativamente ao devedor não se aplicam ao terceiro.

por isso, questionado se a figura não seria mais adequadamente qualificável como caducidade[544].

A terceira causa de extinção da hipoteca, referida no art. 730º *c)* é o perecimento da coisa hipotecada, sem prejuízo da eventual transferência do direito, ou para o crédito da indemnização, ou para a importância paga a esse título, ou para a coisa que veio substituir a que perecera, nos termos dos arts. 692º e 701º. Efectivamente, é sabido que o perecimento da coisa que era objecto de determinado direito acarreta logicamente a extinção desse mesmo direito.

Outra forma de extinção da hipoteca, referida no art. 730º, *d)*, é a renúncia do credor. Apesar de a expressão "renúncia do credor" tanto poder considerar-se como referida ao crédito, provocando a sua extinção, como à própria hipoteca, tornando o credor mero credor comum, a melhor interpretação é a que a considera como referida apenas à hipoteca[545], a qual não determina a remissão do crédito (cfr. art. 867º). Efectivamente, independentemente da controvérsia sobre se a renúncia se poderia considerar como verdadeira causa extintiva dos direitos de crédito, ou se apenas se pode aplicar a remissão, com carácter contratual (art. 863º, nº 1), a verdade é a que a extinção da obrigação garantida aparece genericamente referida no art. 730º *a)*, pelo que o art. 730º *d)* deve-se considerar restrito à renúncia à hipoteca. Em relação a esta o art. 731º, nº 1 (redacção do D.L. 263-A/2007, de 23 de Julho), vem referir que ela "deve ser expressa e escrita em documento que contenham a assinatura do renunciante reconhecida presencialmente, salvo se esta for feita na presença de funcionário da conservatória competente para o registo, não carecendo de aceitação do devedor ou do autor da hipoteca para produzir os seus efeitos", acrescentando o nº 2 que "os administradores de patrimónios alheios não podem renunciar às hipotecas constituídas em benefício de pessoas cujos patrimónios administram". No caso de a renúncia ser considerada inválida, opera-se o renascimento da hipoteca, mas se a inscrição tiver sido entretanto cancelada, o renascimento apenas se verifica após a nova inscrição (art. 732º)[546].

[544] Cfr. Pires de Lima/Antunes Varela, I, sub art. 730º, nº 2, p. 751 e Pinto Duarte, *Direitos Reais*, p. 218.

[545] Cfr. Paulo Cunha, *Da garantia*, II, pp. 351.

[546] Oliveira Ascensão, *Direito Civil. Reais*, p. 546, infere desta disposição que qualquer reconstituição da situação registal implica o surgimento de nova hipoteca.

Apesar de não prevista no art. 730º, deve ainda ser considerada como causa de extinção, a expurgação da hipoteca no caso de transmissão dos bens hipotecados[547]. Conforme resulta do art. 721º, a expurgação pode ser efectuada por dois meios: ou pelo pagamento integral da dívida hipotecária aos credores respectivos, ou pelo pagamento do preço ou do valor dos bens hipotecados. No caso de ocorrer o pagamento integral dos créditos, a hipoteca extingue-se em resultado da extinção da obrigação principal, integrando-se, assim, esta situação na referida no art. 730º *a)*. Já na outra hipótese, parece haver um caso autónomo de extinção da hipoteca em consequência da expurgação.

Existe igualmente uma causa autónoma de extinção da hipoteca constituída por terceiro, já que o art. 717º, nº 1, vem prever que "a hipoteca constituída por terceiro extingue-se na medida em que, por facto positivo ou negativo do credor, não possa dar-se a sub-rogação daquele nos direitos deste".

Outra causa de extinção da hipoteca não prevista no art. 730º é a caducidade, o que pode ocorrer, por exemplo, em caso de verificação da condição resolutiva ou de não verificação da condição suspensiva que tenha sido aposta ao negócio relativo à sua constituição[548].

Finalmente, é igualmente causa de extinção da hipoteca a extinção do direito sobre que a hipoteca incide, como acontece se o usufruto ou a superfície que foram objecto de hipoteca se vierem a extinguir (art. 699º, nº 2 e 1539º, nº 1). No caso do usufruto, no entanto, o art. 699º, nº 3 vem estabelecer que se a sua extinção "resultar de renúncia, ou da transferência dos direitos do usufrutuário para o proprietário, ou da aquisição da propriedade por parte daquele, a hipoteca subsiste, como se a extinção do direito se não tivesse verificado".

3.8. O regime especial das hipotecas mobiliárias

3.8.1. A hipoteca sobre automóveis

O regime da hipoteca sobre automóveis consta do Decreto-Lei 54/75, de 12 de Fevereiro, alterado pelos D.L. 132-B/75, de 14 de Março, 130/82, de 27 de Janeiro, 242/82, de 22 de Junho, 416/82, de 26 de Novembro, 217/83,

[547] Cfr. PAULO CUNHA, *Da garantia*, II, pp. 349 e ss.

[548] Cfr. PIRES DE LIMA/ANTUNES VARELA, *op. cit.*, I, sub art. 730º, nº 5, p. 752 e SALVADOR DA COSTA, *O concurso*, p. 126.

de 25 de Maio, 54/85, de 4 de Março, 403/88, de 9 de Novembro, 182/2002, de 20 de Agosto, pela Rect. 31-B/2002, de 31 de Outubro, pelos D.L., 178-A/2005, de 28 de Outubro, 85/2006, de 23 de Maio, 20/2008, de 31 de Janeiro, e pela Lei 39/2008, de 20 de Agosto. Era suposto este regime ser revogado pelo D.L. 277/95, de 25 de Outubro, que aprovou o Código do Registo dos Bens Móveis, mas esse diploma não entrou ainda em vigor, duvidando-se mesmo que alguma vez venha a entrar.

Nos termos do art. 4º, nº 1 D.L. 54/75, de 12 de Fevereiro, os veículos automóveis podem ser objecto de hipoteca legal, judicial ou voluntária (art. 4º, nº 1), sendo aplicável a esta hipoteca o regime geral da hipoteca em tudo o que não seja contrariado pelas normas especiais desse diploma. Em qualquer caso, a constituição e modificação desta hipoteca pode ser efectuada por simples documento particular (arts 4º, nº 2 e 3).

Naturalmente que a hipoteca sobre automóveis tem que ser registada, referindo o art. 5º, nº 1 *c)* que estão sujeitas a registo a hipoteca, a sua modificação e cessão e do grau de prioridade do respectivo registo.

Uma das especialidades da hipoteca sobre automóveis é a possibilidade de apreensão judicial do referido veículo. Efectivamente, refere o art. 15º, na redacção do D.L. 178-A/2005, de 28 de Outubro, que, vencido e não pago o crédito hipotecário, o titular do respectivo registo pode requerer em juízo a apreensão do veículo automóvel e dos seus documentos, sendo o tribunal da comarca da residência habitual ou da sede do respectivo proprietário o competente para aquela providência e para a acção executiva subsequente. A apreensão pode ser decretada pelo Tribunal ou, a sua requisição, por qualquer autoridade administrativa ou policial. O auto de apreensão pela entidade policial vale, para todos os efeitos, como auto de penhora[549].

3.8.2. A hipoteca sobre navios

A hipoteca sobre navios encontra-se regulada nos arts. 584º e ss. CCom, vindo esta disposição a estabelecer que "podem constituir-se hipotecas sobre navios por disposição da lei ou por convenção das partes". Este artigo pareceria afastar-se do regime geral da constituição da hipoteca, ao não prever a hipoteca judicial (art. 710º), nem referir a sua constituição por declaração unilateral (art. 712º). Não nos parece, porém, que haja qualquer

[549] Cfr. Ac. RC 20/5/1986 (PEREIRA DA SILVA), em *CJ* 11 (1986), 3, pp. 58-60.

obstáculo a que a hipoteca sobre navios seja constituída judicialmente ou por declaração unilateral[550].

À hipoteca sobre navios é aplicável genericamente o regime da hipoteca sobre prédios em tudo o que for compatível com a sua natureza, ressalvadas as modificações constantes do seu regime específico (art. 585º CCom).

Relativamente à legitimidade para a constituição da hipoteca, o art. 586º CCom determina que ela pode ser constituída pelo proprietário ou por seu procurador especial. No caso de haver pluralidade de proprietários, o navio poderá ser hipotecado na totalidade para pagamento das respectivas despesas de armamento e navegação, desde que haja consentimento expresso da maioria, representando mais de metade do valor do navio (art. 586, § 1º). Já o comproprietário não pode hipotecar separadamente a sua quota sem o consentimento da maioria acima referida (art. 586º, § 2º).

Em termos de forma, a hipoteca sobre navios era sujeita a escritura pública (art. 588º CCom e art. 80º, nº 2 *g)* do CN), a qual podia ser feita fora do país, pelo respectivo agente consular português (art. 591º, § 1º). No caso de não existir agente consular, a hipoteca poderia ser realizada por escrito, feito a bordo, entre os respectivos outorgantes, com duas testemunhas e lançado no livro de contas (art. 591º, § 2º). Actualmente, no entanto, o art. 10º do D.L. 201/98, de 10 de Julho sujeita todos os contratos que impliquem a constituição de direitos reais sobre o navio à forma de documento escrito com reconhecimento da assinatura dos intervenientes, pelo que será essa a forma exigida para a constituição de hipoteca sobre o navio[551].

A hipoteca está naturalmente sujeita a registo, prevendo o art. 590º CCom que este se fizesse na secretaria do tribunal do comércio do porto onde se encontra matriculado o navio. Esta disposição foi, porém, revogada pelo art. 6º, nº 2, do Regulamento do Registo Comercial, aprovado pelo D.L. 42645, de 14 de Novembro de 1959, que determinou antes o seu registo na Conservatória onde a matrícula, no momento da inscrição, deve estar legalmente aberta, sendo que este diploma se mantém em vigor quanto ao registo de navios por força do art. 5º, nº 2, do D.L. 403/86, de 3 de Dezembro[552]. Esse registo pode ser efectuado provisoriamente, nos termos do art. 591º CCom.

[550] Admitindo a constituição da hipoteca por declaração unilateral, veja-se SALVADOR DA COSTA, *O concurso*, p. 136.

[551] Neste sentido, SALVADOR DA COSTA, *O concurso*, p. 139.

[552] Cfr. SALVADOR DA COSTA, *O concurso*, p. 140.

A hipoteca tem por objecto o navio, incluindo os componentes que dele fazem parte integrante, referidos no art. 1º, nº 2, do D.L. 201/98, de 10 de Julho. Nos termos do art. 587º CCom, é igualmente admissível a constituição de hipoteca sobre navios em construção ou a construir para pagamento das respectivas despesas de construção, contanto que pelo menos no respectivo instrumento se especifique o comprimento da quilha do navio e aproximadamente as suas principais dimensões, assim como a sua tonelagem provável, e o estaleiro que se acha a construir ou que tem de ser construído. Relativamente à extensão da dívida garantida, resulta do art. 589º que ela abrange, além do capital, os juros relativos a cinco anos.

Em termos de regime, a hipoteca sobre o navio vai permitir ao credor hipotecário pagar-se pelo valor deste, depois de satisfeitos os privilégios creditórios sobre o navio, pela ordem de prioridade resultante do registo comercial (art. 592º CCom), sendo o pagamento efectuado *pro rata*, no caso de concorrerem diversas inscrições hipotecárias na mesma data (art. 592º, § único CCom). No caso de perda ou inavegabilidade do navio os direitos dos credores hipotecários exercem-se no que dele restar e sobre a respectiva indemnização devida pelos seguradores (art. 594º CCom). As hipotecas estão sujeitas à expurgação nos termos gerais (art. 593º CCom), sendo-lhes consequentemente aplicáveis os arts. 721º e ss. CC e os arts. 998º e ss. CPC.

Existe ainda um regime especial para a hipoteca de navios no âmbito da Zona Franca da Madeira (Decreto-Lei 96/89, de 28 de Março, alterado pelos D.L. 393/93, de 23 de Novembro, 5/97, de 9 de Janeiro e 31/97, de 28 de Janeiro, 250/97, de 23 de Setembro, 331/99, de 20 de Agosto, 248/2002, de 8 de Novembro, 321/2003, de 23 de Dezembro, e 234/2015, de 13 de Outubro, que regula o registo no MAR). Nos termos deste diploma, a constituição, modificação e a extinção da hipoteca ou do direito a ela equivalente devem constar de documento assinado pelo titular do navio, com reconhecimento da assinatura (art. 14º, nº 2), exigindo-se a mesma forma para a redução voluntária ou renúncia à hipoteca (art. 14º, nº 3). As partes podem designar a lei aplicável à hipoteca ou direito equivalente, sem prejuízo das convenções internacionais que vinculam internacionalmente o Estado Português (art. 14º, nº 4). Nesse caso, o pedido de registo é acompanhado de uma tradução da legislação referida pelas partes, e por elas assinada, salvo quando o conservador dispense a tradução ou determine que ela seja efectuada por perito por ele escolhido (art. 14º, nº 5), sendo a escolha das partes inscrita em conjunto com o registo de hipoteca (art. 14º, nº 6). Na falta de estipulação ou na ausência da sua inscrição, considera-se aplicável a lei portuguesa (art. 14º, nº 7). Nesse caso, o adquirente dos bens hipotecados só pode exercer o direito à expurgação, previsto no artigo 721º do Código Civil português, desde que o exercício desse direito garanta ao credor hipotecário o pagamento integral de todos os direitos e encargos decorrentes do contrato de hipoteca, não sendo aplicável o disposto na alínea *b)* do mencionado artigo (art. 14º, nº 8).

A nível do Direito Internacional, há que salientar ainda a Convenção Internacional para a Unificação de Regras sobre Privilégios e Hipotecas Marítimos, de 10 de Abril de 1926, a que Portugal foi autorizado a aderir pelo Decreto nº 19857 de 18 de Maio de 1931, tendo a adesão se concretizado em 12 de Dezembro de 1931, conforme D.G. de 2 de Junho de 1932, a qual considera que as hipotecas, *mortgages* e penhores sobre navios em conformidade com as leis de um dos Estados contratantes serão reconhecidos em todos os Estados contratantes (art. 1º), sendo a sua graduação regulada nos termos do art. 3º.

3.8.3. A hipoteca sobre aeronaves

O registo de hipoteca sobre aeronaves é da competência do Autoridade Nacional de Aviação Civil, nos termos do art. 6º, *i)* do Estatuto do anterior Instituto Nacional da Aviação Civil, anexo ao D.L. 133/98, de 15 de Maio[553]. Esse registo é reconhecido internacionalmente, nos termos da *Convenção de Genebra sobre o Reconhecimento Internacional de Direitos sobre Aeronaves*, de 19 de Junho de 1948, aprovada por Decreto do Governo, nº 33/85, de 4 de Setembro, que garante o reconhecimento de hipotecas, *mortgages* e direitos similares sobre aeronaves criados convencionalmente para garantia de uma dívida, desde que constituídos de acordo com a lei daquele Estado em que a aeronave esteja matriculada ao tempo da sua constituição e inscritos no registo público daquele em que esteja matriculada (artigo I, nº 1 *d)*). A prioridade da hipoteca abrange todas as quantias garantidas, ainda que quanto aos juros, só conceda prioridade aos vencidos no decurso dos

[553] Este artigo manteve-se em vigor nos termos do art. 25º do D.L. 145/2007, de 27 de Abril. Este último diploma foi revogado pelo art. 8º do D.L. 40/2015, de 16 de Março, que aprova os estatututos da Autoridade Nacional de Avaliação Civil. Nos termos do art. 2º desse diploma as referências em lei especial ao INAC consideram-se feitas à ANAC.

três anos antecedentes ao início do processo de execução e seu decurso (art. V) e só cede perante os privilégios concedidos aos créditos originados por remunerações devidas pela salvação da aeronave e pelos gastos indispensáveis à sua conservação (art. IV) ou perante as custas da venda em execução (art. VII, nº 6).

A venda em execução da aeronave efectua-se segundo o processo regulado no art. VII e transfere a propriedade da aeronave livre de quaisquer encargos que não tiverem sido tomados a seu cargo pelo comprador.

4. Privilégios especiais

4.1. Generalidades

De acordo com a definição do art. 733º, o privilégio creditório "é a faculdade que a lei, em, atenção à causa do crédito, concede a certos credores, independentemente do registo, de serem pagos com preferência a outros"[554].

Os privilégios creditórios já existiam no Direito Romano, sob a designação de *privilegium exigendi*, representando uma preferência no pagamento, conferida a certos credores, em atenção à natureza do crédito em si (*privilegium causae*, como no caso do privilégio resultante de despesas de funeral, ou por se ter produzido aumento de valor), ou à qualidade do credor (*privilegium personae*, como no caso do pupilo em relação ao tutor)[555]. Os privilégios podiam ser gerais ou especiais. Entre os privilégios gerais encontravam-se os do fisco ou mais genericamente do Estado (D.49.14 e C.7.73), das cidades (D.42.5.38.1), para o reembolso de despesas funerárias (Paul. Sent. 1.21.15. e D.42.5.17.pr.), da mulher casada para a recuperação do seu dote pela *actio rei uxoriae* (C.7.74

[554] Em geral, sobre os privilégios creditórios, cfr. A. CARNEIRO PACHECO, *Dos privilégios, passim*, maxime, pp. 39 e ss., VAZ SERRA, "Privilégios", no *BMJ* 64 (1957), pp. 41- 337, SALVADOR DA COSTA, *O concurso*, pp. 163 e ss., MENEZES CORDEIRO, *Direitos Reais*, pp. 768 e ss., SANTOS JUSTO, *Direitos Reais*, pp. 479 e ss., A. LUÍS GONÇALVES, "Privilégios creditórios: Evolução histórica. Regime. Sua inserção no tráfego creditício" em *BFD* 67 (1991), pp. 29-46, MIGUEL LUCAS PIRES, *Dos privilégios creditórios: regime jurídico e sua influência no concurso de credores*, Coimbra, Almedina, 2004, PINTO DUARTE, *Direitos Reais*, pp. 233 e ss., e PEDRO ROMANO MARTINEZ, "Privilégios creditórios", em DIOGO LEITE DE CAMPOS (org.), *Estudos em Homenagem ao Prof. Doutor Manuel Henrique Mesquita*, II, Coimbra, Universidade de Coimbra / Coimbra Editora, 2009, pp. 111-130. Na doutrina francesa, veja-se ALEX WEILL, *op. cit.*, pp. 178 e ss., MAZEAUD / CHABAS, *Sûretés*, pp. 206 e ss., MARTY / RAYNAUD / JESTAZ, *op. cit.*, pp. 156 e ss., e MESTRE / PUTMAN / BILLIAU, *Droit Spécial*, p. 104 e ss. e 668 e ss., PIEDELIÈVRE, *op. cit.*, pp. 144 e ss. e 223 e ss., e THÉRY, *op. cit.*, pp. 331 e ss.

[555] Cfr. SALVADOR DA COSTA, *O concurso*, p. 163.

e C.8.17(18).12.pr.), dos incapazes contra o tutor ou curador, e dos depositantes em banca (D.45.2.24.2.). Entre os privilégios especiais encontravam-se os privilégios de quem financiou a reconstrução de um edifício (D.42.5.24.1.) e eventualmente o do locador do imóvel sobre os bens para ele trazidos pelo locatário (Gai Inst. 4.147)[556].

Os privilégios gerais não incidiam sobre bens determinados, nem afectavam terceiros proprietários dos bens, sendo a especificidade do privilégio entre as garantias das obrigações o facto de estar totalmente dependente da qualidade do crédito, o que justificava que prevalecesse sobre garantias constituídas anteriormente (*privilegia non ex tempore aestimantur sed ex causa*)[557].

O antigo direito francês veio atribuir ao privilégio uma natureza diversa, considerando-o como uma garantia real preferível à hipoteca em função da sua causa.

É essencialmente o Código francês que vai moldar o actual regime do privilégio, distinguindo entre móveis e imóveis, bem como entre privilégios gerais e especiais, consoante incidiam sobre todos os bens do devedor ou sobre bens determinados. Os privilégios caracterizavam-se por prevalecerem sobre a hipoteca (art. 2095), e por se graduarem com base na qualidade dos créditos. Já o BGB preferiu abolir os privilégios, por os considerar contrários a uma boa organização da propriedade e do crédito, processo esse que foi seguido pelo Código suíço[558].

A figura dos privilégios já se encontrava prevista nos arts. 878º e ss. do C.C. de 1867 e corresponde à atribuição legal de preferências no pagamento, tendo em atenção a valoração que o legislador faz da fonte do crédito, considerando que esse crédito deve ser pago à frente dos outros. Assim, os privilégios só podem ser atribuídos por lei, sendo vedada às partes a sua criação através de negócios jurídicos e dispensam qualquer publicidade, designadamente a resultante do registo[559].

A sua criação legal não deixa, porém, de suscitar críticas na doutrina, designadamente pela insegurança que causam no comércio jurídico, pre-

[556] Cfr. J. PH. LEVY, *TR* 55 (1987), p. 234, notas (22) e (23).

[557] Cfr. PAULO CUNHA, *Da garantia*, II, pp. 258 e ss.

[558] Cfr. CARNEIRO PACHECO, *Dos privilégios*, pp. 33 e ss.

[559] Esta característica aparece como fundamental para distinguir o privilégio creditório de outras figuras, como a hipoteca legal, a qual, apesar de ser também conferida por lei, necessita de ser registada para se poder constituir.

judicando a concessão de crédito, na medida em que o credor beneficiário de outra garantia real pode vê-la preterida pelo privilégio[560]. Os privilégios especiais são direitos reais, uma vez que incidem sobre coisas determinadas, e gozam de sequela, sendo oponíveis a terceiros e concedendo preferência no pagamento ao credor que deles beneficiam, assemelhando-se nestes termos ao penhor e à hipoteca[561]. Já os privilégios gerais não são considerados como garantias reais, uma vez que não incidem sobre coisas determinadas, nem gozam de sequela, só podendo ser exercidos em relação aos bens que se encontrem à data da penhora no património do devedor. Neste momento, restringiremos a nossa análise aos privilégios especiais, já que os privilégios gerais serão tratados no âmbito das garantias especiais sobre universalidades.

4.2. Privilégios mobiliários e imobiliários

Os privilégios especiais (e actualmente também os gerais) podem ser mobiliários ou imobiliários, consoante a natureza das coisas sobre que incidem.

Os privilégios imobiliários especiais encontram-se previstos nos arts. 743º e 744º. O art. 743º atribui um privilégio imobiliário especial aos créditos por despesas de justiça feitas directamente no interesse comum dos credores, para a conservação, execução dos referidos bens imóveis, assim se aplicando igualmente em sede de imóveis o que se estabelece no art. 738º quanto aos móveis[562]. O art. 744º, nº 1, atribui também um privilégio imobiliário especial aos "créditos sobre contribuição predial devida ao Estado ou às autarquias locais, inscritos para cobrança no ano corrente na data da penhora, ou acto equivalente e nos dois anos anteriores (...) sobre os bens cujos rendimentos estão sujeitos àquela tributação"[563]. Actualmente, a contribuição predial, que era um imposto sobre os rendimentos dos prédios, encontra-se substituída pelo imposto municipal sobre imóveis, que é um imposto sobre o valor patrimonial dos mesmos (art. 1º CIMI). No entanto, o art. 122º, nº 1, CIMI determina que o imposto municipal sobre imóveis goza das mesmas garantias estabelecidas pelo Código Civil para

[560] Cfr. ANTUNES VARELA, *Obrigações*, II, p. 572 e PINTO DUARTE, *Direitos Reais*, pp. 236 e ss.

[561] Neste sentido, já CARNEIRO PACHECO, *Dos privilégios*, pp. 44 e ss.

[562] Também aqui é de questionar a utilidade deste privilégio, face à regra da precipuidade das custas, estabelecida no art. 541º CPC.

[563] Para além deste privilégio, com limites temporais, existe ainda a hipoteca legal, conferida pelo art. 705º *a)*.

a contribuição predial, pelo que o privilégio conferido pelo art. 744º, nº 1, se mantém em vigor, sendo aplicável a esse imposto. O art. 744º, nº 2, atribui ainda um privilégio sobre os bens transmitidos aos créditos do Estado pela sisa e pelo imposto sobre sucessões e doações, o qual é igualmente mantido pelo art. 39º do CIMT e pelo art. 47º, nº 1 CIS.

Para além destes privilégios, encontram-se ainda previstos em legislação especial alguns privilégios imobiliários especiais[564], como por exemplo o do Estado, resultante de garantia no quadro dos seguros de crédito (art. 17º, nº 6, do D.L. 183/88, de 24 de Maio).

Já os privilégios mobiliários especiais encontram-se referidos nos arts. 738º e ss. do Código Civil e compreendem os seguintes:

a) privilégio por despesas de justiça feitas directamente no interesse dos credores para a conservação, execução, ou liquidação dos bens móveis, sobre esses bens (art. 738º, nº 1)[565], e para créditos do Estado resultantes do imposto sobre sucessões e doações (art. 738º, nº 2) actualmente referente ao imposto de selo (art. 47º CIS);

b) privilégio sobre frutos de prédios rústicos pelos fornecimentos de sementes, plantas e adubos, e de água ou energia para irrigação ou outros fins agrícolas (art. 739º)[566];

c) privilégio do crédito à indemnização por parte da vítima sobre a indemnização paga pelo segurador de responsabilidade (art. 741º);

d) privilégio do crédito do autor de obra intelectual, fundado em contrato de edição, sobre os exemplares da obra existentes em poder do editor (art. 742º).

Existem também privilégios sobre navios, constantes dos arts. 574º e ss. CCom[567]. Nos termos do art. 574º CCom, o privilégio sobre navios

[564] Cfr. A. Luís Gonçalves, *BFD* 67 (1991), pp. 31 e ss. e Miguel Lucas Pires, *Dos privilégios*, pp. 334 e ss.

[565] O conteúdo útil desta disposição encontra-se posto em causa, já que as despesas de justiça integram o conceito de custas e portanto saem precípuas dos bens penhorados (art. 455º CPC), não sendo por isso necessário o privilégio.

[566] A abolição da enfiteuse determina a caducidade do privilégio conferido por dívidas de foros, quer sobre os frutos de prédios rústicos, quer sobre as rendas de prédios urbanos (arts. 739º *b)* e 740º)

[567] Apesar do art. 8º do D.L. 47.344, que aprovou o Código Civil ter determinado a revogação de todos os privilégios não constantes do Código, mesmo que resultantes de legislação especial,

prevalece sobre qualquer outro privilégio geral ou especial sobre móveis estabelecido no Código Civil. Esse privilégio é graduado de acordo com a natureza da dívida, segundo a ordem estabelecida no art. 578º CCom (redacção do D.L. 8/2009, de 7 De Janeiro). Se o produto do navio ou dos objectos sujeitos ao privilégio não for suficiente para embolsar os credores privilegiados de uma ordem, far-se-á rateio entre eles (art. 576º CCom.). O privilégio não é afectado pela deterioração ou diminuição do valor dos navios ou objectos (art. 575º CCom), sendo transmitido em caso de endosso de um título de crédito que possua privilégio (art. 577º CCom). Os privilégios extinguem-se nos casos gerais de extinção das obrigações, pela venda judicial do navio, caso em que os privilégios se transferem para o produto da venda ou pela sua venda voluntária, desde que realizada após citação dos credores privilegiados (cfr. art. 579º CCom). Os privilégios existentes sobre a carga do navio e sobre o frete são igualmente objecto de graduação, nos termos, respectivamente, dos arts. 580º e 582º CCom., sendo sujeitos a causas específicas de extinção, nos termos dos arts. 581º e 583º CCom. Há também que tomar em consideração a Convenção Internacional para a Unificação das Regras Relativas aos Privilégios e Hipotecas Marítimos de 1926, conhecida como a Convenção de Bruxelas de 1926.

Em diplomas avulsos encontram-se ainda outros privilégios mobiliários especiais, como o dos titulares das obrigações hipotecárias[568], sobre os créditos hipotecários afectos à respectiva emissão (art. 3º do D.L. 59/2006, de 20 de Março)[569], e o do transportador sobre as mercadorias transportadas (art. 15º do D.L. 239/2003, de 4 de Outubro).

4.3. Regime dos privilégios especiais

O privilégio garante naturalmente o crédito que dele beneficia, podendo, nos termos do art. 734º garantir igualmente os juros relativos aos últimos dois anos, se forem devidos.

tem sido defendida a subsistência em vigor destes privilégios, uma vez que se trata de lei especial comercial e não de lei especial civil. Cfr. FERNANDO OLAVO "Privilégios creditórios sobre o navio. Um feixe de questões", em *CJ* 9 (1984), 5, pp. 13-17, SALVADOR DA COSTA, *O concurso*, p. 196, e, na jurisprudência, Ac. RL de 10/3/1987 (ZEFERINO FARIA), na *CJ* 12 (1987), 2, pp. 134-135, Ac. RP 17/5/1999 (CAIMOTO JÁCOME), sumarizado no *BMJ* 478, pp. 365-366, e Ac. TC 470/2001 (TAVARES DA COSTA), de 24/10/2001, no D.R. II Série, de 17/7/2002.

[568] Cfr., sobre estas, ARMINDO RIBEIRO MENDES, "Um novo instrumento financeiro: as obrigações hipotecárias", na *RB* nº 15 (1990), pp. 59-100.

[569] Veja-se AUGUSTO DE ATAÍDE, em *Estudos Sousa Franco*, I, pp. 380-381.

O privilégio especial goza de sequela pelo que vale sempre contra terceiros. No caso de existir conflito entre o privilégio mobiliário especial e um direito de terceiro prevalece o que mais cedo se houver adquirido (art. 750º), salvo no caso do privilégio relativo a despesas de justiça, o qual prevalece não só sobre os demais privilégios, mas também sobre outras garantias, mesmo anteriores, que onerem os mesmos bens e vale contra terceiros adquirentes (art. 746º). Tratando-se, no entanto, de privilégio mobiliário geral, este é graduado depois dos privilégios imobiliários especiais (art. 747º, nº 1 *f*)), salvo se se tratar do privilégio mobiliário geral relativo a dívidas fiscais conferido pelo art. 736º ao Estado e às autarquias locais (cfr. art. 747º, nº 1 *a*)), o qual prevalece sobre os outros privilégios mobiliários especiais, salvo os relativos a despesas de justiça[570]. Já em se tratando de privilégio imobiliário especial, determina o art. 751º que eles são oponíveis a terceiros que adquiram o prédio ou algum direito real sobre ele e preferem à consignação de rendimentos, à hipoteca ou ao direito de retenção, ainda que estas garantias sejam anteriores.

Se houver concurso entre privilégios, este é resolvido, não com base na ordem da sua constituição, mas antes com base na natureza do privilégio (cfr arts. 745º e ss.), efectuando-se o rateio dos bens no caso de ocorrência de créditos igualmente privilegiados (art. 745º, nº 2). Assim, o privilégio sobre despesas de justiça, seja mobiliário ou imobiliário, tem preferência não só sobre os demais privilégios, como sobre as outras garantias, mesmo anteriores, que onerem os mesmos bens, e vale contra os terceiros adquirentes (art. 746º). Relativamente aos privilégios mobiliários, graduam-se sucessivamente os créditos por impostos, primeiro em relação ao Estado e depois às autarquias locais, os créditos por fornecimentos destinados à produção agrícola, os créditos da vítima de um facto que dê lugar à responsabilidade civil, e os créditos de autor de obra intelectual (art. 747º). Quanto aos privilégios sobre o navio, eles preferem a qualquer privilégio geral ou especial sobre móveis estabelecido no Código Civil (art. 574º CCom).

Relativamente aos privilégios imobiliários especiais são graduados em primeiro lugar os créditos fiscais do Estado e depois os das autarquias (art. 748º).

[570] No sentido de que o art. 747º, nº 1 *a*) abrange todos os privilégios do Estado e das autarquias por impostos e não apenas os privilégios especiais, cfr. SALVADOR DA COSTA, *O concurso*, p. 184.

A eficácia dos privilégios especiais como garantias é no entanto mais reduzida pelo facto de que aqueles de que sejam titulares o Estado, as autarquias locais e as instituições de segurança social, vencidos mais de 12 meses antes da data do início do processo de insolvência, se extinguirem com a declaração de insolvência (art. 97º, nº 1 *b)* do CIRE). Além desta causa de extinção, os privilégios extinguem-se pelas mesmas causas de extinção da hipoteca (arts. 752º e 730º).

São ainda aplicáveis aos privilégios as disposições dos arts. 692º, e 694º a 699º, relativos à hipoteca (art. 753º).

5. O direito de retenção

5.1. Generalidades

O direito de retenção encontra-se previsto no art. 754º do Código Civil, prevendo-se ainda casos especiais deste direito no art. 755º[571], em ordem a abranger o transportador, o albergueiro, o mandatário, o gestor de negócios, o depositário[572], o comodatário, e o beneficiário da promessa de transmissão ou constituição de direito real que obteve a tradição da coisa[573]. O art. 1323º, nº 4 atribui ainda direito de retenção ao achador da coisa.

[571] Cfr. António Faria Carneiro Pacheco, *Do direito de retenção na legislação portuguesa*, Coimbra, Imprensa da Universidade, 1911, passim, Paulo Cunha, *Da garantia*, II, pp. 357 e ss., Vaz Serra, "Direito de retenção", no *BMJ* 65 (1957), pp. 103-261, Menezes Cordeiro, *Direitos Reais*, pp. 770 e ss. Calvão da Silva, *Cumprimento e sanção pecuniária compulsória*, Coimbra, Separata do BFD, 1987, pp. 339 e ss. 345, Salvador da Costa, *O concurso*, pp. 213 e ss., Santos Justo, *Direitos Reais*, pp. 485 e ss., Pinto Duarte, *Direitos Reais*, pp. 239 e ss. e L. M. Pestana de Vasconcelos, *Direito das garantias*, pp. 358 e ss. Na doutrina francesa, veja-se Alex Weill, *op. cit.*, pp. 114 e ss., Michel Dagot, *op. cit.*, pp. 73 e ss., Marty / Raynaud / Jestaz, *op. cit.*, pp. 22 e ss., Mazeaud / Chabas, *Sûretés.*, pp. 185 e ss., Piedelièvre, *op. cit.*, pp. 155 e ss., e Théry, *op. cit.*, pp. 361 e ss., Dominique Legeais, *op. cit.*, pp. 429 e ss., e Nicole Catala-Franjou, "De la nature juridique du droit de retention", em *RTDCiv* 65 (1967), pp. 10-44 e Christian Scapel, "Le droit de rétention en droit positif. Un îlot de résistance au contrôle du juge", em *RTDC* 80 (1981), pp. 539-570.

[572] O direito de retenção do depositário parece abranger igualmente o depositário judicial. Cfr. Adelino da Palma Carlos, "Depósito judicial e direito de retenção" em *Dir.* 95 (1963), pp. 12-20.

[573] Tem sido, no entanto, bastante criticada na doutrina a atribuição do direito de retenção ao beneficiário do contrato-promessa que obteve a transmissão da coisa (art. 755º, nº 1 *f)*), pelo facto de pôr em causa a garantia hipotecária. Cfr. Pires de Lima/Antunes Varela, *op. cit.*, I, sub art. 755º, nº 3, p. 778, Antunes Varela, *Sobre o contrato-promessa*, 2ª ed., Coimbra, Coimbra Editora, 1989, pp. 109 e ss., Menezes Cordeiro, "O novíssimo regime do contrato-promessa", na *CJ* 12 (1987), 2, recolhido em ID, *Estudos de Direito Civil*, Coimbra,

Apesar de não se encontrar expressamente contemplado no art. 754º, tem sido ainda reconhecido pela doutrina o direito de retenção ao empreiteiro[574], sendo minoritária a posição contrária[575]. Actualmente ainda há uma justificação suplementar que é o facto de o art. 25º do DL 201/98, de 10 de Julho, conferir direito de retenção ao construtor do navio, o que constitui manifestamente um caso de empreitada.

Fora do Código Civil encontram-se ainda casos especiais de direito de retenção, como o direito de retenção do transportador (art. 21º do D.L. 352/86, de 21 de Outubro e art. 14º do D.L. 239/2003, de 4 de Outubro), o direito de retenção atribuído a advogado, nos termos do art. 101º, nº 3, do Estatuto da Ordem dos Advogados, aprovado pela Lei 145/2015, de 9 de Setembro) e o direito de retenção do agente comercial (art. 35º do D.L. 178/86, de 3 de Julho).

O direito de retenção nunca está sujeito a registo, mesmo quando incida sobre bens a ele sujeitos. Apesar dessa não sujeição a registo, goza de uma publicidade específica resultante da posse da coisa pelo retentor, que permite que os outros se apercebam da garantia. É, por outro lado, uma garantia acessória, na medida em que pressupõe um crédito garantido, cujas vicissitudes acompanha, sendo igualmente indivisível, nos mesmos termos da hipoteca (art. 696º) e do penhor (art. 678º), por cujo regime se rege (arts. 758º e 759º)[576].

Almedina, 1987, pp. 59-94 (87 e ss.), CALVÃO DA SILVA, *Sinal e contrato-promessa*, 8ª ed., Coimbra, Almedina, 2001, p. 218, PEDRO SAMEIRO, "O direito de retenção e a situação do credor hipotecário", na *RB* nº 26, 1993, pp. 89-97, ANA PRATA, *O contrato-promessa e o seu regime civil*, Coimbra, Almedina, 1995, pp. 846 e ss. e SALVADOR DA COSTA, *O concurso*, p. 220. Apenas RIBEIRO DE FARIA, *Obrigações*, I, p. 281, considera correcta a solução legislativa, na medida em que faz prevalecer os interesses do consumidor final sobre os interesses das instituições de crédito.

[574] Neste sentido, cfr. GALVÃO TELLES, "O direito de retenção no contrato de empreitada", em *Dir.* 106-119 (1974-1987), pp. 13-34, CALVÃO DA SILVA, *Cumprimento*, pp. 342 e ss., FERRER CORREIA/SOUSA RIBEIRO, "Direito de retenção. Empreiteiro", na *CJ* 13 (1988), 1, pp. 15-23 SALVADOR DA COSTA, *O concurso*, p. 215 e, na jurisprudência, o Ac. RL de 6/4/2000 (GRANJA DA FONSECA), em *CJ* 25 (2000), 2, pp. 130-132.

[575] Em sentido contrário à atribuição de direito de retenção ao empreiteiro, cfr. PIRES DE LIMA/ANTUNES VARELA, *op. cit.*, II, sub art. 1211º, nº 4, pp. 875-876 e, na jurisprudência, o Ac. RL 5/6/1984 (JOSÉ SARAIVA), em *CJ* 9 (1984) 3, pp. 137-140.

[576] Cfr. CARNEIRO PACHECO, *Do direito de retenção*, pp. 60 e ss.

5.2. Pressupostos do direito de retenção

5.2.1. Generalidades

Conjugando os arts. 754º, 755º e 756º, verificamos que o direito de retenção apresenta genericamente como pressupostos:

a) que o devedor esteja obrigado a entregar uma coisa susceptível de penhora;

b) que seja simultaneamente titular de um crédito sobre a pessoa a quem esteja obrigado a entregar essa coisa, crédito esse exigível, ainda que com base na perda do benefício do prazo, mas não necessariamente líquido;

c) que exista uma conexão causal entre a coisa e o crédito sobre a pessoa que a deva receber, podendo essa conexão resultar de despesas feitas por causa da coisa ou danos por ela causados (art. 754º) ou de uma relação legal ou contratual que tenha implicado a detenção da coisa, a cuja garantia que a lei atribua esse efeito (art. 755º).

d) que nem a aquisição da detenção da coisa tenha resultado de meios ilícitos, com o conhecimento do adquirente, nem a constituição do crédito tenha resultado de despesas efectuadas de má fé.

e) que a outra parte não preste caução suficiente.

5.2.2. Obrigação de entregar certa coisa susceptível de penhora

O primeiro pressuposto do direito de retenção é que o devedor esteja obrigado a entregar certa coisa (art. 754º), devendo essa coisa ser susceptível de penhora (art. 756º *c)*). Efectivamente, sendo o direito de retenção uma garantia real, naturalmente que só podem ser objecto do mesmo as coisas susceptíveis de penhora, pelo que se alguém estiver obrigado a entregar algum dos bens referidos nos arts. 736º e 737º CPC, naturalmente que não pode exercer o direito de retenção, dado que nos casos em que a coisa retida seja impenhorável será impossível constituir sobre ela qualquer garantia.

5.2.3. Titularidade de um crédito sobre a outra parte, crédito esse exigível, ainda que com base na perda do benefício do prazo, mas não necessariamente líquido

Em regra, o direito de retenção só pode ser exercido em caso de vencimento do crédito, podendo o vencimento ser desencadeado pelo credor, no caso das obrigações puras (art. 805º, nº 1) ou resultar do prazo estipulado pelas partes (art. 805º, nº 2 *a)*). Pode, porém, neste último caso, ocorrer a perda do benefício do prazo, caso ocorra a insolvência ou diminuição das garantias prestadas (art. 780º), ou a não realização de uma prestação nas dívidas a prestações (art. 781º), o que torna o crédito imediatamente exigível e consequentemente permite ao credor exercer o direito de retenção (art. 757º, nº 1).

Não obsta ao exercício do direito de retenção a iliquidez do crédito garantido (art. 757º, nº 2), dado que a eficácia do direito de retenção como garantia não depende da determinação exacta do montante do crédito, sendo essa iliquidez uma circunstância comum na hipótese de danos causados pela coisa.

5.2.4. Conexão causal entre o crédito e a coisa

Outro pressuposto do direito de retenção é a existência de uma conexão causal entre o crédito e a coisa, a qual nos termos do art. 754º, se exprime genericamente pelo facto de o crédito resultar de despesas feitas por causa da coisa ou de danos por ela causados. Assim, por exemplo, quem efectua benfeitorias numa coisa (cfr. art. 1273º), tem o direito de a reter até ser reembolsado das mesmas. Quem sofre danos em resultado da acção de um animal pertencente a outrem pode retê-lo até ser indemnizado desses danos.

Essa conexão causal pode ainda ser estabelecida pelo facto de a detenção da coisa resultar de uma relação legal ou contratual à qual a lei atribua como garantia esse direito. É o que sucede nas situações previstas no art. 755º, que confere esse direito ao transportador, albergueiro, mandatário, gestor de negócios, depositário, comodatário, e beneficiário da promessa de transmissão ou constituição de direito real que obteve a tradição da coisa. É também o que sucede na hipótese de achado da coisa (art. 1323º, nº 4). Essa mesma situação ocorre ainda nos casos de transporte, referidos no art. 21º do D.L. 352/86, de 21 de Outubro e art. 14º do D.L. 239/2003, de 4 de Outubro), advocacia (art. 101º, nº 3, do EOA, aprovado pela Lei 145/2015, de 9 de Setembro) e agência comercial (art. 35º do D.L. 178/86, de 3 de Julho).

5.2.5. Não aquisição, com o conhecimento do retentor, por meios ilícitos da detenção da coisa que se deveria entregar, nem realização de má fé das despesas de onde tenha resultado o crédito

Nos termos do art. 756º *a)* e *b)*, o direito de retenção é excluído quando a detenção da coisa tenha sido adquirida por meios ilícitos, com o conhecimento do retentor, ou quando tenham sido realizadas de má fé as despesas que determinaram a aquisição do crédito. Temos assim um pressuposto geral do direito de retenção que é a não actuação de má fé por parte do retentor, podendo essa má fé resultar, quer da aquisição ilícita da coisa, com o conhecimento do retentor, quer da própria constituição do crédito fazendo despesas em coisa que se sabia não lhe pertencer. A má fé é aqui entendida em sentido subjectivo, como a consciência da ilicitude da aquisição da coisa ou da lesão do credor em face da realização da despesa[577].

5.2.6. Não prestação de caução suficiente pela outra parte

O direito de retenção surge como uma garantia provisória, pelo que cessa se a outra parte prestar caução suficiente (art. 756º *d)*)[578]. A caução poderá ser prestada por qualquer das formas referidas no art. 623º, incluindo por fiança, caso em que ocorrerá a substituição de uma garantia real por uma garantia pessoal.

5.3. Direitos do retentor

A posição jurídica do retentor é equiparada à do credor pignoratício, quando recai sobre coisa móvel (art. 758º), e à do credor hipotecário, quando recai sobre coisa imóvel (art. 759º), sendo aplicável consequente o regime já exposto sobre estas garantias. A equiparação do direito de retenção à hipoteca vem, no entanto, a ser algo limitada, atento o facto de o direito de retenção de imóvel prevalecer sobre a hipoteca, ainda que esta tenha sido registada anteriormente (art. 759º, nº 2)[579], e de até à entrega

[577] Neste sentido, Pires de Lima/Antunes Varela, *op. cit.*, I, sub art. 756º, nº 2, p. 779, e Salvador da Costa, *O concurso*, p. 224.

[578] A possibilidade de substituição da retenção por caução já era defendida na vigência do Código de Seabra por Guilherme Moreira, *Instituições*, II, nº 175, p. 527 e, em seu seguimento, por Carneiro Pacheco, *Do direito de retenção*, pp. 180-181. A tal opunha-se, porém, Paulo Cunha, *Da garantia*, II, p. 363, com o argumento de que fosse qual fosse a forma de prestação de caução, a situação do retentor piorava, uma vez que o seu crédito ficava colocada em posição menos segura. A actual redacção do art. 756º *d)* não deixa dúvidas quanto à adopção da posição de Guilherme Moreira e Carneiro Pacheco, ainda que a referência a "caução suficiente" possa levar à conclusão que se deverá exigir uma caução que se aproxime dos benefícios concedidos pela retenção. Assim, por exemplo, prevalecendo o direito de retenção sobre uma hipoteca constituída anteriormente (art. 759º, nº 2), constituiria manifesta fraude à lei ser aceite como caução uma hipoteca constituída posteriormente.

[579] Cfr., sobre esta questão, Belchior do Rosário Loya e Sapuile, "Prevalência do direito de retenção sobre a hipoteca", em Jorge Ferreira Sinde Monteiro (org.), *Garantias das obrigações. Publicação dos trabalhos de mestrado*, Coimbra, Almedina, 2007, pp. 87-136.

da coisa serem, aplicáveis, quanto aos direitos e obrigações do retentor, as regras do penhor, com as necessárias adaptações (art. 759º, nº 3).

Em virtude da equiparação ao penhor e hipoteca, o retentor não pode, em caso algum, apropriar-se da coisa retida, apenas podendo proceder à sua alienação no âmbito da execução da garantia.

5.4. Transmissão do direito de retenção

Nos termos do art. 760º, o direito de retenção não é transmissível sem que seja transmitido o crédito que ele garante. A não admissibilidade de uma transmissão autónoma do direito de retenção, justifica-se pelo facto de ele ser conferido por lei, tendo em atenção a particular conexão existente entre o crédito garantido e a coisa retida, conexão que deixaria de existir se fosse transmitido sem esse crédito[580].

5.5. Extinção do direito de retenção

Nos termos do art. 761º, o direito de retenção extingue-se pelas mesmas causas por que cessa o direito de hipoteca, e ainda pela entrega da coisa.

Assim, para além dos casos já referidos no art. 730º, a extinção do direito de retenção pode ocorrer em resultado da entrega da coisa. À semelhança do que se referiu para o penhor, parece que essa extinção ocorre, quer a entrega seja voluntária, quer involuntária, como na hipótese de resultar de fraude ou violência. Efectivamente, os terceiros que contratam com o dono da coisa terão que ver a sua situação protegida, a qual prevalece por isso sobre a do retentor que tenha entregue a coisa[581]. No entanto, em caso de esbulho da coisa, o retentor pode utilizar das acções possessórias para a recuperar, nos termos dos arts. 758º, 759º, nº 3, e 670º *a)*, o que lhe permite retomar o exercício do direito de retenção, após a recuperação da coisa.

Uma outra causa de extinção do direito de retenção é a sua substituição por caução, face ao que se dispõe no art. 756º *d)*[582]. Efectivamente, uma vez caucionado o crédito, o retentor passa a possuir uma garantia de cumprimento pelo que a retenção da coisa deixa de ser legítima.

[580] Cfr. Salvador da Costa, *O concurso*, p. 230. Já Carneiro Pacheco, *Do direito de retenção*, p. 65, retira essa solução simplesmente da natureza acessória do direito de retenção.

[581] Cfr. Oliveira Ascensão, *Reais*, pp. 550-551. Em sentido contrário, Salvador da Costa, *O concurso*, p. 231, defende que só a entrega voluntária extingue o direito de retenção.

[582] Cfr. Guilherme Moreira, *Instituições*, II, nº 177, p. 534. Na jurisprudência, veja-se Ac. RP 12/10/2009, em *CJ* 34 (2009), 4, pp. 187-188.

Apesar de não expressamente prevista na lei, tem-se entendido que o direito de retenção se pode extinguir por confusão, quando a propriedade da coisa a reter é adquirida pelo retentor. No, entanto, caso a aquisição seja realizada pelo retentor em acção executiva instaurada contra o devedor, parece que se deverá aplicar analogicamente o art. 724º, nº 1, estabelecendo-se o renascimento do direito e o seu atendimento no quadro do art. 824º, nº 2[583].

É controversa a questão sobre se o direito de retenção sobrevive à venda executiva. Em sentido negativo, pronunciaram-se PIRES DE LIMA/ANTUNES VARELA sustentando que todos os direitos reais de garantia caducam com a venda executiva, uma vez que a excepção prevista na parte final do art. 824º relativamente aos direitos que produzem efeitos em relação a terceiros independentemente de registo não se refere a direitos reais de garantia[584], sendo esta posição igualmente seguida por grande parte da jurisprudência[585]. Em sentido afirmativo, pronuncia-se MENEZES CORDEIRO, considerando que a excepção da parte final do art. 824º abrange os direitos reais de garantia que produam efeitos em relação a terceiros independentemente do registo[586].

6. A penhora

6.1. Generalidades

A penhora consiste numa apreensão judicial dos bens do executado (seja ele o devedor ou terceiro) afectos à garantia da obrigação exequenda, em ordem a que eles possam ser sujeitos aos fins da acção executiva, a saber, a satisfação do direito do credor exequente e, eventualmente, do dos outros credores com garantia real sobre esses bens[587]. Apesar de resultar de um

[583] Cfr. Ac. STJ 25/3/1999 (LÚCIO TEIXEIRA), em *CJ-ASTJ* 7 (1999), 2, pp. 40-43, e Ac. STJ 24/10/1994 (SILVA CALDAS), em *CJ-ASTJ* 2 (1994), 3, pp. 100-101, e SALVADOR DA COSTA, *O concurso*, p. 231.

[584] Cfr. PIRES DE LIMA/ANTUNES VARELA, *Código Civil Anotado*, II, 4ª ed., Coimbra, Coimbra Editora, 1997, sub art. 824º, nº 2, p. 97.

[585] Cfr. Ac. RL 17/2/2004 (ABRANTES GERALDES), em *CJ* 39 (2004), 1, pp. 120-125 e Ac. RE 22/1/2004 (CONCEIÇÃO BENTO), em *CJ* 39 (2004), 1, pp. 242-244.

[586] Cfr. MENEZES CORDEIRO, "Da retenção do promitente na venda executiva", na *ROA* 57 (1997), pp. 547-563 (560 e ss.).

[587] Cfr. ARTUR ANSELMO DE CASTRO, *A acção executiva singular, comum e especial*, 2ª ed., Coimbra, Coimbra Editos, 1973, pp. 155 e ss., MIGUEL TEIXEIRA DE SOUSA, *Acção executiva singular*, pp. 197 e ss., ID, *A reforma da acção executiva*, Lisboa, Lex, 2004, pp. 139 e ss.,

acto judicial, não deixa de constituir em termos substantivos uma garantia das obrigações, na medida em que, além de impedir o executado de continuar a dispor dos bens penhorados, atribui ao exequente preferência na satisfação do seu créditos sobre esses bens, preferência essa que apenas cessa no caso de insolvência do executado. A penhora integra-se assim entre as garantias reais das obrigações.

6.2. Objecto da penhora

Relativamente ao objecto da penhora, a regra constante dos arts. 601º, 817º e 818º C.C. e 735º CPC é a de poderem ser penhorados todos os bens do devedor que respondem pela dívida exequenda, bem como bens de terceiro vinculados à garantia do crédito, ou objecto de acto praticado em prejuízo do credor, que este haja procedentemente impugnado. Exige-se, no entanto, que quer o devedor, quer o terceiro, sejam executados no processo, uma vez que a penhora só pode incidir sobre bens do executado (art. 735º CPC).

Há, no entanto, certos bens do executado que não podem ser penhorados. Entre eles encontram-se os bens absoluta ou totalmente impenhoráveis (art. 736º CPC), os bens relativamente impenhoráveis (art. 737º CPC) e os bens parcialmente impenhoráveis (art. 738º CPC). Nestes casos, a lei considera que estes bens desempenham no património do executado funções superiores àquela de satisfação do direito do exequente, pelo que não admite a sua nomeação à penhora.

Também não podem ser executados bens do executado que pertençam a um património autónomo em relação à dívida exequenda (art. 601º, *in fine*; cfr. art. 744º CPC), sendo ainda admitida a limitação da responsabilidade por convenção das partes (art. 602º) ou por determinação de terceiro (art. 603º).

Finalmente não podem ser penhorados bens do executado que não estejam em condições de constituir objecto idóneo da garantia, como, por exemplo, as partes integrantes de um imóvel, que não podem ser penhoradas separadamente do prédio a que pertencem[588].

José Lebre de Freitas, *A acção executiva depois da reforma*, 4ª ed., Coimbra, Coimbra Editora, 2004, pp. 205 e ss., Pinto Duarte, *Direitos Reais*, pp. 245 e ss., Salvador da Costa, *O concurso*, pp. 21 e ss., Rui Pinto, *Penhora, venda e pagamento*, Lisboa, Lex, 2003, pp. 11 e ss., Id, *A acção executiva depois da reforma*, Lisboa, Lex, 2004, pp. 79 e ss. e L. M. Pestana de Vasconcelos, *Direito das garantias*, pp. 415 e ss.

[588] No Ac. RP 14/5/2013 (Vieira e Cunha), processo 1220/11.8TBGDM-B.P1 e no Ac. RL 7/2/2017 (Rui Torres Vouga), processo 6994/15.4T8FNC-A.L1-1, recusou-se por esse

6.3. Regime processual da penhora

Em relação ao regime processual da penhora, convém começar por referir que a penhora ocorre em sede de acção executiva, e esta não pode ser instaurada sem que exista um título executivo (art. 10º, nº 5, CPC). Se, em face do título a obrigação não for certa, líquida e exigível, haverá que proceder como preliminar da execução à liquidação da obrigação exequenda (arts. 713º e ss. CPC). Apenas após essa fase, deve o credor ou o seu mandatário apresentar o requerimento executivo (art. 724º CPC), sendo possível ao devedor opor-se à execução por embargos de executado (arts. 728º e ss. CPC), os quais, porém, não suspendem a execução, a menos que o embargante preste caução (art. 733º, nº 1 *a)* CPC), houver impugnação da assinatura da execução fundada em documento particular (art. 733º, nº 1, *b)* CPC) ou tiver sido impugnada, no âmbito da oposição, a exigibilidade ou a liquidação da obrigação e o juiz entender justificada a suspensão sem a prestação de caução (art. 733º, nº 1, *c)* CPC). Se a execução prosseguir passa-se então à fase da penhora (arts. 735º e ss. CPC).

A apreensão de bens existente na penhora vai determinar a sua posterior entrega a um depositário judicial. Para este efeito, haverá que distinguir entre a penhora de bens imóveis (arts. 755º e ss. CPC), a penhora de bens móveis (arts. 764º e ss. CPC) e a penhora de direitos (arts. 773º e ss. CPC). A penhora de bens imóveis faz-se mediante comunicação electrónica à conservatória do registo predial competente, a qual vale como apresentação ao registo (art. 755º CPC), sendo os bens entregues a um depositário, que normalmente é o agente de execução (art. 756º CPC). A penhora de bens móveis não sujeitas a registo faz-se com efectiva apreensão dos bens (art. 764º, nº 1 CPC). Quanto à penhora de direitos, as formas de a executar variam[589]. Se se tratar de direitos de crédito, direitos ou expectativas de aquisição, depósitos bancários, direitos a bens indivisos ou quotas em sociedades, a penhora realiza-se com a notificação respectivamente ao devedor, ao actual titular dos bens, à instituição de crédito, ao administrador ou contitulares e à sociedade de que o direito em causa fica à ordem do agente de execução (arts. 773º, 778º, 780º e 781º CPC).

motivo a penhora, respectivamente dos elevadores e das placas de comando dos elevadores de um edifício.

[589] A penhora de direitos já não constitui naturalmente uma garantia real, uma vez que não incide sobre bens corpóreos.

Se se tratar de títulos de crédito, a penhora realiza-se por efectiva apreensão do título (art. 774º CPC). Se se tratar de um estabelecimento comercial, a penhora é feita por auto (art. 782º CPC).

6.4. Efeitos da penhora

Em relação aos efeitos da penhora, podem apontar-se os seguintes: Em primeiro lugar, a penhora desempenha uma função individualizadora dos bens que irão ser submetidos ao poder de execução do credor. Efectivamente, enquanto que antes da penhora o credor dispõe apenas da garantia geral incidente sobre o património do devedor, após a penhora adquire uma garantia especial incidente sobre bens determinados.

Para além disso, a penhora desempenha uma função conservatória dos bens, na medida em que o proprietário perde os poderes de gozo sobre os bens penhorados, sendo esses bens entregues a um depositário judicial, bem como os poderes de disposição sobre esses bens, ficando estes numa situação de indisponibilidade, sendo considerados ineficazes em relação ao exequente os actos que envolvam alienação ou oneração dos bens penhorados (art. 819º). Na penhora de créditos, é também considerada ineficaz em relação ao exequente a extinção do crédito por causa dependente da vontade do executado ou do seu devedor, verificada depois da penhora (art. 820º). A indisponibilidade jurídica pode inclusivamente afectar negócios celebrados pelo executado antes da penhora, mas que venham a pôr em causa rendimentos obtidos após a mesma, sendo assim também considerada ineficaz em relação ao exequente a liberação ou cessão de rendas ou alugueres respeitantes a períodos de tempo posteriores à penhora (art. 821º).

Finalmente, a penhora desempenha uma função de garantia, na medida que em confere ao exequente o direito de ser pago, com preferência a qualquer outro credor que não tenha garantia real anterior sobre os bens penhorados (art. 822º, nº 1). A anterioridade da garantia é determinada pela data do registo, no caso de bens imóveis e móveis sujeitos a registo (cfr. art. 2º, nº 1 *n)* e 6º, nº 1, CRP), pela data da hora da diligência, no caso de a penhora incidir sobre bens móveis não registáveis e pela data da notificação ao obrigado em relação a direitos. Caso, porém, a penhora seja precedida de arresto, a sua anterioridade é reportada à data do arresto (art. 822º, nº 2). Precisamente para admitir a graduação das outras garantias reais em confronto com a penhora vem o art. 786º, nº 1, *b)* CPC prever a citação dos credores com garantia real sobre os bens executados, os quais são admitidos a reclamar o seu crédito na acção executiva, caso disponham de título executivo (art. 788º CPC). A preferência resultante da penhora deixa, porém, de ser atendida, caso venha a ser decretada a insolvência do executado (art. 140º, nº 3 CIRE).

6.5. Extinção da penhora

Apesar de a lei nada prever sobre a extinção da penhora, parece poder aplicar-se-lhe analogicamente as disposições do art. 730º, relativa à hipoteca, quando incida sobre imóveis ou móveis sujeitos a registo, e do art. 677º, relativa ao penhor, quando incida sobre móveis.

Assim, a penhora extinguir-se-á naturalmente em resultado da extinção da obrigação a que serve de garantia (art. 730º *a)* e 677º). Uma das formas de tal ocorrer é pelo pagamento da dívida referida no âmbito da execução (cfr. arts. 795º e ss. CPC).

Também parece dever ser considerada causa de extinção da penhora, no caso em que esta recaia sobre bens imóveis, a prescrição, a favor de terceiro adquirente do prédio penhorado, decorridos vinte anos sobre o registo da aquisição e cinco sobre o vencimento da obrigação (art. 730º *b)*). Já a penhora de bens móveis não estará sujeita a esta específica causa de extinção (art. 677º).

Será naturalmente também causa de extinção da penhora o perecimento da coisa penhorada (art. 730º *c)* e 677º). O art. 823º dispõe, no entanto, que "se a coisa penhorada se perder, for expropriada ou sofrer diminuição de valor, e, em qualquer dos casos, houver lugar a indemnização de terceiro, o exequente conserva sobre os créditos respectivos, ou sobre as quantias pagas a título de indemnização, o direito que tinha sobre a coisa".

Finalmente, parece também dever-se considerar causa de extinção da penhora a renúncia do credor (art. 730º *d)* e 677º).

6.6. Natureza da penhora

A natureza da penhora é controvertida. Para uma parte da doutrina, a penhora constitui um direito real de garantia, uma vez que atribui uma preferência no pagamento sobre os credores que não disponham de melhor garantia anterior, bem como a sequela, uma vez que o exequente continua a poder executar os bens penhorados, mesmo que estes tenham sido transmitidos para terceiro. Tratar-se-ia, porém, de um direito real de garantia imperfeito, dado que se extingue em caso de insolvência do devedor[590].

A inserção da penhora entre as garantias reais das obrigações foi, no entanto, rejeitada por vários autores. Para MIGUEL TEIXEIRA DE SOUSA, as garantias reais permitem, por força da sequela, executar o bem no património daquele que for o seu proprietário ou possuidor. Ora, "a penhora resolve o mesmo problema – a afectação do bem onerado à realização dos fins da execução e, em especial à satisfação do crédito do exequente – de modo totalmente oposto. Em vez de acompanhar o bem transmitido e de sujeitar o seu adquirente à execução, a penhora ignora a transmissão do bem (cfr. art. 819º CC) e rejeita qualquer substituição do executado. Enquanto o direito real se adapta à dinâmica, a penhora ficciona a estática". Assim, o autor defende que "a penhora não é um direito real de garantia, porque, embora seja inerente a uma coisa e afecte a execução desta à satisfação do crédito do exequente a sua função é conservatória", sendo apenas "uma situação em que são colocados certos bens ou direitos"[591]. Também ALMEIDA COSTA considera que "em rigor não se trata de uma garantia real, mas de um acto processual que visa criar a indisponibilidade dos bens adstritos à execução, mediante a produção dos mesmos efeitos susbtantivos das garantias reais: a preferência e a sequela"[592].

A melhor posição parece ser, no entanto, a que defende a inserção da penhora no âmbito das garantias reais. Efectivamente, independentemente da forma como se estabelece a garantia, não há dúvida que a penhora atribui ao exequente um direito sobre uma coisa corpórea, oponível *erga omnes*, que lhe atribui preferência no pagamento sobre a venda desse mesmo bem. Não há assim qualquer obstáculo à inserção da penhora entre as garantias reais.

[590] Cfr. PINTO DUARTE, *Direitos Reais*, pp. 245 e ss. e SALVADOR DA COSTA, *O concurso*, pp. 26-27.

[591] Cfr. MIGUEL TEIXEIRA DE SOUSA, *Acção executiva singular*, p. 250.

[592] Cfr. ALMEIDA COSTA, *Obrigações*, pp. 983-984.

Capítulo VII
A Utilização da Propriedade como Garantia

1. Configuração genérica da utilização da propriedade como garantia

Na actual sociedade económica, a utilização da propriedade como garantia tem vindo a assumir um relevo considerável em substituição das tradicionais garantias reais. Efectivamente, quanto às garantias reais possessórias, tem-se salientado que estas se apresentam como economicamente não eficientes, já que além de o desapossamento implicar custos de depósito e conservação do bem, verifica-se que ele é imobilizado economicamente, dado que nem o devedor o pode utilizar no processo produtivo, nem o credor pode dele disfrutar. Já as garantias reais sem desapossamento, se permitem que o devedor conserve os bens, não oferecem uma garantia absoluta em caso de insolvência, dado que têm que ser sujeitas ao concurso de credores e normalmente cedem perante os privilégios de entidades públicas, além de que a proibição do pacto comissório as reduz ao valor obtido com a alienação pública.

Toda esta situação tem levado ao desenvolvimento da utilização da propriedade como garantia, a qual apresenta vantagens ao credor, na medida em que lhe permite subtrair o bem ao concurso com outros credores, dando igualmente vantagens ao devedor pelo facto de que a garantia da propriedade é normalmente oculta, evitando a publicidade das garantias reais clássicas em relação ao crédito concedido ao devedor[593]. A solução não se apresenta, por outro lado, como normalmente lesiva para os terceiros, uma vez que no âmbito das operações comerciais generalizou-se já a ideia de

[593] Cfr. Sixto Sanchez Lorenzo, *op. cit.*, pp. 32-33 e Pierre Crocq, *op. cit.*, p. 5.

que nem todo o activo na posse de um comerciante constitui necessariamente sua propriedade, não se justificando por isso que terceiros possam invocar que confiaram na presunção da propriedade resultante da posse[594].

No âmbito da utilização da propriedade como garantia de um crédito encontramos essencialmente três figuras: a reserva de propriedade, a alienação fiduciária em garantia e a locação financeira (*leasing*). Delas nos ocuparemos nas páginas seguintes.

2. A cláusula de reserva de propriedade

2.1. Generalidades

Uma garantia que tem vindo assumir foros de tipicidade social consiste na utilização da reserva de propriedade como garantia[595].

[594] Cfr. IWAN DAVIES, *I.C.L.Q.* 37 (1988), pp. 466-467 e SIXTO SANCHEZ LORENZO, *op. cit.*, p. 46.

[595] Cfr. entre nós LUÍS LIMA PINHEIRO, *A cláusula de reserva de propriedade*, Coimbra, Almedina, 1988, PINTO DUARTE, *Direitos Reais*, pp. 249 e ss., ANA MARIA PERALTA, *A posição jurídica do comprador na compra e venda com reserva de propriedade*, Coimbra, Almedina, 1990, ISABEL MENÉRES CAMPOS, "Algumas reflexões em torno da cláusula de reserva de propriedade a favor do financiador", em ANTÓNIO CÂNDIDO DE OLIVEIRA (org.), *Estudos em comemoração do 10º aniversário da licenciatura em direito da Universidade do Minho*, Coimbra, Almedina, 2004, pp. 631-649 e ANA CATARINA ROCHA, *RFDUP* 2 (2005), pp. 20 e ss., NUNO MANUEL PINTO OLIVEIRA, *Contrato de compra e venda. Noções fundamentais*, Coimbra, Almedina, 2007, pp. 49 e ss. e L. M. PESTANA DE VASCONCELOS, *Direito das garantias*, pp. 418 e ss.

Na doutrina francesa, veja-se DOMINIQUE LEGEAIS, *op. cit.*, pp. 450 e ss.

Na doutrina espanhola, veja-se CARRASCO PERERA / CORDERO LOBATO / MARÍN LOPEZ, *op. cit.*, pp. 337 e ss., SIXTO SANCHEZ LORENZO, *op. cit.*, pp. 71 e ss.

Na doutrina alemã, cfr. ARTHUR ASCH, "Zum Recht des Grundgeschäfts beim Eigentumsvorbehalt", em *AcP* 139 (1934), pp. 201-227, ID, "Die Vertragspflichten beim Kauf unter Eigentumsvorbehalt", em *AcP* 140 (1935), pp. 183-217, LUDWIG RAISER, *Dingliche Anwartschaften*, Tübingen, Mohr, 1961, WOLFDIETER SPONER, *Das Anwartschaftsrecht und seine Pfändung*, Bielefeld, Gieseking, 1965, ROLF SERICK, *Eigentumsvorbehalt und Sicherungsübertragung*, I- *Der einfache Eigentumsvorbehalt*, Heiderberg, Recht und Wirtschaft, 1963, II – *Die einfache Sicherungsübereignung – Erster Teil*, Heiderberg, Recht und Wirtschaft, 1965, III – *Die einfache Sicherungsübereignung – Zweiter Teil*, Heiderberg, Recht und Wirtschaft, 1970, IV – *Verlängerungs und Erweiterungsformen des Eigentumsvorbehalt und der Sicherungsübertragun – Erster Teil: Verlangerungsformen und Kollisionen*, Heiderberg, Recht und Wirtschaft, 1976, V- *Verlängerungs und Erweiterungsformen des Eigentumsvorbehalt und der Sicherungsübertragun – Zweiter Teil. Erweiterungsformen – Dritter Teil: Sonstiges*, Heiderberg, Recht und Wirtschaft, 1982, V- *Verlängerungs und Erweiterungsformen des Eigentumsvorbehalt und der Sicherungsübertragun – Dritter Teil: Sonstiges Insolvenzrecht (Vergleich); Insolvenzrechtsreform*, Heiderberg, Recht und

A reserva de propriedade já era conhecida do Direito Romano, como resulta de I.2.1.41., D.18.1.19, D.27.9.1.4. e D.19.2.21., em que se permitia ao vendedor reter a coisa até que o preço fosse pago. Normalmente a reserva de propriedade era associada a um contrato de locação, que poderia ser estabelecido juntamente com a compra e venda como contrato independente (D.19.2.20.2. e 22.pr.) ou ser um acordo acessório (*pactum continentum adjectum*) ao contrato de compra e venda (D.18.1.79.). Essa locação implicaria a inexistência de *usucapio* em consequência do não pagamento do preço, bem como a exclusão da posse do comprador (D.18.6.17(16).), ainda que o comprador suportasse já o risco. Admite-se ainda que em lugar da locação o acordo funcionasse como precário (D.43.26.20. e D.19.1.13.20 e 21)[596].

Apesar da sua existência no Direito Romano, a reserva de propriedade teve dificuldade em ser reconhecida no Direito Comum, tendo os juristas utilizado antes para o efeito a figura da condição, ainda que a sua eficácia retroactiva a

Wirtschaft, 1986, especialmente os vols., I, IV e V, ROLF SERICK, *Deutsche Mobiliarsicherheiten*, pp. 19 e ss., ERNST WOLF, *op. cit.*, § 7, pp. 286 e ss., BAUR/STÜRNER, *op. cit.*, § 59, pp. 741 e ss., BÜLOW, *Kreditsicherheiten*, pp. 199 e ss., nºs 721 e ss., HARRY WESTERMANN, *op. cit.*, § 39, pp. 282 e ss., RIMMELSPACHER, *op. cit.*, § 4, pp. 37 e ss., nºs 127 e ss., WEBER, *op. cit.*, § 9º, pp. 181 e ss., MANFRED WOLF, *Sachenrecht*, § 29, pp. 308 e ss., nºs 669 e ss., ADRIAN SCHMIDT-RECLA, "Grundstrukturent und Anfänge des Eigentumsvorbehalts – insbesondere des Anwartschaftsrechts", em *JuS* 2002, pp. 759-763, DIRK ZERANSKI, "Eigentümer und Vorbehaltskäufer im Widerstreit um die Vorbehaltsware", em *AcP* 203 (2003), pp. 693-726, HANS BROX, "Das Anwartschaftsrecht des Vorbehaltskäufers", em *JuS* 1984, pp. 657-668, PETER BÜLOW, "Kauf unter Eigentumsvorbehalt", em *Jura* 1986, pp. 169-174 e 234-241, HANS FORKEL, *Grundfragen der Lehre vom Privatrechtlichen Anwartsrecht*, Berlin, Duncker & Humblot, 1962, APOSTOLOS GEORGIADES, *Die Eigentumsanwartschaft beim Vorbehaltskauf. Zur Theorie der dinglichen Anwartschaften*, Tübingen, Mohr, 1963, ULRICH HÜBNER, "Zur dogmatisch Einordnung der Rechtsposition des Vorbehaltskäufers", em *NJW* 1980, pp. 729-735, HANS GEORG GRAF LAMBSDORFF, *Handbuch des Eigentumsvorbehalts im deustchem und ausländischen Recht*, Frankfurt, Athenäum, 1974, WOLFGANG MAROTZKE, *Das Anwartschaftsrecht – ein Beispiel sinnvoller Rechtsfortbildung? Zugleich ein Beitrag zum Recht zur Verfügungen*, Berlin, Duncker & Humblot, 1977, DIETER REICHARD/WOLFGANG KÜHNEL/ REINHARD WITTIG/RAINER GREBNER, *Eigentumsvorbehalt und andere Kreditsicherungsmittel im ausländischen Rechten*, 3ª ed., Heidelberg, Recht und Wirtschaft, 1973.

[596] Cfr. SPONER, *op. cit.*, pp. 21 e ss., KARLHEINZ MISERA, "Zum Eigentumsvorbehalt im klassischen römischen Recht", em ULRICH HUBER/ ERIK JAYME, *Festschrift für Rolf Serick zum 70. Geburtstag*, Heidelberg, Recht und Wirtschaft, 1992, pp. 275-283, MAX KASER, *Das Römische Privatrecht*, I, p. 418, nota (45), WOLFGANG WIEGAND, "Eigentumsvorbehalt, Sicherungsübereignung und Fahrnispfand", em WOLFGANG WIEGAND (org.), *Mobiliarsicherheiten. Sicherungszession un – übereignung, Pfandrecht und Eogentumsvorbehalt aus privat- und verfahrensrechtlicher Sicht (Berner Bankrechtstag 1998)*, Bern Stämpfli, 1998, pp. 75-135 (79).

tornasse inadequada a uma transmissão diferida da propriedade. O reconhecimento autónomo da figura aparece apenas com a *Chursächsische Prozeßordnung* de 1622, cujo título 42 estabelecia que quando o vendedor reservava o domínio tinha o direito de ser pago à frente de todos os credores do comprador sobre o bem vendido. Durante o séc. XVIII a reserva de propriedade veio a ser reconhecida como correspondendo a uma necessidade do tráfego, o que implicou naturalmente a sua inclusão no BGB[597] e, a partir deste, no Código Civil Português (art. 409º).

As razões para a estipulação da reserva prendem-se com o facto de que, ocorrendo entre nós a transferência da propriedade sempre em virtude da celebração do contrato, e normalmente no momento dessa celebração, a transmissão dos bens seja extraordinariamente facilitada em prejuízo dos interesses do alienante. Assim, se for celebrado um contrato de compra e venda de um bem, o comprador torna-se imediatamente proprietário do bem vendido e pode voltar a aliená-lo, mesmo que este não lhe tenha sido entregue ou o preço respectivo ainda não esteja pago. Ao vendedor resta apenas a possibilidade de cobrar o preço. Este é, porém, um mero direito de crédito, que não lhe atribui qualquer preferência no pagamento, o que implica para o vendedor ter de concorrer com todos os credores comuns do comprador sobre o património deste (art. 604º, nº 1). Assim, caso o comprador não possua bens suficientes para pagar a todos os seus credores, o vendedor não terá possibilidade de cobrar a totalidade do preço.

A compra e venda a crédito (venda a prestações ou venda com espera de preço) apresenta-se por isso como um negócio que envolve riscos elevados para o vendedor, pois a celebração do contrato acarreta para ele a mudança de uma situação de proprietário de um bem para a de um mero credor comum, sem qualquer garantia especial, nem sequer sobre o bem vendido.

Mas mais do que isso, para facilitar a transmissão dos bens e evitar que esta seja revertida, o que poderia prejudicar o gozo e disposição da coisa pelo comprador, a lei vem, através do art. 886º, retirar ao vendedor a possibilidade de resolução do contrato por incumprimento da outra parte (cfr. art. 801º, nº 2), a partir do momento em que ocorra a transmissão da propriedade e a entrega da coisa.

[597] Cfr. SPONER, *op. cit.*, pp. 730 e ss., e HÜBNER, *NJW* 1980, p. 730. É de referir que a reserva de propriedade chegou a ser expressamente proibida numa lei de *Wurtemberg* de 21/5/1828, por se considerar infringir o regime do penhor.

Em virtude dessas consequências gravosas, tornou-se comum, nos contratos de compra e venda a crédito, a celebração de uma cláusula de reserva de propriedade. A reserva de propriedade vem referida no art. 409º, podendo ser definida como a convenção pela qual o alienante reserva para si a propriedade da coisa, até ao cumprimento total ou parcial das obrigações da outra parte, ou até à verificação de qualquer outro evento (art. 409º, nº 1). Através da venda com reserva de propriedade as partes convencionam assim diferir a transferência da propriedade para um momento posterior ao da celebração do contrato. Normalmente, o evento que determina a verificação dessa transferência é o pagamento do preço, o que constitui a forma comum e típica de venda com reserva de propriedade, ainda que as partes, ao abrigo da sua autonomia privada, possam igualmente colocar a transferência da propriedade dependente da verificação de qualquer outro evento.

A compra e venda com reserva de propriedade já constitui actualmente um tipo jurídico estrutural, aplicável nas compras e vendas a prestações ou com espera de preço, em que o vendedor procede à entrega da coisa ao comprador, por forma a permitir-lhe o gozo dela antes de o preço esteja pago[598]. A reserva de propriedade apresenta-se assim como uma garantia típica do contrato de compra e venda relativamente à obrigação de pagamento do preço pelo comprador, constituindo uma garantia não acessória dessa obrigação[599].

2.2. Casos especiais de reserva de propriedade

No âmbito da doutrina alemã tem-se mesmo admitido situações como a reserva de propriedade prolongada (*verlängerter Eigentumsvorbehalt*) e a reserva de propriedade alargada (*erweiterte Eigentumsvorbehalt*). No primeiro caso, a propriedade no vendedor é conservada perante posteriores aplicações da coisa, como na hipótese da sua especificação pelo comprador ou nova alienação pelo comprador sob reserva antes do pagamento do preço ao vendedor. No segundo caso, a reserva de propriedade mantém-se até à

[598] Cfr. LIMA PINHEIRO, *op. cit.*, p. 18-19 que salienta que a existência deste tipo estrutural tem vindo a tornar meramente teóricas outras hipóteses como a estipulação da reserva de propriedade sem se proceder à tradição da coisa, que teria apenas o efeito de permitir a aplicação da resolução a terceiros, ou a simples dependência da reserva de propriedade em relação a qualquer outro evento.

[599] Cfr. WEBER, *op. cit.*, p. 187.

satisfação de todos os créditos do vendedor (reserva de conta-corrente) ou até à satisfação de outros credores (reserva de grupo)[600]. A reserva de grupo encontra-se, no entanto, presentemente proibida pelo § 449 III BGB. Já em relação à reserva de conta-corrente tem-se considerado que a extensão da garantia a outros créditos distintos do primitivo crédito do preço contradiz de tal forma o significado do contrato de compra e venda que pode considerar-se um negócio contrário aos bons costumes (§ 138 BGB)[601].

Também no âmbito do direito inglês, foi reconhecida no caso *Romalpa*, a validade da cláusula de reserva de propriedade prolongada, em que a propriedade se conserva no vendedor mesmo após a especificação do bem, tendo a figura ficado conhecida como *Romalpa clause*[602].

Um outro desenvolvimento específico da reserva de propriedade consiste na sua estipulação a favor de outrem que não o vendedor, normalmente um financiador. Na Alemanha, o § 449, III, BGB vem expressamente prever a nulidade da reserva de propriedade nesta situação. Entre nós, a doutrina tem-se dividido. Enquanto que uma posição tem admitido a validade dessa cláusula[603], outra-a considera-a nula pelo facto de que o art. 409º apenas permite a estipulação da reserva ao alienante, sendo que o financiador, embora financie a aquisição, não aliena efectivamente a coisa[604]. Tam-

[600] Cfr. Werner Flume, "Der verlängerte und erweiterte Eigentumsvorbehalt", em *NJW* 1950, pp. 841-850, Paul Hofmann, *Der verlängerte Eigentumsvorbehalt als Mittel der Kreditsicherung des Warenslieferanten*, Diss. Mainz, 1960, pp. 59 e ss., e passim, Rolf Serick, *Deutsche Mobiliarsicherheiten*, pp. 31 e ss. e 47 e ss., Karl Larenz, *Lehrbuch des Schuldrechts*, II – *Besonderer Teil*, I, 13ª München, Beck, 1986, § 43, pp. 104 e ss., e Weber, *op. cit.*, § 10, pp. 204 e ss.

[601] Cfr. Weber, *op. cit.*, § 10, p. 203.

[602] Trata-se do caso *Alluminium Industrie Vaassen B. V., v. Romalpa Aluminium, Ltd*, [1976] 1 *W.L.R.* 676; [1976] 2 *All E. R.* 552. O caso respeitava à venda de folhas de alumínio de uma sociedade holandesa para uma inglesa, em que se reservava ao vendedor a propriedade das mercadorias até integral pagamento do preço, incluindo-se na reserva mesmo os *proceeds* da revenda e os bens produzidos com as mercadorias. A sociedade tinha, porém, constituído um *floating charge* sobre todo o património da empresa, pelo que uma vez verificada a *crystallisation*, o *receiver* exigiu a apreensão das folhas de alumínio. O tribunal considerou, porém, que até ao pagamento do preço, a propriedade pertenceria à vendedora, tendo esta um direito a obter o produto da sua venda. Cfr. Gabrielli, em Galgano (org.), *I Contratti*, I, pp. 865-866 e Ana Catarina Rocha, *RFDUP* 2 (2005), pp. 25 e ss.

[603] Cfr., Isabel Menéres Campos, em Cândido de Oliveira (org.), *Estudos*, pp. 631 e ss. e Nuno Pinto Oliveira, *op. cit.*, pp. 56-57.

[604] Cfr. Fernando Gravato Morais, *União de contratos de crédito e de venda para o consumo. Efeitos para o financiador do incumprimento pelo vendedor*, Coimbra, Almedina, 2004, p. 307, nota (572).

bém a jurisprudência se tem dividido. Uma parte tem aceite essa cláusula, nem sequer costumando questionar a sua validade[605]. Outra parte da jurisprudência tem, porém, tomado decisões no sentido da sua invalidade[606].

Consideramos preferível a posição que nega a posibilidade de atribuir a reserva de propriedade ao financiador, uma vez que este não é alienante, pelo que não pode reservar uma propriedade de que nunca foi titular. A isto acresce que as funções da reserva da propriedade como garantia só se justificam para tutela do crédito do vendedor, devendo o financiador recorrer a outras garantias.

2.3. Forma da venda com reserva de propriedade

A cláusula de reserva de propriedade tem que ser estipulada no âmbito de um contrato de compra e venda, do qual não pode ser cindida. Assim, se a venda já foi celebrada, não poderá posteriormente ser nela inserida uma cláusula de reserva de propriedade, dado que a propriedade nesse caso já foi transferida para o comprador[607]. Em virtude da inserção da cláusula de reserva de propriedade no âmbito do contrato de compra e venda,

[605] Foi designadamente o que se passou no Ac. RL 21/2/2002 (Salvador da Costa, com o voto de vencido de Urbano Dias", em *CDP* 6 (2004), pp. 43-49, com anotação desfavorável de Gravato Morais, a pp. 49-53. Cfr. ainda o Ac. *RL* 4/12/2003 (Granja da Fonseca), em *CJ* 28 (2003), 5, pp. 114-117, argumentando que a existência de uma conexão entre o crédito do financiador e a venda, nos casos em que o financiamento se destina à aquisição da coisa justifica que ele possa ser titular da reserva. No mesmo sentido, veja-se ainda o Ac. RL 21/3/2006 (Rosa Ribeiro Coelho), na *CJ* 31 (2006), 2, pp. 79-82, Ac. RL 30/5/2006 (Isabel Salgado), na *CJ* 31 (2006), 3, pp. 105-107, e Ac. STJ 30/9/2014 (Clara Sottomayor, vencido Moreira Alves), processo 844/09.8TVLSB.L1.S1.

[606] Foi o que ocorreu no Ac. RP 15/1/2007 (Cura Mariano), em *CJ* 32 (2007), 1, pp. 161-163 e nos Acs. STJ 3/6/2008 (Silva Salazar), e 10/7/2008 (Santos Bernardino) em *CJ-ASTJ* 16 (2008), 2, pp. 101-103 e 173-176 e 16/9/2008 (Alberto Sobrinho), em *CJ-ASTJ* 16 (2008), 3, pp. 33-35.

[607] Cfr. Angelo Luminoso, *I Contratti tipici e atipici. Contratti di alienazione, di godimento, di credito*, I, Milano Giuffrè, 1995, p. 105 e, entre nós Raul Ventura, "O contrato de compra e venda no Código Civil", na *ROA* 43 (1983), pp. 261-318 e 587-643 (605-606) e Pedro De Albuquerque, "Contrato de compra e venda. Introdução, efeitos esenciais e modalidades", em António Menezes Cordeiro (org.), *Direito das Obrigações*, 3º- *Contratos em especial*, 2ª ed., Lisboa, AAFDL, 1991, pp. 11-48 (37, nota (3)). Não se admite assim a estipulação da reserva de propriedade como modificação do contrato de compra e venda, tendo ela que constar do contrato originariamente celebrado. Podem, porém, as partes estipular, através de contratos autónomos, que o vendedor readquira a propriedade e depois a torne a transmitir sob reserva.

a reserva terá que obedecer à forma legalmente exigida para o contrato[608], podendo inclusivamente ser consensual nos casos em que o contrato de compra e venda não esteja sujeito a forma especial[609]. Apenas em caso de insolvência do comprador o art. 104º, nº 4, CIRE exige a forma escrita da cláusula de reserva de propriedade para estabelecer a sua oponibilidade à massa insolvente.

2.4. Regime da reserva de propriedade

A cláusula de reserva de propriedade pode ser celebrada em relação a quaisquer bens móveis ou imóveis[610], mas estes terão que ser naturalmente coisas específicas[611], e não consumíveis[612].

A lei dispõe que, no caso de bens imóveis ou móveis sujeitos a registo, só a cláusula constante do registo é oponível a terceiros (art. 409º, nº 2)[613]. Suscita-se por isso a dúvida sobre a oponibilidade a terceiros da reserva de propriedade quando ela respeite a bens móveis não registáveis. Dado que a lei não exclui a estipulação da reserva de propriedade em relação a esse tipo de bens, nem condiciona nesse caso a sua oponibilidade a terceiros de boa fé[614],

[608] No âmbito do contrato de crédito ao consumo, sujeito legalmente a forma escrita (art. 12º, nº 1 do D.L. 133/2009, de 2 de Junho), a lei impõe expressamente a obrigatoriedade de inclusão das eventuais garantias entre as menções que devem constar do contrato (art. 12º, nº 3 *g)* do D.L. 133/2009, de 2 de Junho), pelo que a reserva de propriedade terá que ser mencionada, sem o que ocorrerá a respectiva inexigibilidade (art. 13º, nº 4 do D.L. 133/2009, de 2 de Junho).

[609] Cfr. Raul Ventura, *ROA* 43 (1983), pp. 605. Já no art. 523º do novo Código Civil brasileiro exige-se expressamente que a cláusula de reserva de propriedade seja celebrada por escrito.

[610] Já o § 449 BGB apenas admite a reserva de propriedade relativamente a bens móveis, o que, aliado ao facto de o § 925 II BGB expressamente excluir a possibilidade de subordinar a transmissão a condição suspensiva leva a doutrina a defender não poder ser a reserva de propriedade aplicável a vendas de imóveis, em atenção à segurança no comércio jurídico. Cfr. Weber, *op. cit.*, § 9 II, p. 188. Também o art. 521º do Novo Código Civil Brasileiro só admite a reserva em relação a bens móveis.

[611] Refere expressamente o art. 523º do Novo Código Civil Brasileiro que "não pode ser objeto de venda com reserva de domínio a coisa insuscetível de caracterização perfeita, para estremá-la de outras congêneres" e que "na dúvida, decide-se a favor do terceiro adquirente de boa-fé". Entre nós, Raul Ventura, *ROA* 43 (1983), p. 606, considera razoável a solução.

[612] Conforme refere Raul Ventura, *ROA* 43 (1983), p. 606, a venda de coisas consumíveis é incompatível com a reserva de propriedade, salvo se uma inconsumibilidade vier a ser estipulada.

[613] Assim, se do registo constar a inscrição da venda sem menção da reserva de propriedade, ela será considerada em relação a terceiros como imediatamente translativa.

[614] Ao contrário do que sucede, por exemplo, na venda a retro. Cfr. art. 932º do Código Civil.

é manifesto que, de acordo com os princípios da causalidade e consensualidade vigentes no nosso sistema, a reserva poderá ser normalmente oposta a terceiros de boa fé. A lei só exige assim a publicidade da reserva de propriedade nos casos de bens sujeitos a registo. Nos outros casos, não será, por isso, exigida qualquer publicidade, para se poder opor a reserva a terceiro, mesmo que este esteja de boa fé e tenha obtido a propriedade por transmissão do adquirente sob reserva[615].

No entanto, se o terceiro adquirir a propriedade a título originário, como sucede na usucapião e na acessão, naturalmente que a reserva de propriedade se extinguirá[616].

[615] Esta solução é claramente maioritária na nossa doutrina. Cfr. RAUL VENTURA, *ROA* 43 (1983), pp. 608-609, JOÃO ANTUNES VARELA, *Das Obrigações em Geral*, I, 10ª ed., Coimbra, Almedina, 2000, p. 306, ALMEIDA COSTA, *Obrigações*, p. 297, RIBEIRO DE FARIA, *Obrigações*, I, , p. 222 e LIMA PINHEIRO, *op. cit.*, p. 31. Ela veio, no entanto, receber a oposição de PEDRO ROMANO MARTINEZ, *Direito das Obrigações (Parte Especial). Contratos. Compra e venda. Locação. Empreitada.*, 2ª ed., Coimbra, Almedina, 2001, p. 38-39, que defendeu a inoponibilidade desta cláusula a terceiros de boa fé, no caso de vir a ser celebrada relativamente a bens móveis não sujeitos a registo. Os argumentos do autor não convencem, porém, relativamente à bondade da solução proposta.
O autor começa por salientar uma exigência de tutela da aparência, expressa pelo facto de o penhor de coisas exigir, salvo casos especiais de penhor, a tradição para efeitos de publicidade (art. 669º). Mas a verdade é que se essa solução está consagrada para o penhor, não o está para a reserva de propriedade, e a situação do vendedor que cobra o preço do bem vendido sob reserva de propriedade não é seguramente análoga à de alguém que solicita um penhor em garantia de qualquer crédito.
Para além disso, o argumento de que a relatividade dos contratos impediria a oponibilidade da cláusula a terceiros prova demais, já que nesse caso nem sequer a própria transmissão dos bens móveis poderia ser oponível a terceiros.
Finalmente, a invocação do art. 435º, nº 1, relativo à não afectação dos direitos adquiridos por terceiros de boa fé em virtude da resolução do contrato, também não procede, uma vez que se o vendedor conserva a propriedade da coisa, não se pode considerar que a invocação da reserva afecte algum direito adquirido pelo terceiro, uma vez que o comprador não poderia ter alienado mais direitos do que aqueles que possuía.
A solução que resulta do art. 409º, nº 2 *a contrario* é assim naturalmente a da oponibilidade da reserva mesmo a terceiros de boa fé, no caso de ela ser estipulada sobre bens móveis não registáveis. É claro que essa solução faz recair no adquirente dos bens móveis o risco da evicção do vendedor (*caveat emptor*), obrigando, assim, a uma sua especial diligência nesta situação. Não se esqueça, porém, que relativamente a coisas compradas de boa fé a comerciante, a lei obriga quem as reclama de terceiro a restituir o preço dado por elas (art. 1301º), o que permite tutelar o interesse contratual negativo do adquirente neste domínio.

[616] Neste sentido, veio o STJ em Assento datado de 31 de Janeiro de 1996 (*BMJ*, 453, p. 46) a determinar que "a cláusula de reserva de propriedade de fornecimento e instalação de

A reserva da propriedade atribui ao comprador um direito à posse da coisa, que lhe permite o seu uso e fruição, enquanto durar o contrato[617]. Tem sido, porém, discutido se a posse atribuída ao comprador sob reserva é de natureza real ou apenas de natureza obrigacional[618].

Em relação ao risco na venda com reserva de propriedade tem vindo a ser sustentado, com base na sua pretensa configuração como uma condição suspensiva, que o vendedor continuaria a suportar o risco pela perda ou deterioração da coisa, ainda que esta tivesse sido entregue ao comprador. A solução de que o vendedor, na venda com reserva de propriedade, suporta o risco pela perda ou deterioração da coisa, mesmo após a entrega ao comprador é, no entanto, claramente inaceitável[619], uma vez que, a partir da entrega, o comprador fica já integralmente investido nos poderes de uso e fruição da coisa, servindo a manutenção da propriedade no vendedor apenas para assegurar a recuperação do bem, em caso de não pagamento do preço[620]. Ora, devendo o risco correr por conta de quem beneficia do direito, parece claro que a partir da entrega é por conta do comprador que

elevadores em prédios urbanos torna-se ineficaz logo que se concretize a respectiva instalação". Cfr. António Menezes Cordeiro, "Venda com reserva de propriedade. Incorporação de elevadores. Novo regime dos assentos", na *ROA* 56 (1996), I, pp. 291-329.

[617] No sentido de que o direito à posse atribuído ao comprador apenas se extingue com a resolução do contrato, mantendo-se em caso de mora no pagamento do preço, insolvência do comprador, prescrição do crédito do preço, ou incorrecta utilização da coisa veja-se Jürgen Blomeyer, "Das Besitzrecht des Vorbehaltskäufers auf Grund des Kaufsvertrags. Eine Kritik an der herrschenden Meinung über die Bedeutung der Eigentumsvorbehaltklausel", em *JZ* 1968, pp. 691-696.

[618] A favor de uma posse de natureza real pronunciaram-se Baur/Stürner, *op. cit.*, § 59 B IV b, nº 47, p. 762, Harry Westermann, *Sachenrecht*, § 39 III 2, p. 288, Manfred Wolf, *Sachenrecht*, § 29, pp. 314-315, nº 683, Ludwig Raiser, *op. cit.*, pp. 62, 73 e 76, Bauknecht, "Eigentumsvorbehalt und Anwartschaftsrecht", em *NJW* 1955, pp. 1251-1255, e Palandt/Bassenge, § 929, nº 41, p. 1433. Em sentido contrário, Georgiades, *op. cit.*, pp. 113 e ss., Gunter Gudian, "Das Besitzrecht des Vorbehaltskäufers", em *NJW* 1967, pp. 1786-1789, Brox, *JuS* 1984, p. 659, Münchener Kommentar/Medicus, § 986, nº 9, pp. 1072-1073, Larenz, *Schuldrecht* II/1, § 43 II c, p. 117, Weber, *op. cit.*, pp. 195-196 e Zeranski, *AcP* 203 (2003), pp. 708-709. Cfr. ainda Hübner, *NJW* 1980, p. 734.

[619] Galvão Telles, *Obrigações*, p. 473 critica a solução *de iure condendo*, mas aceita-a *de iure condito*. No mesmo sentido, Ribeiro de Faria, *Obrigações*, I, pp. 222-223.

[620] Daí que o art. 1523 do Código civil italiano determine expressamente que embora o comprador só adquira a propriedade com o pagamento da última prestação do preço, assume os riscos a partir do momento da entrega.

o risco deve correr, não ficando este exonerado do pagamento do preço em caso de perda ou deterioração fortuita da coisa[621].

Também se se vier a verificar a perda ou deterioração da coisa, em resultado de um dano culposamente causado por um terceiro, é manifesto que não pode o vendedor reclamar a totalidade da indemnização, uma vez que, enquanto conservar o crédito do preço, o património do vendedor não sofre qualquer diminuição. Na doutrina tem sido, porém, controvertida qual a forma de resolução desta questão. Para autores como RÜHL, haveria neste caso um fenómeno de sub-rogação real, adquirindo o comprador o direito ao ressarcimento apenas com o pagamento do preço[622]. Para RAISER, tanto o vendedor como o comprador são titulares da indemnização, pelo que o lesante terá que satisfazer a indemnização conjuntamente a ambos, à semelhança com o regime do penhor de créditos[623]. Para BIANCA é o comprador o principal titular da indemnização, mas o vendedor tem também direito a alguma parte em consequência da frustração da garantia que possuía sobre o bem, pelo que, perante esta incerteza subjectiva, o devedor deverá utilizar o regime da consignação em depósito, sempre que não consiga obter a quitação de ambos[624].

A cláusula de reserva de propriedade implica assim que, por acordo entre vendedor e comprador, a transmissão da propriedade fique diferida para o momento do pagamento integral do preço. A função desse acordo não é, porém, permitir ao vendedor a continuação do gozo sobre o bem – uma vez que este é entregue ao comprador precisamente para o fim de lhe atribuir o seu gozo – mas apenas defender o vendedor das eventuais consequências do incumprimento do comprador.

Efectivamente, a conservação da propriedade no vendedor até ao pagamento do preço impede os credores do comprador de executarem o bem, podendo o vendedor reagir contra essa execução através de embargos de terceiro (art. 342º CPC)[625]. No caso, porém, de ser declarada a insolvência

[621] No mesmo sentido, cfr. PESTANA DE VASCONCELOS, *Direito das garantias*, pp. 433 e ss.

[622] Cfr. HELMUT RÜHL, *Eigentumsvorbehalt und Abzahlungsgeschäft einschliesslich des Rechts der Teilzahlungsfinanzierung*, Berlin, Springer, 1930, pp. 98 e ss.

[623] Cfr. LUDWIG RAISER, *op. cit.*, pp. 79 e ss. (83).

[624] Cfr. C. MASSIMO BIANCA, *La vendita e la permuta*, Vol. VII-1, da obra de FILIPPO VASSALLI (org.), *Trattato di Diritto Civile Italiano*, Torino, Utet, 1972, pp. 527 e ss.

[625] Cfr. MIGUEL TEIXEIRA DE SOUSA, *Acção executiva singular*, p. 308. No direito alemão, veja-se BERND ERICH BANKE, *Das Anwartschaftsrecht aus Eigentumsvorbehalt in der Einzelzwangsvollstreckung*, Berlin, Duncker & Humblot, 1991.

do comprador, e conforme se referiu, a cláusula de reserva de propriedade só será oponível em relação à massa insolvente, se tiver sido estipulada por escrito, até ao momento da entrega da coisa (art. 104º, nº 4, CIRE)[626].

A lei não regula, porém, a questão da oponibilidade da posição jurídica do comprador na venda com reserva de propriedade aos credores e adquirentes do vendedor. No caso de insolvência do vendedor, determina o art. 104º, nº 1, CIRE que o comprador pode continuar a exigir o cumprimento do contrato, se a coisa já lhe tiver sido entregue à data da declaração de insolvência; no caso contrário, pode o administrador recusar o cumprimento, com os efeitos referidos no art. 104º, nº 5, CIRE. Esta solução, que permite pôr em causa a posição jurídica do comprador na hipótese de insolvência do vendedor tem, no entanto, natureza claramente excepcional, pressupondo que em condições normais os credores do vendedor não poderão executar os bens alienados sob reserva de propriedade. Efectivamente, ressalvadas as regras do registo, quando se trate de bens a ele sujeitos, parece claro que o comprador poderá opor eficazmente a sua expectativa real de aquisição aos credores do vendedor, mediante o processo de embargos de terceiro, dado que é titular de um direito incompatível com a penhora desses bens (art. 351º C.P.C.).

Relativamente a adquirentes do vendedor, é manifesto que este não pode legitimamente tornar a dispor do bem, depois de ter constituído sobre ele uma expectativa real de aquisição a favor do comprador. Se o fizer, sendo a reserva oponível a terceiros, a posição jurídica do comprador prevalecerá naturalmente sobre a segunda aquisição[627], devendo aplicar-se a esta o regime da venda de bens alheios (art. 892º)[628]. Haverá, no entanto,

[626] Sobre a oponibilidade da reserva da propriedade na insolvência, ainda que no âmbito da anterior legislação alemã (*Konkursordnung*), cfr. BAUKNECHT, "Das Anwartschaftsrecht aus der bedingten Übereignung im Konkurs, em *NJW* 1956, pp. 1177-1180 e KARL KÜHNE, "Die Verfolgung des Eigentumsvorbehaltes im Konkurse und Vergleichsverfahren des Käufers", em *DB* 1971, pp. 1509-1514.

[627] Assim, RAUL VENTURA, *ROA* 43 (1983), p. 611, que justifica a prioridade da aquisição sob reserva de propriedade com o argumento de que "a cláusula de reserva de propriedade não significa apenas que a propriedade não foi transmitida no momento do contrato, mas também que a propriedade será transferida em certo momento previsto no contrato".

[628] Efectivamente, apesar de o vendedor continuar a ser proprietário do bem, a conservação da sua propriedade não visa permitir-lhe continuar a dispor do bem, cuja alienação já foi realizada, embora ainda não concretizada. O regime da venda de bens alheios parece ser assim o mais adequado à solução.

que fazer ressalva do regime especial instituído para a situação da coisa comprada de boa fé a comerciante (art. 1301º).

Em caso de incumprimento por parte do comprador, o vendedor continua a poder resolver o contrato nos termos do art. 801º, nº 2, uma vez que a exclusão deste direito pelo art. 886º só se verifica se tiver ocorrido a transmissão da propriedade da coisa. No entanto, em caso de venda a prestações, o art. 934º exclui imperativamente a possibilidade de resolução do contrato se o comprador faltar ao pagamento de uma única prestação e esta não exceder a oitava parte do preço[629]. A resolução e o pedido de restituição da coisa parece ser assim a forma adequada de o vendedor recuperar a coisa vendida sob reserva[630]. Essa solução é igualmente aplicável em caso de prescrição do crédito do preço, já que o art. 304º, nº 3, continua a permitir nesse caso a exigência da restituição pelo vendedor[631].

[629] Já haverá, no entanto, lugar à resolução do contrato, se o comprador faltar ao pagamento de duas prestações, mesmo que estas, em conjunto, não excedam a oitava parte do preço.

[630] Têm ocorrido, porém, situações em que o vendedor, em lugar de exercer esta faculdade, vem exigir do comprador indemnização por incumprimento, nomeando à penhora o próprio bem vendido sob reserva de propriedade. A opção é estranha, uma vez que a reserva de propriedade constitui uma garantia mais forte do que a penhora (designadamente em caso de insolvência), mas não se pode negar ao vendedor recorrer aos meios à disposição dos credores comuns. Deve, no entanto, entender-se que essa opção implica uma renúncia à reserva, dado que é incompatível com ela. Neste sentido, veja-se VASCO XAVIER, "Venda a prestações: algumas notas sobre os artigos 934º e 935º do Código Civil" na *RDES* 21 (1974), pp. 199-266 (216 a 219) e ISABEL MENÉRES CAMPOS, em CÂNDIDO DE OLIVEIRA (org.), *Estudos*, pp. 647 e ss., e os Ac. RE 16/2/1984 (FOLQUE DE GOUVEIA) na *CJ* 9 (1984), I, p. 293 e Ac. RL 18/6/1998 (FERNANDO CASIMIRO) na *CJ* 23 (1998), pp. 129-131, com o voto de vencido de SALAZAR CASANOVA e Ac. STJ 14/2/2006 (ALVES VELHO), na *CJ-ASTJ* 14 (2006), I, pp. 67-69. Em sentido contrário, cfr. o Ac. RL 21/2/2002 (SALVADOR DA COSTA), na *CJ* 27 (2002), I, pp. 112-116 (com o voto de vencido de URBANO DIAS) e o Ac. *RL* 4/12/2003 (GRANJA DA FONSECA), em *CJ* 28 (2003), 5, pp. 114-117 (com o voto de vencido de PEREIRA RODRIGUES a pp. 116-117). No AUJ 10/2008, de 9/10/2008 (OLIVEIRA E SÁ), publicado no D.R. I Série, nº 222, de 14 de Novembro de 2008, rectificado pela D.R. 70/2008, publicada no D.R. I Série, nº 230, de 26 de Novembro, de 2008, foi uniformizada a jurisprudência no sentido de que "a acção executiva na qual se penhorou um veículo automóvel, sobre o qual incide registo de reserva de propriedade a favor do exequente, não pode prosseguir para as fases de concurso de credores e da venda, sem que este promova e comprove a inscrição, no registo automóvel, da extinção da referida reserva". Este acórdão foi parcialmente publicado em *CDP* nº 29 (Janeiro/Março 2010), pp. 25-36, com anotação discordante de ISABEL MENÉRES CAMPOS, "Cancelamento do registo de reserva de propriedade a favor do exequente – Ac. de Uniformização de Jurisprudência nº 10/2008, de 9.10.2009, Proc. 3965/07", *ibid.* pp. 37-40

[631] KLAUS TIEDKE, "Die Rechte der Vorbehaltsverkäufers bei Verjährung der Kaufpreisforderung", em *DB* 1980, pp. 1477-1482, explica essa solução pelo facto de que apenas o contrato

É discutível, face ao art. 824º, nº 2, se a reserva de propriedade sobrevive à venda executiva, no caso de o bem vir a ser judicialmente alienado, parecendo preferível a solução afirmativa[632].

A reserva de propriedade é já objecto de regulação a nível europeu, dado que o Regulamento (UE) 2015/848, do Parlamento Europeu e do Conselho, de 20 de Maio de 2015, relativo aos processos de insolvência regula no seu art. 10º as consequências que a abertura de um processo de insolvência provoca na venda de um bem com reserva de domínio, quando o referido bem se encontre em Estado membro distinto daquele em que foi aberto o processo. Se o processo de insolvência é dirigido contra o comprador do bem, ele não afectará os direitos do vendedor baseados na reserva de propriedade. Se o processo de insolvência se dirige contra o vendedor depois da entrega do bem, ele não constituirá causa de rescisão da venda, nem impedirá o comprador de posteriormente adquirir o bem. São, no entanto, admissíveis as acções de nulidade, de anulação ou de impugnação. Também o art. 9º da Directiva 2011/7/UE, do Parlamento Europeu e do Conselho, de 16 de Fevereiro de 2011, que estabelece medidas de luta contra os atrasos no pagamento nas operações comerciais, determina a todos os Estados membros o reconhecimento da eficácia da reserva de propriedade[633].

2.5. Natureza da venda com reserva de propriedade

Apesar da grande controvérsia que existe na doutrina sobre a natureza da venda com reserva de propriedade[634], a posição que nos parece preferível é a de que ela atribui logo ao comprador um direito de expectativa, o qual constitui um direito absoluto semelhante à propriedade, podendo ser visto como um pré-estádio da mesma, e portanto mais como um *minus* do que como um *aliud* em relação a ela[635]. Já a posição do vendedor reveste, como

de venda atribui um direito à posse ao comprador, o qual é afectado pela recusa de pagamento do preço em virtude da prescrição.

[632] No Ac. RL 4/12/2003 (Granja da Fonseca),em CJ 28 (2003), 5, pp. 114-117, sustenta-se que a reserva se mantenha, após a penhora e que não caduque com a venda executiva, dado que se trata de um direito real de gozo.

[633] Cfr. sobre o anterior art. 4º da Directiva 2000/35/CE do Parlamento Europeu e do Conselho de 29 de Junho de 2000, Ana Catarina Rocha, *RFDUP* 2 (2005), pp. 34 e ss.

[634] Cfr. para mais desenvolvimentos Menezes Leitão, *Direito das Obrigações*, III- *Contratos em especial*, 7ª ed., Coimbra, Almedina, 2010, pp. 61 e ss.

[635] Cfr. Ludwig Raiser, *op. cit.*, pp. 10 e ss., Forkel, *op. cit.*, pp. 212 e ss. e passim, Peter Bülow, *Jura* 1986, p. 234 e Schmidt-Recla, *JuS* 2002, pp. 759 e ss., e Weber, *op. cit.*,

se referiu, a natureza de uma garantia, dado que a conservação da propriedade é efectuada com essa função exclusiva.

3. A alienação fiduciária em garantia

3.1. Configuração geral

A alienação fiduciária em garantia[636] consiste na situação que se verifica quando o devedor ou um terceiro procede à alienação de um bem para o

pp. 192 e ss. Em sentido contrário, recusando o conceito de "direito de expectativa", e negando que a posição jurídica do comprador seja um direito subjectivo e qualificando-a antes como mera expectativa veja-se ERNST WOLF, *op. cit.*, § 7 C, pp. 294 e ss., GERHARD PICOT, "Die Anschluß-Sicherung nach voraufgegangener Sicherungsübereignung als eigenständige Kreditunterlage", em *BB* 1979, pp. 1264-1273 (1266 e ss.), e MAROTZKE, *Das Anwartschaftsrecht*, pp. 16 e 18 e ss., ID, "Die Aufhebung grundpfandrechtbelasteter Eigentumsanwartschaften", em *AcP* 186 (1986), pp. 490-517.

636 Cfr. entre nós, GALVÃO TELLES, *Manual dos contratos*, pp. 192 e ss., LEITE DE CAMPOS, *A locação financeira*, Lisboa, Lex, 1994, pp. 32 e ss., MÁRIO JÚLIO DE ALMEIDA COSTA, "Alienação fiduciária em garantia e aquisição de casa própria (Notas de direito Comparado)", em *DJ* 1 (1980), pp. 41-57, ROSELY DE MORAES CAMPOS, "Alienação fiduciária em garantia", em FACULDADE DE DIREITO DE LISBOA (org.), *As operações comerciais*, Coimbra, Almedina, 1988, pp. 567-590, e LUÍS MIGUEL PESTANA DE VASCONCELOS, *A cessão*, pp. 338 e ss., e 803 e ss. e *Direito das garantias*, pp. 592 e ss., e CATARINA MONTEIRO PIRES, *Alienação em garantia*, Coimbra, Almedina, 2010.
Na doutrina francesa, veja-se DOMINIQUE LEGEAIS, *op. cit.*, pp. 458 e ss.
Na doutrina espanhola, veja-se CARRASCO PERERA / CORDERO LOBATO / MARÍN LOPEZ, *op. cit.*, pp. 1057 e ss., e SIXTO SANCHEZ LORENZO, *op. cit.*, pp. 157 e ss.
Na doutrina alemã, cfr. BÜLOW, *Kreditsicherheiten*, pp. 335 e ss., nºs 1091 e ss., e BLAUROCK, *Aktuelle Probleme*, pp. 117 e ss., RIMMELSPACHER, *op. cit.*, § 6, pp. 77 e ss., nºs 308 e ss., WEBER, *op. cit.*, § 8, pp. 156 e ss., HANS WEINHAUSEN, *Die Sicherungsübereignung*, Berlin, Struppe & Winckler, 1928, HANS FRIEDHELM GAUL, "Lex commissoria und Sicherungsübereignung – Zugleich ein Beitrag zum sogenannten Innenverhältnis bei der Sicherungsübereignung", em *AcP* 168 (1968), pp. 351-382, PETER DERLEDER, "Sicherungsübereignung und Wertausschöpfung. Ein Beitrag zur Eingliederung der Sicherungsübereignung in das System der Kreditsicherung", em *BB* 1969, pp. 725-733, NORBERT REICH, "Funktionsanalyse und Dogmatik bei der Sicherungsübereignung", em *AcP* 169, pp. 247-270, ID, *Die Sicherungsübereignung*, Bad Homburg, Athenäum, 1970, RUEDIGER FRIEDRICH, *Sicherungseigentum und Gläubigerwechsel*, Diss. Freiburg, 1970, HELMUT COING, *Die Treuhand kraft privaten Rechtsgeschäfts*, München, Beck, 1973, pp. 72 e ss., ROLF SERICK, *Eigentumsvorbehalt*, vols. II e III, e *Deutsche Mobiliarsicherheiten*, pp. 3 e ss. e 67 e ss., PETER BÜLOW, "Anwendbarkeit von Pfandrechtbestimmungen auf die Sicherungstreuhand", em *WM* 1985, pp. 373-380 e 405-411, ID, "Übereignung beweglicher Sachen zur Sicherheit", em *Jura* 1987, pp. 509-517, KLAUS BEHRENS, *Die Rückabwicklung der Sicherungsübereignung bei Erledigung und Nichterreichung des Sicherungszwecks*, Berlin, Duncker & Humblot, 1990,

credor, para garantia do cumprimento de uma obrigação, vinculando-se o credor a apenas utilizar esse bem para obter a realização do seu crédito, devendo o mesmo ser restituído ao alienante em caso de cumprimento da obrigação a que serve de garantia.

A alienação fiduciária em garantia tem origem na *fiducia cum creditore* do Direito Romano. No âmbito desta as partes realizavam uma transmissão da propriedade (para as *res mancipi* normalmente através da *mancipatio* ou da *in iure cessio*), comprometendo-se o adquirente a conservar a coisa para garantia de um crédito, devolvendo-a ao transmitente após a sua satisfação. Normalmente a alienação fiduciária não implicava a transmissão da posse para o adquirente, conservando antes o devedor o objecto em seu poder[637].

Ela tem vindo a ser amplamente reconhecida no Direito Alemão, com base no direito consuetudinário, uma vez que, admitindo esse sistema jurídico a transferência da propriedade por negócio abstracto, não se colocam naturalmente problemas a que esta possa ser realizada com fins de garantia[638]. Na altura da elaboração do Código Civil alemão, a tendência já era para o reconhecimento da alienação fiduciária em garantia, já que, se alguma doutrina a

Manfred Wolf, *Sachenrecht*, § 30, nº 761 e ss., pp. 748 e ss., Joachim Gernhuber, "Die fiduziarische Treuhand", em *JuS* 1988, pp. 355-363, Mormann, "Die neuere Rechtsprechung des Bundesgerichthofs zur Sicherungsübereignung" em *WM* 1975, pp. 582-589, Gerhard Picot, *BB* 1979, pp. 1264 e ss., Dietrich Reinicke/Klaus Tiedtke, "Begründung des Sicherungseigentums", em *DB* 1994, pp. 2173-2179, Baur/Stürner, *op. cit.*, § 57, pp. 705 e ss., Hellmut Scholz, "Der Wechsel des Gläubigers einer fiduziarisch gesicherten Forderung", em *NJW* 1962, pp. 2228-2231.

Na doutrina italiana, veja-se Maria Costanza, "Sulle alienazioni in garantia e il devieto del patto comissorio", em *GC* 39 (1989), I, pp. 1824-1825, Franco Anelli, *op. cit.*, pp. 103 e ss., 304 e ss., e passim, Stefano D'Ercole, "Sull'alienazione in garanzia", em *CeI* 11 (1995), pp. 228-259, Massimo Lascialfari, "Le alienazione a scopo di garanzia", em Vincenzo Cuffaro (org.), *Le garanzie rafforzate del credito*, Torino, Utet, 2000, pp. 155-250.

637 Cfr., sobre a *fiducia cum creditore*, Frezza, *op. cit.*, II, pp. 3 e ss., Max Kaser, *Das Römische Privatrecht*, I, § 109, pp. 460 e ss., Juan Baptista Jordano Barea, "Origen y vicisitud de la Fiducia Romana", no *BFD* 24 (1948), pp. 322-359, António Alberto Vieira Cura, "Fiducia cum creditore", no *BFD-Suplemento* 34 (1991), pp. 1-285, Eduardo Vera-Cruz Pinto, *op. cit.*, pp. 169 e ss. e Pedro de Albuquerque, *A representação voluntária em Direito Civil (Ensaio de reconstrução dogmática)*, Coimbra, Almedina, 2004, pp. 90 e ss., e nota (224), Wiegand, "Eigentumsvorbehalt ...", p. 79 e Pais de Vasconcelos, *Contratos atípicos*, Coimbra, Almedina, 1995, pp. 263 e ss.

638 Cfr. Albina Candian, *op. cit.*, pp. 256 e ss.

considerava inválida por fraude à lei[639], outra doutrina a admitia[640], sendo que a jurisprudência se inclinava igualmente no sentido da sua admissibilidade[641].

Os redactores do BGB recearam, no entanto, consagrar essa figura, entendendo que tal poderia provocar que os credores julgassem que o devedor era dotado de mais bens que aqueles que realmente possuía, ao conservar na sua posse bens já alienados a título de garantia[642]. A rejeição desta posição esteve a cargo de GIERKE, que sustentou que uma economia moderna tinha que funcionar com garantias não possessórias, não havendo qualquer obstáculo à celebração de contratos de alienação com o fim de garantia, o que correspondia inclusivamente às necessidades do tráfego[643]. Por esse motivo, os redactores do segundo projecto entenderam não poder consagrar essa excepção ao princípio da abstracção, uma vez que impedir o devedor de dispor dos seus bens em garantia implicaria uma injusta restrição à autonomia privada[644]. Em qualquer caso, a alienação fiduciária em garantia não apareceu expressamente consagrada, ainda que a referência à venda com reserva de propriedade no § 445 BGB (actualmente § 449) legitimasse sistematicamente a sua admissão. Não foi considerado obstáculo a tal a consagração da proibição do pacto comissório no § 1229 BGB por se considerar que esse regime, previsto para o penhor, não se poderia aplicar à alienação fiduciária em garantia, já que nela o credor se apropria do que já é seu[645]. A doutrina tem, porém, admitido a aplicação analógica do regime do penhor em relação à alienação fiduciária em garantia[646]. Ao contrário do que sucede com o penhor, na alienação fiduciária em garantia não necessita de ocorrer a entrega da coisa, podendo esta ser conservada na posse do alienante. A alienação fiduciária em garantia

[639] Cfr. HELLWIG, "Ueber die Zulässigkeit der Eigentumsübertragung zur Sichern einer Forderung" em *AcP* 64 (1881), pp. 369-394 (379 e ss.),

[640] Cfr. LEONHARD, "Ueber die Gefahren einer Beseitigung der Verpfändung bewegelicher Sachen durch bloßen Vertrag" em *GruchotsBeitr* 25 (1881), pp. 177-221.

[641] Cfr. RG 9/10/1880, em *RGZ* 2 (1880), pp. 168-173, e RG 8/11/1881, em *RGZ* 5 (1882), pp. 181-184.

[642] Cfr. *Motive zu dem Entwurf eines Bürgerlichen Gesetzbuches für das Deutsche Reich*, III - *Sachenrecht*, 2ª ed., Berlin, Guttentag, 1896 (o texto é de 1888), p. 335.

[643] Cfr. OTTO VON GIERKE, *Der Entwurf eines Bürgerlichen Gesetzbuchs und das deutsche Recht*, Leipzig, Duncker & Humblot, 1889, p. 388, e nota (2).

[644] Cfr. *Protokolle der Kommission für die zweite Lesung des Entwurfs des Bürgerlichen Gesetzbuchs*, III, Berlin, Guttentag, 1899, pp. 200-201.

[645] Cfr. CANDIAN, *op. cit.*, p. 261 e ss.

[646] Cfr. DERLEDER, *BB* 1969, p. 725 e PETER BÜLOW, *WM* 1985, pp. 373 e ss. e 405 e ss.

constitui assim actualmente uma garantia pacificamente admitida no Direito Alemão, ainda que se tenha discutido se ela se desenvolveu consuetudinariamente *praeter legem* ou antes *contra legem*[647].

Nos sistemas causais como o francês, o italiano e o espanhol tem-se maioritariamente considerado que esta garantia não é admissível por violar o regime do pacto comissório. Pode admitir-se, no entanto, a conversão do negócio consoante os casos em penhor, hipoteca ou reserva de propriedade[648]. Apesar disso, em França a alienação fiduciária em garantia tem vindo a ser sucessivamente reconhecida na doutrina, pese embora os problemas suscitados pela proibição do pacto comissório[649].

Já o novo Código Civil Holandês veio mesmo proibir a alienação fiduciária, derrogando uma prática anteriomente estabelecida (NBW art. 3:84, III), enquanto que o art. 9 do *Uniform Comercial Code* americano efectuou uma avaliação funcional das garantias, integrando no seu regime as transferências de propriedade realizadas com essa função, as quais ficam dependentes do crédito garantido[650].

Entre nós, a doutrina tem divergido em torno da questão da admissibilidade da alienação fiduciária em garantia. Para Beleza dos Santos, Manuel de Andrade, Galvão Telles, e Pessoa Jorge, no âmbito de um sistema causal como o nosso não são admitidas transmissões abstractas,

[647] Cfr. Weber, *op. cit.*, p. 158. Efectivamente, não há referências no BGB à alienação fiduciária em garantia, não se podendo esta considerar implicitamente prevista no § 216 II (anteriormente 223 II BGB). A alienação fiduciária parece contrariar o § 1205 BGB que exige a entrega para a constituição do penhor de coisas. Gaul, *AcP* 168 (1968), pp. 357 e ss., refere tratar-se de uma evolução consuetudinária *contra legem*, chegando a qualificar a alienação fiduciária em garantia como um "filho ilegítimo" dos pais do BGB. Reich, *Sicherungsübereignung*, pp. 5 e 16 sustentando que ela corresponde essencialmente a um direito de juízes, considera-a em contradição com o princípio da abstracção vigente no Direito alemão, em face do qual não se deveria distinguir a transmissão plena da transmissão em garantia. Mas já Weinhausen, *op. cit.*, pp. 47 e ss., considera corresponder a uma necessidade da prática, reconhecida pela jurisprudência.

[648] Cfr. Carrasco Perera / Cordero Lobato / Marín Lopez, *op. cit.*, pp. 1065 e ss.

[649] Cfr. Marty / Raynaud / Jestaz, *op. cit.*, pp. 337 e ss. e Aynès / Crocq, *op. cit.*, pp. 307-308.

[650] Cfr. Klaus Behrens, *op. cit.*, pp. 127 e ss., Ulrich Drobnig, "Security rights ...", p. 521 e Jan Dalhuisen, "Conditional sales and modern financial products", em Arthur Hartkamp / Martijn Hesselink / Ewoud Hondius / Carla Joustra / Edgar Du Perron, *Towards an european civil code*, 2ª ed., The Hague / London / Boston, Kluwer Law International, 1998, pp. 525-549 (528).

pelo que a alienação fiduciária em garantia não seria admissível, por não se reconduzir a nenhum dos negócios transmissivos da propriedade previsto na lei. Para além disso, a alienação fiduciária em garantia representaria uma fraude à lei, uma vez que se destinaria a elidir as disposições protectoras do devedor que existem no âmbito dos regime do penhor e da hipoteca[651].

A esta posição vieram, porém, sucessivamente opor-se CASTRO MENDES, OLIVEIRA ASCENSÃO, CARVALHO FERNANDES e PAIS DE VASCONCELOS, para quem a *fiducia cum creditore* não constitui necessariamente uma hipótese de simulação ou uma situação de fraude à lei. A simulação estaria afastada por ausência de *animus decipiendi* e também porque a alienação fiduciária em garantia não é necessariamente secreta e a fraude à lei não obsta a uma inadmissibilidade geral da alienação fiduciária em garantia, mas apenas à que seja fraudulenta. Esta figura poderia ser assim genericamente admitida com base na liberdade contratual (art. 405º), o que seria confirmado por a lei prever expressamente a hipótese de restrições obrigacionais ao direito de propriedade (art. 1306º, nº 1) e admitir mesmo situações de propriedade fiduciária, no âmbito do mandato sem representação (arts. 1180º e ss.) e da cessão de bens aos credores (art.s 831º e ss.)[652].

A jurisprudência veio recentemente a reconhecer a admissibilidade da alienação fiduciária em garantia[653].

Na alienação fiduciária em garantia, o credor vem assim a adquirir a propriedade plena do bem, em lugar de um mero direito real de garantia, mas em vez de exercer plenamente os poderes que lhe incumbem como proprietário, limita esse exercício para a hipótese de incumprimento da obrigação garantida. Inclusivamente, o bem pode continuar a ser utilizado

[651] Cfr. JOSÉ BELEZA DOS SANTOS, *A simulação em Direito Civil*, I, Coimbra, Coimbra Editora, 1921, pp. 120 e ss., MANUEL A. DOMINGUES DE ANDRADE, *Teoria Geral da Relação Jurídica. Facto jurídico, em especial*, reimp., Coimbra, Almedina, 1992, pp. 175 e ss. (178), GALVÃO TELLES, *Manual*, pp. 193 e ss. e PESSOA JORGE, *O mandato sem representação*, Lisboa, Ática, 1961, reimp. Coimbra, Almedina, 1995, pp. 326 e ss.

[652] Cfr. JOÃO DE CASTRO MENDES, *Teoria Geral do Direito Civil*, II, Lisboa, AAFDL, 1985 (mas 1979), pp. 165 e ss., OLIVEIRA ASCENSÃO, *Teoria Geral do Direito Civil*, II- *Acções e factos jurídicos*, 2ª ed., Coimbra, Coimbra Editora, 2003, pp. 308 e 326, LUÍS CARVALHO FERNANDES, *Teoria Geral do Direito Civil*, II – *Fontes, conteúdo e garantia da relação jurídica*, 3ª ed., Lisboa, Universidade Católica, 2001, pp. 316 e ss., e PEDRO PAIS DE VASCONCELOS, *Contratos atípicos*, pp. 277 e ss.

[653] Cfr. Ac. STJ 28/3/2006 (PINTO MONTEIRO), na *CJ-ASTJ* 14 (2006), 1, pp. 153-154 e Ac. STJ 16/3/2011 (LOPES DO REGO), processo 279/2002.E1.S1.

pelo garante, limitando-se este a transferir a propriedade, sem proceder à sua entrega[654].

Em caso de cumprimento, a propriedade deve ser restituída ao alienante, podendo essa restituição corresponder a uma obrigação assumida pelo credor ou resultar de uma condição resolutiva a que as partes subordinem a transferência da propriedade. Em caso de incumprimento, o credor pode ficar com o bem transmitido ou tornar a aliená-lo, pagando-se pelo valor da venda, e entregando um eventual excesso ao primitivo proprietário.

A alienação fiduciária em garantia caracteriza pelo facto de ser uma garantia não acessória da obrigação principal[655], uma vez que o beneficiário da garantia adquire e conserva a propriedade, mesmo que a obrigação principal não se venha a constituir validamente ou se extinga. É, no entanto, possível às partes estabelecer essa acessoriedade através da estipulação de uma condição suspensiva ou resolutiva[656], associando a subsistência do crédito à existência e manutenção da obrigação principal (art. 1307º, nº 1)[657]. Em qualquer caso, no entanto, há sempre a possibilidade de aplicação do instituto do enriquecimento sem causa, caso se verifique que a transmissão da propriedade foi realizada sem a causa de garantia que as partes tiveram em vista[658].

[654] Em qualquer caso, a transmissão da propriedade poderá determinar que o adquirente adquira a posse da coisa por via do constituto possessório (art. 1264º). Cfr. RÖTELMANN, "Sicherungsübereignung und Besitzermittlungsverhältnis", em *NJW* 1958, p. 1124. Sustentando que o autor da garantia mantém um direito à posse em nome próprio, veja-se REINICKE/TIEDKE, *DB* 1994, p. 2173.

[655] Cfr. PETER BÜLOW, *Jura* 1987, p. 511, e WEBER, *op. cit.*, p. 166.

[656] O comum na prática é o estabelecimento de uma condição resolutiva, que determina a recuperação da propriedade em caso de pagamento da dívida. Neste caso, a figura afasta-se bastante da alienação fiduciária em garantia incondicionada, na medida em que a propriedade adquirida pelo credor fica sujeita às restrições do negócio condicional, designadamente em relação a actos dispositivos. Cfr. HOLGER ROSPRICH, *Die auflösend bedingte Sicherungsübertragung und ihr Verhältnis zur unbedingten Sicherungübertragung*, Diss. Saarlandes, 1971, passim.

[657] A jurisprudência alemã tem, no entanto, entendido, que essa condição não se pode considerar implícita na alienação fiduciária em garantia, pelo que terá que ser expressamente estipulada. Cfr., neste sentido, BGH 2/2/1984, em *NJW* 1984, pp. 1184-1186 e BGH 30/10/1990, em *NJW* 1991, pp. 353-355. Na doutrina, essa mesma posição é sustentada por ROSPRICH, *op. cit.*, p. 167, BECKER-EBERHARD, *Die Forderungsgebundenheit*, pp. 617 e ss., REINHARD KÜNZL, "Sicherungsübereignung und Allgemeine Geschäftsbedingungen", em *BB* 1985, pp. 1884-1886. Em sentido contrário, KLAUS BEHRENS, *op. cit.*, p. 120.

[658] Cfr. STEPHAN BUCHHOLZ, "Können Sicherungszession und Sicherungsübereignung akzessorische ausgestaltet werden?", em *Jura* 1990, pp. 300-306 (306) e KLAUS BEHRENS, *op. cit.*, pp. 93 e ss.

Estando em causa um negócio de disposição, naturalmente este tem que obedecer aos requisitos do objecto negocial, entre os quais se inclui a determinabilidade (art. 280º, nº 1). Na Alemanha tem-se admitido, no entanto, alienações fiduciárias em garantia relativas a armazéns de mercadorias (*Warenlagern*)[659], bem como em relação ao conjunto de coisas encontradas em determinada localização (*Raumsicherungsübereignung*, figura muito utilizada na prática bancária)[660].

3.2. O problema da proibição do pacto comissório

Uma questão que se coloca na alienação em garantia diz respeito ao pacto comissório[661]. Efectivamente, em todas as garantias reais constituídas por negócio jurídico o legislador vem estabelecer expressamente a proibição do pacto comissório. Ocorre essa proibição em relação à hipoteca no art. 694º, sendo essa proibição estendida ao penhor pelo art. 678º e à consignação de rendimentos pelo art. 665º. Coloca-se, por isso, o problema da proibição da alienação fiduciária em garantia, face a esse regime.

Há que salientar que não existe uma identidade absoluta entre as duas figuras, já que o pacto comissório é definido como a faculdade de o credor fazer sua a coisa objecto da garantia, no caso de o devedor não cumprir (art. 694º), enquanto que na alienação fiduciária em garantia ocorre antes uma prévia transmissão da propriedade para o credor, que a restituirá no caso de ocorrer o cumprimento da obrigação. No entanto, e conforme

[659] Cfr. sobre este caso e os problemas de conflito de alienações que pode suscitar WEINHAUSEN, *op. cit.*, pp. 69 e ss., HARRY WESTERMANN, "Probleme der Sicherungsübereignung von Warenlagerns", em *NJW* 1956, pp. 1297-1298, KLAUS TIEDKE, "Erwerb und Verlust des Sicherungseigentums an eingelagerter Ware", em *WM* 1978, pp. 446-455.

[660] Cfr. MORMANN, *WM* 1975, pp. 582 e ss., JÜRGEN VORTMANN, "Raumsicherungübereignung und Vermieterpfandrecht", em *ZIP* 1988, pp. 626-630 e RAINER RIGGERT, "Die Raumsicherungsübereignung: Bestellung und Realisierung unter den Bedingungen der Insolvenzordnung", em *NZI* 2000, pp. 241-245.

[661] Cfr. RAAPE, *op. cit.*, pp. 50 e ss., GAUL, *AcP* 168 (1968), pp. 351 e ss., MAURO BUSSANI, "Patto comissorio, proprietà e mercato (Appunti per una ricerca)" em *RCDPriv* 15 (1997), pp. 113-131, ROSANNA DE NICTOLIS, "Divieto del patto comissorio, alienazione in garanzia e *sale-lease-back*", em *RDCiv* 37 (1991) II, pp. 535-569, FRANCESCA FIORENTINI, *RDCiv* 46 (2000), II, pp. 260 e ss. (com amplas referências bibliográficas a pp. 268 e ss.), GREGORIO GITTI, "Divieto del patto commissorio, frode alla legge, «sale and lease back»", em *RTDPC* 47 (1993), pp. 457-492. Entre nós, veja-se J. P. REMÉDIO MARQUES, "Locação financeira restitutiva (sale and lease-back) e a proibição de pacto comissório – negócio fiduciário, mútuo e acção executiva", em *BFD* 77 (2001), pp. 575-632.

sustenta JANUÁRIO GOMES, uma alienação fiduciária em garantia redundaria sempre numa forma de defraudar o regime do pacto comissório[662]. A nossa lei não coloca, no entanto, obstáculos expressos ao pacto marciano, no âmbito do qual se autoriza o credor a apropriar-se da coisa entregue em garantia, pagando ao devedor a diferença entre o valor da mesma e o crédio garantido[663]. VAZ SERRA sustentava, no entanto, a sujeição do pacto marciano à mesma proibição, por considerar que não se encontram suficientemente acautelados os interesses do devedor, já que se permite ao credor apropriar-se de uma coisa, que o devedor não quereria vender--lhe nessas condições, não fosse a dificuldade económica em que se encontrava[664]. Essa posição não foi, porém, consagrada no Código, pelo que não parece sustentável *de iure condito*[665].

Uma solução possível seria a de aplicar à alienação fiduciária em garantia o regime do penhor, relativamente à avaliação e alienação da coisa. Essa posição tem sido, no entanto, negada pela maioria da doutrina alemã com o argumento de ser incompatível com a alienação plena da propriedade, apenas se admitindo que as partes convencionem, com valor obrigacional, essa solução[666].

3.3. A regulação da alienação fiduciária em garantia no D.L. 105/2004, de 8 de Maio

A alienação fiduciária em garantia acabou por vir a ser expressamente regulada no D.L. 105/2004, de 8 de Maio, alterado e republicado pelo D.L. 85/2011, de 29 de Junho, diplomas que transpõem a Directiva 2002/47/CE, do Parlamento Europeu e do Conselho, de 6 de Junho, relativa aos acor-

[662] Cfr. JANUÁRIO GOMES, *Assunção*, pp. 90-100.

[663] O pacto marciano já se encontrava previsto em D.20.1.16.9. Considera admissível esta figura no direito italiano, MAURO BUSSANI, *RCDPriv* 15 (1997), p. 120.

[664] Cfr. VAZ SERRA, *BMJ* 58 (1956), p. 219.

[665] Cfr., no entanto, o Ac. STJ 30/1/2003 (NASCIMENTO COSTA), com os votos de vencido de DIONÍSIO ALVES CORREIA e QUIRINO SOARES, em *CDP* nº 8 (Outubro/Dezembro 2004), pp. 57-63, com anotação de JÚLIO GOMES, "Sobre o âmbito da proibição do pacto comissório, o pacto comissório autónomo e o pacto marciano", *ibid*, a pp. 63-72. No sentido que defendemos, cfr. Ac. STJ 16/3/2011 (LOPES DO REGO), processo 279/2002.E1.S1.

[666] Cfr. REINHOLD TRINKNER, "Verwertung sicherungsübereigneter Gegenstande", em *BB* 1962, pp. 80-81, ROLF SERICK, "Die Verwertung von Sicherungseigentum", em *BB* 1970, pp. 541-552. Em sentido contrário, cfr. KLAUS SCHREIBER, "Das Sicherungseigentum und seine Verwertung", em *JR* 1984, pp. 485-490.

dos de garantia financeira, com as alterações introduzidas pela Directiva 2009/44/CE, do Parlamento Europeu e do Conselho, de 6 de Maio[667]. Efectivamente, no âmbito deste diploma, a alienação fiduciária em garantia é tratada como uma garantia financeira, a par do penhor financeiro, dele se distinguindo por, ao contrário deste, ter como efeito a transmissão da propriedade com função de garantia (art. 2º, nº 2, D.L. 105/2004). Este diploma qualifica expressamente o contrato de reporte como uma modalidade do contrato de alienação fiduciária em garantia (art. 2º, nº 3, D.L. 105/2004).

O âmbito deste diploma é, no entanto, restrito, uma vez que, nos termos do art. 2º, nº 1, apenas se aplica aos contratos de garantia financeira que preencham os requisitos dos arts. 3º a 7º, estabelecendo-se assim uma delimitação desses contratos em relação aos sujeitos, objecto, obrigações garantidas, exigência de desapossamento e forma *ad probationem*.

O âmbito da alienação fiduciária em garantia é assim em primeiro lugar delimitado pelos seus sujeitos, uma vez que, nos termos do art. 3º, nº 1, estes apenas podem ser:

a) entidades públicas;
b) Banco de Portugal, outros bancos centrais, Banco Central Europeu, Fundo Monetário Internacional, Banco de Pagamentos Internacionais, bancos multilaterais de desenvolvimento e Banco Europeu de Investimento;
c) instituições sujeitas a supervisão prudencial, incluindo instituições de crédito, empresas de investimento, instituições financeiras, empresas de seguros, organismos de investimento colectivo e entidades gestoras dos organismos de investimento colectivo;
d) uma contraparte central, um agente de liquidação ou uma câmara, incluindo instituições similares que operem nos mercados de derivados e nos mercados de natureza monetária;
e) uma pessoa que não seja pessoa singular, que actue na qualidade de fiduciário ou de representante por conta de uma ou mais pessoas, incluindo quaisquer detentores de obrigações ou de outras formas

[667] Cfr. Menezes Cordeiro, *Direito Bancário*, pp. 731 e ss., maxime, pp. 749 e ss., João Calvão da Silva, *Banca, Bolsa e seguros. Direito Europeu e Português*, I- *Parte Geral*, Coimbra, Almedina, 2005, pp. 212 e ss., e Tiago Reis de Athayde Mata, "Da garantia fiduciária no âmbito do sistema financeiro", em Jorge Ferreira Sinde Monteiro (org.), *Garantias das obrigações. Publicação dos trabalhos de mestrado*, Coimbra, Almedina, 2007, pp. 525-564.

de títulos de dívida, ou qualquer instituição tal como definida nas alíneas *a)* a *d)*;

f) pessoas colectivas, desde que a outra parte no contrato pertença a uma das categorias referidas nas alíneas *a)* a *d)*.

Em relação às obrigações que podem ser garantidas pela alienação fiduciária em garantia, estas correspondem, nos termos do art. 4º do D.L. 105/2004, a quaisquer obrigações cuja prestação consista numa liquidação em numerário ou na entrega de instrumentos financeiros.

Em relação ao objecto, nos termos do art. 5º, nº 1, do D.L. 105/2004, na redacção do D.L. 85/2011, a alienação fiduciária em garantia apenas pode abranger:

a) *numerário*, definido como o saldo disponível de uma conta bancária, denominada em qualquer moeda, ou créditos similares que confiram direito à restituição de dinheiro, tais como depósitos no mercado monetário;

b) *instrumentos financeiros*, entendidos como valores mobiliários, instrumentos do mercado monetário e créditos ou direitos relativos a quaisquer dos instrumentos financeiros referidos;

c) *créditos sobre terceiros*, entendidos como tal os créditos pecuniários decorrentes de um acordo, mediante o qual uma instituição de crédito concede um crédito sob a forma de um empréstimo.

O regime da alienação fiduciária em garantia não se aplica, no entanto, nos termos do art. 5º, nº 2 do D.L. 105/2004, na redacção do D.L. 85/2011, às garantias que tenham por objecto créditos sobre terceiros em que o prestador ou o beneficiário da garantia não seja uma das entidades referidas na alínea *b)* do nº 1 do art. 3º e o crédito seja concedido a consumidores ou a microempresas ou pequenas empresas.

Nos termos do art. 6º do D.L. 105/2004, a alienação fiduciária em garantia pressupõe o efectivo desapossamento do objecto da garantia. Efectivamente, refere o art. 6º, nº 1, deste diploma que o mesmo só se aplica às garantias financeiras cujo objecto seja efectivamente prestado, acrescentando o nº 2 que se considera "prestada a garantia financeira cujo objecto tenha sido entregue, transferido, registado ou que de outro modo se encontre na posse ou sob o controlo do beneficiário da garantia ou de um pessoa que actue em nome deste, incluindo a composse ou o controlo conjunto com o proprietário".

Como contrato de garantia financeira, a alienação fiduciária em garantia obedece a requisitos de forma, os quais são no entanto, estabelecidos *ad probationem*. Efectivamente, dispõe o art. 7º do D.L. 105/2004, na redacção do D.L. 85/2011, que esse diploma apenas se aplica aos contratos de garantia financeira e às garantias financeiras cuja celebração e prestação sejam susceptíveis de prova por documento escrito ou de forma juridicamente equivalente (art. 7º, nº 1), sendo que o registo em suporte electrónico ou em outro suporte duradouro equivalente cumpre essa exigência de prova (art. 7º, nº 2). Essa disposição estabelece ainda que a prova da prestação da garantia financeira deve permitir identificar o objecto correspondente (art. 7º, nº 3). Tendo a alienação fiduciária em garantia por objecto numerário é suficiente para essa identificação o registo do crédito na conta do beneficiário (art. 7º, nº 4 *a)*). Já se tiver por objecto valores mobiliários escriturais essa identificação realiza-se pelo registo da aquisição fiduciária (art. 7º, nº 4, *b)*). Finalmente, estando em causa créditos sobre terceiros, a identificação e a prova da sua prestação resulta da inclusão do crédito numa lista de créditos apresentada ao beneficiário da garantia por escrito ou forma juridicamente equivalente (art. 7º, nº 4, *c)*).

Estando preenchidos todos estes pressupostos, a alienação fiduciária em garantia é expressamente admitida pelo art. 14º do D.L. 105/2004, atribuindo ao beneficiário a alternativa entre: *a)* restituir a garantia prestada ou objecto equivalente; *b)* entregar quantia em dinheiro correspondente ao valor que o objecto da garantia tem no momento do vencimento da obrigação; e *c)* livrar-se da obrigação por meio de compensação, avaliando-se o crédito do prestador nos mesmos termos. Temos assim expressamente reconhecida a alienação fiduciária em garantia, sendo tutelada a posição do seu autor através da imposição da restituição do objecto ou do seu valor objectivamente determinado.

3.4. Conteúdo da garantia

Em termos de conteúdo, a alienação fiduciária em garantia caracteriza-se por atribuir a propriedade plena do bem garantido ao credor, quer em relação ao devedor, quer em relação a terceiros[668], ainda que no âmbito da relação interna o credor se comprometa a respeitar o fim de garantia.

[668] Assim, REICH, *Sicherungsübertragung*, pp. 82 e ss., salientando o facto de a propriedade não admitir uma divisão numa esfera interna e externa.

Como proprietário, o credor é igualmente possuidor da coisa cedida e pode livremente dispor dela. Já o devedor adquire um crédito à restituição da coisa, normalmente condicionado ao pagamento da dívida garantida. Em consequência, o devedor perde a possibilidade de dispor da coisa, apenas podendo dispor do seu crédito à sua restituição. Poderá ter entretanto, se assim for convencionado, um direito pessoal de gozo sobre a mesma, que lhe permitirá defender a sua posse contra terceiros. A doutrina mais moderna tem vindo ainda a reconhecer a existência na alienação fiduciária em garantia de um direito de expectativa (*Anwartsschaftsrecht*) do devedor, semelhante ao que ocorre na venda com reserva de propriedade[669].

4. A locação financeira (*leasing*)

4. 1. Generalidades

Uma outra forma de utilização da propriedade como garantia reside na locação financeira (*leasing*)[670], já que consiste esta numa operação de finan-

[669] Cfr. Reich, *AcP* 169 (1969), pp. 258 e ss.

[670] Sobre a locação financeira, veja-se entre nós Leite de Campos, *A locação financeira*, passim, Menezes Cordeiro, *Manual de Direito Bancário*, pp. 671 e ss., Fernando Gravato Morais, *Manual da locação financeira*, Coimbra, Almedina, 2006, passim, e L. M. Pestana de Vasconcelos, *Direito das garantias*, pp. 491 e ss.
Na doutrina italiana, cfr. Calogero Vinci Orlando, "Il leasing e le garanzie", em Banco di Sardegna (org.), *Le garanzie reali e personali nei contratti bancari*, Milano, Giuffrè, 1976, pp. 233-238, Anelli, *op. cit.*, pp. 349 e ss., Guido Ferrarini, *La locazione finanziaria*, Milano, Giuffrè, 1977, Giorgio de Nova, *Nuovi contratti*, 2ª ed., Torino, Utet, 1994, pp. 261 e ss., ID, *Il contratto di leasing*, 3ª ed., Milano, Giuffrè, 1995, Filippo Chiomenti, "Il leasing finanziario e le scuole giuridiche ortopediche", em *RDComm* 86 (1988), II, p. 94-104, e Sixto Sanchez Lorenzo, *op. cit.*, pp. 203 e ss.
No direito alemão, cfr. Arno Städtler, "Die gesamtwirtschaftliche Bedeutung des Finanzierungsleasing", em *AcP* 190 (1990), pp. 204-207, Roland Gzuk, "Finanzierungsleasing als alternative Investitionsform", em *AcP* 190 (1990), pp. 208-218, Horst Figge, "Vertragsformen und kalkulatorische Grundlagen des Leasing", em *AcP* 190 (1990), pp. 219-234, Albrecht Dietze, "Die betriebswirtschaftliche Grundlagen des Leasing", em *AcP* 190 (1990), pp. 235-257, Detlef Leenen, "Die Pflichten des Leasing-Gebers", em *AcP* 190 (1990), pp. 259-286, Herbert Roth, "Zur gerichtlichen Inhaltskontrolle von Finanzierungs-Leasingverträgen", em *AcP* 190 (1990), pp. 292-318, Johannes Hager, "Rechtsfragen des Finanzierungsleasing von Hard- und Software", em *AcP* 190 (1990), pp. 324-355, Jens Peter Meincke, "Steuerbezogene Argumente in der Zivilrechtsprechung zum Finanzierungsleasing", em *AcP* 190 (1990), pp. 358-380, Herbert Kronke, "Finanzierungsleasing in rechtsvergleichender Sicht", em *AcP* 190 (1990), pp. 383-408, Claus-Wilhelm Canaris, "Interessenlage, Grundprinzipien und Rechtsnatur des Finanzierungsleasing", em *AcP* 190 (1990), pp. 410-469, Friedrich

ciamento, em que a propriedade permanece nas mãos da empresa de *leasing* e só passará ao utilizador, quando este exerce a opção de compra, liquidando assim todas as rendas e o valor residual fixado.

O *leasing* inicia-se nos EUA nos anos 70 do séc. XIX, com a celebração pelas grandes indústrias como a *Bell Telephon Company* e a *United Shoe Machinery Corporation* de contratos de venda, com prévia locação, das suas máquinas industriais, já que os clientes não dispunham de capital próprio que lhes permitisse financiar a compra imediata. Estes contratos de *leasing* de primeira geração distinguiam-se da locação comum pelo facto de atribuirem o risco logo ao receptor das máquinas e de as obrigações do locador serem bastante mais atenuadas.

Após a 2ª Guerra Mundial surge o *leasing* de segunda geração, que se distinguia do de primeira pelo facto de constituir uma operação triangular, em que uma empresa de *leasing* independente intermedeia a operação, através de um financiamento. Nos anos 50 do séc. XX, as sociedades *leasing* passaram a funcionar como instituições financeiras especializadas, tendo sido em 1952 criada a *United States Leasing Corporation* em São Francisco.

Da América, o *leasing* passou à Europa, já como *leasing* de segunda geração, tendo sido na Alemanha fundada em 10/1/1962, em Düsseldorf a primeirs sociedade de *leasing*, a *Deutsche Leasing GmbH*, posteriormente *Deutsche Leasing AG*[671].

O *leasing* constitui uma operação complexa, já que enquanto fenómeno global, nele ocorre a actuação de uma empresa creditícia que, a pedido da outra parte, e de acordo com as suas instruções, adquire de um vendedor ou fornecedor o bem escolhido previamente, cedendo-lhe imediatamente o seu uso a troco de uma contraprestação periódica por um prazo determinado e irrevogável, findo o qual compete à outra parte devolver o bem, prorrogar a sua utilização por uma contraprestação inferior ou adquirir a

GRAF VON WESTPHALEN, *Der Leasingsvertrag*, 5ª ed., Köln, Otto Schmidt, 1998, MICHAEL MARTINEK, *Moderne Vertragstypen*, I- *Leasing und Factoring*, München, Beck, 1991, pp. 33 e ss., HEERMANN, *op. cit.*, § 27, nºs 1 e ss., pp. 469 e ss.

Para uma análise de Direito Comparado, veja-se MARIO GIOVANOLI, *Le crédit-bail (leasing) en Europe: développement et nature juridique*, Paris, Litec, 1980.

671 Cfr. STÄDTLER, *AcP* 190 (1990), pp. 204 e ss., DIETZ, *AcP* 190 (1990), pp. 235 e ss., MARTINEK, *Moderne*, I, pp. 40-41. Entre nós, veja-se LEITE DE CAMPOS, *A locação financeira*, pp. 45 e ss. e MENEZES CORDEIRO, *Direito Bancário*, pp. 671 e ss.

sua propriedade por um valor residual previamente fixado. Juridicamente, existem no *leasing* vários contratos, como a compra e venda entre o vendedor e a empresa de *leasing*, a concessão do uso do bem ao locatário financeiro, a eventual prorrogação desse contrato, a sua liquidação, ou a nova compra e venda do bem, e ainda eventuais relações pré e pós-contratuais entre o vendedor e o locatário financeiro[672].

O *leasing* tem a natureza de uma verdadeira garantia, apenas se afastando das garantias tradicionais pelo facto de que a propriedade não é atribuída ao locador com esse fim exclusivo, nem a garantia resulta de uma convenção acessória de determinada obrigação. No entanto, o *leasing* contitui uma forma desnaturada de locação, já que representa antes uma operação de financiamento, próxima do mútuo, o que justifica que o regime do contrato se afaste muito do da locação[673]. Na doutrina, surgem por isso posições a sustentar a aplicação ao *leasing* dos princípios relativos às garantias, com o argumento de que essa aplicação deve depender exclusivamente da função do negócio e não da sua estrutura[674].

São três os aspectos que permitem caracterizar o *leasing* como garantia. Em primeiro lugar, o *leasing* é uma operação de financiamento, que se reconduz a um empréstimo de dinheiro. Em segundo lugar, o credor adquire a propriedade do bem, que conserva tanto em face do devedor, como em face de terceiros. Em terceiro lugar, trata-se de uma garantia não possessória, uma vez que o devedor se mantém na posse do bem durante o financiamento[675].

4.2. Forma e publicidade do contrato de locação financeira

Nos termos do art. 3º, nº 1, do D.L. 149/95, de 24 de Junho, alterado pelo D.L. 265/97, de 2 de Outubro e pelo D.L. 285/2001, de 3 de Novembro, e pelo D.L. 30/2008, de 25 de Fevereiro, o contrato de locação financeira tem a forma de documento particular.

No caso de abranger bens imóveis, esse documento deve possuir reconhecimento presencial, salvo se efectuado na presença dos funcionários do registo, aquando do pedido de registo (art. 3º, nº 2). Nesse caso, a exis-

[672] Cfr. SANCHEZ LORENZO, *op. cit.*, p. 203.

[673] Cfr. DOMINIQUE LEGEAIS, *op. cit.*, p. 457.

[674] Cfr. FILIPPO CHIOMENTI, *RDComm* 86 (1988), II, p. 99.

[675] Cfr. M. GIOVANOLI, *op. cit.*, pp. 369 e ss., ANELLI, *op. cit.*, p. 351 e SANCHEZ LORENZO, *op. cit.*, p. 206

tência de licença de utilização ou de construção do imóvel deve ser certificada pela entidade que efectua o reconhecimento ou verificada pelo funcionário dos serviços do registo (art. 3º, nº 3).

No caso de abranger bens móveis sujeitos a registo, o contrato deve incluir referência ao documento de identificação do signatário (art. 3º, nº 4).

O contrato deve ser objecto de registo na conservatória competente, sempre que abranja bens sujeitos a registo (art. 3º, nº 5).

4.3. Regime da locação financeira

O regime da locação financeira rege-se essencialmente pelo já referido D.L. 149/95, de 24 de Junho, alterado pelo D.L. 265/97, de 2 de Outubro, pelo D.L. 285/2001, de 3 de Novembro, e pelo D.L. 30/2008, de 25 de Fevereiro[676]. Nos termos do seu art. 6º, o contrato de locação financeira de móveis não deve ultrapassar o prazo de utilização económica da coisa, sendo sujeita em qualquer caso a um prazo máximo de 30 anos. Se as partes não fixarem prazo, ele é fixado supletivamente em 18 meses ou 7 anos, consoante se trate de móveis ou imóveis. Após o fim do contrato, o bem é preferencialmente destinado à opção de compra pelo locatário, podendo apenas o locador voltar a dispor do bem, se essa opção não for exercida (art. 7º D.L 149/95).

Em resultado do contrato, o locador financeiro assume em especial as obrigações de adquirir ou mandar construir o bem a locar, conceder o gozo do bem para os fins a que esta se destina e vender o bem ao locatário, findo o contrato (art. 9º, nº 1 D.L. 149/95). Para além dos direitos e deveres gerais do regime da locação, cabem ao locador financeiro as faculdades de defender a integridade do bem, examiná-lo e fazer suas, sem compensações, as peças ou outros elementos acessórios nele incorporados (art. 9º, nº 2, D.L. 149/95).

Já as obrigações do locatário financeiro são moldadas pelo regime geral da locação, destacando-se as obrigações de pagar a renda (art. 10º *a)* D.L. 149/95) e restituir o bem locado, findo o contrato, quando não opte pela sua aquisição (art. 10º k) D.L. 149/95). O locatário financeiro é igualmente sujeito aos direitos deveres gerais previstos no regime da locação,

[676] Sobre o regime anterior do D.L. 171/79, de 6 de Junho, cfr. Leite de Campos, *A locação financeira*, pp. 94 e ss. No actual, cfr. Menezes Cordeiro, *Manual de Direito Bancário*, pp. 675 e ss.

podendo usar e fruir o bem locado, defender a sua integridade e o seu gozo, mesmo através das acções possessórias, incluindo contra o locador (art. 10º, nº 2 *a*), *b*) e *c*) D.L. 149/95). Com autorização expressa do locador, pode o locatário financeiro onerar total ou parcialmente o seu direito, cabendo-lhe exercer, no caso de locação de fracção autónoma, os direitos do locador que não revistam carácter pessoal (art. 10º, nº 2 *d*) e *e*) D.L. 149/95). Finalmente, o locatário financeiro tem o direito de adquirir o bem locado, findo o contrato, pelo preço estipulado (art. 10º, nº 2 *f*) D.L. 149/95). No entanto, o risco da perda ou deterioração do bem corre por sua conta (art. 15º D.L. 149/95).

Numa importante disposição, o art. 13º D.L. 149/95, vem atribuir ao locatário a faculdade de exercer todos os direitos relativos ao contrato de compra e venda ou empreitada celebrados pelo locador.

A locação financeira pode ser resolvida, nos termos gerais, por incumprimento das obrigações de qualquer das partes (art. 17º D.L. 149/95), sendo ainda fundamentos de resolução a dissolução ou liquidação da sociedade locatária ou a verificação de qualquer dos fundamentos da declaração de insolvência do locatário (art. 18º D.L. 149/95).

Cessando o contrato por resolução ou pelo decurso do prazo sem ter sido exercida a opção de compra, no caso de o locatário não devolver o bem, pode o locador, após ter pedido o cancelamento do regsito da locação financeira, recorrer a uma providência cautelar destinada a determinar a sua entrega imediata ao locador (art. 21º D.L. 149/95).

4.4. O caso especial da locação financeira restitutiva

Um caso em que a utilização da locação financeira como garantia aparece como mais visível é o da locação financeira restitutiva (*sale and lease-back*)[677].

[677] Cfr. Mauro Bussani, "Il contratto di lease-back" em *CeI* 1986, pp. 558-617, Giovanni Cesaro, "Lease-back e patto comissorio", em *RN* 40 (1986), pp. 790-833, Roberto Simone, "«Lease back»: cronaca di una morte annunciata", em *FI* 112 (1989), I, pp. 1251-1254, ID, "Dr. Jeckil e mr. Hide, ovvero la doppia vita del *sale and lease back*", em *GComm* 24 (1997), II, pp. 671-686, Guido Bartalini, "Breve analisi dei profili civilistici del *sale and lease-back*", em *GComm* 17 (1990), I, pp. 671-680, Raimondo Fantauzzi, "Lo sviluppo della giurisprudenza di merito sulla liceità del lease-back", em GC 1992, II, pp. 485-497, Corrado Chessa "*Sale and lease-back*: qualificazione dell'operazione ed interference con il divieto del patto comissorio", em *GComm* 21 (1994), II, pp. 669-676, Vincenzo Carbone, "Lease-back e patto comissorio", em *CorrGiur* 12 (1995), pp. 1365-1369, Giorgio de Nova, *Nuovi contratti*, pp.

Nesta situação, determinado sujeito, normalmente uma empresa, transfere a propriedade de um bem, normalmente um instrumento necessário à sua actividade, a uma empresa de *leasing*, a qual simultaneamente lhe atribui uma soma de dinheiro e concede-lhe o mesmo bem em locação financeira, contra o pagamento de uma prestação periódica. É elemento essencial do contrato a faculdade concedida ao transmitente de readquirir o mesmo bem, através de um pacto de opção, que lhe retransmite a propriedade no caso de pagamento integral da quantia acordada.

O *lease-back* distingue-se do *leasing* ordinário, uma vez que neste a propriedade é adquirida a um terceiro por indicação do futuro locatário financeiro, em ordem a ser objecto de locação financeira, enquanto que naquele é o próprio futuro locatário financeiro que procede a essa transmissão, concordando em passar a utilizar a coisa sob um diferente título jurídico. Não há assim o financiamento à aquisição de determinado bem, mas uma mera concessão de crédito, o qual se relaciona com o valor do bem que é transmitido ao futuro locador financeiro, sendo que o pagamento do crédito concedido irá ser realizado sobre a forma de rendas a pagar pelo locatário e pelo valor fixado para a reaquisição do bem.

Funcionalmente, no entanto, o instituto corresponde a um financiamento em que a propriedade é transmitida como garantia. Efectivamente, não se justifica configurar a operação como uma mera venda, seguida de uma locação financeira de retorno. A cessão de bens ao locador financeiro não configura uma compra e venda, porque lhe falta o preço, já que o alienante permanece devedor da quantia recebida, que deve restituir acrescida de juros. Não há também do outro lado uma mera locação financeira, dado que não há rendas pagas em contrapartida do gozo de uma coisa adquirida pelo locador financeiro a um terceiro, mas antes a restituição em prestações de um financiamento recebido desse locador financeiro, para quem se realizou a transmissão da propriedade em garantia[678].

299 e ss. e *Il contratto di leasing*, pp. 65 e ss., ANELLI, *op. cit.*, pp. 464 e ss. e FEDERICA ROCCO, "Contratto di *sale and lease back* e divieto di patto comissorio: l'orientamento della suprema corte", em *RDComm* 95 (1997), pp. 160-164. Entre nós, veja-se LEITE DE CAMPOS, "Nota sobre a admissibilidade da locação financeira restitutiva («lease-back») no direito português", na *ROA* 42 (1982), pp. 775-793, e LUÍS MIGUEL PESTANA DE VASCONCELOS, *A cessão*, pp. 272 e ss.

678 Neste sentido, LASCIALFARI, "Le alienazioni", p. 207.

Na locação financeira restitutiva coloca-se igualmente o problema da proibição do pacto comissório[679]. É, no entanto, de salientar que há diferenças consideráveis em relação à figura do art. 694º, uma vez que a aquisição da propriedade pelo locador financeiro não ocorre em resultado do incumprimento do locatário, mas antes é-lhe transmitida previamente para ser objecto da locação financeira restitutiva, desencadeando o incumprimento do locatário financeiro antes a não recuperação dessa mesma propriedade. Para além disso, mesmo que o locatário financeiro liquide integralmente as prestações devidas pela locação financeira, a sua reaquisição da propriedade não opera automaticamente, dependendo do exercício de uma opção de compra[680]. Já se considerou, no entanto, na jurisprudência portuguesa ocorrer uma situação de fraude à lei no caso de existir uma dívida previamente ao negócio e ser feita uma dação em cumprimento de um imóvel associada a uma locação financeira restitutiva[681].

[679] Cfr. Rosanna de Nictolis, *RDCiv* 37 (1991) II, pp. 553 e ss., Francesca Fiorentini, *RDCiv* 46 (2000), II, pp. 280 e ss., Ilaria Riva, "Il contratto di *sale and lease-back* e il divieto di patto comissorio", em *CeI* 17 (2001), pp. 300-324, Aldo Angelo Dolmetta, "*Lease-back* e patto comissorio: un rapporto complesso" em *GComm* 29 (2002), I, pp. 306-317, e Lascialfari, "Le alienazioni", pp. 204 e ss.

[680] Cfr. Anelli, *op. cit.*, pp. 469 e ss., e Carbone, *CorrGiur* 12 (1995), p. 1367.

[681] Neste sentido, cfr. Ac. RE 23/2/2016 (Francisco Matos), processo 2789/14.0TBSTB.E1, na *CJ* 41 (2016), 1, pp. 228-231

Capítulo VIII
Garantias Especiais sobre Direitos

1. O penhor de direitos
1.1. Generalidades. O penhor de créditos

Outra garantia das obrigações consiste no penhor de direitos, de que a figura mais comum é o penhor de créditos[682]. Alguma doutrina, considerando esta uma modalidade de penhor, configura-o como um direito real que tem por objecto um crédito, admitindo assim a doutrina dos direitos sobre direitos[683]. No entanto, parece manifesto não existir no penhor de créditos qualquer garantia real[684], pelo que a figura deverá ser incluída entre as garantias especiais sobre direitos[685].

682 Cfr. PAULO CUNHA, *Da garantia*, II, pp. 224 e ss., VAZ SERRA, *BMJ* 59 (1956), pp. 177 e ss., ROMANO MARTINEZ/FUZETA DA PONTE, *op. cit.*, pp. 169 e ss., LUÍS MIGUEL PESTANA DE VASCONCELOS, *A cessão*, pp. 543 e ss., ANTÓNIO COLAÇO CANÁRIO, "O penhor de créditos e a eficácia externa das obrigações", em *RJ* nº 1 (1982), pp. 57-74.
Na doutrina alemã, cfr. BÜLOW, *Kreditsicherheiten*, pp. 180 e ss., nºs 625 e ss., WEBER, *Kreditsicherheiten*, § 15, pp. 287 e ss.,
Na doutrina italiana, cfr., GORLA / ZANELLI, *op. cit.*, pp. 146 e ss., PASQUALE DI PACE, *Il pegno dei crediti*, Padova, Cedam, 1939
Na doutrina espanhola, veja-se CARRASCO PERERA / CORDERO LOBATO / MARÍN LOPEZ, *op. cit.*, pp. 859 e ss.

683 Cfr. PAULO CUNHA, *A garantia*, II, pp. 228 e ss.

684 Neste sentido, veja-se MENEZES CORDEIRO, *Direitos Reais*, p. 754, que afirma expressamente que "o penhor de créditos *tem por objecto não um direito – ou uma coisa – mas uma prestação*. Consequentemente não é direito real, nem penhor. A semelhança económica que apresenta com o penhor em sentido próprio justifica, contudo, que se fale de penhor de créditos"

685 Para ROMANO MARTINEZ/FUZETA DA PONTE, *op. cit.*, p. 179, nota (376), o penhor de direitos limita-se a conferir uma situação preferencial ao credor pignoratício na medida em que lhe são tranferidos parte dos poderes que o autor do penhor tem sobre terceiro.

1.2. Objecto do penhor de créditos

Refere o art. 680º que "só é admitido o penhor de direitos quando este tenham por objecto coisas móveis e sejam susceptíveis de transmissão". Não podem assim ser empenhados os créditos relativos à entrega de bens imóveis ou a prestações de facto. Não parece haver obstáculos em princípio ao penhor de créditos futuros[686], que aliás veio a ser expressamente reconhecido no âmbito do Código da Insolvência (art. 115º CIRE).

1.3. Constituição do penhor de créditos

Relativamente à forma e publicidade exigidas para a constituição do penhor, refere-nos o art. 681º, nº 1, que a sua constituição está sujeita à forma e publicidade exigidas para a transmissão dos direitos empenhados, pelo que, se abranger créditos hipotecários relativos a bens imóveis, terá que constar de escritura pública (art. 578º, nº 2). O art. 681º, nº 2, refere, porém, que se o penhor tiver por objecto um crédito, só produz os seus efeitos desde que seja notificado ao respectivo devedor, ou desde que este o aceite, salvo tratando-se do penhor sujeito a registo, pois neste caso, produz os seus efeitos a partir do registo. Ao contrário do que sucede no regime da cessão de créditos tem-se entendido que a ausência de notificação torna o penhor ineficaz, mesmo em relação às partes, uma vez que ela desempenha uma função análoga à entrega relativamente ao penhor de coisas[687], produzindo não apenas a publicidade em relação a terceiros, mas também a atribuição de preferência ao credor pignoratício.

No caso de o penhor ter por objecto créditos constituidos por documento, não se exige para a constituição do penhor a tradição desse documento, existindo antes uma obrigação de este ser entregue ao credor pignoratício (art. 682º)[688].

No caso de ter por objecto créditos hipotecários ou garantidos por consignação de rendimentos, o penhor está ainda sujeito a registo, nos termos do art. 2º, nº 1 *o)* do C.R.P., o qual é realizado por averbamento à respectiva inscrição (art. 101º, nº 1 *a)* CRP).

686 Sobre a questão, no direito alemão, veja-se Rolf Serick, *Deutsche Mobiliarsicherheiten*, pp. 75 e ss.

687 Cfr. Vaz Serra, *BMJ* 59 (1956), p. 180, e Pires de Lima/Antunes Varela, *op. cit.*, I, sub art. 681º, nº 2. p. 700.

688 Neste sentido, cfr. já Vaz Serra, *BMJ* 59 (1956), p. 186.

1.4. Regime do penhor de créditos

Em termos de regime, cabe salientar que uma vez constituído o penhor, o respectivo autor é obrigado a entregar ao credor pignoratício os documentos comprovativos desse direito que estiverem na sua posse, em cuja conservação não tenha interesse específico (art. 682º), obrigação essa que visa facilitar o exercício do direito pelo credor pignoratício.

Já o credor pignoratício é obrigado a praticar os actos indispensáveis à conservação do direito empenhado e a cobrar os juros e mais prestações acessórias compreendidas na garantia (art. 683º), obrigação semelhante à que existe no penhor de coisas (art. 671º *a*)).

Um dos direitos do credor pignoratício é logo o de cobrar o crédito, estabelecendo o art. 685º, nº 1, que o credor pignoratício deve cobrar o crédito empenhado logo que este se torne exigível, passando o penhor a incidir sobre a coisa prestada em satisfação desse crédito. Trata-se, neste caso, de uma hipótese de sub-rogação real, sendo o crédito automaticamente substituído pela coisa como objecto do penhor (*res succedit in locum nominis*)[689]. Em princípio, o direito a cobrar o crédito é atribuído exclusivamente ao credor pignoratício, dado que o titular do direito empenhado só pode receber com o consentimento daquele, extinguindo-se neste caso o penhor (art. 685º, nº 4). Apenas no caso de o crédito ter por objecto a prestação de dinheiro ou de outra coisa fungível, o devedor não pode fazê-la senão aos dois credores conjuntamente, cabendo-lhe, na falta de acordo entre os interessados, o recurso à consignação em depósito (art. 685º, nº 2). No caso de serem constituídos vários penhores sobre o mesmo crédito, só o credor cujo direito prefira aos demais tem legitimidade para cobrar o crédito empenhado; mas os outros têm a faculdade de compelir o devedor a satisfazer a prestação ao credor preferente (art. 685º, nº 3).

Relativamente às relações entre o devedor e o credor pignoratício, refere o art. 684º que elas se moldam sobre o regime da cessão de créditos. Assim, o devedor poderá opor contra o credor pignoratício todas as excepções que poderia invocar contra o titular do crédito empenhado, com ressalva das que resultem de facto posterior ao conhecimento do penhor (art. 585º).

[689] Cfr. VAZ SERRA, *BMJ* 59 (1956), p. 212.

1.5. Extinção do penhor de créditos

Face à aplicação conjugada dos arts. 679º, 677º e 730º, é de concluir que o penhor de créditos se pode extinguir pelas mesmas causas por que se extingue a hipoteca, com excepção da referida na alínea *b)* do art. 730º.

Assim, a primeira causa da extinção do penhor de créditos é a extinção da obrigação a que serve de garantia. Efectivamente, sendo o penhor de créditos acessório de uma obrigação, naturalmente que a extinção do crédito garantido determina igualmente a extinção do penhor. Esse regime sofre, no entanto, uma excepção no caso de confusão, subsistindo neste caso o penhor, independentemente da confusão, em tudo o que o exija o interesse do credor pignoratício (art. 871º, nº 2).

1.6. Casos especiais de penhor de direitos

1.6.1. O penhor financeiro

Uma modalidade especial de penhor sobre direitos é o penhor financeiro, regulado pelo D.L. 105/2004, de 8 de Maio, alterado e republicado pelo D.L. 85/2011, de 29 de Junho, diplomas que transpõem a Directiva 2002/47/CE, do Parlamento Europeu e do Conselho, de 6 de Junho, relativa aos acordos de garantia financeira, com as alterações introduzidas pela Directiva 2009/44/CE, do Parlamento Europeu e do Conselho, de 6 de Maio[690].

O âmbito deste diploma é, no entanto, restrito, uma vez que, nos termos do art. 2º, nº 1, apenas se aplica aos contratos de garantia financeira que preencham os requisitos dos arts. 3º a 7º, estabelecendo-se assim uma delimitação desses contratos em relação aos sujeitos, objecto, obrigações garantidas, exigência de desapossamento e forma *ad probationem*.

O âmbito do penhor financeiro é assim em primeiro lugar delimitado pelos seus sujeitos, uma vez que, nos termos do art. 3º, nº 1, estes apenas podem ser:

a) entidades públicas;
b) Banco de Portugal, outros bancos centrais, Banco Central Europeu, Fundo Monetário Internacional, Banco de Pagamentos Internacionais, bancos multilaterais de desenvolvimento e Banco Europeu de Investimento;

[690] Cfr. sobre este MARGARIDA COSTA ANDRADE, "O penhor financeiro com direito de disposição de valores mobiliários", na *ROA* 70 (2010), pp. 351-393.

c) instituições sujeitas a supervisão prudencial, incluindo instituições de crédito, empresas de investimento, instituições financeiras, empresas de seguros, organismos de investimento colectivo e entidades gestoras dos organismos de investimento colectivo;
d) uma contraparte central, um agente de liquidação ou uma câmara, incluindo instituições similares que operem nos mercados de derivados e nos mercados de natureza monetária;
e) uma pessoa que não seja pessoa singular, que actue na qualidade de fiduciário ou de representante por conta de uma ou mais pessoas, incluindo quaisquer detentores de obrigações ou de outras formas de títulos de dívida, ou qualquer instituição tal como definida nas alíneas *a)* a *d)*;
f) pessoas colectivas, desde que a outra parte no contrato pertença a uma das categorias referidas nas alíneas *a)* a *d)*.

Em relação às obrigações que podem ser garantidas pelo penhor financeiro, estas correspondem, nos termos do art. 4º do D.L. 105/2004, a quaisquer obrigações cuja prestação consista numa liquidação em numerário ou na entrega de instrumentos financeiros.

O penhor financeiro é necessariamente um penhor sobre direitos, uma vez que, nos termos do art. 5º, nº 1, do D.L. 105/2004, na redacção do D.L. 85/2011, apenas pode abranger:

a) *numerário*, definido como o saldo disponível de uma conta bancária, denominada em qualquer moeda, ou créditos similares que confiram direito à restituição de dinheiro, tais como depósitos no mercado monetário;
b) *instrumentos financeiros*, entendidos como valores mobiliários, instrumentos do mercado monetário e créditos ou direitos relativos a quaisquer dos instrumentos financeiros referidos;
c) *créditos sobre terceiros*, entendidos como tal os créditos pecuniários decorrentes de um acordo, mediante o qual uma instituição de crédito concede um crédito sob a forma de um empréstimo.

O regime do penhor financeiro não se aplica, no entanto, nos termos do art. 5º, nº 2 do D.L. 105/2004, na redacção do D.L. 85/2011, às garantias que tenham por objecto créditos sobre terceiros em que o prestador ou o beneficiário da garantia não seja uma das entidades referidas na alínea *b)* do nº 1 do art. 3º e o crédito seja concedido a consumidores ou a micro-empresas ou pequenas empresas.

Nos termos do art. 6º do D.L. 105/2004, o penhor financeiro pressupõe o efectivo desapossamento do objecto da garantia. Efectivamente, refere o art. 6º, nº 1, deste diploma que o mesmo só se aplica às garantias financeiras cujo objecto seja efectivamente prestado, acrescentando o nº 2 que se considera "prestada a garantia financeira cujo objecto tenha sido entregue, transferido, registado ou que de outro modo se encontre na posse ou sob o controlo do beneficiário da garantia ou de um pessoa que actue em nome deste, incluindo a composse ou o controlo conjunto com o proprietário".

Como contrato de garantia financeira, o penhor financeiro obedece a requisitos de forma, os quais são no entanto, estabelecidos *ad probationem*. Efectivamente, dispõe o art. 7º do D.L. 105/2004, na redacção do D.L. 85/2011, que esse diploma apenas se aplica aos contratos de garantia financeira e às garantias financeiras cuja celebração e prestação sejam susceptíveis de prova por documento escrito ou de forma juridicamente equivalente (art. 7º, nº 1), sendo que o registo em suporte electrónico ou em outro suporte duradouro equivalente cumpre essa exigência de prova (art. 7º, nº 2). Essa disposição estabelece ainda que a prova da prestação da garantia financeira deve permitir identificar o objecto correspondente (art. 7º, nº 3). Tendo o penhor financeiro por objecto numerário é suficiente para essa identificação o registo na conta do prestador (art. 7º, nº 4 *a)*). Já se tiver por objecto valores mobiliários escriturais essa idenficação realiza-se pelo registo na conta do titular ou, nos termos da lei, na conta do beneficiário (art. 7º, nº 4, *b)*). Finalmente, estando em causa créditos sobre terceiros, a identificação e a prova da sua prestação resulta da inclusão do crédito numa lista de créditos apresentada ao beneficiário da garantia por escrito ou forma juridicamente equivalente (art. 7º, nº 4, *c)*).

O penhor financeiro corresponde a uma garantia com várias modalidades, podendo distinguir-se entre.

a) o penhor financeiro simples;
b) o penhor financeiro com direito de disposição;
c) o penhor financeiro com pacto marciano.

O *penhor financeiro simples* corresponde àquele em que o credor pignoratício não possui direito de disposição, nem possibilidade de fazer seu o bem dado em garantia. Em caso de incumprimento, o credor pignoratício terá assim que proceder à venda em execução dos bens dados em penhor, nos termos gerais. O credor pignoratício não poderá, por isso, proceder á alienação do objecto da garantia financeira. No entanto, em relação a valores mobiliários, o art. 58º, nº 1, CVM estabelece que "ao adquirente de um valor mobiliário que tenha procedido de boa fé não é oponível a falta de legitimidade do alienante, desde que a aquisição tenha sido efectuada de acordo com as regras de transmissão aplicáveis", estendendo o nº 2 esse regime "ao titular de quaisquer direitos de garantia sobre valores mobiliários". O adquirente de boa fé estará nesse caso protegido, mesmo que o credor pignoratício apenas seja titular de um penhor financeiro simples[691].

O *penhor financeiro com direito de disposição* encontra-se previstos nos arts. 9º e 10º, os quais admitem que o contrato de penhor financeiro possa conferir ao credor pignoratício o direito de disposição sobre o objecto da garantia, salvo no caso de créditos sobre terceiros (art. 9º, nº 1). Nesse caso, o credor pignoratício adquire o direito de alienar ou onerar o objecto da garantia prestada nos termos previstos no contrato, como se fosse seu proprietário (art. 9º, nº 2), mas, no caso de valores mobiliários escriturais ou titulados, o exercício desse direito pressupõe a sua menção respectivamente no registo ou na conta em depósito (art. 9º, nº 3).

Sendo realizada a disposição, o credor pignoratício pode adquirir um objecto equivalente à garantia finaceira prestada. No caso de numerário, é considerado objecto equivalente um pagamento do mesmo montante e na mesma moeda. No caso de instrumentos financeiros, consideram-se como tais aqueles do mesmo emitente ou devedor, que façam parte da mesma emissão ou categoria e tenham o mesmo valor nominal, sejam expressos na mesma moeda e tenham a mesma denominação ou outros instrumentos financeiros, quando o contrato de garantia financeira o preveja, na ocorrência de um facto respeitante ou relacionado com os instrumentos financeiros prestados originariamente (art. 13º).

O objecto equivalente substitui para todos os efeitos a garantia original e considera-se como tendo sido prestado no momento da prestação desta (art. 10º, nº 3), sendo que os direitos que o beneficiário tenha em relação à garantia financeira se mantêm em relação ao objecto equivalente (art. 10º, nº 4).

[691] Neste sentido, MARGARIDA COSTA ANDRADE, *ROA* 70 (2010), p. 373.

O exercício do direito de disposição modifica a obrigação de restituição que incumbe ao credor pignoratício, caso a obrigação venha a ser cumprida. Assim, o credor pignoratício passa a ter que entregar o objecto equivalente ao prestado em garantia (art. 10º, nº 1, *a)*), ou, quando ao contrato o preveja, o respectivo valor em dinheiro nessa data, determinado nos termos estabelecidos pelas partes e segundo critérios comerciais razoáveis (art. 10º, nº 1, *b)*). O contrato pode ainda estipular que a obrigação de restituição seja extinta mediante compensação, sendo o crédito do prestador avaliado nos mesmos termos (art. 10º, nº 1, *c)*).

Já *o penhor financeiro com pacto marciano* encontra-se previsto no art. 11º[692], permite ao credor pignoratício fazer seu o objecto da garantia, mediante venda ou apropriação, compensação do seu valor ou aplicação para liquidação das obrigações financeiras garantidas. Essa faculdade só existe, no entanto, se for convencionada pelas partes ou se estas tiverem acordado relativamente à avaliação dos instrumentos financeiros e dos créditos sobre terceiros dados em garantia (art. 11º, nº 1).

Sendo atribuída ao credor essa faculdade, este fica obrigado a restituir ao prestador o montante correspondente à diferença entre o valor do objecto da garantia e o montante das obrigações financeiras garantidas (art. 11º, nº 2).

1.6.2. O penhor de títulos de crédito

Uma outra hipótese especial de penhor de direitos consiste no penhor que tenha por objecto créditos constantes de título de crédito[693]. A primeira especialidade respeita à sua constituição, dado que nesse caso os art. 398º, nºs 2 e 3 e o art. 399º CCom estabelecem que, em relação aos títulos ao portador, o penhor estabelece-se pela tradição do título, enquanto que nos títulos à ordem a constituição efectua-se pelo endosso com a correspondente declaração segundo os usos da praça, enquanto que nos títulos nominativos o penhor resulta de uma declaração efectuada no livre de aver-

[692] A epígrafe deste artigo falava originariamente em pacto comissório, o que constituía um erro, pois é de pacto marciano que se trata, como resulta claramente do seu nº 2.

[693] Cfr., sobre este VAZ SERRA, *BMJ* 59 (1956), pp. 187 e ss., JOSÉ MARIA VIGUERA RUBIO "La prenda cambiaria: el endoso en garantia", em AAVV, *Estudios de Derecho Bancario y Bursatil. Homenaje a Evelio Verdera y Tuells*, III, Madrid, La Ley, 1994, pp. 2821-2880 e STEFANO AMBROSINI, "Pegno di titoli di credito, mandato fiduciario e insolvenza della società fiduciaria", em *GComm* 21 (1994), II, pp. 308-327.

bamentos e registos da entidade competente. Actualmente, o penhor de letras aparece regulado no art. 19º da LULL, o qual estabelece que "quando o endosso contém a menção «valor em garantia», «valor em penhor» ou qualquer outra menção que implique uma caução, o portador pode exercer todos os direitos emergentes da letra, mas um endosso feito por ele só vale como endosso a título de procuração".

A verdade, no entanto, é que a prática do penhor de títulos de crédito não passa por estabelecer um endosso em garantia, mas sim um endosso pleno, fazendo constar a garantia de acto separado[694]. Essa prática não deixa, no entanto, de levantar o problema da proibição do pacto comissório, mas parece que dessa proibição apenas poderá resultar a conversão do endosso pleno em endosso em garantia, com os efeitos que lhe são típicos.

No penhor de títulos de créditos, o credor pignoratício está sujeito ao dever de conservação do título, tal como sucede no penhor de coisas.

O credor pignoratício não tem a possibilidade de transmitir plenamente a letra, uma vez que tal implicaria ter um endosso pleno. No entanto, fora essa excepção adquire todos os direitos resultantes do título, como seja o de apresentar a letra a pagamento, protestá-la, exercer as respectivas comunicações e interpor as acções contras as restantes pessoas obrigadas. No caso de a letra ser paga, o credor conservará o pagamento como penhor irregular.

O penhor de títulos de crédito tem suscitado uma justificada controvérsia na doutrina sobre se constituiria um penhor de coisas ou antes um penhor de créditos. Para uns autores, o objecto do penhor é o documento, considerado como *res* e não o crédito cambiário, o que seria demonstrado pelo facto de o penhor se constituir mediante o endosso do título[695]. Para outros autores, o objecto do penhor é o próprio crédito, de que o título apenas assegura a mais rápida realização, o que é demonstrado pela expressão "Valor em garantia", o que demonstra ser a garantia constituída pelo valor e não pelo documento[696]. Outros entendem que o penhor recai indistintamente sobre o documento – e por isso é sujeito às regras do penhor quanto

[694] Trata-se do denominado endosso em garantia encoberto. Cfr. sobre ele VIGUERA RUBIO, *op. cit.*, pp. 2841 e ss. e WEBER, *Kreditsicherheiten*, § 15, p. 297.

[695] Neste sentido, FRANCESCO FERRARA, *La girata della cambiale*, Roma, Foro Italiano, 1935, p. 500 e nota (1) e GASPERONI, "Modalità di costituzione del pegno sui titoli azionari nominativi e legittimazione del credore pignoraticio", em *BBTC* 14 (1951), II, pp. 309-314 (311 e ss.).

[696] Cfr. VAZ SERRA, *BMJ* 59 (1956), p. 187, e BERTO BRACCO, *La Legge Uniforme sulla Cambiale*, Padova, Cedam, 1935, pp. 153 e ss.

ao desapossamento e venda – mas também sobre o crédito incorporado[697]. Por nosso lado, entendemos que o objecto do penhor é o crédito incorporado no título, o qual constitui por isso um penhor de créditos sujeito a regime especial.

1.6.3. O penhor de conta bancária

Uma outra situação especial de penhor de créditos que tem vindo a ganhar bastante desenvolvimento na prática bancária consiste no penhor sobre conta bancária[698]. Este penhor caracteriza-se por se afectar certo depósito bancário ao pagamento de determinada obrigação, vinculando-se o depositante a não o movimentar enquanto a dívida não for liquidada e permitindo-se normalmente ao Banco na data do vencimento pagar-se pela dívida garantida através de débito na referida conta.

A qualificação do penhor de conta bancária tem vindo a ser objecto de discussão na doutrina. Para uns, tratar-se-ia de um penhor irregular, que incide sobre o saldo da conta e, portanto, sobre o dinheiro depositado. Para outros, trata-se de um penhor de créditos, uma vez que o que o objecto do penhor é o crédito do depositante sobre o banco. Uma posição original na jurisprudência chegou inclusivamente a qualificá-lo como fiança[699].

A nosso ver, trata-se de um penhor de créditos, e portanto de uma garantia especial sobre direitos, uma vez que o penhor não incide sobre o dinheiro depositado, que é propriedade do Banco, mas antes sobre o crédito que o depositante é titular sobre o mesmo Banco, e que ele se vincula a manter subsistente através do provisionamento da conta. O penhor tem no entanto um regime específico de funcionamento, uma vez que é executado através da cativação do saldo em conta[700]. Esse regime específico

[697] Neste sentido, VIGUERA RUBIO, *op. cit.*, pp. 2824-2825.

[698] Cfr., sobre este, MENEZES CORDEIRO, *Manual de Direito Bancário*, pp. 727 e ss., e *Da compensação no Direito Civil e no Direito Bancário*, Coimbra, Almedina, 2003, p. 180, CALVÃO DA SILVA, *Direito Bancário*, pp. 415-416, JANUÁRIO GOMES, *Assunção*, pp. 48 e ss. e ROMANO MARTINEZ/FUZETA DA PONTE, *op. cit.*, pp. 181 e ss.

[699] Cfr. Ac. RP 3/10/1996 (CESÁRIO DE MATOS), na *CJ* 21 (1996), 4, pp. 213-217 (215), onde se entendeu que o "penhor de conta bancária" constitui antes uma fiança.

[700] Cfr. MENEZES CORDEIRO, *Manual de Direito Bancário*, p. 728, que qualifica o penhor de conta bancária como uma garantia pessoal, dobrada pela autorização de debitar na conta-garante determinadas importâncias. O autor entende que essa autorização não contende com o disposto nos arts. 694º e 695º, dado que estes se aplicam ao penhor como direito real de garantia, não fazendo sentido a sua aplicação a uma garantia pessoal, como o penhor de

de funcionamento justifica-se pelo facto de a conta bancária implicar uma representação escritural do crédito do depositante[701].

É de referir que o penhor de conta bancária passou a ser considerado penhor financeiro e regulado pelo D.L. 105/2004, de 8 de Maio, face ao que se dispõe no seu art. 5º *a)*[702]. Assim, nos termos dos arts. 9º e 10º do D.L. 105/2004, pode ser conferido ao beneficiário da garantia o direito de disposição sobre o objecto desta[703].

1.6.4. O penhor de participações sociais

Em relação ao penhor de participações sociais, estabelece o art. 23º, nº 3, CSC que ele só pode ser constituído dentro das limitações estabelecidas para a transmissão entre vivos de tais participações e deve constar de escrito particular[704]. Tal implica que, no caso das sociedades em nome colectivo, o penhor exija o consentimento dos restantes sócios e tenha que ser realizado por escritura pública, sempre que a sociedade tiver bens imóveis (art. 182º CSC). Também em relação às quotas o penhor das mesmas pressupõe a escritura pública (art. 228º, nº 1, CSC); exige o consentimento da sociedade, salvo se a transmissão tiver lugar entre cônjuges, ascendentes ou descendentes ou entre sócios (art. 228º, nº 2 CSC); e só se torna eficaz perante a sociedade, logo que lhe seja comunicado por escrito ou por ela reconhecida, expressa ou tacitamente (art. 228º, nº 3).

O credor pignoratício só pode, no entanto, exercer os direitos inerentes à participação social, designadamente o direito aos lucros quando tal seja convencionado pelas partes (art. 23º, nº 4 CSC).

contas bancárias. No mesmo sentido, CALVÃO DA SILVA, *Direito Bancário*, p. 416. Já JANUÁRIO GOMES, *Assunção*, p. 51, entende que, se as partes optam pelo figurino do penhor, não pode o credor pignoratício apropriar-se do dinheiro depositado, por força do art. 694º, mas podem as partes convencionar em seu lugar um pacto estritamente obrigacional de cativação ou inamovibilidade (total ou condicionada) das quantias depositadas, acompanhada da cláusula de compensação.

[701] Neste sentido, veja-se FERNANDO CONCEIÇÃO NUNES, "Depósito e conta", em ANTÓNIO MENEZES CORDEIRO/LUÍS MENEZES LEITÃO/JANUÁRIO DA COSTA GOMES, *Estudos em Homenagem ao Professor Doutor Inocêncio Galvão Telles*, II – *Direito Bancário*, Coimbra, Almedina, 2002, pp. 67-88 (87-88).

[702] Cfr., sobre este MENEZES CORDEIRO, *Direito Bancário*, pp. 743 e ss.

[703] Neste sentido, cfr. na jurisprudência o Ac. STJ 22/10/2016 (HÉLDER ROQUE), processo 454.14.8TVPRT.P1.S1, em *CJ-ASTJ* 24 (2016), 3, pp. 90-95.

[704] Cfr., sobre o penhor de participações sociais, cfr. NOGUEIRA SERENS, "Penhor de quota. Venda dos imóveis da sociedade em prejuízo do credor", em CJ 21 (1996), 4, pp. 5-17.

1.6.5. O penhor de valores mobiliários

A lei regula especialmente a situação do penhor sobre valores mobiliários, nos art. 81º e 103º CVM[705], estabelecendo que esse penhor se constitui pelo registo na conta do titular dos valores mobiliários, com indicação da quantidade de valores mobiliários dados em penhor, da obrigação garantida e da identificação do beneficiário (art. 81º, nº 1 CVM), admitindo-se, porém, que o penhor possa ser constituído por registo na conta do credor pignoratício, quando o direito de voto lhe tiver sido atribuído (art. 81º, nº 2 CVM). Em qualquer caso, a constituição, modificação, ou extinção do penhor segue as regras relativas à transmissão da titularidade dos valores mobiliários (art. 103º CVM).

Uma vez constituído o penhor, a entidade registadora onde está aberta a conta dos valores mobiliários empenhados não pode efectuar a transferência desses valores para conta aberta em outra entidade registadora, sem prévia comunicação ao credor pignoratício (art. 81º, nº 3 CVM). Salvo convenção em contrário, no entanto, os direitos inerentes aos valores mobiliários empenhados são exercidos pelo titular desses valores mobiliários (art. 81º, nº 4 CVM).

O penhor de valores mobiliários passou a ser considerado penhor financeiro e regulado pelo D.L. 105/2004, de 8 de Maio, face ao que se dispõe no seu art. 5º *b)*. Assim, nos termos dos arts. 9º e 10º do D.L. 105/2004, pode ser conferido ao beneficiário da garantia o direito de disposição sobre o objecto desta. Para além disso, o art. 11º vem permitir o pacto comissório – em bom rigor, o pacto marciano – admitindo que seja conferido ao credor pignoratício o direito de fazer seus os instrumentos financeiros objecto do penhor, ficando obrigado a restituir a diferença de valor entre o valor do objecto da garantia e o montante das obrigações financeiras garantidas.

2. A cessão de créditos em garantia

2.1. Generalidades

Outra forma específica de garantia especial sobre direitos é a cessão de créditos em garantia[706]. Efectivamente, sabendo-se que os arts. 577º e ss.

[705] Sobre o penhor de valores mobiliários, ainda que com base na legislação anterior, cfr. Fazenda Martins, *op. cit.*, pp. 99 e ss. Na Itália, veja-se Francesco Bochicchio, "Il pegno di valori mobiliari. Servizi finanziari e garanzie reali", em *CeI* 8 (1992), pp. 199-248.

[706] Cfr. Menezes Leitão, *Cessão de créditos*, pp. 440 e ss., para onde remetemos.
Na doutrina alemã, cfr. Baur/Stürner, *op. cit.*, § 58, pp. 730 e ss., Bülow, *Kreditsicherheiten*, pp. 435 e ss., nºs 1366 e ss., Rimmelspacher, *op. cit.*, § 7, pp. 97 e ss., nºs 397 e ss., Weber,

relativos à cessão de créditos, não se referem a um negócio típico, mas antes a uma disciplina de efeitos – a transmissão do crédito – que podem ser desencadeados por qualquer negócio transmissivo, naturalmente que não há obstáculo a que essa transmissão do crédito possa ser realizada com fins de garantia, caso em que estaremos perante a figura da cessão de créditos em garantia. A cessão de créditos em garantia consiste assim no negócio pelo qual o devedor cede ao seu credor um crédito que possui sobre terceiro, comprometendo-se o credor a apenas utilizar esse crédito no caso de não conseguir obter o pagamento por via do crédito principal. Nestes termos, a cessão de créditos em garantia tem carácter fiduciário, representando um caso de *fiducia cum creditore*, dispensando a acessoriedade que caracteriza o penhor de créditos.

2.2. Forma

A cessão de créditos em garantia não é sujeita a forma especial, salvo no caso de envolver créditos hipotecários (art. 578º, nº 2).

Kreditsicherheiten, § 16, pp. 298 e ss., ROLF SERICK, *Deutsche Mobiliarsicherheiten*, pp. 85 e ss., BLAUROCK, *Aktuelle Probleme*, pp. 96 e ss., HELMUT KOZIOL, "Sicherungszession und andere Mobiliarsicherheiten aus rechtsvergleichender Sicht", em WOLFGANG WIEGAND (org.), *Mobiliarsicherheiten. Sicherungszession un – übereignung, Pfandrecht und Eogentumsvorbehalt aus privat- und verfahrensrechtlicher Sicht (Berner Bankrechtstag 1998)*, Bern Stämpfli, 1998, pp. 19-41, HEERMANN, *op. cit.*, § 37, pp. 664 e ss., nºs 1 e ss., HANS PETER WALTER, "Die Sicherungszession im schweizerischen Recht", em WOLFGANG WIEGAND (org.), *Mobiliarsicherheiten. Sicherungszession und -übereignung, Pfandrecht und Eigentumsvorbehalt aus privat- und verfahrensrechtlicher Sicht (Berner Bankrechtstag 1998)*, Bern Stämpfli, 1998, pp. 43-74.
Na doutrina italiana, veja-se BOZZI, *Le garanzie*, I, pp. 181 e ss., ANELLI, *op. cit.*, pp. 189 e ss., MIRELLA VIALE, *Le garanzie bancarie*, pp. 109 e ss., MASSIMO LASCIALFARI, "La cessione di crediti a scopo di garanzia", em VINCENZO CUFFARO (org.), *Le garanzie rafforzate del credito*, Torino, Utet, 2000, pp. 251-309, BRUNO INZITARI, "La cessione del credito a scopo di garanzia: inefficacia e inopponibilità ai creditori dell'incasso del cesionario nel fallimento, nel concordato e nell'amministrazione controllata", em *BBTC* 51 (1997), I, pp. 153-186, GIUSEPPE BAVETTA, "La cessione di credito a scopo di garanzia", em *DF* 70 (1995), I, pp. 588-611, TOMMASO MANCINI, "Pegno di crediti, cessio pro solvendo e cessione a scopo di garanzia", em *BBTC* 31 (1968), II, pp. 283-289, GIUSEPPE RENATO CROCE, "La cessione del credito a scopo di garanzia", em BANCO DI SARDEGNA (org.), *Le garanzie reali e personali nei contratti bancari*, Milano, Giuffrè, 1976, pp. 99-106 e ARIANNA SCACCHI, "La cessione del credito a scopo di garanzia", *RDComm* 99 (2001), I, pp. 613-654.
Na doutrina francesa, cfr. principalmente DOMINIQUE LEGEAIS, *op. cit.*, pp. 459 e ss.

2.3. Objecto

O objecto da cessão de créditos em garantia consiste num crédito ou numa pluralidade de créditos, os quais podem ser presentes ou futuros. Efectivamente, desde que esteja preenchido o requisito da determinabilidade (cfr. art. 280º, nº 1), não há obstáculos à cessão de uma pluralidade de créditos futuros em garantia, o que já constitui um negócio típico, que tem sido denominado de cessão global. A cessão em garantia apenas não pode ter por objecto créditos cuja cedibilidade tenha sido excluída por lei ou correspondam a créditos ligados, pela natureza da prestação, à pessoa do credor (art. 577º, nº 1). Em relação à incedibilidade convencional, esta só é oponível ao cessionário se ele a conhecida no momento da cessão (art. 577º, nº 2), pelo que, no caso contrário, a garantia não será afectada.

2.4. Regime

A cessão de créditos em garantia é sujeita ao regime geral da cessão de créditos[707], previsto nos arts. 577º e ss. do Código Civil. As especialidades decorrem do facto de a cessão visar garantir um outro crédito, pelo que o cessionário só deve exercer o direito correspondente quando pretende executar a garantia. Assim, o cedente tem direito a que o crédito lhe seja retransmitido, uma vez efectuado o pagamento, bem como à eliminação de qualquer ganho excessivo do cessionário. Essa retransmissão não opera, porém, automaticamente, mas apenas em virtude um negócio celebrado entre os dois, a menos que as partes convencionem subordinar a cessão a uma condição, correspondente ao pagamento do crédito garantido. Em consequência da previsível futura retransmissão, está o cessionário obrigado a tomar em consideração os interesses do cedente na gestão do crédito cedido, em ordem a poder transmiti-lo sem qualquer desvalorização. O devedor cedido não tem, porém, a possibilidade de opor ao cessionário as excepções relativas ao negócio de garantia, a que é estranho.

No caso de ter por objecto saldos de conta bancária, ou créditos similares que tenham por objecto dinheiro, tais como depósitos no mercado monetário, a cessão de créditos em garantia é regulada pelo D.L. 105/2004, de 8 de Maio, face ao que se dispõe no seu art. 5º *a)*, sendo assim sujeita ao regime dos seus arts. 14º e ss.

[707] Cfr. MENEZES LEITÃO, *Cessão de créditos*, pp. 447 e ss., e LUÍS MIGUEL PESTANA DE VASCONCELOS, *A cessão*, passim.

Capítulo IX
Garantias Especiais sobre Universalidades

1. A separação de patrimónios

A separação de patrimónios constitui uma situação em que a lei prevê a sujeição de certos bens do devedor a um regime próprio de responsabilidade por dívidas[708], de que são exemplos o caso dos bens adquiridos pelo mandatário no mandato sem representação (art. 1184º), a meação nos bens comuns do casal, em relação aos bens próprios dos cônjuges (arts. 1695º-1696º) e o património da herança em relação ao herdeiro (arts. 2070º-2071º). Nessas situações, estabelece-se um património autónomo na esfera jurídica do devedor, cujas relações com o património principal podem passar pela atribuição de preferência aos credores do património autónomo sobre os outros credores do devedor (ex: art. 2070º); ou pela exigência da prévia excussão dos bens do património autónomo antes da execução de outros bens do devedor (ex: art. 1695º); ou ainda pela restrição de responsabilidade dos bens do devedor pertencentes ao património autónomo pelas obrigações que sobre este recaiam (ex. art. 1184º).

Pode discutir-se se na separação de patrimónios existe uma efectiva garantia especial, na medida em que considerada cada massa patrimonial de per si, verifica-se que os credores por créditos respeitantes a esse património são admitidos à execução dos bens a ele pertencentes em pé de igualdade. Mas a verdade é que, analisada a questão sob o prisma dos

[708] Cfr. Guilherme Moreira, no *BFD* 7 (1921-1923), pp. 47-64 (50), Paulo Cunha, *Da garantia*, I, pp. 192 e ss. e Gomes da Silva, *Conceito*, pp. 51-52, Antunes Varela, *Obrigações*, II, pp. 423 e ss., Menezes Cordeiro, *Obrigações*, 2º, pp. 501-502, e *Tratado*, X, pp. 257 e ss.

credores que dela beneficiam, surge nítida a sua situação de garantia, uma vez que, além de concorrerem genericamente com os outros credores no âmbito do património geral do obrigado, beneficiam de um reforço específico dessa garantia que lhes advém da circunstância de o património autónomo aparecer primordialmente afecto à satisfação dos seus créditos.

2. Os privilégios gerais

2.1. Generalidades

Os privilégios gerais[709] não são direitos reais de garantia, dado que não incidem sobre coisas determinadas, nem gozam de sequela, mas antes garantias especiais das obrigações, que consistem na atribuição de preferência em relação à alienação do património mobiliário ou imobiliário do devedor à data da penhora ou acto equivalente[710]. Essa preferência resulta exclusivamente da lei, não sendo assim admitida a criação de privilégios creditórios por negócio jurídico. Dado que atribuem uma preferência sobre os credores comuns do devedor, incluímo-los na categoria de garantias especiais sobre universalidades.

2.2. Privilégios mobiliários gerais

No Código Civil atribui-se privilégio mobiliário geral para garantia dos créditos fiscais do Estado e das autarquias locais (art. 736º), bem como ao credor por despesas do funeral (art. 737º *a)*), por despesas com doenças do devedor ou dos seus alimentandos, relativas aos últimos seis meses

[709] Sobre os privilégios gerais, cfr., na doutrina francesa ALEX WEILL, *op. cit.*, pp. 154 e ss., MAZEAUD / CHABAS, *Sûretés*, pp. 220 e ss., MARTY / RAYNAUD / JESTAZ, *op. cit.*, pp. 93 e ss. e 247 e ss. e MESTRE / PUTMAN / BILLIAU, *Droit Spécial*, p. 18 e ss., DOMINIQUE LEGEAIS, *op. cit.*, pp. 386 e ss., PIEDELIÈVRE, *op. cit.*, pp. 143 e ss., e THÉRY, *op. cit.*, pp. 337 e ss. Entre nós, veja-se por todos MIGUEL LUCAS PIRES, *Dos privilégios*, pp. 104 e ss. e 227 e ss.

[710] Neste sentido, já GUILHERME MOREIRA, *Instituições*, II, nº 131, pp. 371 e ss. e actualmente OLIVEIRA ASCENSÃO, *Reais*, p. 553 e SALVADOR DA COSTA, *O concurso*, p. 165. Em sentido contrário, PAULO CUNHA, *Da garantia*, II, pp. 118 e ss., refere que, mesmo que não tivessem a natureza de direito real, tal não impediria que fossem considerados garantias reais, uma vez que dão preferência e tal é suficiente para a noção de garantia real. No entanto, a pp. 270, este autor nega, porém, expressamente ao privilégio geral a natureza de direito real de garantia, considerando-o como um caso anómalo de preferência geral, o que nos deixa algumas sobre o seu pensamento. Já CARNEIRO PACHECO, *Dos privilégios*, pp. 44 e ss., considera-os como direito real de garantia, por considerar que a preferência que atribuem não é outra coisa senão a separação material de um valor do património do devedor, como ocorre em todos os direitos reais de garantia.

(art. 737º *b)*), por despesas indispensáveis ao sustento do devedor e dos seus alimentandos, relativas aos últimos seis meses (art. 737º *c)*) e ainda aos créditos emergentes do contrato de trabalho ou da violação ou cessação deste, pertencentes ao trabalhador (art. 737º *d)*, parcialmente revogado pelo art. 377º CT).

Na legislação especial encontram-se ainda outros privilégios mobiliários gerais, como o do Estado relativamente ao imposto do rendimento das pessoas singulares (art. 111º C.I.R.S.) ou relativamente ao rendimento sobre o imposto das pessoas colectivas (art. 108º CIRC)[711], o do Estado resultante de aval (art. 22º da Lei 112/97, de 13 de Setembro), o conferido à segurança social (art. 204º CRCSS)[712], aos trabalhadores por créditos emergentes do contrato de trabalho e da sua violação ou cessação (art. 377º *a)* CT) e por indemnizações devidas por acidentes de trabalho (art. 302º CT)[713] e ao credor requerente da insolvência do devedor (art. 98º CIRE).

Salvo no caso do privilégio dos créditos por impostos, do Estado e das autarquias locais, e ainda o do Estado resultante de aval, que prevalecem sobre qualquer outro privilégio mobiliário, os privilégios mobiliários gerais são graduados depois dos privilégios mobiliários especiais (art. 747º CC e 22º, nº 2, da Lei 112/97) e não valem contra terceiros, titulares de direitos que, recaindo sobre as coisas abrangidas pelo privilégio, sejam oponíveis ao exequente (art. 749º, nº 1). Exceptua-se, porém, o privilégio da segurança social, que vale contra qualquer penhor, ainda que de constituição anterior (art. 204º

[711] Cfr. ainda que sobre o regime anterior, DOMINGOS MARTINS EUSÉBIO, *O privilégio creditório da Fazenda Nacional*, Lisboa, CEF, 1964.

[712] Anteriormente, as instituições de previdência beneficiavam de um privilégio mobiliário geral, criado pelo art. 14º do D.L. 38.538, de 24/11/1951 e mantido pelo art. 167º do Decreto-Lei 45266, de 23/9/1963. No entender de FERNANDO PESSOA JORGE, *Privilégio creditório a favor de instituições de previdência*, Lisboa, Separata da CTF 169-170, 1974, esse privilégio não tinha sido abolido pelo art. 8º do D.L. 47344, de 25/11/1969, que aprovou o Código Civil. Posteriormente esse privilégio foi reafirmado pelo art. 1º do D.L. 512/76, de 3 de Julho, e pelo art. 10º do D.L. 103/80, de 9 de Maio. Actualmente consta do art. 204º CRCSS.

[713] Sobre os privilégios creditórios relativos a créditos laborais, cfr. ANTÓNIO MENEZES CORDEIRO, "Anotação Ac. STJ 3/3/1998", em *Dir.* 130 (1998), III-IV, pp. 389-399, CATARINA SERRA, "A crise da empresa, os trabalhadores e a falência", em *RDES* 42 (2001), pp. 419-445 (434 e ss.), LUÍS MIGUEL LUCAS PIRES, "Os privilégios creditórios dos créditos laborais, em *QL* ano 9 (2002), nº 20, pp. 164-202 e JOANA VASCONCELOS, em MONTEIRO FERNANDES (org.), *Estudos Alonso Olea*, pp. 322 e ss.

2.3. Privilégios imobiliários gerais

Uma nova figura instituída por legislação especial foi a dos privilégios imobiliários gerais, como o das instituições de segurança social sobre os bens imóveis existentes no património do contribuinte à data da instauração do processo executivo (art. 205º CRCSS) e o do Estado, relativo aos impostos sobre o rendimento (art. 111º do C.I.R.S, e art. 108º do C.I.R.C.). Ocorria ainda um privilégio imobiliário geral por salários em atraso no art. 12º da Lei 17/86, de 14 de Junho, mas essa disposição foi revogada pelo Código do Trabalho, sendo que o seu art. 377º *b)* apenas contempla agora um privilégio imobiliário especial.

A instituição de privilégios imobiliários gerais foi altamente controversa, na medida em que os privilégios imobiliários, por força do art. 751º, prevalecem sobre a hipoteca, embora fosse controverso que se pudesse sustentar a mesma solução em relação aos privilégios imobiliários gerais[714]. A posição que prevaleceu no âmbito da jurisprudência tem sido no sentido da inconstitucionalidade da solução da prevalência dos privilégios gerais sobre a hipoteca, por violação dos princípios constitucionais da confiança e da proporcionalidade[715], a qual já passou efectivamente pela declaração pelo Tribunal Constitucional da inconstitucionalidade com força obrigatória geral dessa interpretação de normas que conferem privilégios gerais[716].

[714] No sentido de que os privilégios imobiliários gerais não prevalecem sobre a hipoteca, cfr. na doutrina, A. Luís Gonçalves, *BFD* 67 (1991), pp. 39 e ss. e na jurisprudência, Ac.RL 14/3/2002 (Cruz Broco, com o voto de vencido de Olindo Geraldes), em *CJ* 27 (2002), 2, pp. 77-80, Ac. STJ 25/6/2002 (Azevedo Ramos), em *CJ-ASTJ* 10 (2002), 2, pp. 135-138 e Ac. STJ 27/6/2002 (Quirino Soares, com voto de vencido de Araújo Barros), em *CJ-ASTJ* 10 (2002), 2, pp. 146-147, e Ac. RP 26/1/2004 (Sousa Lameira), em *CJ* 39 (2004), 1, pp. 170-172.

[715] No Ac. STJ de 5/2/2002 (Reis Figueira), em *CJ-ASTJ* 10 (2002), 1, pp. 71-74., considerou-se como inconstitucional a aplicação do art. 751º a privilégios imobiliários gerais, como o da Segurança Social, instituído pelo art. 11º do D.L. 103/80, de 9 de Maio, por violação dos princípios constitucionais da confiança e da proprocionalidade. A mesma posição foi defendida pelo Tribunal Constitucional que no Ac. 160/2000, de 22 de Março de 2000 (processo 843/98) considerou inconstitucionais, por violação do princípio da protecção da confiança, ínsito no princípio do Estado de Direito democrático, as normas constantes do art. 2º do D.L. 512/76, de 3 de Julho, e 11º do D.L. 103/80, de 9 de Maio, quando interpretadas no sentido de que os privilégios imobiliários gerais prevalecem sobre a hipoteca.

[716] Foi assim declarado inconstitucional com força obrigatória geral o art. 111º (anteriormente art. 104º) C.I.R.S. na interpretação de que o privilégio imobiliário geral conferido à Fazenda Nacional prevalece sobre a hipoteca, nos termos do art. 751º C.C., pelo Ac. Tribunal

A questão veio a ser de certa forma resolvida pela alteração ao Código Civil efectuada pelo D.L. 38/2003, de 8 de Março. Efectivamente, essa alteração, além de reconhecer a existência de privilégios imobiliários gerais não previstos no Código (cfr. a nova redacção do art. 735º, nº 3), veio determinar a aplicação aos privilégios imobiliários gerais do regime do art. 749º, em lugar do art. 751º, que agora é expressamente restringido aos privilégios imobiliários especiais, ficando assim estabelecido que qualquer privilégio geral não vale contra terceiros titulares de direitos sobre a coisa, que sejam oponíveis ao exequente.

2.4. Regime dos privilégios gerais

O regime dos privilégios gerais não varia muito do dos privilégios especiais. O concurso entre eles é regulado nos arts. 745º e ss., sabendo-se, porém, que que o privilégio geral não vale contra terceiros, titulares de direitos que, recaindo sobre as coisas abrangidas pelo privilégios, sejam oponíveis ao exequente (art. 749º, nº 1), estabelecendo ainda o art. 749º, nº 2 que "as leis de processo estabelecem os limites ao objecto e à oponibilidade do privilégio geral ao exequente e à massa falida, bem como os casos em que ele não é invocável ou se extingue na execução ou perante a declaração de falência". Efectivamente, após a reforma da acção executiva, o actual art. 788º, nº 4, CPC veio determinar que não é admitida a reclamação do credor com privilégio geral, mobiliário ou imobiliário, quando: *a)* a penhora tenha incidido sobre bem só parcialmente penhorável, renda, outro rendimento periódico, veículo automóvel ou bens móveis de valor inferior a 25 UC; *b)* sendo o crédito do exequente inferior a 190 UC, a penhora tenha incidido sobre moeda corrente ou depósito bancário em dinheiro; *c)* sendo o crédito do exequente inferior a 190 UC este requeira procedentemente a consignação de rendimentos, ou a ajudicação, em dação em cumprimento do direito de crédito no qual a penhora tenha incidido, antes de convocados os credores. Em caso de insolvência, determina o art. 97º, nº 1 *a)*, do CIRE, que se extinguem com a declaração de insolvência "os privilégios creditórios gerais que forem acessórios de créditos sobre a insolvên-

Constitucional 362/02, publicado no D.R. I-A, de 16 de Outubro de 2002, pp. 6774 e ss. Foi também declarado inconstitucional com força obrigatória geral o art. 2º do D.L. 512/76, de 20 de Julho, na interpretação de que o privilégio imobiliário geral conferido à Segurança Social prevalece sobre a hipoteca, nos termos do art. 751º, pelo Ac. Tribunal Constitucional 363/02, publicado no D.R. I-A, de 16 de Outubro de 2002, pp. 6777 e ss.

cia de que forem titulares o Estado, as autarquias locais e as instituições de segurança social, constituídos mais de 12 meses antes da data do início do processo de insolvência".

Além desta causa de extinção, os privilégios extinguem-se pelas mesmas causas de extinção da hipoteca (arts. 752º e 730º).

São ainda aplicáveis aos privilégios as disposições dos arts. 692º, e 694º a 699º, relativos à hipoteca (art. 753º).

Há que salientar, relativamente aos privilégios gerais, que o facto de não possuirem cariz de garantia real impede que lhes seja aplicado o art. 752º CPC[717], não estando assim o seu titular dispensado de nomear bens à penhora, o que pode fazer independentemente de ocorrer ou não a insuficiência dos bens sobre que incide o privilégio.

3. Cessão de bens aos credores

3.1. Generalidades

Uma vez que reforça a posição dos credores que nela são envolvidos, constitui igualmente uma garantia especial das obrigações a denominada "cessão de bens aos credores", prevista nos arts. 831º e ss. do Código Civil[718]. Trata-se de uma figura com antecedentes históricos no correspondente instituto da *cessio bonorum* do Direito Romano[719], embora actualmente revista pouca importância prática. A cessão de bens aos credores representa um exercício consensual da responsabilidade patrimonial do devedor, já que através dela o devedor permite aos credores o exercício de poderes de administração e disposição do seu património por forma a obterem o pagamento dos seus créditos, sem terem que recorrer à acção executiva.

[717] Cfr. Pires de Lima/Antunes Varela, *op. cit.*, I, sub art. 745º, nº 3, p. 766 e Salvador da Costa, *O concurso*, p. 182.

[718] Cfr. Antunes Varela, *Obrigações*, II, pp. 155 e ss., Almeida Costa, *Obrigações*, pp. 1084 e ss., Menezes Cordeiro, *Obrigações*, 2º, pp. 503 e ss., e *Tratado*, IX – *Direito das Obrigações. Cumprimento e não-cumprimento, transmissão, modificação e extinção*, 3ª ed., Coimbra, Almedina, 2017, pp. 534 e ss. Romano Martinez/Fuzeta da Ponte, *op. cit.*, pp. 49 e ss. e Menezes Leitão, *A cessão de bens aos credores*, Lisboa, AAFDL, 1987.

[719] A *cessio bonorum* surge no Direito Romano por razões humanitárias, visando evitar as gravosas consequências da responsabilidade patrimonial. É controvertido o momento da sua origem, julgando-se que derivaria de um costume antigo, a que a *Lex Poetelia Papiria de nexis*, do ano 326 a. C., já faria referência ao admitir a libertação do devedor que jurasse pôr à disposição dos credores o seu património. O instituto só vem, porém, a ser disciplinado com a *Lex Iulia de bonis cedendis*, surgida por volta do ano 17 a. C. Cfr. o nosso *A cessão*, p. 23.

3.2. Forma

Em virtude dos poderes que concede aos credores, a cessão de bens aos credores é sujeita a forma especial, já que o art. 832º, nº 1, determina que ela seja realizada por escrito, esclarecendo ainda que está sujeita à forma exigida para a validade da transmissão dos bens nela compreendidos. Assim, se a cessão envolver bens imóveis deverá necessariamente constar de escritura pública (art. 80º, nº 1, do Código do Notariado). Para além disso, a cessão deve ser registada sempre que envolva bens sujeitos a registo (art. 832º, nº 2). Como é regra geral, o registo terá apenas natureza consolidativa do contrato, permitindo opor a cessão a terceiros, e não condicionante de eficácia absoluta[720].

3.3. Objecto

Em relação ao objecto da cessão de bens aos credores, o art. 831º refere que ele pode consistir em todo o património do devedor ou apenas em parte dele, o que implica que o objecto do negócio terá que corresponder a uma universalidade patrimonial, e não a bens determinados. Efectivamente, se o negócio for limitado a bens considerados individualmente, a situação corresponderá a uma dação *pro solvendo* e não a uma cessão de bens aos credores[721].

3.4. Efeitos

A cessão de bens aos credores tem dois efeitos principais. Em primeiro lugar, transmite para os cessionários os poderes de administração e disposição dos bens objecto da cessão (art. 834º, nº 1), ficando o devedor apenas com a possibilidade de fiscalizar a gestão e exigir a prestação de contas (art. 834º, nº 2). Em segundo lugar, restringe a possibilidade de se instaurarem execuções sobre esses bens, uma vez que, a partir do momento em que a cessão é celebrada, apenas os titulares de créditos anteriores podem executar esses bens até à data da sua alienação. Nem os cessionários nem os credores posteriores à cessão podem instaurar qualquer execução sobre os bens cedidos (art. 833º). Estranhamente, no entanto, a lei não vedou aos cessionários a possibilidade de executar outros bens do devedor[722].

[720] Cfr. MENEZES CORDEIRO, *Obrigações*, 2º, p. 505, nota (58), e *Tratado*, IX, p. 540.

[721] Cfr. ALMEIDA COSTA, *Obrigações*, p. 1086. Revemos, assim, a posição que defendemos em MENEZES LEITÃO, *A Cessão de bens*, pp. 75 e ss.

[722] Ao contrário do que fez o Código italiano (art. 1980, III). Cfr. MENEZES LEITÃO, *A Cessão de bens*, p. 98.

No entanto, sendo declarada a insolvência do devedor, os bens objecto de cessão são igualmente apreendidos no processo de insolvência (art. 149º, nº 2, *b)* CIRE).

3.5. Extinção

A cessão de bens aos credores pode extinguir-se pelas formas gerais de extinção dos contratos. Nesta sede, aparecem no entanto reguladas especificamente o cumprimento e a possibilidade de desistência unilateral.

Em relação ao cumprimento, ele naturalmente apenas ocorrerá com a liquidação do património e pagamento aos credores, só nessa altura se verificando a liberação do devedor. Efectivamente, o art. 835º refere que o devedor só fica liberado em face dos credores, a partir do recebimento da parte que a estes compete no produto da liquidação, e na medida do que receberam. Daqui resulta que na cessão de bens aos credores, à semelhança do que sucede na dação *pro solvendo*, se verifica um efeito liberatório diferido, apenas ocorrendo a extinção dos débitos correspondentes a partir do momento em que os cessionários recebem o montante que lhes é devido em resultado da liquidação do património do devedor.

À semelhança do que sucede noutros contratos, a lei prevê ainda a possibilidade de o devedor desistir a todo o tempo da cessão, mas apenas se cumprir as obrigações a que está adstrito para com os cessionários, esclarecendo, no entanto, que essa desistência não tem efeito retroactivo (art. 836º). Daqui resulta que a desistência da cessão de bens aos credores se apresenta condicionada à satisfação do interesse de cumprimento em relação aos cessionários e a sua verificação não afecta quaisquer actos de administração ou disposição dos bens cedidos, que entretanto estes tenham praticado.

3.6. Natureza jurídica

Tem sido bastante controvertida na doutrina a natureza da cessão de bens aos credores[723]. Alguns autores pretenderam atribuir-lhe natureza processual[724]. Para outros, a cessão de bens aos credores constituiria um caso par-

[723] Cfr., para mais desenvolvimentos, MENEZES LEITÃO, *A cessão de bens*, pp. 39 e ss. Recentemente, veja-se ainda ROSANNA DE MEO, *La cessione dei beni ai creditori*, Milano, Giuffrè, 1999, pp. 53 e ss.

[724] Foi esta designadamente a tese de NICOLO BALZANO, "*Cessio bonorum* e figura giuridica dei creditori cessionari nei giudizi contro i terzi relativi ai beni ceduti", na *RDProc* 6 (1951),

ticular de dação em cumprimento ou de dação *pro solvendo*[725]. Para outros, estar-se-ia perante um contrato real, em que se verificaria a transmissão para os cessionários das faculdades de administração e disposição dos bens[726]. Para outros tratar-se-ia de um negócio fiduciário em garantia[727]. Para outros a cessão de bens aos credores consistiria num caso particular de mandato[728]. Finalmente, existem ainda concepções mistas[729].

A nosso ver, a cessão de bens aos credores consiste num caso particular de mandato sem representação para alienar no interesse comum de ambas das partes[730]. Efectivamente, trata-se em primeiro lugar de um mandato,

II, pp. 117-127 que entende que a circunstância de os cessionários exercerem *ex lege* poderes de representação do devedor é explicável em virtude de ele se substituirem aos orgãos processuais na execução do património do devedor.

[725] As afinidades entre a cessão de bens aos credores e a dação *pro solvendo* foram entre nós salientadas por GALVÃO TELLES, *Direito das Obrigações. Súmula*, II (com a colaboração de Fernando Cunha de Sá), Lisboa, Serviços Sociais da Universidade de Lisboa, 1974, pp. 6 e 33 e ss. e FERNANDO PESSOA JORGE, *Direito das Obrigações*, 1º, Lisboa, AAFDL, 1976, p. 436.

[726] Esta tese deve-se a ARISTIDE FOÀ, "Cessione di beni ai creditori" na *RDComm* 32 (1934), I, pp. 40-75. Para este autor, a cessão seria um contrato de natureza real, já que, embora não transfira integralmente a propriedade, transfere uma faculdade que faz parte desse direito, a faculdade de dispor dos bens. Também entre nós MENEZES CORDEIRO, *Obrigações*, 2º, p. 506, e *Tratado*, IX, p. 542, a cessão consistiria num "contrato típico, de prestação de serviço, com funções de garantia e que envolve a atribuição, aos credores, dos poderes de gestão, de representação e de liquidação, com fins de ressarcimento, relativamente aos bens nele incluídos".

[727] Cfr. INOCÊNCIO GALVÃO TELLES, *Manual dos contratos em geral*, 4ª ed., Coimbra, Coimbra Editora, 2002, p. 194, para quem a cessão de bens aos credores seria um acto abstracto, ou mesmo um contrato fiduciário de garantia, com alienação dos bens aos credores para estes obterem a satisfação dos seus créditos à custa deles.

[728] É esta claramente a tese dominante na doutrina, aparecendo defendida com formulações diversas, designadamente por EMILIO BETTI, "Natura giuridica della cessione di beni ai creditori" na *RDComm* 33 (1935), II, 304-327 (que entende existir além do mandato um negócio autorizativo de autotutela), ANGELO DE MARTINI, "La cessione dei beni ai creditori" na *RDComm* 40 (1942), I, pp. 310-333 (que entende existir na cessão um mandato com representação, acrescido de um vínculo de indisponibilidade), SERGIO SOTGIA, "Cessione dei beni ai creditori", no *NovissDI* III (1959), pp. 140-146 (para quem a cessão de bens constitui um mandato irrevogável com implícitos poderes representantivos).

[729] É designadamente o caso de FERDINANDO SALVI, *La cessione dei beni ai creditori*, Milano, Giuffrè, 1947, maxime 323-324, para quem na cessão de bens aos credores, além de um mandato sem representação, existe uma garantia conseguida através da transmissão da faculdade de disposição dos bens.

[730] Defendemos já esta tese em MENEZES LEITÃO, *A cessão de bens*, pp. 62 e ss. Posteriormente, veja-se JANUÁRIO GOMES, *Em tema de revogação*, pp. 175 e ss. e ROMANO MARTINEZ/FUZETA DA PONTE, *op. cit.*, p. 50.

porque estão presentes na cessão todos os traços desta figura, já que os credores são encarregados de praticar actos jurídicos (cfr. arts. 831º e 1157º) e o devedor pode fiscalizar a gestão e exigir a prestação de contas (art. 834º, nº 2 e art. 1161º *b)* e *d)*). Trata-se de um mandato sem representação para alienar, uma vez que no caso contrário os actos dos credores seriam qualificados como actos do devedor, pelo que não precisariam que a lei os investisse formalmente em poderes de administração e disposição, deles excluindo o devedor (art. 834º, nº 1). Finalmente, trata-se de um mandato no interesse de ambas as partes, uma vez que a liquidação tanto visa a extinção dos débitos do devedor, como o pagamento aos credores, existindo por isso na cessão de bens as mesmas restrições à revogação do contrato que ocorrem no mandato de interesse comum (cfr. art. 835º e 1170º, nº 2).

4. Penhor de estabelecimento comercial

Tem sido objecto de alguma controvérsia a admissibilidade do penhor sobre estabelecimento comercial[731]. Na Alemanha não se admite o penhor de estabelecimento comercial por falta do requisito da especialidade, apenas se admitindo o penhor sobre coisas individualizadas (ou direitos) que componham o estabelecimento[732]. Em França, pelo contrário é admitido o *nantissement du fonds de commerce*, instituído pela Loi du 1er Mars 1898, substituída pela Loi du 17 Mars 1909, em que o devedor constitui uma garantia sobre o seu estabelecimento, sem ser dele desapossado e podendo continuar a explorá-lo[733]. Entre nós, alguma doutrina entendeu que a exigência do art. 666º a que o penhor conste de coisa certa impede que uma universalidade como o estabelecimento comercial possa, enquanto tal, ser objecto de penhor[734]. No entanto, a prática tem vindo a reconhecer esta

[731] Cfr. MENEZES CORDEIRO, *Manual de Direito Comercial*, p. 348 e RUI PINTO DUARTE, *Direitos Reais*, pp. 220 e ss., e "O penhor de estabelecimento comercial", em FACULDADE DE DIREITO DA UNIVERSIDADE DE COIMBRA (org.), *Comemorações dos 35 anos do Código Civil e dos 25 anos da Reforma de 1977*, III- *Direito das Obrigações*, Coimbra, Coimbra Editora, 2007, pp. 63-77.

[732] Cfr. na jurisprudência, RG 26/1/1909, em *RGZ* 70 (1909), pp. 226-234, (231), RG 2/4/1919, em *RGZ* 95 (1919), pp. 235-238 (237), BGH 11/10/1967 em *NJW* 1968, pp. 392-393. Na doutrina, veja-se FRITZ BRECHER, *Das Unternehmen als Rechtsgegenstand. Rechtstheoretische Grundlegung*, Bonn, Ludwig Röhrscheid, 1953, pp. 128 e ss.

[733] Cfr. MARTY / RAYNAUD / JESTAZ, *op. cit.*, pp. 22 e ss.

[734] Neste sentido, cfr. PIRES DE LIMA/ANTUNES VARELA, *op. cit.*, I, sub art. 666º, nº 4, p. 685 e ANTUNES VARELA, *Obrigações*, II, p. 528 e ALMEIDA COSTA, *Obrigações*, p. 923. Cfr.

figura[735], pelo que parece ter que se admitir a sua consagração, em conformidade com o que pensamos ser hoje a posição maioritária na doutrina[736].

Efectivamente, basta ver que a constituição de um penhor sobre o seu estabelecimento será sempre algo inferior à sua alienação definitiva definitiva ou temporária, há muito consagradas através das figuras do trespasse e da cessão de exploração. Por outro lado, a própria lei reconhece um caso particular de penhor de estabelecimento comercial, o penhor do estabelecimento individual de responsabilidade limitada, referindo o art. 21º, nº 1 do D.L. 248/86, de 25 de Agosto, que este produz os seus efeitos independentemente da entrega do estabelecimento ao credor. Este penhor é realizado por escrito (art. 21º, nº 2 e 16º D.L. 248/86) e sujeito a registo, ainda que a sua omissão não impeça que possa ser invocado por e contra terceiros que dele tivessem tido conhecimento ao tempo da criação dos seus direitos (art. 21º, nº 2, 16º, nº 2, e 6º D.L. 248/86). Finalmente, actualmente, o art. 782º do CPC admite expressamente a penhora do estabelecimento comercial enquanto tal, o que justifica que este possa igualmente ser objecto de penhor. O penhor de estabelecimento comercial será, naturalmente um penhor mercantil, o qual admite, nos termos do art. 398º, § único CCom, uma entrega meramente simbólica ao credor pignoratício[737].

Sendo o estabelecimento enquanto tal o objecto do penhor, e não as coisas que individualmente o compõem, nada obsta a que o titular do estabelecimento continue a exercer a sua actividade, vendendo as mercadorias e mesmo susbtituindo alguns dos bens que integram o estabelecimento, o que se coaduna com a mera exigência da entrega simbólica. Efectivamente, o que caracteriza o estabelecimento comercial é o facto de este possuir carácter dinâmico, sendo as realidades nele englobadas plúrimas e mutáveis, uma vez que o seu destino é serem alienadas ou transformadas[738].

também o parecer da PGR, nº 77/84, no *BMJ* 348 (1985), p. 116-128 que, com um voto de vencido, concluiu não ser legalmente admissível o penhor de estabelecimentos hoteleiros.

[735] Assim, cfr, entre outros o Ac. RE 18/6/1991 (ABÍLIO LOPES CARDOSO), em *CJ* 16 (1991), 3, pp. 308-311, o Ac. STJ 29/11/2001 (OLIVEIRA BARROS), em *CJ-STJ* 9 (2001), 3, pp. 125-128.

[736] Cfr. MENEZES CORDEIRO, *Manual de Direito Comercial*, p. 348, ROMANO MARTINEZ/FUZETA DA PONTE, *op. cit.*, p. 169, PINTO DUARTE, *Direitos Reais*, p. 222, e em *Comemorações*, pp. 69 e ss., e SALVADOR DA COSTA, *O concurso*, p. 40.

[737] Cfr. MENEZES CORDEIRO, *Manual de Direito Comercial*, pp. 348-349.

[738] Cfr. PINTO DUARTE, *Direitos Reais*, p. 221.

5. Garantia flutuante (o *floating charge* inglês e o *floating lien* norte-americano)

Conforme já acima se referiu, o *floating charge* inglês consiste numa garantia sobre bens circulantes da empresa (mercadorias, créditos, etc.), em que o devedor é autorizado a continuar a sua alienação no âmbito normal do negócio, e desde que não constitua garantias sobre quaisquer bens específicos, a garantia continua a flutuar sobre esses bens em circulação. Apenas no caso de se verificar algum incumprimento ou insolvência, é que a garantia se cristaliza no conjunto de bens nesse momento existentes na empresa[739]. No caso de cristalização, no entanto, o *floating charge* atribui preferência sobre os credores comuns como se tivesse sido fixo desde a data da sua constituição, apenas cedendo perante certos privilégios, como os por créditos fiscais ou laborais. O *floating charge* é, no entanto, considerado nulo se for concedido no ano anterior à declaração de insolvência (ou nos dois anos anteriores, no caso de ser concedido a pessoas a ela ligadas), a menos que se prove ter sido contrapartida de um novo financiamento[740].

No âmbito do direito dos Estados Unidos da América tornou-se igualmente importante o estabelecimento de garantias sobre uma massa circulante de bens, figura que ficou denominada como *floating lien* e que veio a ser reconhecida no *Uniform Comercial Code*[741]. Efectivamente, se determinada instituição bancária concedesse um financiamento de 800.000 USD a uma empresa, naturalmente que exigiria garantias no montante de 1.000.000 USD. Se se limitasse a constituir um penhor (*lien*) sobre os bens e créditos da empresa, o nível de garantia ir-se-ia reduzindo, à medida que esses bens forem alienados e os créditos existentes satisfeitos ao devedor. Assim, para evitar o decrescimento do nível de garantia, ou a constante celebração de futuros contratos de penhor entre as partes tornou-se

[739] É elucidativa esta imagem de Roy Goode, "The English...", p. 55: "*During this period the charge hovers like a cloud over all the assets for the time being owned by the company which are within the description in the charge. If the chill winds of insolvency blow, and the company's management powers are withdrawn, the cloud crystallises into rain and ice with descend upon and freeze the collection of assets then held or later acquired by the debtor company*".

[740] Cfr. Roy Goode, "The English...", p. 56, Edzard Ter Meulen, *Die Floating Charge – ein Sicherungsrechts am Vermögen einer englischen Company*, Berlin/Frankfurt, Metzner, 1969, e Paolo Piscitello, *Le garanzie bancarie flottanti*, Torino, Giappichelli, 1999, pp. 18 e ss.

[741] Cfr. E. Allan Farnsworth, *Contracts*, 3ª ed., New York, Aspen Law & Business, 1998, pp. 722-723, e *On Contracts*, 3ª ed., III, New Yorken, Aspen Publishers, 2004, pp. 96-97, Rojo Ajuria, *ADC* 42 (1989), pp. 787 e ss. e Piscitello, *op. cit.*, pp. 21 e ss.

comum que a garantia se estendesse automaticamente aos bens e créditos que fossem sendo sucessivamente adquiridos pela empresa, produzindo-se assim a automaticamente substituição dos bens e créditos anteriores, pelos que fossem sendo adquiridos, o que originou o denominado *floating lien*. No entanto, esta garantia não se revelava absolutamente segura para o credor, dado que era inoponível a terceiros, especialmente o administrador da insolvência.

A situação foi apenas alterada em resultado do célebre art. 9 do *Uniform Commercial Code*, que tendo proclamado o princípio de que qualquer direito futuro (*future or after-acquired rights*)[742], inclusivamente os créditos, poderia ser oferecido como garantia (UCC § 9-204)[743], veio levantar os obstáculos à admissibilidade do *floating lien*. Os comentários a esta disposição referem ter sido mesmo intenção do legislador norte-americano aceitar o *floating lien* como garantia[744], rejeitando o preconceito do séc. XIX contrário a esta figura, pelo facto a sua proibição não ser efectiva, dada a sua generalização na prática[745]. A doutrina tem, no entanto, salientado que a técnica do *floating lien* americano difere da do *floating charge* inglês, já que enquanto este constitui uma garantia sobre uma massa circulante de bens,

[742] No Direito Norte-Americano os direitos futuros são denominados *future rights* até ao momento em que surgem, e *after-acquired rights*, após esse momento.

[743] Cfr. UCC § 9-204 (1): "*Except as provided in subsection (2), a security agreement may provide that any or all obligations covered by the security agreement are to be secured by after-acquired collateral*". O § 9-204 (3) UCC acrescenta que "*obligations covered by a security agreement may include future advances or other value wether or not the advances or value are given pursuant to commitment (subsection (1) of Section 9-105)*"

[744] Cfr. UCC, § 9-204, *Official Comment*, nº 1: "*This Article accepts the principle of a "continuing general lien". It rejects the doctrine – of which the judicial attitude toward after-acquired property interests was one expression – that there is reason to invalidate as a matter of law what has been variously called the floating charge, the free-handed mortgage and the lien on a shifting stock*".

[745] Cfr. UCC, § 9-204, *Official Comment*, nº 2: "*The widespread nineteenth century prejudice against the floating charge was based on a feeling, often inarticulate in the opinions, that a commercial borrower should not be allowed to encumber all his assets present and future, and that for the protection not only of the borrower but of his other creditors a cushion of free assets should be preserved. That inarticulate premise has much to recommend it. This Article decisively rejects it not on the ground that it was wrong in the policy but on the ground that it was not effective. In pre-Code law there was a multiplication of security devices designed to avoid the policy: field warehousing, trust receipts, factor's lien acts and so on. The cushion of free accepts was not preserved. In almost every state it was possible before the Code for the borrower to give a lien on everything he held or would have. There have no doubt been sufficient economic reasons for the change. This Article, in expressly validating the floating charge, merely recognizes an existing state of things*".

aquele constitui uma garantia sobre bens específicos, presentes ou futuros, em relação aos quais se considera compatível com a garantia a autorização dada ao devedor para os alienar no curso normal do negócio. Sendo uma garantia sobre bens específicos, reconhece-se no entanto que a posição do titular do *floating lien* deve ceder perante um comprador no curso normal do negócio, sendo o conflito com os titulares de outras garantias resolvido com base em regras específicas de prioridade[746].

A partir dos sistemas jurídicos da *common law*, tem-se vindo a procurar estender o sistema do *floating charge* aos direitos continentais, instituindo-se uma garantia que permita abranger os bens da empresa sem que estes saiam da posse do devedor, permitindo-lhe continuar a gestão desta, em nome e por conta própria, a menos que se verifique qualquer evento que determine a execução da garantia.

A importação do art. 9 UCC que se verificou no Código Civil do Quebec de 1994 passou pela instituição de uma hipoteca flutuante ou hipoteca aberta (*floating Hypothec, Hypothéque Ouverte*), a qual abrange todo o complexo de bens da empresa, mas cuja eficácia é suspensa até ao momento em que o devedor se torna insolvente. Nesse caso, o credor deve notificar o credor, provocando o fecho ou a cristalização da hipoteca (art. 2715 C.C.Q). Antes desse momento, os bens da empresa podem ser livremente alienados, apenas não o podendo ser o estabelecimento na sua integralidade (art. 2720 C.C.Q.)[747].

Tem sido ponderada a possibilidade de utilizar para obtenção do mesmo efeito da garantia flutuante nos sistemas de matriz francesa, como a França e a Bélgica, o *nantissement de fonds de commerce*, os quais, no entanto, apresentam diferenças consideráveis[748], e desvantagens em confronto com o modelo do *floating charge*[749].

[746] Cfr. Roy Goode, "The English...", pp. 59-60.

[747] Cfr. Ferrari, *RN* 50 (1996), pp. 1358 e ss. e Anna Veneziano, *op. cit.*, pp. 193 e ss.

[748] Essas diferenças têm levado a que os *floating charges* de sociedades inglesas sobre bens situados em França não tenham sido reconhecidos. Cfr. Mestre / Putman / Billiau, *Droit Spécial*, p. 4.

[749] Cfr. Meulen, *op. cit.*, pp. 111 e ss., Anna Veneziano, *op. cit.*, pp. 89 e ss. Entre as desvantagens do *nantissement de fonds de commerce* reside, segundo o modelo francês, o facto de abranger apenas instrumentos, direitos de propriedade industrial e aviamento, mas não mercadorias, créditos e bens futuros (art. 3º da Lei de 17/3/1909) e ser sujeito a formalidades especiais e onerosas de constituição e registo (art. 4º da Lei de 17/3/1909). Já o modelo belga é mais amplo, uma vez que também abrange créditos e mercadorias, ainda que limite o penhor

Nos sistemas de matriz germânica tem-se vindo a utilizar para o efeito a figura da *Sicherungsübereignung*[750], a qual, no entanto, não pode incidir sobre um estabelecimento na sua totalidade, o que a tem limitado a um conjunto de bens. A prática admite, no entanto, a sua utilização sobre o conjunto de bens que se encontrem em determinado lugar (*Raumsicherungsübertragung*), convencionando-se a transmissão da propriedade para o credor à medida que vão sendo substituídos por outros[751]. Normalmente, a *Sicherungsübereignung* vem a ser associada a uma cláusula pela qual o credor consente na transformação dos bens (*Verarbeitungsklausel*), conservando a propriedade sobre eles. A garantia costuma ainda ser associada a uma pré-cessão do preço conseguido com a eventual alienação dos bens objecto da garantia[752].

No direito italiano, admite-se um privilégio especial sobre os bens da empresa, concedido aos estabelecimentos bancários pelo art. 46 D.L. 1 Settembre 1993, n. 385, subordinado a um acordo entre a instituição bancária e o empresário[753], bem como o penhor de estabelecimento comercial, previsto nos art. 2784 II C.C., sendo questionada a hipótese de estabelecer penhores rotativos[754].

O *floating charge* é, no entanto, uma garantia consideravelmente mais interessante, dado que constitui uma garantia mutável sobre o património empresarial, que acompanha as modificações desse património, permitindo abranger todos os seus valores, como bens presentes e futuros e créditos. É normalmente constituído por um empresário a favor de um estabelecimento bancário. Tem-se referido que a garantia, como que flutua sobre um conjunto de bens, sem se fixar especificamente em nenhum

destas últimas a metade do seu valor (art. 2º, II, Lei 25/10/1919, modificada pelo Arrêt Royal n. 282, 30/3/1936)

[750] Cfr. Meulen, *op. cit.*, pp. 115 e ss.

[751] Cfr. Mormann, *WM* 1975, p. 584.

[752] Cfr. Piscitello, *op. cit.*, pp. 24-25.

[753] Cfr., sobre este, Bonfatti, *Giur. Comm.* 21 (1994), pp. 1047 e ss., e Gaetano Presti, *BBTC* 58 (1995), I, pp. 593 e ss.

[754] Francesco A. Magni, "Il pegno *omnibus*", pp. 383 e ss., BRUNI, *BBTC* 49 (1986), I, pp. 708 e ss., Enrico Gabrielli, em Galgano (org.), *I Contratti*, I, pp. 871 e ss., ID, *Il pegno «anomalo»*, pp. 181 e ss. e 216 e ss., Giuseppe Chiné, "Il pegno rotativo tra realtà e consensualità", em *GI* 148 (1996), I, 2, pp. 569-576, Piscitello, *op. cit.*, pp. 33 e ss., e passim e Matteo Rescigno, "Le garanzie "rotative" convenzionali: fattispecie e problemi di disciplina", em *BBTC* 54 (2001), pp. 1-29.

deles, até à verificação do que se denomina de *crystallisation*, ou seja, a ocorrência de um evento, contratualmente estipulado, que determina a fixação da garantia sobre os bens que naquele momento se encontrem presentes no património do devedor[755]. Para efeitos de publicidade, o *floating charge* deve ser sujeito a registo, o qual, no entanto, não pressupõe a descrição dos bens que integram o estabelecimento. A sua principal vantagem é a de permitir ao devedor continuar a gerir livremente o seu património até ao momento de execução da garantia, ainda que o seu poder de disposição fique limitado a actos de condução normal dos seus negócios (*ordinary course of business*). A oponibilidade a terceiros é, no entanto, a maior fraqueza do *floating charge*, uma vez que antes da *crystallisation* qualquer aquisição de um terceiro resultante de um acto de disposição do devedor considerado como condução normal dos seus negócios, incluindo a prestação de garantias específicas (*fixed charges*) sobre bens da empresa, prevalece sobre o *floating charge*. Após a *crystallisation*, no entanto, o *floating charge* passa a ser oponível a qualquer posterior adquirente dos bens da empresa[756].

No nosso direito, há que reconhecer que a rotatividade do objecto da garantia é uma situação excepcional, mas que não é absolutamente estranha. Assim, no penhor de créditos, a cobrança do crédito pelo credor pignoratício faz com que a garantia passe a incidir sobre o objecto prestado (art. 685º, nº 1). No penhor de valores mobiliários, a lei contenta-se com a indicação da quantidade de valores mobiliários dados em penhor (art. 81º, nº 1, CVM), não exigindo consequentemente a sua identificação específica. Já no penhor em garantia de créditos de estabelecimentos bancários, o § 1º do art. 1º do D.L. 29.833, de 17 de Agosto de 1939, admite a possibilidade o devedor, com prévio acordo do credor, modificar o objecto da garantia, mas a nossa jurisprudência tem entendido que, sem esse acordo prévio casuisticamente estabelecido, qualquer substituição efectuada nos bens extingue a garantia[757], o que parece contrário à viabilidade da garantia rotativa.

755 Cfr. Anna Veneziano, *op. cit.*, p. 96.

756 Cfr. Anna Veneziano, *op. cit.*, pp. 97-98.

757 Cfr. Ac. STJ 20/11/1953 (Beça de Aragão), no *BMJ* 40 (1954), pp. 473-477.

Capítulo X
Garantias Especiais Atípicas

1. Configuração das garantias especiais atípicas

Desde sempre a doutrina reconheceu a existência de certas situações em que o credor possui um reforço da garantia geral, mas que não se reconduzem nem a garantias pessoais, nem a garantias reais, nem sequer às outras modalidade que autonomizámos de utilização da propriedade em garantia e garantias especiais sobre direitos ou sobre universalidades. Para alguns autores, trata-se de *garantias eventuais*, uma vez que o efeito de o credor se subtrair ao regime do concurso com outros credores aparece como resultado de um instituto, cuja função primordial não é propriamente a de atribuir uma garantia[758]. Outros preferem falar em garantias indirectas[759]. Preferimos, por nosso lado, falar em garantias especiais atípicas, em ordem a referir os institutos que, representando um reforço da posição dos credores, não se deixam reconduzir a nenhuma das modalidades acima referidas.

2. A excepção de não cumprimento do contrato

Um dos institutos que pode ser usado como garantia especial atípica consiste na excepção de não cumprimento do contrato, referida nos arts. 428º e ss.[760]. Embora a excepção não se possa considerar estritamente como

[758] Cfr. Paulo Cunha, *Da garantia*, II, pp. 375 e ss.

[759] Cfr. Romano Martinez/Fuzeta da Ponte, *op. cit.*, pp. 219 e ss.

[760] Sobre a excepção de não cumprimento do contrato, cfr. Inocêncio Galvão Telles, *Obrigações*, pp. 452 e ss., Antunes Varela, *Obrigações*, I, pp. 398 e ss., Almeida Costa, *Obrigações*, pp. 362 e ss., Calvão da Silva, *Cumprimento*, pp. 329 e ss., Menezes , *Obrigações*, II, pp. 271 e ss., Januário Gomes, *Assunção*, pp. 78-79, José João Abrantes, *A excepção de não cumprimento do contrato no Direito Civil Português. Conceito e Fundamento*, Coimbra, Almedina,

uma garantia, na medida em que o seu fim é antes o de assegurar o cumprimento simultâneo das obrigações sinalagmáticas (e precisamente por isso não possa ser afastada mediante a prestação de garantias: art. 428º, nº 2[761]), a verdade é que acaba por desempenhar numa menor medida a mesma função das garantias de cumprimento, já que o facto de a parte se poder recusar a efectuar a sua contraprestação, enquanto a outra parte não efectuar a que lhe cabe, implica que aquela se veja numa posição superior à dos credores comuns em relação à satisfação do seu crédito, desempenhando assim a *exceptio* não apenas uma função coercitiva, mas também uma função de garantia[762]. Essa função de garantia é aliás especialmente visível no caso previsto no art. 429º, em que a insolvência do devedor, a diminuição das garantias do crédito, ou a não prestação das garantias prometidas, implica que a *exceptio* se estenda ao devedor obrigado a cumprir em primeiro lugar, ainda que nesse caso ela possa ser afastada mediante a prestação das garantias. Tal solução justifica-se dado que neste caso a *exceptio* já não desempenha a função de compelir à execução simultânea das obrigações sinalagmáticas, visando antes assegurar uma das partes contra o risco de não obter a contraprestação que lhe cabe[763].

3. A compensação como garantia

A compensação possui igualmente uma função de garantia das obrigações, na medida em que, para além de facilitar a extinção dos créditos, evitando a realização dos pagamentos, assegura ao credor um meio suple-

1986, passim, e L. M. Pestana de Vasconcelos, *Direito das garantias*, pp. 632 e ss.. Na doutrina alemã, veja-se Larenz, *Schuldrecht* I, § 15 I, pp. 205 e ss., Fikentscher, *Schuldrecht*, § 48 I, nºs 411 e ss., pp. 278 e ss. e Gernhuber, *Das Schuldverhältnis*, § 14, pp. 328 e ss.

[761] Inocêncio Galvão Telles, *Obrigações*, p. 454, explica esta solução apenas pelo facto de as garantias não oferecerem à contraparte a mesma segurança da *exceptio*, o que implica enquadrá-la ainda como garantia.

[762] Essa dupla função da *exceptio* é expressamente reconhecida por João Calvão da Silva, *Cumprimento*, pp. 336 e ss., que sustenta que ela pode constituir, indirectamente, uma eficaz garantia para o credor contra a impotência económica do devedor. Em sentido contrário, Januário Gomes, *Assunção*, p. 79 contesta que a *exceptio* tenha uma função de garantia, ainda que indirecta, por nela não ocorrer, nem um reforço quantitativo nem qualitativo da massa patrimonial responsável, entendendo que por isso constitui um meio de segurança, protecção ou de tutela do crédito diversos da garantia. Parece-nos, no entanto, que a posição do credor é consideravelmente reforçada na *exceptio*, mesmo em termos de massa patrimonial, dado que pode suspender a contraprestação a que estava vinculado.

[763] Cfr., neste sentido, Almeida Costa, *Obrigações*, p. 366.

mentar de realização do seu crédito, já que que ela pode ser extinto, não apenas pelo pagamento, mas através da declaração de compensação com o contra-crédito que sobre ele tem o devedor[764]. Assim, por exemplo, um banco que disponha de uma conta bancária em nome do seu devedor vê qualquer empréstimo que lhe tenha efectuado garantido com a possibilidade de o compensar com o saldo dessa conta bancária[765]. No âmbito do comércio internacional, a importância da compensação como garantia é aliás acentuada, sendo extremamente comum no mercado interbancário, *netting* de divisas, instrumentos financeiros derivados e sistemas centralizados de pagamentos, permtindo reduzir consideravelmente os custos de crédito, bem como os riscos de incumprimento que poderiam ameaçar a integridade do sistema financeiro[766].

A compensação é, porém, limitada em caso de insolvência do devedor[767]. Efectivamente a solução tradicional dos direitos romanísticos é a de que a compensação viola o princípio da igualdade entre credores (*par conditio creditorum*) que deve prevalecer em caso de falência, já que um credor que beneficie da compensação vem a ser integralmente pago, beneficiando

[764] Genericamente sobre a compensação, veja-se VAZ SERRA, "Compensação", no *BMJ* 31 (1952), pp. 13-209, ANTUNES VARELA, *Obrigações*, II, pp. 195 e ss., ALMEIDA COSTA, *Obrigações*, pp. 1099 e ss., PESSOA JORGE, *Obrigações*, 1º, pp. 437 e ss., MENEZES CORDEIRO, *Obrigações*, 2º, pp. 219 e ss. e *Tratado*, IX, pp. 1027 e ss., e *Da compensação no Direito Civil e no Direito Bancário*, Coimbra, Almedina, 2003. Sobre a compensação como garantia, cfr. ROY GOODE, *Legal problems*, pp. 237 e ss., LUIS ROJO AJURIA, *La compensación como garantia*, Madrid, Civitas, 1992 e entre nós L. M. PESTANA DE VASCONCELOS, *Direito das garantias*, pp. 628 e ss.

[765] Cfr. PHILIP R. WOOD, "Comparative Financial Law: a Classification of the World's Jurisdictions", em ROSS CRANSTON, *Making Commercial Law. Essays in Honour of Roy Goode*, Oxford, Clarendon Press, 1997, pp. 31-89 (44-45).

[766] Cfr. WOOD, *loc. cit.*

[767] Afirma WOOD, *op. cit.*, pp. 44 que o regime da compensação constitui um dos índices mais nítidos para averiguar se o regime da insolvência se apresenta mais pró-credor ou pró-devedor, sendo nítidas as diferenças entre os países da *common law* e os de matriz francesa. Efectivamente, nos sistemas da *common law* a compensação (*set-off*) é restringida entre partes solventes, favorecendo a posição de bancos, locadores e vendedores, que pretendem ser pagos sem deduções, em ordem a manter um constante fluxo de caixa e sujeitar a outra parte ao "pague agora, reclame depois" A compensação torna-se, no entanto, obrigatória em caso de insolvência, favorecendo o pagamento aos credores, ainda que comuns, do insolvente. Pelo contrário, nos sistemas da *civil law* a compensação é genericamente admitida entre partes solventes, mas proibida em caso de insolvência do devedor, aumentando o seu património e consequentemente favorecendo-o.

assim de uma garantia oculta que reduziria o património do devedor afectando os credores. Não deixa, porém, de haver argumentos a favor da subsistência da compensação, mesmo em caso de insolvência do devedor[768]. Entre nós, o anterior art. 153º CPEREF excluía totalmente a compensação em caso de falência, mas o actual art. 99º do CIRE passou a admiti-la em certas condições.

4. O contrato-promessa de garantia

Uma outra situação de garantia especial atípica consiste no contrato-promessa de garantia[769]. Efectivamente, sabendo-se que o nosso ordenamento admite, no art. 410º, o contrato-promessa como figura geral, cuja celebração é possível em relação a todo e qualquer contrato, naturalmente que surge a possibilidade de utilizar o contrato-promessa relativamente à concessão de garantias especiais. Admite-se, por isso, a promessa de fiança, de seguro de crédito ou caução, de penhor, de hipoteca, etc.

Em termos de forma, o contrato-promessa de garantia não é sujeito a forma especial (art. 219º), a menos que para a estipulação da garantia se exija documento autêntico ou particular (como sucede com a hipoteca), caso em que se exige documento assinado pela parte que se vincula (art. 410º, nº 2).

Face à limitação estabelecida no art. 413º, que apenas admite a atribuição de eficácia real ao contrato-promessa quando seja relativo à constituição ou transmissão de direitos reais sobre bens imóveis ou móveis sujeitos a registo, parece que apenas se poderá atribuir essa eficácia aos contratos-promessa de constituição de garantia real que tenham esses bens como objecto (como sucede necessariamente com a hipoteca e a consignação de

[768] É esta a posição defendida por WOOD, *op. cit.*,p. 45 que considera ser precisamente na falência que a compensação se torna mais necessária. Para este autor, os argumentos a favor da compensação são: *a)* é injusto que o insolvente pretenda um pagamento do credor se ele próprio não o realiza; *b)* a compensação evita a frustração de alguns créditos e consequentemente reduz o efeito de cascata da insolvência; *c)* a compensação reduz a exposição do crédito ao risco e consequentemente os seus custos: *d)* a compensação evita a reclamação judicial do crédito e consentemente os custos do processo; *e)* a compensação evita que o devedor seja declarado insolvente por um crédito que não deve efectivamente se a compensação for declarada, obrigando a considerar a sua posição activa global. O autor reconhece que a compensação constitui uma garantia sem publicidade, mas considera não ser prático obrigar à sua publicitação, sendo que em muitos casos há direito de separação de bens estranhos à insolvência, sem que se publicite a sua situação.

[769] Cfr. sobre este, ROMANO MARTINEZ/FUZETA DA PONTE, *op. cit.*, pp. 57 e ss.

rendimentos e poderá eventualmente suceder com a reserva de propriedade ou a alienação fiduciária em garantia). Em todos os outros casos, o contrato-promessa terá eficácia meramente obrigacional, pelo que a violação da promessa não poderá ser oposta aos outros credores. Poderá, no entanto, o credor beneficiário lançar mão da execução específica estabelecida no art. 830º, em ordem a obter a constituição por sentença judicial da garantia prometida, reforçando assim a sua posição no âmbito do concurso de credores. Esta solução só será afastada se a isso se opuser a natureza da obrigação assumida, como nas promessas de garantia relativas a contratos reais *quoad constitutionem*, como o penhor (art. 669º).

No caso específico da promessa de seguro de crédito ou caução, o art. 13º do D.L. 183/88, na redacção do D.L. 31/2007, estabelece, no entanto, um regime especial, ao estabelecer que essa promessa só é lícita se for celebrada pelo prazo de seis meses, em documento assinado pelos outorgantes, de que constem todos os elementos da apólice do seguro prometido (nº 1). No caso de se tratar de promessa de seguro que deva ser garantido pelo Estado, a validade dessa promessa fica dependente da promessa daquela garantia (nº 2). Por outro lado, "sempre que, durante a vigência do contrato-promessa de seguro, se verifique a alteração anormal e substancial das circunstâncias que fundamentaram a sua celebração, com efectivo agravamento do risco, pode a seguradora alterar as condições de cobertura, designadamente no que respeita ao quantitativo do prémio previsto" (nº 3).

5. Cláusulas de garantia e segurança (*negative pledge, cross-default, pari passu*)

5.1. Generalidades

Sobre a designação geral de cláusulas de garantia e segurança, abrangemos as figuras no comércio internacional que se têm vindo a incluir no âmbito das cláusulas dos contratos, em ordem a funcionar como garantia do crédito, entre as quais se incluem a *negative pledge*, a *cross-default* e a *pari passu*.

5.2. A cláusula *negative pledge*

A cláusula *negative pledge*[770] tem por conteúdo uma obrigação negativa do devedor em não onerar o seu património com outras garantias pessoais e

[770] Cfr. GOODE, *Legal problems*, pp. 49 e ss., PESSOA JORGE, "A garantia contratual da igualdade dos credores nos empréstimos internacionais", em CENTRO DE ESTUDOS

reais, além daquelas que existem no momento da assunção da obrigação. Como exemplos desta cláusula temos a situação de o devedor se obrigar a não constituir preferências sobre os seus bens a favor de outros credores, a situação de o devedor se obrigar a atribuir ao credor uma preferência mais alta do que a atribuída a qualquer outro credor, e a que obriga o devedor a não conceder preferências a favor de qualquer outro credor, a menos que uma preferência igual venha a ser constituída a favor do credor beneficiário dessa cláusula[771]. Por vezes, a cláusula é objecto de limitações específicas, como na hipótese em que se excepciona a possibilidade de onerar certos fundos próprios do devedor, ou em admitir novas garantias em relação a obrigações constituídas por prazo limitado. O incumprimento do compromisso é normalmente sancionado com o vencimento antecipado da obrigação garantida, para além de outras penalizações que sejam convencionadas.

É questionável a natureza da cláusula *negative pledge*. Em primeiro lugar, é indubitável que a posição que ela confere ao credor representa um reforço da garantia geral, na medida em que, ao contrário do que sucede com o comum dos credores, ele tem uma garantia específica consistente na obrigação negativa assumida de não se estabelecer novas garantias, o que até pode permitir um reforço de outras garantias já constituídas. É, no entanto, manifesto que se trata de uma garantia fraca, na medida em que não garante ao credor qualquer direito sobre bens presentes ou futuros do devedor[772], pelo que, em caso de violação da garantia não se permite ao credor afectado opor a sua posição aos outros credores, mas apenas obter do devedor uma indemnização, ou eventualmente a exigibilidade antecipada de cumprimento.

FISCAIS (org.) *Estudos comemorativos do XX aniversário*, I, Lisboa, DGCI, 1983, pp. 133-176 (150 e ss.), ROMANO MARTINEZ/FUZETA DA PONTE, *op. cit.*, pp. 54 e ss., ARMINDO SARAIVA MATIAS, *op. cit.*, p. 57, JOANA FORTE PEREIRA DIAS, "Contributo para o estudo dos actuais paradigmas das cláusulas de garantia e/ou segurança: a *pari passu*, a *negative pledge* e a *cross-default*", em ANTÓNIO MENEZES CORDEIRO/LUÍS MENEZES LEITÃO/JANUÁRIO DA COSTA GOMES. *Estudos em Homenagem ao Professor Doutor Inocêncio Galvão Telles*, IV- *Novos Estudos de Direito Privado*, Coimbra, Almedina, 2003, pp. 879-1029 (908 e ss. e 930 e ss.) e L. M. PESTANA DE VASCONCELOS, *Direito das garantias*, pp. 647 e ss.

771 Cfr. PESSOA JORGE, "A garantia contratual", pp. 153 e ss..

772 Para ROY GOODE, *Legal problems*, p. 51, e em KREUZER (org.), *Mobiliarsicherheiten*, p. 52, este argumento é decisivo para a não qualificação do *negative pledge* como um *security interest*.

5.3. A cláusula *cross default*

A cláusula *cross default* corresponde igualmente a uma garantia especial atípica, nos termos da qual se determina que qualquer eventual incumprimento ou outra falta contratual praticada pelo devedor (*event of default*) se repercutirá não apenas sobre o credor em relação ao qual essa falta se verificou, mas também se estenderá a relações com outros credores do devedor[773]. A cláusula *cross default* determina consequentemente que o incumprimento da obrigação perante um dos credores desencadeie um efeito dominó, permitindo a reacção imediata de todos os outros credores. Esta cláusula funciona assim como um meio compulsório para o devedor efectuar o cumprimento pontual da sua obrigação, face ao receio das consequências de qualquer incumprimento nas relações com outros credores. Mas para além disso, representa uma garantia da *par conditio creditorum*, evitando que a estipulação de prazos de vencimento das obrigações impeça os outros credores de exigir atempadamente o cumprimento.

5.4. A cláusula *pari passu*

A cláusula *pari passu* corresponde igualmente a outra situação de garantia especial atípica[774], na medida em que o devedor garante ao credor que o seu crédito manter-se-á exactamente com a mesma posição de outros créditos de que seja devedor. Tratando-se de um crédito comum, a obrigação consiste em não ser tratado de forma inferior do que os restantes credores comuns. Tratando-se de um crédito privilegiado, a obrigação consiste em assegurar a manutenção da preferência de que goza em relação aos outros credores do devedor.

A cláusula *pari passu* pode, por vezes, ser reconduzida a um contrato-promessa de concessão de garantia especial, condicionada à hipótese de celebração da mesma garantia com outros credores. Normalmente, no entanto, não se chega a assumir a obrigação de celebração de qualquer contrato, mas antes uma obrigação mais fluida de estabelecimento da igualdade entre credores. Essa obrigação representa a concessão de uma garantia

[773] Cfr. PESSOA JORGE, "A garantia contratual", pp. 171 e ss., JANUÁRIO GOMES, *Assunção*, p. 39, nota (144), SARAIVA MATIAS, *op. cit.*, p. 57, JOANA PEREIRA DIAS, *op. cit.*, pp. 966 e ss., e L. M. PESTANA DE VASCONCELOS, *Direito das garantias*, pp. 649 e ss.

[774] Cfr. PESSOA JORGE, "A garantia contratual", pp. 137 e ss., ROMANO MARTINEZ/FUZETA DA PONTE, *op. cit.*, pp. 51 e ss., SARAIVA MATIAS, *op. cit.*, pp. 56-57, JOANA PEREIRA DIAS, *op. cit.*, pp. 908 e ss., e L. M. PESTANA DE VASCONCELOS, *Direito das garantias*, pp. 648 e ss.

especial fraca, na medida em que o credor pode obter a responsabilização do devedor por incumprimento, em caso de violação da garantia, mas não pode opor eficazmente essa garantia a terceiros, exigindo uma graduação equivalente à destes.

6. A consignação de receitas em garantia

Uma hipótese que tem vindo a assumir recentemente também a natureza de uma garantia especial atípica consiste na consignação de receitas de determinado negócio do devedor para garantia do cumprimento de uma obrigação[775], como as receitas da exploração de filmes ou de estádios de futebol. Trata-se de uma garantia fraca, na medida em que não atribui ao credor qualquer preferência no pagamento, nem responsabiliza terceiros pela obrigação, mas pode representar uma vantagem para o credor, especialmente se lhe for assegurada possibilidade de controlar a percepção dessas receitas pelo devedor.

[775] Sobre a consignação de receitas, cfr. ROMANO MARTINEZ/FUZETA DA PONTE, *op. cit.*, pp. 45 e ss., PINTO DUARTE, *Direitos Reais*, p. 229, e JANUÁRIO GOMES, *Assunção*, p. 43, nota (159).

Capítulo XI
Conclusão

Qualquer regime das garantias deve partir dos seguintes princípios gerais, assim enunciados por Roy Goode[776]:

a) todos os contratos que visem a atribuição de garantia devem ser considerados como contratos de garantia (*secured transactions*), independentemente de qual a forma jurídica que apresentam;
b) em qualquer contrato considerado como de garantia, os direitos do credor devem ficar limitados ao interesse que se visa garantir, sendo todo o excedente atribuído ao devedor;
c) a pessoa que de boa fé adquira bens do devedor não deve ficar vinculada perante uma garantia anterior sobre esses bens que não conhecesse nem pudesse conhecer;
d) como corolário, se o credor garantido quiser deixar o devedor na posse do bem objecto da garantia, deve ser-lhe conferido um meio jurídico simples, eficiente e barato pelo qual ele possa dar conhecimento público da existência da sua garantia;
e) as regras de preferência entre credores devem ser estabelecidas em ordem a evitar o enriquecimento sem causa de um dos credores à custa dos outros.

A análise que se fez do regime português permite verificar que estes princípios são muito pouco respeitados pelo nosso sistema jurídico. Efecti-

[776] Cfr. R. M. Goode, "The Modernisation of Personal Property Security Law" em *L.Q.R.* 100 (1984) pp. 234-251 (237). Cfr. também, Guido Ferrarini, *op. cit.*, p. 478.

vamente, e em relação ao primeiro requisito, grande parte dos contratos de garantia, como a venda com reserva de propriedade ou a cessão de créditos em garantia, não são caracterizados como tal, o que implica que formalisticamente possam ser completamente afastados do regime das garantias.

Já em relação ao segundo requisito, ele vem a ser respeitado pelo nosso direito através do requisito da acessoriedade da garantia em relação à obrigação garantida e da proibição do pacto comissório, em ordem a assegurar a atribuição ao devedor do remanescente valor do bem, após a satisfação do direito do credor. Esta regulação é, no entanto, incompleta uma vez que há garantias não acessórias e falta uma cláusula geral proibindo ao credor a obtenção de garantias manifestamente excessivas em relação à obrigação[777].

O terceiro requisito é muito deficientemente observado no nosso direito. Efectivamente, não apenas não se consagrou a regra da posse vale título, como também se admitiu a existência de garantias sem qualquer publicidade (ex. reserva de propriedade sobre bens móveis não registáveis). A posição de terceiros de boa fé é assim muito deficientemente protegida.

O quarto requisito encontra-se também muito deficientemente respeitado, uma vez que são extremamente limitados os bens que são sujeitos a registo. As novas tecnologias permitem seguramente instituir um registo sobre quaisquer categorias de bens, como tem vindo a ser a tendência internacional.

O quinto requisito é também muito deficientemente tutelado. Efectivamente, pese embora se tenha vindo a atenuar o escândalo que constituía a proliferação de privilégios creditórios, que prevaleciam sobre garantias anteriores, a verdade é que há casos de prioridades muito mal estabelecidas (de que se salienta a prioridade do direito de retenção sobre a hipoteca, mesmo que constituída anteriormente).

Desta exposição resulta que o nosso direito está longe de possuir um sistema harmónico e equitativo relativo às garantias das obrigações. As palavras de Sanchez Lorenzo, que caracteriza o sistema espanhol como "um regime de garantias confuso, construído a partir de um aluvião de materiais de muito diversa procedência histórica"[778] valem igualmente para o direito português. Há, por isso, seguramente muito a fazer nessa área.

[777] Não parece suficiente para este efeito o regime dos negócios usurários, previsto no art. 282º.

[778] Cfr. Sanchez Lorenzo, *op. cit.*, pp. 250 e ss.

BIBLIOGRAFIA

AAVV, *Principles, definitions and model rules of European private law. Draft Common Frame of Reference* (DCFR), prepared by the Study Group on an European Civil code and the Research Group on EC Private Law (Acquis Group), based in part on a revised version of the Principles of European Contract Law, editado por Christian von Bar, Eric Clive and Hans Schulte Nölkee, Hugh Beagle, Johnny Herre, Jérôme Huet, Mathias Storme, Stephen Swann, Paul Varul, Anna Veneziano and Fryderyk Zoll, Sellier, European Law Publishers, Munique, 2009

Abel, Albert S., "Is Article 9 of the Uniform Commercial Code Exportable? The Ontario Experience", em Jacob S. Ziegel / william f. Foster (org.) *Aspects of Comparative Commercial Law: Sales, Consumer Credit and Secured Transactions*, Montreal / New York, McGill University / Oceana Publications Inc., 1969, pp. 291-297

Abrantes, José João, *A excepção de não cumprimento do contrato no Direito Civil Português. Conceito e Fundamento*, Coimbra, Almedina, 1986

Adler, Barry E., "An Equity-Agency Solution to the Bankruptcy Priority Puzzle", em *J. Legal St.* 22 (1993), pp. 73-98

Alarcão, Rui de, *Direito das Obrigações*, Coimbra, polic., 1983

Alberti, Alberto Maffei, *Il danno nella revocatoria*, Padova, Cedam, 1970

Albuquerque, Pedro de, "Contrato de compra e venda. Introdução, efeitos esenciais e modalidades", em António Menezes Cordeiro (org.), *Direito das Obrigações, 3º- Contratos em especial*, 2ª ed., Lisboa, AAFDL, 1991, pp. 11-48

— *A representação voluntária em Direito Civil (Ensaio de reconstrução dogmática)*, Coimbra, Almedina, 2004

Ali, Pau, *The Law of Secured Finance. An International Survey of Security Interests over Personal Property*, Oxford, University Press, 2002

Allegri, Vincenzo, "Brevi note sulle lettere di patronage", em *BBTC* 45 (1982), I, pp. 316-331

Allgayer, Peter, *Rechtsfolgen und Wirkungen der Gläubigeranfechtung*, Köln, Kommunikationsforum, 2000

Almeida, Carlos Ferreira de, *Texto e enunciado na teoria do negócio jurídico*, 2 vols., Coimbra, Almedina, 1992

Almeida, J. C. Moitinho de, *O contrato de seguro no direito português e comparado*, Lisboa, Sá da Costa, 1971

Alves, Hugo Ramos, *Do mandato de crédito*, Coimbra, Almedina, 2007

AMBROSINI, STEFANO, "Pegno di titoli di credito, mandato fiduciario e insolvenza della società fiduciaria", em *GComm* 21 (1994), II, pp. 308-327

ANDRADE, MANUEL DE, *Teoria Geral das Obrigações*, 3ª ed., Coimbra, Almedina, 1966

— *Teoria Geral da Relação Jurídica. Facto jurídico, em especial*, reimp., Coimbra, Almedina, 1992

ANDRADE, MARGARIDA COSTA, "O penhor financeiro com direito de disposição de valores mobiliários", na *ROA* 70 (2010), pp. 351-393

ANDRIOLI, VIRGILIO, *L'azione revocatoria*, Roma, s.e., 1935

ANELLI, FRANCO, *L'alienazione in funzione di garanzia*, Milano, Giuffrè, 1996

ANTUNES, JOSÉ A. ENGRÁCIA, *Os grupos de sociedades*, Coimbra, Almedina, 1993

ARAÚJO, FERNANDO, *Introdução à Economia*, 3ª ed., Coimbra, Almedina, 2005

ASCENSÃO, JOSÉ DE OLIVEIRA, *Direito Comercial*, I- *Parte Geral*, Lisboa, 1988, II- *Direito Industrial*, Lisboa, 1988, III- *Títulos de crédito*, Lisboa, 1992 e IV- *Sociedades Comerciais*, Lisboa, 1993

— *Direito Civil. Reais*, 5ª ed., Coimbra, Coimbra Editora, 1993

— *Teoria Geral do Direito Civil*, II- *Acções e factos jurídicos*, 2ª ed., Coimbra, Coimbra Editora, 2003

ASCENSÃO, JOSÉ DE OLIVEIRA/CORDEIRO, ANTÓNIO MENEZES, "Expurgação da Hipoteca", em *CJ* 11 (1986), pp. 37-47

ASCH, ARTHUR, "Zum Recht des Grundgeschäfts beim Eigentumsvorbehalt", em *AcP* 139 (1934), pp. 201-227,

— "Die Vertragspflichten beim Kauf unter Eigentumsvorbehalt", em *AcP* 140 (1935), pp. 183-217

ATAÍDE, DANIEL MEDINA, "A garantia autônoma e a fiança: Distinções e divergências", em JORGE FERREIRA SINDE MONTEIRO (org.), *Garantias das obrigações. Publicação dos trabalhos de mestrado*, Coimbra, Almedina, 2007, pp. 175-205

ATTI, ANNALISA, "Il «patronage» e i gruppi di società: le fattispecie e il valore giuridico", em *CeI* 1985, p. 878-937,

— "La responsabilità del «patron» è, dunque, extracontrattuale", em *CeI* 1986, pp. 41-46

AUBRY, C./RAU, C., *Cours de Droit civil français d'aprés la méthode de Zachariae*, IV, 4ª ed., Paris, LGDJ, 1871

AUHAGEN, ULRICH, *Die Garantie einer Bank auf "erstes Anfordern" zu zahlen*, Diss. Freiburg, 1966

AYNÈS, LAURENT/CROCQUE, PIERRE, *Les sûretés. La publicité fonciére*, Paris, Defrénois, 2003

AZAMBUJA, LUÍS EDUARDO MEURER, "Seguro-Caução", em JORGE FERREIRA SINDE MONTEIRO (org.), *Garantias das obrigações. Publicação dos trabalhos de mestrado*, Coimbra, Almedina, 2007, pp. 305-354

BÄR, THOMAS, *Zum Rechtsbegriff der Garantie, insbesondere im Bankgeschäft*, Winterthür, Keller, 1963

BALZANO, NICOLO, "*Cessio bonorum* e figura giuridica dei creditori cessionari nei giudizi contro i terzi relativi ai beni ceduti", na *RDProc* 6 (1951), II, pp. 117-127

BANKE, BERND ERICH, *Das Anwartschaftsrecht aus Eigentumsvorbehalt in der Einzelzwangsvollstreckung*, Berlin, Duncker & Humblot, 1991

BARBIERA, LELIO, *Garanzia del credito e autonomia privata*, Napoli, Jovene, 1971

— "Le garanzie atipiche e innominate nel sistema del Codice del 1942", em *BBTC* 55 (1992), pp. 727-748

BARTALINI, GUIDO, "Breve analisi dei profili civilistici del *sale and lease-back*", em *GComm* 17 (1990), I, pp. 671-680

BARTELS, KLAUS, "Die Sicherungsgesamtschuld als akzessorische Kreditsicherheit?", em *JZ* 2000, pp. 608-613

BARTH, L., "Rechtsnatur und Grenzen des Rückgewahrsanspruches (§ 7 AnfG) bei anfechtbar bestellten Grundpfandrechten", *NJW* 1959, p. 2143-2145

BARTMANN, "Die Anfechtung von Grundstückbelastungen nach dem Anfechtungsgesetz", em *DJZ* 1929, col. 1678-1679

BASSENGE, PETER, Comentários em AAVV, *Palandt Bürgerliches Gesetzbuch*, 64ª ed., München, Beck, 2005

BASTIN, JEAN, *L'assurance-crédit dans le monde contemporain*, Paris, Jupiter/Navarre, 1978, tradução portuguesa *O seguro de crédito no mundo contemporâneo*, Lisboa, Cosec, 1983

— *La défaillance de paiement et sa protection, l'assurance-crédit*, 2ª ed., Paris, LGDJ, 1993, trad. portuguesa *Seguro de crédito. A protecção contra o incumprimento*, Lisboa, Cosec, 1994

BAUKNECHT, "Eigentumsvorbehalt und Anwartschaftsrecht", em *NJW* 1955, pp. 1251-1255

— "Das Anwartschaftsrecht aus der bedingten Übereignung im Konkurs, em *NJW* 1956, pp. 1177-1180

BAUR, FRITZ/STÜRNER, ROLF, *Sachenrecht*, 17ª ed., München, Beck, 1999

BAVETTA, GIUSEPPE, "La cessione di credito a scopo di garanzia", em *DF* 70 (1995), I, pp. 588-611

BECKER-EBERHARD, EKKEHARD, *Die Forderungsgebundenheit der Sicherungsrechte*, Bielefeld, Gieseking, 1993

BEHRENS, KLAUS, *Die Rückabwicklung der Sicherungsübereignung bei Erledigung und Nichterreichung des Sicherungszwecks*, Berlin, Duncker & Humblot, 1990

BELLARDINI, MASSIMO, "In tema di assicurazioni fideiussoria e contratti autonomi di garantia", em *GI* 143 (1991), pp. 446-450

BENATTI, FRANCESCO, "Garanzia (contratto autonomo di)", em *NovissDI*, A pp. III, pp. 918-925

BERENSMANN, WOLFGANG, *Bürgschaft und Garantievertrag im englischen und deutschen Recht*, Berlin, Duncker & Humblot, 1988

BERNSTORFF, CRISTOPH GRAF VON, "Das Hypothekenrecht in den EU-Staaten", em *RIW* 43 (1997), p. 181-188

BETTI, EMILIO, "Natura giuridica della cessione di beni ai creditori" na *RDComm* 33 (1935), II, 304-327

— *Teoria Generale delle Obbligazioni*, III-2-*Vicende dell'obbligazione*, IV-*Difesa preventiva e successiva dell'obbligazione*, Milano, Giuffrè, 1955

— *Istituzioni di Diritto Romano*, II-1, Padova, Cedam, 1960

BEUDANT, CH., *Cours de droit civil français*, VIII- *Les contrats et les obligations*, Paris, Arthur Rousseau, 1936

BIANCA, C. MASSIMO, *La vendita e la permuta*, Vol. VII-1, da obra de FILIPPO VASSALLI (org.), *Trattato di Diritto Civile Italiano*, Torino, Utet, 1972

BIEBERSTEIN, WOLFGANG MARSCHALL VON (org.), *Garantievertrag im Handelsverkehr*, Frankfurt, Metzner, 1972

BINDEWALD, NORBERT, *Der Garantievertrag auf Forderungsausfall*, Greifswald, Julius Abel, 1911

BISCONTINI, GUIDO, *Assunzione del debito e garanzia del credito*, Napoli, ESI, 1993

BLANCO CAMPAÑA, JESÚS, "Aval cambiario y aval como contrato de garantia" em *RDBB* 2 (1982), pp. 677-688

BLAUROCK, UWE, *Aktuelle Probleme aus dem Kreditsicherungsrecht*. 3ª ed., Köln, Kommunikationsforum, 1990

BLOMEYER, JÜRGEN, "Das Besitzrecht des Vorbehaltskäufers auf Grund des Kaufsvertrags. Eine Kritik an der herrschenden Meinung über die Bedeutung der Eigentumsvorbehaltklausel", em *JZ* 1968, pp. 691-696

BOAS, HANS, *Über l. 24 D. de fideiussoribus 46.1. Ein Beitrag zur Lehre vom Kreditauftrage nach römischem Recht und nach BGB*, Borna-Leipzig, Robert Noske, 1907

BOCHICCHIO, FRANCESCO, "Il pegno di valori mobiliari. Servizi finanziari e garanzie reali", em *CeI* 8 (1992), pp. 199-248

BOETIUS, JAN, *Der Garantievertrag*, Diss. München, 1966

BONELLI, FRANCO, "Le garanzie bancarie nel commercio internazionale", em *DCI* 1987, pp. 127-206

— *Le garanzie bancarie a prima domanda nel commercio internazionale*, Milano, Giuffrè, 1991

BONFATTI, SIDO, "La disciplina dei crediti speciali nel «testo unico delle leggi in materia bancaria e creditizia»", em *Giur. Comm.* 21 (1994), pp. 1010-1054

BORTOLUCCI, G., "Il mandato de credito", em *BIDR* 27 (1914), pp. 129-191 e 28 (1915), pp. 191-260

BOVE, LUCIO, "Pegno-Diritto Romano", em *NovissDI* 12 (1965) pp. 763-766

BOZZI, GIUSEPPE, *Le garanzie atipiche*, I-*Garanzie personali*, Milano, Giuffrè, 1999

BRACCO, BERTO, *La Legge Uniforme sulla Cambiale*, Padova, Cedam, 1935

BRAGANTINI, LUIGI, *Il mandato di credito*, Milano, Giuffrè, 1939

BRANCO, MANUEL CASTELO, "A garantia bancária autónoma no âmbito das garantias especiais das obrigações", na *ROA* 53 (1993), pp. 61-83

BRECHER, FRITZ, *Das Unternehmen als Rechtsgegenstand. Rechtstheoretische Grundlegung*, Bonn, Ludwig Röhrscheid, 1953

BREZZO, CAMILLO, *La revoca degli atti fraudolenti compiuti a danno dei creditori*, Torino, Fratelli Bocca, 1892

BRIDGE, MICHAEL G., "Comment on Professor Mouly's proposal", em *ERPL* 6 (1998), pp. 71-75

— *Personal Property Law*, 3ª ed., Oxford, University Press, 2002

— "The English Law of Real Security", em *ERPL* 10 (2002), pp. 483-505

— "The English Law of Security: creditor-friendly but unreformed", em EVA-MARIA KIENINGER (org.), *Security Rights in Movable Property in European Private Law*, Cambridge, CUP, 2004, pp. 81-97

BRIGANTI, ERNESTO, "Garanzie personali atipiche", em *BBTC* 51 (1988), I, pp. 573-610

BRITO, JOSÉ MIGUEL DE FARIA ALVES DE, "Seguro-caução", em RUY DE ALBUQUERQUE/ANTÓNIO MENEZES CORDEIRO (org.), *Estudos em Memória do Professor Doutor José Dias Marques*, Coimbra, Almedina, 2007, pp. 387-490

BROGGINI, GERARDO, "Le garanzie nei contratti internazionali", em *BBTC* 53 (2000), I, pp. 335-360

BROX, HANS, "Das Anwartschaftsrecht des Vorbehaltskäufers", em *JuS* 1984, pp. 657-668

BROZOLO, LUCA G. RADICATI DI, "La disciplina valutaria delle lettere di patronage", em *DCI* 1987, pp. 597-611

BRUGGI, MARIA IACUANIELLO, "Fideiussione omnibus: chi ha paura dell'art. 1956 c.c.?", em *GI* 1990, I, 2, pp. 467-484, ID, "La fideiussione «omnibus» tra recente passato e prossimo futuro", em *GI* 1992, I, pp. 1305-1312

BRUNELLI, GIOVANNI, "Azione surrogatoria", no *NovissDI* II (1958), pp. 182-183

BRUNI, GIAN BRUNO, "Le garanzie flutuante null'esperienza giuridica inglese ed italiana", em *BBTC* 49 (1986), I, pp. 692-712

Buchholz, Stephan, "Können Sicherungszession und Sicherungsübereignung akzessorische ausgestaltet werden?", em *Jura* 1990, pp. 300-306

Büdenbender, Ulrich, "Grundsätze des Hypothekenrechts", em *JuS* 1996, pp. 665-674

Bülow, Peter, "Anwendbarkeit von Pfandrechtbestimmungen auf die Sicherungstreuhand", em *WM* 1985, pp. 373-380 e 405-411

— "Kauf unter Eigentumsvorbehalt", em *Jura* 1986, pp. 169-174 e 234-241

— "Übereignung beweglicher Sachen zur Sicherheit", em *Jura* 1987, pp. 509-517

— *Recht der Kreditsicherheiten. Sachen und Rechte, Personen. Ein Lehrbuch*, 6ª ed., Heidelberg, Müller, 2003

Bussani, Mauro, "Il contratto di lease-back" em *CeI* 1986, pp. 558-617

— "Patto comissorio, proprietà e mercato (Appunti per una ricerca)" em *RCDPriv* 15 (1997), pp. 113-131

— "Il modello italiano delle garanzie reali", em *CeI* 1997, pp. 163-192, trad. fr. "Le droit civil des sûretés réelles. Le modèle Italien des sûretés" na *ERPL* 6 (1998), pp. 23-50

Butera, Antonio, *Dell'azione pauliana o revocatoria*, Torino, Utet, 1934

Bydlinski, Peter, "Die Bürgschaft auf erstes Anfordern: Darlegungs- und Beweislast bei Rückforderung durch den Bürgen", em *WM* 1990, pp. 1401-1405

— "Personaler numerus clausus bei der Bürgschaft auf erstes Anfordern?", em *WM* 1991, pp. 257-262

— *Die Bürgschaft im österreichischen und deutschen Handels-, Gesellschafts-, und Wertpapierrecht*, Wien/New York, Springer, 1991

— "Die aktuelle höchtsgerichtliche Judikatur zum Bürgschatsrecht in der Kritik - Neue Entwicklungen un der Rechtsprechung", em *WM* 1992, pp. 1301-1310

Cabrillac, Michel/Mouly, Christian, *Droit des Sûretés*, 7ª ed. Paris, Litec, 2004

Caemmerer, Ernst Von, "Bereicherung und unerlaubte Handlung", em Hans Dölle/Max Rheinstein/Konrad Zweigert, Festschrift für Ernst Rabel, I- *Rechstvergleichung und Internationales Privatrecht*, Tübingen, Mohr, 1954, pp. 333-401

— "Bankgarantien im Außenhandel" em Bernhard Aubin/Ernst Von Caemmerer/Philippe Meylan/Karl H. Neumayer/Gerd Rinck/Walter Strausz, *Festschrift für Otto Riese aus Anlass seines siebzigsten Geburtstages*, Karlsruhe/Müller, 1964

Cahali, Yussef Said, *Fraudes contra credores*, São Paulo, Revista dos Tribunais, 2002

Calderale, Alfredo, *Fideiussione e contratto autonomo di garanzia*, Bari, Cacucci, 1989

— "Fideiussione omnibus", em *Digesto. Disc. Priv. Sez Civ.*, 4ª ed. VIII, 1992, pp. 277-288

— "Le nuove norme della camera di commercio internazionale sullle «*demand guarantees*» e la riforma dell'art. 5 dell'art. 5 dell'*Uniform Commercial Code* negli Stati Uniti", em Ugo Draetta/Cesare Vaccà, *Le garanzie contrattuali. Fideiussione e contratti autonomi di garanzia nella prassi interna e nel commercio internazionale*, Milano, EGEA, 1994, pp. 97-151

Campos, Diogo Leite de, "Nota sobre a admissibilidade da locação financeira restitutiva («lease-back») no direito português", na *ROA* 42 (1982), pp. 775-793

— "A responsabilidade do banqueiro pela concessão ou não concessão de crédito", na *ROA* 46 (1986), pp. 49-55

— *A locação financeira*, Lisboa, Lex, 1994

CAMPOS, ISABEL MENÉRES, *Da Hipoteca. Caracterização, constituição e efeitos*, Coimbra, Almedina, 2003

— "Algumas reflexões em torno da cláusula de reserva de propriedade a favor do financiador", em ANTÓNIO CÂNDIDO DE OLIVEIRA (org.), *Estudos em comemoração do 10º aniversário da licenciatura em direito da Universidade do Minho*, Coimbra, Almedina, 2004, pp. 631-649

— "Indivisibilidade da hipoteca", em *CDP*, nº 9 (Janeiro/Março 2005), a pp. 15-22

— "Cancelamento do registo de reserva de propriedade a favor do exequente - Ac. de Uniformização de Jurisprudência nº 10/2008, de 9.10.2009, Proc. 3965/07", em *CDP* nº 29 (Janeiro/Março 2010), pp. 37-40

CAMPOS, ROSELY DE MORAES, "Alienação fiduciária em garantia", em FACULDADE DE DIREITO DE LISBOA (org.), *As operações comerciais*, Coimbra, Almedina, 1988, pp. 567-590

CAMUZZI, SERGIO SCOTTI, *Unico azionista, gruppi, «lettres de patronage»*, Milano, Giuffrè, 1979, pp. 163 e ss., ID, "Le lettere di patrocinio", na *RDComm* 78 (1980), I, pp. 157-186

CANÁRIO, ANTÓNIO COLAÇO, "O penhor de créditos e a eficácia externa das obrigações", em *RJ* nº1 (1982), pp. 57-74

CANARIS, CLAUS-WILHELM, *Bankvertragsrecht*, I, 3ª ed., Berlin/New York, de Gruyter, 1988

— "Interessenlage, Grundprinzipien und Rechtsnatur des Finanzierungsleasing", em *AcP* 190 (1990), pp. 410-469

— "Die Bedeutung des "materiellen" Garantiefalles für den Rückforderungsanspruch bei der Garantie "auf erstes Anfordern", em *ZIP* 1998, pp. 493-502

CAPOTOSTI, RENZO, "In tema di garanzie cauzionali prestate dalle imprese di assicurazioni", em BANCO DI SARDEGNA (org.), *Le garanzie reali e personali nei contratti bancari*, Milano, Giuffrè, 1976, pp. 79-91

CAPUTO, EDOARDO, "Validità della fideiussione omnibus", em *BBTC* 37 (1974), II, pp. 35-38

CARBONE, VINCENZO, "La polizza fideiussorie come alternativa alla cauzione reale", em *CorrGiur* 9 (1992), pp. 870-872

— "Lease-back e patto comissorio", em *CorrGiur* 12 (1995), pp. 1365-1369

CARBONNIER, JEAN, *Droit Civil*, IV- *Les Obligations*, 22ª ed., Paris, Puf, 2000

CARL, MICHAEL H., "Wirksamkeitsvoraussetzungen für Forderungsabtretungen, insbesondere zu Sicherungszwecken, in England", em WALTHER HADDING/ UWE H. SCHNEIDER (org.), *Die Forderungsabtretung, insbesondere zur Kreditsicherung, in der Bundesrepublik Deutschland und in ausländischen Rechtsordnungen (Beiträge zu den Wirksamkeitvoaruassetzungen einer Forderungsabtretung in Belgien, der Bundesrepublik Deutschland, Dänemark, England, Frankreich, Italien, Japan, den Niederlanden, Österreich, der Schweiz, Spanien, und den Vereinigten Staaten von Amerika)*, Berlin, Duncker & Humblot, 1986

CARLOS, ADELINO DA PALMA, "Depósito judicial e direito de retenção" em *Dir.* 95 (1963), pp. 12-20

CARON, YVES, "L'article 9 du Code Uniforme de Commerce peut-il être exporté? Point de vue d'un juriste québecois", em JACOB S. ZIEGEL / WILLIAM F. FOSTER (org.) *Aspects of Comparative Commercial Law: Sales, Consumer Credit and Secured Transactions*, Montreal / New York, McGill University / Oceana Publications Inc., 1969, pp. 374-395

CARRASCO PERERA, ÁNGEL/CORDERO LOBATO, ENCARNA/ MARÍN LÓPEZ, MANUEL JESÚS, *Tratado de los derechos de garantía*, Cizur Menor (Navarra), Aranzadi, 2002

CASSONI, GIUSEPPE, "Le «lettres de patronage» nel diritto internazionale privato italiano", em *BBTC* 45 (1982), I, pp. 571-579

CASTELLANO, GAETANO/SCARLATELLA, SERGIO, *Le assicurazione private*, 2ª ed., Torino, Utet, 1981

CASTELLVI, MANUEL BAROCH, "Zum Übergang der gesicherten Forderung auf den zahlenden Garanten", em *WM* 1995, pp. 868-872

CASTRO, ARTUR ANSELMO DE, "O problema do valor do arresto na execução pendente de outro credor", na *RDES* 13 (1966), pp. 192-196

— *A acção executiva singular, comum e especial*, 2ª ed., Coimbra, Coimbra Editos, 1973

CASTRO, FEDERICO DE, "La acción pauliana y la responsabilidad patrimonial. Estudio de los artículos 1.911 y 1.111 del Código Civil", em *RDPriv* 19 (1932), pp. 198-227

CATALA-FRANJOU, NICOLE, "De la nature juridique du droit de retention", em *RTDCiv* 65 (1967), pp. 10-44

CAVALIERE, TILDE, "Le polizze fideiussorie tra assicurazione e garanzia", em *GI* 143 (1991), IV, p. 255-272

CESARO, GIOVANNI, "Lease-back e patto comissorio", em *RN* 40 (1986), pp. 790-833

CHAZAL, JEAN PASCAL, "L'action paulienne en Droit Français", e trad: "La acción pauliana en Derecho francés", em JOAQUÍN J. FORNER DELAYGUA (org.), *La protección del crédito en Europa: La acción pauliana*, Barcelona, Bosch, 2000, respectivamente a pp. 177-194 e 73-94

CHESSA, CORRADO, "*Sale and lease-back*: qualificazione dell'operazione ed interference con il divieto del patto comissorio", em *GComm* 21 (1994), II, pp. 669-676

CHINÉ, GIUSEPPE, "Polizza fideiussorie tributaria e contratto autonomo di garanzia", em *GI* 147 (1995), I, 1, pp. 1089-1095

— "Il pegno rotativo tra realtà e consensualità", em *GI* 148 (1996), I, 2, pp. 569-576

— "I confini del *patronage*: un istituto ancora in cerca di autore", em *GI* 1996, I, 2, pp. 257-266,

— "La Cassazione sul patronage: una voce fuori dal coro", em *GI* 1996, I, 1, pp. 737-742

— "Fideiussione omnibus", em VINCENZO CUFFARO (org.), *Le garanzie rafforzate del credito*, Torino, Utet, 2000, pp. 1-43

— "Polizza fideiussorie", em VINCENZO CUFFARO (org.), *Le garanzie rafforzate del credito*, Torino, Utet, 2000, pp. 45-82

— "Garanzia a prima richiesta", em VINCENZO CUFFARO (org.), *Le garanzie rafforzate del credito*, Torino, Utet, 2000, pp. 83-116

— "Le Lettere di Patronage", em VINCENZO CUFFARO (org.), *Le garanzie rafforzate del credito*, Torino, Utet, 2000, pp. 117-153

CHIOMENTI, FILIPPO, "Le «lettere di conforto»", em *RDComm* 72 (1974), I, pp. 346-352

— "Il leasing finanziario e le scuole giuridiche ortopediche", em *RDComm* 86 (1988), II, p. 94-104

CICERO, CRISTIANO, *L'ipoteca*, Milano, Giuffrè, 2000

CICU, ANTONIO, *L'obbligazione nel patrimonio del debitore*, Bologna, polic., 1922-1923

CIRILLO, EMANUELE, "Brevi considerazioni in tema di validità delle fideiussioni c. d. omnibus", em BANCO DI SARDEGNA (org.), *Le garanzie reali e personali nei contratti bancari*, Milano, Giuffrè, 1976, pp. 93-97

CLEMENTE, CLEMENS, *Die Sicherungsgrundschuld in der Bankpraxis*, Köln, Kommunikationsforum, 1985

COELHO, JOSÉ GABRIEL PINTO, "O 'depósito' como caução na legislação portuguesa", em *RLJ* 62 (1929-1930), pp. 17-20 e 33-37

— "Relatório sobre a dúvida que antecede e a sua discussão no Instituto da Conferência", na *ROA* 4 (1944), pp. 193-207

— *Lições de Direito Comercial*, vol. II- *As letras*, fascículo V, Lisboa, 1946

COESTER-WALTJEN, DAGMAR, "Die Durchsetzung des Hypothek: Einreden und Einwendungen des Eigentümers", em *Jura* 1991, pp. 186-190

COHN, L., "Über das Verhältniß des Reichsanfechtungsgesetzes vom 21. Juli 1879 zu den Deliktsklagen des BGB", em *JW* 1900, pp. 695-698

COING, HELMUT, *Die Treuhand kraft privaten Rechtsgeschäfts*, München, Beck, 1973

COLINNET, PAUL, "L'origine byzantine du nom de la paulienne (aprés 533 - VIIe siècle)", em *NRHDFE* 43 (1919), pp. 187-208

COLOMBO, GIOVANNI E., "Pegno bancario: Le clausole di estensione, la prova della data", em *BBTC* 45 (1982), pp. 193-214

COMISSION DE AFFAIRES DE LA COMMISSION EUROPÉENE/UNION INTERNATIONALE DU NOTARIAT LATIN, *L'Euro-hypothèque; Rapport de la 'Commission des Affaires de la Communauté Européenne" au sein de la Union Internationale du Notariat Latin (CACE/UINL)*, Amsterdam, Fondation pour la Promotion de la Science Notariale, 1992

CONSTANTINO, GIORGIO/JANNARELLI, ANTONIO, "Commento alla legge 24 luglio 1985, n. 401. Norme sulla costituzione di pegno sui prosciuttti a denominazione d'origine tutelata", em *NLCC* 9 (1986), pp. 540-563

CORDEIRO, ANTÓNIO MENEZES, *Direitos Reais*, Lisboa, Lex, reprint 1979

— *Direito das Obrigações*, 2 vols., Lisboa, AAFDL, 1980

— *Da Boa Fé no Direito Civil*, Coimbra, Almedina, 1984

— "A 'impossibilidade moral': do tratamento igualitário no cumprimento das obrigações" na *TJ* 18 (1986), pp. 5-7 e 19 (1986), pp. 1-5, recolhido em ID, *Estudos de Direito Civil*, I, Coimbra, Almedina, 1987, pp. 97-113

— "O novíssimo regime do contrato-promessa", na *CJ* 12 (1987), 2, recolhido em ID, *Estudos de Direito Civil*, Coimbra, Almedina, 1987, pp. 59-94

— *Estudos de Direito Civil*, Coimbra, Almedina, 1987

— *Teoria Geral do Direito Civil - Relatório*, Separata da *RFDUL*, Lisboa, 1988

— "Impugnação pauliana de actos anteriores ao crédito - Nulidade da fiança por débitos futuros indetermináveis - Efeitos da impugnação / Anotação a STJ 19-Fev-1991", na *ROA* 51 (1991), pp. 525-572

— "Impugnação pauliana. Fiança de conteúdo indeterminável", em *CJ* 17 (1992), III, pp. 55-64

— *Das cartas de conforto no Direito Bancário*, Lisboa, Lex, 1993

— "Venda com reserva de propriedade. Incorporação de elevadores. Novo regime dos assentos", na *ROA* 56 (1996), I, pp. 291-329

— *Direito Bancário. Relatório*, Coimbra, Almedina, 1997

— "Da retenção do promitente na venda executiva", na *ROA* 57 (1997), pp. 547-563

— "Anotação Ac. STJ 3/3/1998", em *Dir.* 130 (1998), III-IV, pp. 389-399

— "Contrato de seguro e seguro de créditos", em ANTÓNIO MOREIRA/M. COSTA MARTINS (org.), *II Congresso Nacional de Direito dos Seguros (Memórias)*, Coimbra, Almedina 2001, pp. 25-53

— *Manual de Direito Comercial*, 3ª ed, Coimbra, Almedina, 2012
— *Da compensação no Direito Civil e no Direito Bancário*, Coimbra, Almedina, 2003
— *Manual de Direito Bancário*, 4ª ed., Coimbra, Almedina, 2010
— *Direito dos Seguros*, Coimbra, Almedina, 2013, pp. 780-781
— *Tratado de Direito Civil Português*, I- *Introdução. Fontes do Direito. Interpretação da Lei. Aplicação das Leis no Tempo. Doutrina Geral*, 4ª ed., Coimbra, Almedina, 2012, IX- *Direito das Obrigações. Cumprimento e não-cumprimento, transmissão, modificação e extinção*, 3ª ed., Coimbra, Almedina, 2017, X- *Direito das Obrigações. Garantias*, Coimbra, Almedina, 2014
CORREIA, ANTÓNIO FERRER, *Lições de Direito Comercial*, III, 1975, reimp. Lisboa, Lex, 1994
— "Notas para o estudo do contrato de garantia bancária", em *RDE* 8 (1982), pp. 247-258
CORREIA, ANTÓNIO FERRER/RIBEIRO, JOAQUIM DE SOUSA, "Direito de retenção. Empreiteiro", na *CJ* 13 (1988), 1, pp. 15-23
CORTEZ, FRANCISCO, "A garantia bancária autónoma – alguns problemas", em *ROA* 52 (1992), pp. 513-610
COSACK, KONRAD, *Das Anfechtungsrecht der Gläubiger eines zahlungsunfähigen Schuldners innerhalb und außerhalb des Konkurses nach deutschem Reichsrecht*, Suttgart, Ferdinand Enke, 1884
COSTA, MARIANA FONTES, "A assunção cumulativa de dívida como meio de (garantia do) cumprimento", em JORGE FERREIRA SINDE MONTEIRO (org.), *Garantias das obrigações. Publicação dos trabalhos de mestrado*, Coimbra, Almedina, 2007, pp. 355-405
COSTA, MÁRIO JÚLIO DE ALMEIDA, "Alienação fiduciária em garantia e aquisição de casa própria (Notas de direito Comparado)", em *DJ* 1 (1980), pp. 41-57
— "A hipoteca do direito real de habitação periódica", em *RLJ* 127 (1994-1995), pp. 9-14
— "Anotação Ac. STJ 23/1/1992", na *RLJ* 127 (1994-1995), pp. 274-278
— "Anotação STJ 28/9/1995", na *RLJ* 129 (1996-1997), pp. 19-24 e 61-64
— "Nótula a propósito da impugnação pauliana", em *RLJ* 132 (1999-2000), pp. 165-167
— *Direito das Obrigações*, 12ª ed., Coimbra, Almedina, 2009
COSTA, MÁRIO JÚLIO DE ALMEIDA/MONTEIRO, ANTÓNIO PINTO, "Garantias Bancárias. O contrato de garantia à primeira solicitação", em *CJ* 11 (1986), 5, pp. 15-34
COSTA, SALVADOR DA, *O concurso de credores*, 3ª ed., Coimbra, Almedina, 2005
COSTANZA, MARIA, "Sulle alienazioni in garantia e il devieto del patto comissorio", em *GC* 39 (1989), I, pp. 1824-1825
— "Fideiussione omnibus: clausole in deroga all'art. 1956 c. c. Invalidità o inefficacia?", em *GC* 42 (1992), I, pp. 221-222
"*Patronage* e obblighi solidali del *patronnant*", em *GC* 44 (1994), I, pp. 2980-2981
— "Lettere di *patronage* «deboli» e responsabilità del *patronnant*", em UGO DRAETTA/CESARE VACCÀ, *Le garanzie contrattuali. Fideiussione e contratti autonomi di garanzia nella prassi interna e nel commercio internazionale*, Milano, EGEA, 1994, pp. 485-490
COSTI, RENZO, *L'ordinamento bancario*, 2 ed., Bologna, Mulino, 1994
CRISTÓBAL MONTES, ÁNGEL, *La vía pauliana*, Madrid, Tecnos, 1997
CROCE, GIUSEPPE RENATO, "La cessione del credito a scopo di garanzia",

em BANCO DI SARDEGNA (org.), *Le garanzie reali e personali nei contratti bancari*, Milano, Giuffrè, 1976

CROCQ, PIERRE, *Proprieté et garantie*, Paris, LGDJ, 1995

CRUZ, RITA BARBOSA DA, "O arresto" em *Dir.* 132 (2000), I-II, pp. 107-196

CRUZ, SEBASTIÃO, *Da «Solutio». Terminologia, conceito e características, e análise de vários institutos afins*, I- *Épocas arcaica e clássica*, Coimbra, s.e., 1962

— *Direito Romano (Ius Romanum)*, I- *Introdução. Fontes*, 4ª ed., Coimbra, s.e., 1984

CUMING, RONALD C. C., "La réglementation internationale de certains aspects des sûretés grévant le materiel susceptible d'être déplacê d'un État dans un autre/International regulation of aspects of security interests in mobile equipment", em *RDU/ULR* 1990, pp. 62-206

— "The Internationalization of Secured Financing Law: the Spreading Influence of the Concepts UCC, Article 9 and its Progeny", em ROSS CRANSTON, *Making Commercial Law. Essays in Honour of Roy Goode*, Oxford, Clarendon Press, 1997, pp. 499-523

CUMING, RONALD C. C./WALSH, CATHERINE, "Revised Article 9 of the Uniform Commercial Code: Implications for the Canadian Personal Property Security Acts" em *B.F.L.R.* 16 (2000-2001), pp. 339-389

CUNHA, PAULO, "O património do devedor é garantia comum dos credores. Os credores têm o poder virtual de execução sobre o património do devedor", em *Dir.* 66 (1935), pp. 98-104

— *Simulação processual e anulação do caso julgado*, Lisboa, s.e., 1935

— *Da Garantia nas Obrigações*, lições recolhidas por Eudoro Pamplona Côrte-Real, I e II, Lisboa, polic., 1938-1939

CURA, ANTÓNIO ALBERTO VIEIRA, "Fiducia cum creditore", no *BFD-Suplemento* 34 (1991), pp. 1-285

DAGOT, MICHEL, *Les sûretés*, Paris, PUF, 1981

DAHAN, FREDERIQUE/SIMPSON, JOHN, "The European Bank for Reconstruction and Development's Secured Transaction Project: a model law and ten core principles for a modern secured transactions law in countries of Central and Eastern Europe (and elsewehre!)", em EVA-MARIA KIENINGER (org.), *Security Rights in Movable Property in European Private Law*, Cambridge, CUP, 2004, pp. 98-113

DALHUISEN, JAN, "Conditional sales and modern financial products", em ARTHUR HARTKAMP / MARTIJN HESSELINK / EWOUD HONDIUS / CARLA JOUSTRA / EDGAR DU PERRON, *Towards an european civil code*, 2ª ed., The Hague / London / Boston, Kluwer Law International, 1998, pp. 525-549

DAMRAU, JÜRGEN, *Pfandleiherverordnung. Kommentar zur Pfandleiherverordnung und zu den Allgemeinen Geschäftsbedingungen im Pfandkreditgewerbe.* Suttgart / Berlin / Köln, Kohlhammer, 1990

DAVIES, IWAN, "The reform of personal property security law: can article 9 of the US Uniform Commercial Code be a precedent?", em *I.C.L.Q.* 37 (1988), pp. 465-504

DELAYGUA, JOAQUÍN J. FORNER (org.), *La protección del crédito en Europa: La acción pauliana*, Barcelona, Bosch, 2000

DELI, MARIA/GIARDINA, ANDREA, "Le lettere di patronage", em *DCI* 1987, pp. 273-305 e 577-596

DEMOLOMBE, C., *Cours de Code Napoléon*, XXV, Paris, Imprimerie Générale, 1878

DERLEDER, PETER, "Sicherungsübereignung und Wertausschöpfung. Ein

Beitrag zur Eingliederung der Sicherungsübereignung in das System der Kreditsicherung", em *BB* 1969, pp. 725-733

DIAS, JOANA FORTE PEREIRA, "Contributo para o estudo dos actuais paradigmas das cláusulas de garantia e/ou segurança: a *pari passu*, a *negative pledge* e a *cross-default*", em ANTÓNIO MENEZES CORDEIRO/LUÍS MENEZES LEITÃO/JANUÁRIO DA COSTA GOMES. *Estudos em Homenagem ao Professor Doutor Inocêncio Galvão Telles*, IV – *Novos Estudos de Direito Privado*, Coimbra, Almedina, 2003, pp. 879-1029

DIAS, JOSÉ GONSALVES, *Da letra e da livrança segundo a Lei Uniforme e o Código Comercial*, Coimbra, Livraria Gonçalves, 1941

DÍAZ MORENO, ALBERTO, "Las garantias a primer requerimento en la jurisprudencia del Tribunal Supremo", em AAVV, *Estudios de Derecho Bancario y Bursatil. Homenaje a Evelio Verdera y Tuells*, Madrid, La Ley, 1994, I, pp. 627-650

DIETZE, ALBRECHT, "Die betriebswirtschaftliche Grundlagen des Leasing", em *AcP* 190 (1990), pp. 235-257

DIMOPOULOS-VOSIKIS, HARALAMBOS, *Die Legalobligation beim Pfandrecht an beweglichen Sachen nach dem BGB*, Diss. Münster, 1959

DOLAN, J. F./VEGTER, J. B., "A voluntary filing system for secured financing transactions in the European Union", em *ERPL* 6 (1998) pp. 195-224

DOLMETTA, ALDO ANGELO, "*Lease-back* e patto comissorio: un rapporto complesso" em *GComm* 29 (2002), I, pp. 306-317

DONATI, ANTIGONO, "L'assicurazione del credito", em *RTDPC* 9 (1955), pp. 37-73

— "Natura giuridica delle c.d. polizze fideiussorie", em *BBTC* 20 (1957), II, pp. 75-81

DROBNIG, U., "Is Article 9 of the Uniform Commercial Code Exportable? A German View", em JACOB S. ZIEGEL / WILLIAM F. FOSTER (org.) *Aspects of Comparative Commercial Law: Sales, Consumer Credit and Secured Transactions*, Montreal / New York, McGill University / Oceana Publications Inc., 1969, pp. 368-373

— "Legal principles governing security interests", em *UNCITRAL Yearbook* vol. VIII (1977), Part 2, pp. 171-221

— "Security rights in movables", em ARTHUR HARTKAMP / MARTIJN HESSELINK / EWOUD HONDIUS / CARLA JOUSTRA / EDGAR DU PERRON, *Towards an european civil code*, 2ª ed., The Hague / London / Boston, Kluwer Law International, 1998, pp. 511-524

— "Mobiliarsicherheiten – Vielfalt oder Einheit? Vergleichender Generalbericht", em KARL F. KREUZER (org.), *Mobiliarsicherheiten. Vielfalt oder Einheit?*, Baden-Baden, Nomos, 1999, pp. 9-41

DUARTE, RUI PINTO, "Mobilidade dos bens e garantia dos credores", na *RB* nº 15 (1990), pp. 101-117

— *Curso de Direitos Reais*, 2ª ed., Lisboa, Principia, 2007

— "O penhor de estabelecimento comercial", em FACULDADE DE DIREITO DA UNIVERSIDADE DE COIMBRA (org.), *Comemorações dos 35 anos do Código Civil e dos 25 anos da Reforma de 1977*, III-*Direito das Obrigações*, Coimbra, Coimbra Editora, 2007, pp. 63-77

ECCIUS, "Fahrnispfand für künftige Forderungen", em *GruchotsBeitr* 50 (1906), pp. 500-503

EDENFELD, STEFAN, "Offene Fragen des Beitritts zur Dauerschuld" em *JZ* 1997, pp. 1034-1042

ELEFTHERIADIS, NIKOLAOS, *Die Bürgschaft auf erstes Anfordern*, Berlin, Duncker & Humblot, 2001

ENGELSCHALL, WALTHER, *Die gesetzlichen Pfandrechte und "Hand muß Hand wahre"*, Leipzig / Erlangen, A. Deischertsche / Werner Scholl, 1922

EPIFÂNIO, MARIA DO ROSÁRIO, "Garantias bancárias autónomas – Breves reflexões", em MANUEL AFONSO VAZ/J. A. AZEREDO LOPES, *Juris et de jure. Nos 20 anos da Faculdade de Direito da Universidade Católica Portuguesa (Porto)*, Porto, UCP, 1998, pp. 319-365

ERCOLE, STEFANO D', "Sull'alienazione in garanzia", em *CeI* 11 (1995), pp. 228-259

EUSÉBIO, DOMINGOS MARTINS, *O privilégio creditório da Fazenda Nacional*, Lisboa, CEF, 1964

FALKMANN, R., *Die Anfechtung von Rechtshandlungen durch die Gläubiger außerhalb des Konkurses*, Berlin, Franz Siemenroth, 1908

FANTAUZZI, RAIMONDO, "Lo sviluppo della giurisprudenza di merito sulla liceità del lease-back", em GC 1992, II, pp. 485-497

FARIA, JORGE RIBEIRO DE, *Direito das Obrigações*, I e II, Coimbra, Almedina, s.d. (mas 1987)

FARNSWORTH, E. ALLAN, *Contracts*, 3ª ed., New York, Aspen Law & Business, 1998

— *On Contracts*, 3ª ed., III, New Yorken, Aspen Publishers, 2004, pp. 96-97

FARO, FREDERICO DE SOUZA LEÃO KASTRUP DE, "Da validade da fiança *omnibus*", em JORGE FERREIRA SINDE MONTEIRO (org.), *Garantias das obrigações. Publicação dos trabalhos de mestrado*, Coimbra, Almedina, 2007, pp. 249-303

FERNANDES, LUÍS CARVALHO, *A conversão dos negócios jurídicos civis*, Lisboa, Quid Juris, 1993

— *Teoria Geral do Direito Civil*, II – *Fontes, conteúdo e garantia da relação jurídica*, 3ª ed., Lisboa, Universidade Católica, 2001

— "O regime registral da impugnação pauliana", em RUI MANUEL DE MOURA RAMOS / CARLOS FERREIRA DE ALMEIDA / ANTÓNIO MARQUES DOS SANTOS / PEDRO PAIS DE VASCONCELOS / LUÍS DE LIMA PINHEIRO / MARIA HELENA BRITO / DÁRIO MOURA VICENTE, *Estudos em Homenagem à Professora Doutora Isabel de Magalhães Collaço*, II, Coimbra, Almedina, 2002, pp. 25-47

FERRARA, FRANCESCO, *La girata della cambiale*, Roma, Foro Italiano, 1935

FERRARI, EMANUELE, "I floating charges e le garanzie del credito all'impresa", em *RN* 50 (1996), pp. 1357-1366

FERRARINI, GUIDO, *La locazione finanziaria*, Milano, Giuffrè, 1977

— "Changes to Personal Property Security Law in Italy: a Comparative and Functional Approach", em ROSS CRANSTON (org.), *Making Commercial Law. Essays in Honour of Roy Goode*, Oxford, Clarendon Press, 1997, pp. 477-498

FERREIRA, EDUARDO PAZ, *Da dívida pública e das garantias dos credores do Estado*, Coimbra, Almedina, 1995

— *União Económica e Monetária – Um guia de estudo*, Lisboa, Quid iuris, 1999

— "Aval do Estado", em JOSÉ DE OLIVEIRA ASCENSÃO/RUY DE ALBUQUERQUE/MARTIM DE ALBUQUERQUE/PEDRO ROMANO MARTINEZ (org.), *Estudos em Homenagem ao Professor Doutor Raul Ventura*, II – *Direito Comercial. Direito do Trabalho. Vária*, Coimbra, Coimbra Editora, 2003, pp. 997-1030

— *Ensinar Finanças Públicas numa Faculdade de Direito*, Coimbra, Almedina, 2005

FIGGE, HORST, "Vertragsformen und kalkulatorische Grundlagen des Leasing", em *AcP* 190 (1990), pp. 219-234

FIKENTSCHER, WOLFGANG, *Schuldrecht*, 9ª ed., Berlin/New York, De Gruyter, 1997

FILHO, ROMEU MARTINS RIBEIRO, "Impugnação pauliana como meio de conservação da garantia patrimonial", em JORGE FERREIRA SINDE MONTEIRO (org.), *Garantias das obrigações. Publicação dos trabalhos de mestrado*, Coimbra, Almedina, 2007, pp. 451-489

FINGER, PETER, "Formen und Rechtsnatur der Bankagarantie", em *BB* 1969, pp. 206-208

FIORENTINI, FRANCESCA, "Garanzie reali atipiche", em *RDCiv* 46 (2000), II, pp. 253-292

FLEISCHER, HOLGER, "Gegenwartsprobleme der Patronatserklärung im deutschen und europäischen Privatrecht", em *WM* 1999, pp. 666-676

FLETCHER, IAN M./SWARTING, ODD (org.), *Remedies under Security Interests*, London/The Hague/New York, Kluwer, 2002

FLUME, WERNER, "Der verlängerte und erweiterte Eigentumsvorbehalt", em *NJW* 1950, pp. 841-850

FOÀ, ARISTIDE, "Cessione di beni ai creditori" na *RDComm* 32 (1934), I, pp. 40-75

FORKEL, HANS, *Grundfragen der Lehre vom Privatrechtlichen Anwartsrecht*, Berlin, Duncker & Humblot, 1962

FRAGALI, MICHELE, "Fideiussione e assicurazione", em *BBTC* 18 (1955), I, pp. 136-152

— "L'assicurazione del credito", em *ED* III (1958), pp. 528-554

— "Garanzia (dir. priv.)" na *ED* 18 (1969), pp. 448-466

— "La fideiussione generale", em *BBTC* 34 (1971), I, pp. 321-345

— "Recenti indirizzi sulla natura dell'assicurazione fideiussoria", em *BBTC* 35 (1972), I, pp. 514-530

— "Fideiussione generale e fideiussione del fideiussore", em *BBTC* 38 (1975), II, pp. 236-245

FREITAS, JOSÉ LEBRE DE, *A acção executiva depois da reforma*, 4ª ed., Coimbra, Coimbra Editora, 2004

FREZZA, PAOLO, *Le garanzie delle obbligazioni. Corso di Diritto Romano*, I- *Le garanzie personali*, II- *Garanzie reali*, Padova, Cedam, 1962

FRIED, JÖRG, *Die weiche Patronätserklärung*, Berlin, Duncker & Humblot, 1998

FRIEDRICH, RUEDIGER, *Sicherungseigentum und Gläubigerwechsel*, Diss. Freiburg, 1970

FURTADO, JORGE HENRIQUE DA CRUZ PINTO, *Títulos de crédito. Letra, livrança, cheque*, Coimbra, Almedina, 2005, reimp. 2000

FUSARO, ANDREA, "In tema di assicurazioni fideiussorie", em *GI* 137 (1985), I, 1, pp. 97-105

— "Rapporti tra debitore e garante nelle cosiddette assicurazioni fideiussorie", em *GI* 137 (1985), I, 1, pp. 951-958

— "Ancora in tema di assicurazioni fideiussorie: questioni di interpretazione della volontà contrattuale e di controllo sulla autonomia privata", em GC 35 (1985), I, pp. 2852-2860

GABRIELLI, ENRICO, "Pegno" em *RDCiv* 39 (1993), II, pp. 687-700

— "Pegno", em *Digesto. Disc. Priv. Sez Civ.*, 4ª ed. XIII, 1995, pp. 329-349

— "Le Garanzie Rotative", em FRANCESCO GALGANO (org.), *I Contratti del Commercio, dell'Industria e del Mercato Finanziario*, I, Torino, Utet, 1995

GABRIELLI, ENRICO/DANESE, G. ANDREA, "Le garanzie sui beni dell'impresa: profili della floating charge nel diritto inglese", em *BBTC* 58 (1995), I, p. 633-659

GALGANO, FRANCESCO, "Fideiussione *omnibus* e contratto autonomo di garanzia", em AAVV, *Estudios de Derecho Bancario y Bursatil. Homenaje a Evelio*

Verdera y Tuells, Madrid, La Ley, II, 1994, pp. 899-907

— "Lettera di patronage e promesse unilaterali atipiche", em *CeI* 1996, pp. 9-16

GAMBINO, AGOSTINO, "Fideiussio, fideiussio indemnitatis e polizze fideiussorie", em *RDComm* 58 (1960), II, pp. 57-80

GARCIA, POLYBIO, *O seguro de crédito e a sua adaptação em Portugal*, Famalicão, Minerva, 1935

GAROFALO, LUIGI, "Per un'applicazione dell'*exceptio doli generalis* romana in tema di contratto autonomo di garanzia", em *RDCiv* 42 (1996), I, pp. 629-661

GASPERONI, "Modalità di costituzione del pegno sui titoli azionari nominativi e legittimazione del credore pignoraticio", em *BBTC* 14 (1951), II, pp. 309-314

GAUL, HANS FRIEDHELM, "Lex commissoria und Sicherungsübereignung - Zugleich ein Beitrag zum sogennanten Innenverhältnis bei der Sicherungsübereignung", em *AcP* 168 (1968), pp. 351-382

— "Der Einwendungsausschluß in bezug auf den Schuldtitel nach § 2 AnfG als Problem der Gläubigeranfechtung und der Urteilswirkungen gegenüber Dritten", em PETER GOTWALD / HANNS PRÜTTING, *Festschrift für Karl Heinz Schwab zum 70. Geburtstag*, München, Beck, 1990, pp. 111-138

GEIB, D., "Gläubigeranfechtung durch Einrede", em *AcP* 119 (1921), pp. 157-285

GEIB, OTTO, *Zur Dogmatik des römischen Bürgschaftsrecht*, Tübingen, Laupp'schen, 1894

GEORGIADES, APOSTOLOS, *Die Eigentumsanwartschaft beim Vorbehaltskauf. Zur Theorie der dinglichen Anwartschaften*, Tübingen, Mohr, 1963

GERHARDT, WALTER, *Die systematische Einordnung der Gläubigeranfectung*, Göttingen, Otto Schwarz & Co, 1969

— "Grundprobleme der Gläubigeranfectung und Spezialfragen der Übertragung eines belasteten Miteigentumsanteils", em *ZIP* 1984, p. 397-403

— "Zur Anfechtbarkeit bei Übertragung des einzigen Vermögensgegenstandes einer Gesellschaft bürgerlichen Rechts - Zugleich eine Besprechung der Urteile des BGH vom 5.12.1991 - IX ZR 270/90 und 271/90", em *JZ* 1992, pp. 724-727

GERNHUBER, JOACHIM, "Die fiduziarische Treuhand", em *JuS* 1988, pp. 355-363

— *Das Schuldverhältnis. Begründung und Änderung, Pflichten und Strukturen, Drittwirkungen*, Tübingen, Mohr, 1989

GIERKE, OTTO VON, *Der Entwurf eines Bürgerlichen Gesetzbuchs und das deutsche Recht*, Leipzig, Duncker & Humblot, 1889

GILMORE, GRANT, *Security Interests in Personal Property*, 2 vols, I, Boston & Toronto, Little, Brown & Company, 1965

GIOVANNI, FRANCESCO DI, *Le Lettere di patronage*, Padova, Cedam, 1984

GIOVANOLI, MARIO, *Le crédit-bail (leasing) en Europe: développement et nature juridique*, Paris, Litec, 1980

GIRTANER, WILHELM, *Die Bürgschaft nach gemeinen Civilrecht*, I- *Historisches Abteilung*, 1- *Das römische Recht*, Jena, Carl Hochhausen, 1850

GITTI, GREGORIO, "Divieto del patto commissorio, frode alla legge, «sale and lease back»", em *RTDPC* 47 (1993), pp. 457-492

GOLSER, KARL, *Die Abgrenzung burgschäftsähnlicher Versicherungen gegenüber der Bürgschaft*, Diss. Bern, 1956

GOMES, FÁTIMA, "Garantia bancária autónoma à primeira solicitação" em *DJ* 8 (1994), 2, pp. 119-210

GOMES, JÚLIO, "Sobre o âmbito da proibição do pacto comissório, o pacto comissório autónomo e o pacto marciano", em

CDP nº 8 (Outubro/Dezembro 2004), pp. 63-72

GOMES, MANUEL JANUÁRIO DA COSTA, *Constituição da relação de arrendamento urbano*, Coimbra, Almedina, 1980

— "A estrutura negocial da fiança e a jurisprudência recente", em FACULDADE DE DIREITO DA UNIVERSIDADE DE LISBOA (org.), *Estudos em Memória do Professor Doutor João de Castro Mendes*, Lisboa, Lex, s.d., pp. 323-369, recolhido em ID, *Estudos de Direito das Garantias*, I, Coimbra, Almedina, 2004, pp. 49-107

— *Assunção fidejussória de dívida. Sobre o sentido e o âmbito da vinculação como fiador*, Coimbra, Almedina, 2000

— "O mandamento da determinabilidade da fiança *omnibus* e o AUJ nº 4/2001", em RUI MANUEL DA MOURA RAMOS / CARLOS FERREIRA DE ALMEIDA / ANTÓNIO MARQUES DOS SANTOS / PEDRO PAIS DE VASCONCELOS / LUÍS DE LIMA PINHEIRO / MARIA HELENA BRITO / DÁRIO MOURA VICENTE, *Estudos em Homenagem à Professora Doutora Isabel de Magalhães Collaço*, II, Coimbra, Almedina, 2002, pp. 49-78, recolhido em ID, *Estudos de Direito das Garantias*, I, Coimbra, Almedina, 2004, pp. 109-137

— "A chamada "fiança ao primeiro pedido", em ANTÓNIO MENEZES CORDEIRO/ LUÍS MENEZES LEITÃO/JANUÁRIO DA COSTA GOMES. *Estudos em Homenagem ao Professor Doutor Inocêncio Galvão Telles*, IV- *Novos Estudos de Direito Privado*, Coimbra, Almedina, 2003, pp. 833-877, recolhido em ID, *Estudos de Direito das Garantias*, I, Coimbra, Almedina, 2004, pp. 139-184

— *Estudos de Direito das Garantias*, I, Coimbra, Almedina, 2004

— "Sobre a mora do garante na garantia bancária autónoma (a propósito do Acórdão STJ 21-11-2002)", em JORGE MIRANDA (org.), *Estudos em Honra de Ruy de Albuquerque*, Lisboa, Faculdade de Direito da Universidade de Lisboa/ Coimbra Editora, 2006

— "A fiança no quadro das garantias pessoais. Aspectos de regime", em FACULDADE DE DIREITO DA UNIVERSIDADE DE COIMBRA (org.), *Comemorações dos 35 anos do Código Civil e dos 25 anos da Reforma de 1977*, III- *Direito das Obrigações*, Coimbra, Coimbra Editora, 2007, pp. 79-119

GONÇALVES, A. LUÍS, "Consignação de rendimentos", na *RDES* 32 (1990), nºs 1 a 4, pp. 269-281

— "Privilégios creditórios: Evolução histórica. Regime. Sua inserção no tráfego creditício" em *BFD* 67 (1991), pp. 29-46

GONÇALVES, FERNANDO/ALVES, MANUEL JOÃO/ FRANCISCO, ARLINDO JOSÉ/PINTO, FERNANDO ALVES, *Regime jurídico do aval e outras garantias pessoais*, Coimbra, Almedina, 2003

GONÇALVES, LUIZ DA CUNHA, *Comentário ao Código Comercial Português*, II, Lisboa, José Bastos, 1916, pp. 467-468

— *Tratado de Direito Civil Português*, V, Coimbra, Coimbra Editora, 1932

GOODE, ROY M., "A Credit Law for Europe?", em *I.C.L.Q.* 23 (1974), pp. 227-291

— "The Secured Creditor and Insolvency under English Law", em *RabelsZ* 44 (1980) pp. 674-712

— "The Modernisation of Personal Property Security Law" em *L.Q.R.* 100 (1984) pp. 234-251

— "The English Floating Charge", em K. D. EWING/R. M. GOODE, *The Right to Strike in Britain/The English Floating Charge*, Deventor/Boston, Kluwer Law, 1989, pp. 51-62

— "Security interests in movables under English law", em KARL F. KREUZER (org.), *Mobiliarsicherheiten. Vielfalt oder Einheit?*, Baden-Baden, Nomos, 1999, pp. 43-74

— *Legal problems of credit and security*, 3ª ed., London, Sweet & Maxwell, 2003

GOODE, R. M./GOWER, L. C., "Is Article 9 of the Uniform Commercial Code Exportable? An English Reaction", em JACOB S. ZIEGEL / WILLIAM F. FOSTER (org.) *Aspects of Comparative Commercial Law: Sales, Consumer Credit and Secured Transactions*, Montreal / New York, McGill University / Oceana Publications Inc., 1969, pp. 298-349

GORLA, GINO, *Le garanzie reale delle obbligazzione*, Milano, Giuffrè, 1935

GORLA, GINO/ZANELLI, PIETRO, *Pegno. Ipoteche*, no *Commentario del Codice Civile Scialoja-Branca*, Libro IV- *Tutela dei diritti art. 2784-2899*, 4ª ed., Bologna / Roma, Zanichelli / Il Foro Italiano, 1992

GRANA, PIER LUIGI, "Determinabilità dell'oggetto e giudizio di buona fede nella fideiussione omnibus", em *CeI* 1985, pp. 749-772

GRESSER, EDMOND, "L'eurohypothèque", en *ZBGR/RNRF* 74 (1993), pp. 337-349

GRIPPO, GIOVANNI, "La garanzia automatica in bilico tra «tecnica» e «politica»: tendenze della giurisprudenza", em *BBTC* 48 (1985), II, p. 83-97

— "Clausula di «sopravvivenza» e clausola «a semplice richiesta» nei nuovo modelli A.B.I. di fideiussione: le tappe della giurisprudenza", em AAVV, *Estudios de Derecho Bancario y Bursatil. Homenaje a Evelio Verdera y Tuells*, II, Madrid, La Ley, 1994 pp. 1235-1248

GROUBER, ALEXANDRE, *De l'action paulienne en Droit Civil français contemporain*, Paris, Arthur Rousseau, 1913

GUARINO, ANTONIO, *Mandatum credendi*, Napoli, Jovene, 1982

GUDIAN, GUNTER, "Das Besitzrecht des Vorbehaltskäufers", em *NJW* 1967, pp. 1786-1789

GUILLOT, JACQUES, *Le transfert en garantie*, Paris, Godde, 1929

GURSKY, KARL-HEINZ, "Die neuere höchstrichterliche Rechtsprechung zum Mobiliarsachenrecht", em *JZ* 1991, pp. 496-503 e 650-657

GZUK, ROLAND, "Finanzierungsleasing als alternative Investitionsform", em *AcP* 190 (1990), pp. 208-218

HABERSACK, MATHIAS, "Patronatserklärungen ad incertas personas", em ZIP 1996, pp. 257-263

— "Die Akzessorietät – Strukturprinzip der europäischen Zivilrechte und eines künftigen europäischen Grundpfandrechts", em *JZ* 1997, pp. 857-865

HADDING, WALTHER/HÄUSER, FRANZ/ WELTER, REINHARD, "Bürgschaft und Garantie", em BUNDESMINISTER DER JUSTIZ (org.), *Gutachten und Vorschläge Überarbeitung des Schuldredchts*, III, Köln, Bundesanzeiger, 1983, pp. 571-759

HÄSEMEYER, LUDWIG, "Aktuelle Tendenzen in der Rechtsprechung zur Konkurs- und Einzelanfechtung", em *ZIP* 1994, pp. 418-424

HAGER, JOHANNES, "Rechtsfragen des Finanzierungsleasing von Hard- und Software", em *AcP* 190 (1990), pp. 324-355

HAMMEN, HORST, "Zinsobergrenzen im letzten "Reservat" des Faustpfandes", em *WM* 1995, pp. 185-188

HECK, PHILIPP, *Grundriß des Schuldrechts*, Tübingen, Mohr, 1929

HEERMANN, PETER W., *Geld und Geldgeschäfte*, Tübingen, Mohr, 2003

HEINSIUS, THEODOR, "Bürgschaft auf erstes Anfordern. Anmerkung zum Urteil des Bundesgerichthofs vom 15. Juli 1990", em WALTHER GERHARDT/

Wolfram Henckel/Joachim Kilger/Gerhart Kreft (org.), *Festschrift für Franz Merz*, Köln, Kommunikationsforum, 1992, pp. 177-196

Hellmann, Friedrich, "Die rechtliche Natur der Gläubigeranfechtung", em *SeuffBl.* 70 (1905), pp. 401-426

Hellwig, "Ueber die Zulässigkeit der Eigentumsübertragung zur Sichern einer Forderung" em *AcP* 64 (1881), pp. 369-394

Hennemann, Alex, "Cartas de conforto", em Jorge Ferreira Sinde Monteiro (org.), *Garantias das Obrigações. Publicação dos Trabalhos de Mestrado*, Coimbra, Almedina, 2007, pp. 51-85

Hoffmann, Nadja, "Die Actio Pauliana im deutschen Recht: Gläubigeranfechtung nach dem Anfechtungsgesetz und der Insolvenzordnung", e trad: "La *actio pauliana* en Derecho alemán: impugnación de los acreedores según la ley de impugnación y la regulación referente a la insolvencia", em Joaquín J. Forner Delaygua (org.), *La protección del crédito en Europa: La acción pauliana*, Barcelona, Bosch, 2000, respectivamente a pp. 153-176 e 15-41

Hofmann, Paul, *Der verlängerte Eigentumsvorbehalt als Mittel der Kreditsicherung des Warenslieferanten*, Diss. Mainz, 1960

Hofmeister, Herbert, "Das Liegenschaftsrecht im Zeichen der Annäherung Österreichs an die EG" em *ÖNotZ* 123 (1991), pp. 282-288

Horn, Norbert, "Bürgschaften und Garantien zur Zahlung auf erstes Anfordern", em *NJW* 1980, pp. 2153-2159

— "Globalbürgschaft und Bestimmtheitgrundsatz", em Walther Gerhardt/Wolfram Henckel/Joachim Kilger/Gerhart Kreft (org.), *Festschrift für Franz Merz*, Köln, Kommunikationsforum, 1992, pp. 217-227

— *Bürgschaften und Garantien. Aktuelle Rechstfragen der Bank-, Unternehmens- und Außenwirtschafspraxis*, 6ª ed., Köln, Kommunikationsforum, 1995

— "The UN-Konvention über unabhängige Garantien. Ein Beitrag zur lex mercatoria", em *RIW* 1997, pp. 717-723

Huber, Michael, *Anfechtungsgesetze. Gesetz über die Anfechtung von Rechtshandlungen eines Schuldner außerhalb des Insolvenzverfahrens*, 9ª ed., München, Beck, 2000

Hübner, Ulrich, "Zur dogmatisch Einordnung der Rechtsposition des Vorbehaltskäufers", em *NJW* 1980, pp. 729-735

Inzitari, Bruno, "La cessione del credito a scopo di garanzia: inefficacia e inopponibilità ai creditori dell'incasso del cesionario nel fallimento, nel concordato e nell'amministrazione controllata", em *BBTC* 51 (1997), I, pp. 153-186

Jackson, Thomas H./Kronman, Anthony T., "Secured Financing and Priorities among Creditors", *Yale L. J.* 88 (1979), pp. 1143-1182

Jaeger, Ernst, *Die Gläubigeranfechtung außerhalb des Konkursverfahrens. Erläuterungen des Anfechtungsgesetzes mit systematischer Einführung*, 2ª ed., Berlin, Walter de Gruyter, 1938

Jardim, Mónica, *A garantia autónoma*, Coimbra, Almedina, 2002

Jedzig, Joachim, "Aktuelle Rechtsfragen der Bankgarantie auf erstes Anfordern", em *WM* 1988, pp. 1469-1474

Jordano Barea, Juan Baptista, "Origen y vicisitud de la Fiducia Romana", no *BFD* 24 (1948), pp. 322-359

Jorge, Fernando Pessoa, *O mandato sem representação*, Lisboa, Ática, 1961, reimp., Coimbra, Almedina, 1995

— *Privilégio creditório a favor de instituições de previdência*, Lisboa, Separata da CTF 169-170, 1974

— *Direito das Obrigações*, 1º, Lisboa, AAFDL, 1976

— "A garantia contratual da igualdade dos credores nos empréstimos internacionais", em CENTRO DE ESTUDOS FISCAIS (org.) *Estudos comemorativos do XX aniversário*, I, Lisboa, DGCI, 1983, pp. 133-176

JOSSERAND, LOUIS, *Cours de droit civil positif français*, II- *Théorie générale des obligations. Les principaux contrats du droit civil. Les suretés*, Paris, Sirey, 1939

— *De l'esprit des droits et de leur relativité. Théorie dite de l'Abus des Droits*, 12ª ed., Paris, Dalloz, 1939

JSAY, HERMANN, "Schuldverhältnis und Haftungsverhältnis im heutigen Recht", em *JhJb* 48 (1904), pp. 187-208

JUSTO, A. SANTOS, "A execução: pessoal e patrimonial (direito romano)", em *Dir* 125 (1993), pp. 277-300

— *Direitos Reais*, 3ª ed., Coimbra, Almedina, 2011

KAINDL, RUDOLF, "Die Eurohypothek", em *ÖNotZ* 125 (1993), pp. 277-280

KAMP, ROLF, *Besitzverlust der Pfandsache als Erlöschengrund des Pfandrechts*, Diss. Köln, 1936

KASER, MAX, *Das Römische Privatrecht*, I- *Das altrömische, das vorklassiche und klassische Recht*, 2ª ed., München, Beck, 1971, II - *Die nachklassichen Entwicklungen*, 2ª ed., München, Beck, 1975

KIENINGER, EVA-MARIA, "Securities in Movable Property within Common Market", em *ERPL* 4 (1996), pp. 41-66

— *Mobiliarsicherheiten in Europäischen Binnenmarkt. Zur Einfluß der Warenverkehrsfreiheit auf das nationale und internationale Sachenrecht der Mitgliedstaaten*, Baden Baden, Nomos, 1996

— (org.), *Security Rights in Movable Property in European Private Law*, Cambridge, CUP, 2004, pp. 38-53

— "Introduction", em ID (org.), *Security Rights in Movable Property in European Private Law*, Cambridge, University Press, 2004, pp. 6-37

KLAAS, CRISTOPH, "Formelle Dokumentenstrenge im Recht der Bankgarantie", em *ZIP* 1997, pp. 1098-1102

KLEINER, BEAT, *Bankgarantie. Die Garantie unter besonderer Berücksichtigung des Bankgarantiegeschäftes*, 3ª ed., Zurich, Schultess, 1979

KLINKHAMMER, HEINZ K. / RANCKE, FRIEDBERT, "Hauptprobleme des Hypothekenrechts", em *JuS* 1973, pp. 665-672

KÖHLER, HELMUT, "Patronatserklärungen als Kreditsicherheit: tatsächliche Verbreitung - wirtschaftliche Gründe - rechtliche Bedeutung", em *WM* 1978, pp. 1338-1349

KOHTE, WOLFHARD, "Die Stellung des Schuldbeitritts zwischen Bürgschaft und Schuldübernahme", em *JZ* 1990, pp. 997-1005

KOZIOL, HELMUT, "Sicherungszession und andere Mobiliarsicherheiten aus rechtsvergleichender Sicht", em WOLFGANG WIEGAND (org.), *Mobiliarsicherheiten. Sicherungszession un - übereignung, Pfandrecht und Eogentumsvorbehalt aus privat- und verfahrensrechtlicher Sicht (Berner Bankrechtstag 1998)*, Bern Stämpfli, 1998, pp. 19-41

KRONKE, HERBERT, "Finanzierungsleasing in rechtsvergleichender Sicht", em *AcP* 190 (1990), pp. 383-408

KROENER, WILHELM, *Der Garantievertrag und seine Abgrenzung von der Bürgschaft*, Diss. Erlangen, 1911

KREUZER, KARL F., "Europäisches Mobiliarsicherungsrecht oder: von den Grenzen des Internationalen Privatrecht", em WALTER A. STOFFEL/PAUL VOLKEN (org.), *Conflits et harmonisation. Kollision und Vereinheitlichung. Conflicts and Harmonization. Mélanges en l'honneur d'Alfred E. von Overbeck à l'occasion de son 65éme anniversaire*, Fribourg Suisse, Éditions Universitaires, 1990, pp. 613-641

KÜHNE, KARL, "Die Verfolgung des Eigentumsvorbehaltes im Konkurse und Vergleichsverfahren des Käufers", em *DB* 1971, pp. 1509-1514

KÜNZL, REINHARD, "Sicherungsübereignung und Allgemeine Geschäftsbedingungen", em *BB* 1985, pp. 1884-1886

KUPISCH, BERTHOLD, "Bona fides und Bürgschaft auf erstes Anfordern", em *WM* 2002, p. 1626-1632

LAMBSDORFF, HANS GEORG GRAF, *Handbuch des Eigentumsvorbehalts im deustchem und ausländischen Recht*, Frankfurt, Athenäum, 1974

LARENZ, KARL, *Lehrbuch des Schuldrechts*, I- *Allgemeiner Teil*, 14ª ed., München, Beck, 1987, II - *Besonderer Teil*, 1, 13ª München, Beck, 1986

LARENZ, KARL/CANARIS, CLAUS-WILHELM, *Lehrbuch des Schuldrechts*, II - *Besonderer Teil*, 2, 13ª ed., München, Beck, 1994

LASCIALFARI, MASSIMO, "Le alienazione a scopo di garanzia", em VINCENZO CUFFARO (org.), *Le garanzie rafforzate del credito*, Torino, Utet, 2000, pp. 155-250

— "La cessione di crediti a scopo di garanzia", em VINCENZO CUFFARO (org.), *Le garanzie rafforzate del credito*, Torino, Utet, 2000, pp. 251-309

LAUDISA, LUCIANA, *Garanzia autonoma e tutela giurisdizionale*, Milano, Giuffrè, 1993

LECCESE, EVA, *La clausola solve e repete*, Milano, Giuffrè, 1998

LEENEN, DETLEF, "Die Pflichten des Leasing-Gebers", em *AcP* 190 (1990), pp. 259-286

LEGEAIS, DOMINIQUE, *Sûretés et garanties du crédit*, 3ª ed., Paris, LGDJ, 2002

LEITÃO, LUÍS MENEZES, *A cessão de bens aos credores*, Lisboa, AAFDL, 1987

— *O enriquecimento sem causa no Direito Civil*, Lisboa, CEF, 1996

— *O ensino do Direito das Obrigações. Relatório sobre o Programa, conteúdos e métodos de ensino da disciplina*, Coimbra, Almedina, 2001

— *Garantias das Obrigações*, 1ª ed., Coimbra, Almedina, 2006

— *Garantias das Obrigações*, 2ª ed., Coimbra, Almedina, 2008

— *Direito das Obrigações*, I- *Introdução. Da constituição das obrigações*, 9ª ed. Coimbra, Almedina, 2010, II – *Transmissão e extinção das obrigações. Não cumprimento e garantias do crédito*, 8ª ed., Coimbra, Almedina, 2011, III- *Contratos em especial*, 7ª ed., Coimbra, Almedina, 2010

— "A Convenção do Cabo e o Protocolo sobre equipamento aeronáutico: registo internacional de aeronaves", na *ROA* 71 (2011), I, pp. 35-48

LEONHARD, "Ueber die Gefahren einer Beseitigung der Verpfändung bewegelicher Sachen durch bloßen Vertrag" em *GruchotsBeitr* 25 (1881), pp. 177-221

LEVMORE, SAUL, "Monitors and Freeriders in Commercial and Corporate Settings", em *Yale L. J.* 92 (1982), pp. 49-83

LEVY, J. PH., "Coup d'oeil historique d'ensemble sur les sûretés réelles", em *TR* 55 (1987), pp. 231-266

LIESECKE, R., "Rechtsfragen der Bankgarantie", em *WM* 1968, pp. 22-28

LIMA, FERNANDO PIRES DE/VARELA, JOÃO ANTUNES, *Código Civil Anotado*, I, 4ª ed., Coimbra, Coimbra Editora, 1987 e II, 4ª ed., Coimbra, Coimbra Editora, 1997

LIPARI, MARCO, "La natura giuridica della assicurazioni fideiussoria", em *GC* 36 (1986), II, pp. 133-170

LIPPMANN, D., "Die rechtliche Natur des Anfechtungsrechfts", em *JhJb* 36 (1896), pp. 145-248

— "Der Kreditauftrag des Bürgerlichen Gesetzbuch", em *JhJb* 48 (1904), pp. 315-398

LOHMANN, ULRICH, *Einwendungen gegen den Zahlungsanspruch auns einer Bankgarantie und ihre Durchsetzung im rechtsvergleichender Sicht*, Köln, Wienand, 1984

LOIACONO, DARIO, "La tutela cautelare dell'ordinante nelle garantzie bancarie autonome: recenti tendenze", em *BBTC* 49 (1986), II, pp. 431-439

LOMEO, N./D'IPPOLITO, S., "Il mandato di credito come negozio ad effeti preparatori", em *RN* 23 (1969), pp. 314-329

LOPUCKI, LYNN M., "The Unsecured Creditor's Bargain", em *Va. L. Rev.* 80 (1994), pp. 1887-1965

LOREFICE, PAOLO, "Le garanzie astratte, garanzie autonoma a prima richiesta e fideiussione omnibus", em *RN* 41 (1987), I, pp. 521-534

LORENZO, SIXTO SANCHEZ, *Garantias Reales en el Comercio Internacional (Reserva de dominio, venta en garantia y leasing)*, Madrid, Civitas, 1993

LUÍS, ALBERTO, *Direito Bancário. Temas críticos e legislação conexa*, Coimbra, Almedina, 1985

LUMINOSO, ANGELO, *I Contratti tipici e atipici. Contratti di alienazione, di godimento, di credito*, I, Milano Giuffrè, 1995

LUPI, RICCARDO, "Fideiussione e polizza fideiussoria", em *GI* 1983, I, 2, pp. 677-684

MACIOCE, FRANCESCO, "L'atipicità della fideiussione omnibus", em *RassDCiv* 2 (1981), pp. 387-427

MADAUS, STEPHAN, *Der Schuldbeitritt als Personalsichereit. Zulässigkeit von Analogien zum Recht der Schuldübernahme und der Bürgschaft*, Berlin, Berlin Verlag, 2001

MAGNI, FRANCESCO A., "Il mandato di credito", em VINCENZO CUFFARO (org), *Le garanzie rafforzate del credito*, Torino, UTET, 2000, pp. 311-337

— "Il pegno *omnibus* e il pegno flutuante o rotativo", em VINCENZO CUFFARO (org), *Le garanzie rafforzate del credito*, Torino, UTET, 2000, pp. 367-393

MAIERINI, ANGELO, *Della revoca degli atti fraudolenti*, 4ª ed., com notas de Giorgio Giorgi, Firenze, Fratteli Cammelli, 1912

MAJO, ADOLFO DI, "La clausola omnibus nella fideiussione e parametri valutativi", em *CeI* 7 (1991), pp. 19-32

MANCINI, TOMMASO, "Pegno di crediti, cessio pro solvendo e cessione a scopo di garanzia", em *BBTC* 31 (1968), II, pp. 283-289

MANDRY, GUSTAV, *Der civilrechtliche Inhalt der Reichgesetze*, Freiburg/Leipzig/Tübingen, Mohr, 1898

MARCHI, GIORGIO DE, "Onerosità e gratuitità dell'avallo e delle garanzie personali in generale", em *RDCiv* 4 (1958), pp. 637-650

MARIANO, JOÃO CURA, *Impugnação pauliana*, Coimbra, Almedina, 2004

MAROTZKE, WOLFGANG, *Das Anwartschaftsrecht – ein Beispiel sinnvoller Rechtsfortbildung? Zugleich ein Beitrag zum Recht zur Verfügungen*, Berlin, Duncker & Humblot, 1977

— "Die Aufhebung grundpfandrechtbelasteter Eigentumsanwartschaften", em *AcP* 186 (1986), pp. 490-517

— "Rechtsprobleme des Gläubigerzugriffs auf anfechtbar zedierte Forderungen des Schuldners – Stellungnahme zu dem Urteil des BGH, KTS 1987, 295-", em *KTS* 48 (1987), pp. 569-596

— "«Dingliche» Wirkung der Gläubiger- und Konkursanfechtung", em *KTS* 48 (1987), pp. 1-25

— "Die dinglichen Sicherheiten im neuen Insolvenzrecht", em *ZZP* 109 (1996), pp. 429-471

Marques, J. P. Remédio, "Locação financeira restitutiva (sale and lease-back) e a proibição de pacto comissório – negócio fiduciário, mútuo e acção executiva", em *BFD* 77 (2001), pp. 575-632

Martinek, Michael, *Moderne Vertragstypen*, I- *Leasing und Factoring*, München, Beck, 1991

Martinez, Pedro Romano, *Direito das Obrigações (Parte Especial). Contratos. Compra e venda. Locação. Empreitada.*, 2ª ed., Coimbra, Almedina, 2001

— "Garantias bancárias", em António Menezes Cordeiro/Luís Menezes Leitão/Januário da Costa Gomes, *Estudos em homenagem ao Professor Doutor Inocêncio Galvão Telles*, II- *Direito Bancário*, Coimbra, Almedina, 2003, pp. 265-288

— "Privilégios creditórios", em Diogo Leite de Campos (org.), *Estudos em Homenagem ao Prof. Doutor Manuel Henrique Mesquita*, II, Coimbra, Universidade de Coimbra / Coimbra Editora, 2009, pp. 111-130

Martinez, Pedro Romano/Ponte, Pedro Fuzeta da, *Garantias de cumprimento*, 5ª ed., Coimbra, Almedina, 2006

Martini, Angelo de, "La cessione dei beni ai creditori" na *RDComm* 40 (1942), I, pp. 310-333

Martins, José Pedro Fazenda, "Direitos reais de gozo e garantia sobre valores mobiliários", em AAVV, *Direito dos Valores Mobiliários*, Lisboa, FDL / Lex, 1997, pp. 99-119

Marty, Gabriel/Raynaud, Pierre/Jestaz, Philippe, *Les sûretés. La publicité foncière*, 2ª ed., Paris, Sirey, 1987

Mastropaolo, Fulvio, *I contratti autonomi di garanzia*, Torino, Giappicheli, 1989

— "Pagamento a prima richiesta, limiti alla inopponibilità delle eccezeioni e problemi probatori", em *BBTC* 53 (1990), II, pp. 553-590

Mata, Tiago Reis de Athayde, "Da garantia fiduciária no âmbito do sistema financeiro", em Jorge Ferreira Sinde Monteiro (org.), *Garantias das obrigações. Publicação dos trabalhos de mestrado*, Coimbra, Almedina, 2007, pp. 525-564

Matias, Armindo Saraiva, *Garantias Bancárias Activas e Passivas*, Lisboa, Scripto, 1999

Maury, Jacques, *Essai sur le rôle de la notion d'équivalence en droit civil français*, II- *La notion d'équivalence en matière extra-contractuelle*, Paris, Jouve, 1920

Mazeaud, Henri/Mazeaud, Léon/Mazeaud, Jean/Chabas, François, *Leçons de Droit Civil*, II-1- *Obligations. Théorie générale*, 9ª ed., por François Chabas, Paris, Montchrestien, 1998

— *Leçons de Droit Civil*, tome III, volume 1- *Sûretés. Publicité fonciére*, 7ª ed., por Yves Picot, Paris, Montechrestien, 1999

Mazzoni, Alberto, "Le dichiarazioni di *patronage*", em Piero Verrucoli (org.), em *Nuovi tipi contrattuali e tecniche di redazione nella pratica commerciali. Profili comparatistici*, Milano, Giuffrè, 1978, pp. 39-95

— "Le lettere di patronage", em Giuseppe B. Portale (org.), *Le operazioni bancarie*, Milano, Giuffrè, s.d. (mas 1978), pp. 1079-1129

— "Lettere di patronage, mandato di credito e promessa del fatto del terzo", em *BBTC* 47 (1984), II, p. 334-382,

— "Le lettere di patronage nelle procedure concorsuali: contributo allo studio dei profili sistematici delle garanzie autonome", em *BBTC* 47 (1984), II, pp. 385-400

— *Le Lettere di Patronage*, Milano, Giuffrè, 1986

— "Lettere di patronage" em *Digesto. Disc. Priv. Sez. Comm.*,VIII, 4ª ed., Torino, Utet, 1992, pp. 563-580

— "Le lettere di *patronage* nei rapporti tra società madre e società figlia all'interno di un gruppo di imprese", em UGO DRAETTA/CESARE VACCÀ, *Le garanzie contrattuali. Fideiussione e contratti autonomi di garanzia nella prassi interna e nel commercio internazionale*, Milano, EGEA, 1994, pp. 463-484

MAZZONI, COSIMO MARCO/BRUGLIERE, CONCETTA, "La polizza fideiussoria", em *NGCC* 2 (1986), II, p. 378-388

MEDICUS, DIETER, Comentários em AAVV, *Münchener Kommentar zum Bürgerlichen Gesetzbuch*, 6- *Sachenrecht*, §§ 854-1296, 4ª ed., München, Beck, 2004

MEINCKE, JENS PETER, "Steuerbezogene Argumente in der Zivilrechtsprechung zum Finanzierungsleasing", em *AcP* 190 (1990), pp. 358-380

MENDES, ARMINDO RIBEIRO, "Um novo instrumento financeiro: as obrigações hipotecárias", na *RB* nº15 (1990), pp. 59-100

— "Exercício da impugnação pauliana e a concorrência entre credores", em RUI MANUEL DE MOURA RAMOS / CARLOS FERREIRA DE ALMEIDA / ANTÓNIO MARQUES DOS SANTOS / PEDRO PAIS DE VASCONCELOS / LUÍS DE LIMA PINHEIRO / MARIA HELENA BRITO / DÁRIO MOURA VICENTE, *Estudos em Homenagem à Professora Doutora Isabel de Magalhães Collaço*, II, Coimbra, Almedina, 2002, pp. 417-455

MENDES, EVARISTO, "Fiança geral", na, *RDES* 37 (1995), pp. 126-158

— "Garantias bancárias. Natureza", na *RDES* 37 (1995), pp. 445-473

— "Aval e fiança geral" em *DJ* 14 (2000), 1, pp. 149-169

MENDES, JOÃO DE CASTRO, *Acerca do seguro de crédito*, Lisboa, Separata da Revista Bancária, nº 27, 1972

—*Teoria Geral do Direito Civil*, II, Lisboa, AAFDL, 1985 (mas 1979)

MENDES, PAULO SOUSA, "A garantia geral das obrigações", na *RJ* nº 6 (1986), pp. 87-131

MENZEL, ADOLF, *Das Anfechtungsrecht der Gläubiger nach österreichischen Recht*, Wien, Alfred Hölder, 1886

MEO, GIORGIO, "Fideiussione e polizze fideiussorie: la clausola a prima richiesta", em *CeI* 14 (1998), pp. 921-940

MEO, ROSANNA DE, *La cessione dei beni ai creditori*, Milano, Giuffrè, 1999

MEO, WALTER DI, *La lettera di patronage nell'economia di azienda*, Padova, Cedam, 1984

MESCH, VOLKER, *Die Rechtsnatur der Gläubigeranfectung innerhalb und außerhalb des Konkurses*, Regensburg, Roderer, 1993

MESQUITA, JOSÉ ANDRADE, "Consignação de rendimentos ou anticrese: alguns aspectos do seu regime e natureza jurídica", em *BCNP*, nº 21 (1990), pp. 139-155

MESQUITA, MANUEL HENRIQUE, *Direitos Reais*, Coimbra, polic., 1967

— "Anotação Ac. STJ 17/1/1995", em *RLJ* 128 (1996), pp. 218-224, e 251-256

MESSINETTI, DAVID, "Le strutture formali della garanzia mobiliare", em *RCDPriv.* 9 (1991), pp. 783-827

MESTRE, JACQUES/PUTMAN, EMMANUEL/BILLIAU, MARC, *Droit Commun des Sûretés Réelles*, em JACQUES GHESTIN (org.), *Traité de Droit Civil*, Paris, LGDJ, 1996

— *Droit Spéciel des Sûretés Réelles*, em JACQUES GHESTIN (org.), *Traité de Droit Civil*, Paris, LGDJ, 1996

MEULEN, EDZARD TER, *Die Floating Charge – ein Sicherungsrechts am Vermögen einer englischen Company*, Berlin/Frankfurt, Metzner, 1969

MICHALSKI, LUTZ, "Die Patronatserklärung", em *WM* 1994, pp. 1229-1240

— "Bürgschaft auf erstes Anfordern", em *ZBB* 1994, p. 289-303
— "Ausdrückliche und konkludente Bürgschaft auf erstes Anfordern", em *ZBB* 1996, pp. 224-229
MICHEL, RAYMOND, *L'assurance de crédits en droit comparé. Essai théorique et technique*, Paris, 1930
MIRANDA, ANTONELLO, "A *neverending story*: la fideiussione omnibus", em UGO DRAETTA/CESARE VACCÀ, *Le garanzie contrattuali. Fideiussione e contratti autonomi di garanzia nella prassi interna e nel commercio internazionale*, Milano, EGEA, 1994
MIRANDA, JORGE, "Relatório com o Programa, os Conteúdos e os Métodos de ensino de Direitos Fundamentais", em *RFDUL* 26 (1985), pp. 385-559
MISERA, KARLHEINZ, "Zum Eigentumsvorbehalt im klassischen römischen Recht", em ULRICH HUBER/ ERIK JAYME, *Festschrift für Rolf Serick zum 70. Geburtstag*, Heidelberg, Recht und Wirtschaft, 1992, pp. 275-283
MODIGLIANI, FRANCO/MILLER, MERTON H., "The Cost of Capital, Corporation Finance and the Theory of Investment", em *Am. Ec. Rev.* 48 (1958), pp. 261-297
MÖHLENBROCK, ROLF, *Die Gläubigeranfechtung im deutschen und spanischen Recht: eine rechtsvergleichende Betrachtung der Gläubigeranfechtung innerhalb und außerhalb des Konkurses*, Frankfurt a. M./ Berlin/Bern/New York/Paris/Wien, Lang, 1996
MOLLE, GIACOMO, "Fideiussione bancaire e assicurazioni fideiussorie", em *BBTC* 16 (1953), pp. 442-452
MONTAGNANI, CATERINA, "Fideiussione in funzione di cauzione e deroghe convenzionali all'art. 1957 c.c." em *BBTC* 47 (1984), II, pp. 63-78
— "Le garanzie prese sul serio: cortesia, pratiche generali interpretative e controlli nelle lettere di *patronage*", em *BBTC* 49 (1986), II, pp. 450-494
MONTEIRO, ANTÓNIO PINTO, "Sobre as cartas de conforto na concessão de crédito", em ANTUNES VARELA/ DIOGO FREITAS DO AMARAL/JORGE MIRANDA/J. J. GOMES CANOTILHO (org.), *Ab Uno ad Omnes – 75 anos da Coimbra Editora – 1920-1995*, Coimbra, Coimbra Editora, 1998, pp. 413-467
MONTELEONE, GIROLAMO ALESSANDRO, *Profili sostanziali e processuali dell'azione surrogatoria. Contributo allo studio della responsabilità patrimoniale dal punto di vista dell'azione*, Milano, Giuffrè, 1975
MOONEY, JR., CHARLES W., "Security interests in personal property under the Laws of the United States of America and Canada", em KARL F. KREUZER (org.), *Mobiliarsicherheiten. Vielfalt oder Einheit?*, Baden-Baden, Nomos, 1999, pp. 91-103
MORAIS, FERNANDO GRAVATO, *União de contratos de crédito e de venda para o consumo. Efeitos para o financiador do incumprimento pelo vendedor*, Coimbra, Almedina, 2004
— "Anotação Ac. RL 21/2/2002", em *CDP* 6 (2004), pp. 49-53
MOREIRA, GUILHERME, *Instituições de Direito Civil Português*, II – *Das Obrigações*, Coimbra, França Amado, 1916
— "Patrimónios autónomos nas obrigações" no *BFD* 7 (1921-1923), pp. 47-64
MORMANN, "Die neuere Rechtsprechung des Bundesgerichthofs zur Sicherungsübereignung" em *WM* 1975, pp. 582-589
MOSCH, WOLFGANG, *Patronatserklärungen deutscher Konzernmuttergesellschaften und ihre Bedeutung für die Rechnungslegung*, Bielefeld, Gieseking, 1978

Motive zu dem Entwurf eines Bürgerlichen Gesetzbuches für das Deutsche Reich, III-*Sachenrecht,* 2ª ed., Berlin, Guttentag, 1896

MOTZKE, GERD, *Die Bauhandwerkersicherungshypothek. Eine rechtsgeschichtliche, rechtsvergleichende, rechtsdogmatische und rechtstatsächliche Untersuchung,* Berlin, Schmidt, 1981

MOULY, CHRISTIAN, "La publicité des sûretés réelles mobilières" em *ERPL* 6 (1998), pp. 51-69

MÜHL, OTTO, "Materiellrechtliche und verfahrensrechtliche Fragen bei der Bankgarantie 'Zahlung auf erstes Anfordern'", em RONALD H. GRAVESON / KARL KREUZER / ANDRÉ TUNC / KONRAD ZWEIGERT, *Festschrift für Imre Zajtay / Mélanges en l'honneur d'Imre Zajtay,* Tübingen, Mohr, 1982, pp. 389-407

MÜLBERT, PETER O., *Mißbrauch von Bankgaranties und einstweiliger Rechtsschutz. Die dogmatischen Grundlagen der Bankgarantie "auf erstes Anfordern" und ihre Behandlung im Verfahren des einstweiligen Rechtschutzes,* Tübingen, Mohr, 1985

— "Neueste Entwicklungen des materiellen Rechts der Garantie "auf erstes Anfordern"", em *ZIP* 1985, pp. 1101-1114

MÜLLER, GUSTAV C., *Der Kreditauftrag als mandatum qualificatum insbesondere nach römischen und schweizerischem Recht,* Zürich, Hans A. Gutzwiller, 1926

NICTOLIS, ROSANNA DE, "Divieto del patto comissorio, alienazione in garanzia e *sale-lease-back*", em *RDCiv* 37 (1991) II, pp. 535-569

NORONHA, ANDRÉ NAVARRO DE, *As cartas de conforto,* Coimbra, Coimbra Editora, 2004

NOVA, GIORGIO DE, *Nuovi contratti,* 2ª ed., Torino, Utet, 1994

— *Il contratto di leasing,* 3ª ed., Milano, Giuffrè, 1995

NUNES, FERNANDO CONCEIÇÃO, "Depósito e conta", em ANTÓNIO MENEZES CORDEIRO/LUÍS MENEZES LEITÃO/ JANUÁRIO DA COSTA GOMES, *Estudos em Homenagem ao Professor Doutor Inocêncio Galvão Telles,* II- *Direito Bancário,* Coimbra, Almedina, 2002, pp. 67-88

OBERMÜLLER, MANFRED, "Die Patronatserklärung", em *ZGR* 1975, pp. 1-47

OERTMANN, PAUL, "Die Wirkung der Gläubigeranfechtung", em *ZZP* 33 (1904), p. 1-33

— "Die Ausbietungsgarantie" em *DJZ* 1919, pp. 228-234

OETTMEIER, ANDREA, *Bürgschaften auf erstes Anfordern,* München, VVF, 1996

OLAVO, FERNANDO, *Direito Comercial.* Apontamentos das Lições de 1959-1960 coligidos por José Eduardo Jardim e Luís Braz Teixeira, Lisboa, AAFDL, 1959

— "Privilégios creditórios sobre o navio. Um feixe de questões", em *CJ* 9 (1984), 5, pp. 13-17

OLIVEIRA, NUNO MANUEL PINTO, *Contrato de compra e venda. Noções fundamentais,* Coimbra, Almedina, 2007

ORLANDO, CALOGERO VINCI, "Il leasing e le garanzie", em BANCO DI SARDEGNA (org.), *Le garanzie reali e personali nei contratti bancari,* Milano, Giuffrè, 1976, pp. 233-238

PACE, PASQUALE DI, *Il pegno dei crediti,* Padova, Cedam, 1939

PACHECO, ANTÓNIO CARNEIRO, *Do direito de retenção na legislação portuguesa,* Coimbra, Imprensa da Universidade, 1911

— *Dos privilégios creditórios,* 2ª ed., Rio de Janeiro, Ribeiro dos Santos, 1914

PATRÍCIO, JOSÉ SIMÕES, "Preliminares sobre a garantia "on first demand"", na *ROA* 43 (1983), pp. 677-718

PAULUS, GOTTHARD, "Sinn und Formen der Gläubigeranfechtung", em *AcP* 155 (1956), pp. 277-374

— "Schranken des Gläubigerschutzes aus relativer Unwirksamkeit", em ROLF DIETZ/HEINZ HÜBNER, *Festschrift für Hans Carl Nipperdey zum 70. Geburtstag*, I, München/Berlin, Beck, 1965, pp. 909-937

PENNINGTON, ROBERT R., "The Genesis of the floating charge", em *Modern L. Rev.* 23 (1960), pp. 630-646

PERALTA, ANA MARIA, *A posição jurídica do comprador na compra e venda com reserva de propriedade*, Coimbra, Almedina, 1990

PERASSI, MARINO, "In tema di «pegno omnibus»", em *GI* 1988, I 2, p. 487-494

PEREIRA, CARLOS, "Perde ou não o portador da letra os seus direitos contra o avalista do aceitante por não ter feito o protesto atempadamente?", na *ROA* 4 (1944), pp. 166-193

PETERS, FRANK, "Die Bauhandwerkersicherungshypothek bei Mängeln der Werkleistung, em *NJW* 1981, ppp. 2550-2553

— "Das Pfandrecht als Recht zum Besitz", em *JZ* 1995, pp. 390-392

PETTI, GIOVANNI BATTISTA, *La fideiussione e le garanzie personali del credito*, Padova, Cedam, 2000

PICOT, GERHARD, "Die Anschluß-Sicherung nach voraufgegangener Sicherungsübereignung als eigenständige Kreditunterlage", em *BB* 1979, pp. 1264-1273

PIEDELIÉVRE, STÉPHANE, *Les sûretés*, 3ª ed., Paris, Colin, 2001

PIEPOLI, GAETANO, *Garanzie sulle merci e spossessamento*, Napoli, Jovene, 1980

PIKART, HEINZ, "Die Rechtsprechung des BGH zum Pfandrecht an beweglichen Sachen", em *WM* 1962, pp. 98-104

PINHEIRO, JORGE DUARTE, "Garantia bancária autónoma", em *ROA* 52 (1992), pp. 417-465

PINHEIRO, LUÍS LIMA, *A cláusula de reserva de propriedade*, Coimbra, Almedina, 1988

PINTO, CARLOS MOTA, "Onerosidade e gratuitidade das garantias de dívidas de terceiro na doutrina da falência e da impugnação pauliana", em *BFD número especial* (1983) – *Estudos em homenagem ao Prof. Doutor J. J. Teixeira Ribeiro*, III-Iuridica, pp. 93-117

PINTO, EDUARDO VERA-CRUZ, *O Direito das Obrigações em Roma*, I, Lisboa, AAFDL, 1997

PINTO, RUI, *Penhora, venda e pagamento*, Lisboa, Lex, 2003

— *A acção executiva depois da reforma*, Lisboa, Lex, 2004

PIRES, CATARINA MONTEIRO, *Alienação em garantia*, Coimbra, Almedina, 2010

PIRES, MIGUEL LUCAS, "Os privilégios creditórios dos créditos laborais, em *QL* ano 9 (2002), nº 20, pp. 164-202

— *Dos privilégios creditórios: regime jurídico e sua influência no concurso de credores*, Coimbra, Almedina, 2004

PISCITELLO, PAOLO, *Le garanzie bancarie flottanti*, Torino, Giappichelli, 1999

PLANIOL, MARCEL/RIPERT, GEORGES, *Traité pratique de Droit Civil Français*, VII, Paris, LGDJ, 1931

PONTIROLI, LUCIANO, *Le garanzie autonome ed il rischio del creditore. Un contributo alla lettura del sistema*, Padova, Cedam, 1992

PORRETTI, ANTONELLA, *Lettere di patronage*, Torino, Giappichelli, 1991

PORTA, UBALDO LA, "Considerazioni sulla causa e sui limiti delll'autonomi del contratto autonomo di garanzia", em *RN* 46 (1992), pp. 123-160

PORTALE, GIUSEPPE P., "Fideiussione e *Garantievertrag* nella prassi bancaria", em PIERO VERRUCOLI (org.), *Nuovi tipi contrattuali e tecniche di redazione nella pratica commerciali. Profili comparatistici*, Milano, Giuffrè, 1978, pp. 3-38 e em GIUSEPPE B. PORTALE (org.), *Le ope-*

razioni bancarie, Milano, Giuffrè, s.d. (mas 1978), pp. 1043-1078
— (org.), *Le operazioni bancarie*, Milano, Giuffrè, s.d. (mas 1978)
— "Nuovi sviluppi del contratto autonomo di garanzia", em *BBTC* 48 (1985), I, pp. 169-187
— "Le garanzie bancarie internazionali", em *BBTC* 51 (1988), I, pp. 1-55
PRATA, ANA, *O contrato-promessa e o seu regime civil*, Coimbra, Almedina, 1995
PRESTI, GAETANO, "Il Privilegio per I Finanziamenti Bancari a Medio e Lungo Termine in Favore delle Imprese" em *BBTC* 58 (1995), I, pp. 593-632
PRIESTER, HEINZ, *Der Garantievertrag*, Berlin, Risse, 1935
PRINCIPLES OF EUROPEAN LAW. STUDY GROUP ON A EUROPEAN CIVIL CODE / ULRICH DROBNIG (org.), *Personal Security (PEL Per. Sec.)*, Staempler / Bruylant / Sellier, 2007
PRINCIPLES OF EUROPEAN LAW. STUDY GROUP ON A EUROPEAN CIVIL CODE / ULRICH DROBNIG / OLE BÖGER (org.), *Proprietary Security in Movable Assets (PEL Prop. Sec.)*, Oxford University Press, 2015
PROSPERI, OSVALDO, "Lettre de patronage e mendacio bancario", em *BBTC* 42 (1979), I, pp. 152-179
Protokolle der Kommission für die zweite Lesung des Entwurfs des Bürgerlichen Gesetzbuchs, III, Berlin, Guttentag, 1899
PUCHTA, F. G., *Pandekten*, 12ª ed., Leipzig, Barth, 1877
PUGLIA, FERDINANDO, *Dell'azione pauliana e del fondamento scientifico del diritto di proprietà*, Napoli, Ernesto Anfossi, 1886
PUTZOLU, GIOVANNA VOLPE, "Assicurazione fideiussorie, fideiussione omnibus e attività assicurativa", em *BBTC* 45 (1982), II, pp. 245-258
QUATRARO, BARTOLOMEO/FUMAGALLI, ALBERTO, *La revocatoria ordinaria e fallimentare*, 2ª ed., Milano, IPSOA, 1994
RAAPE, LEO, *Die Verfallklausel bei Pfand und Sicherungsübereignung*, Berlin, Franz Vahlen, 1913
RÄFLE, SIEGFRIED, "Die neuere Rechsprechung des Bundesgerichtshofes zu Hypothek und Grundschuld", em *WM* 1983, pp. 806-816
RAISER, LUDWIG, *Dingliche Anwartschaften*, Tübingen, Mohr, 1961
RAMOS, RUI MANUEL GENS MOURA, *Direito Comunitário (Programa, conteúdos e métodos de ensino)*, Coimbra, s.e., 2003
RAVAZZONI, ALBERTO, "Sulle c.d. polizze fideiussorie", em *FI* 80 (1957), pp. 1311-1314
— "Le c. d. cauzioni fideiussorie o polizze fideiussorie", em GIUSEPPE B. PORTALE (org.), *Le operazioni bancarie*, Milano, Giuffrè, s.d. (mas 1978), pp. 1023-1042
— "La fideiussione generale", em *BBTC* 63 (1980), I, p. 257-299
REALMONTE, FRANCESCO, "Il Pegno", em PIETRO RESCIGNO (org.), *Trattato di Diritto Privato*, 19- *Tutela dei diritti*, Torino, Utet, 1985, pp. 629-672
REICH, NORBERT, "Funktionsanalyse und Dogmatik bei der Sicherungsübereignung", em *AcP* 169, pp. 247-270
— *Die Sicherungsübereignung*, Bad Homburg, Athenäum, 1970
REICHARD, DIETER/KÜHNEL, WOLFGANG/WITTIG, REINHARD/GREBNER, RAINER, *Eigentumsvorbehalt und andere Kreditsicherungsmittel im ausländischen Rechten*, 3ª ed., Heidelberg, Recht und Wirtschaft, 1973
REICHEL, HANS, *Die Schuldmitübernahme (Kumulative Schuldübernahme)*, München, Beck, 1909
REINICKE, DIETRICH/TIEDKE, KLAUS, *Gesamtschuld und Schuldsicherung durch*

Bürgschaft, Hypothek, Grundschuld, Pfandrecht an beweglichen Sachen und Rechten, Neuwied/Darmstadt, Luchterhand, 1981

— "Begründung des Sicherungseigentums", em *DB* 1994, pp. 2173-2179

RESCIGNO, MATTEO, "Le garanzie "rotative" convenzionali: fattispecie e problemi di disciplina", em *BBTC* 54 (2001), pp. 1-29

RESCIGNO, PIETRO, "Il problema della validità delle fideiussione c.d. omnibus", em *BBTC* 35 (1972), II, pp. 22-31

RIBEIRO, ANTÓNIO SEQUEIRA, "Garantia bancária autónoma à primeira solicitação: algumas questões", em ANTÓNIO MENEZES CORDEIRO/LUÍS MENEZES LEITÃO/JANUÁRIO DA COSTA GOMES, *Estudos em homenagem ao Professor Doutor Inocêncio Galvão Telles*, II- *Direito Bancário*, Coimbra, Almedina, 2003, pp. 289-426

RICCIARDONE, ANGELA DE SANCTIS, "Patronage e «raccomandazione»", em *RCDP* 1 (1983), pp. 397-415

RIGGERT, RAINER, "Die Raumsicherungsübereignung: Bestellung und Realisierung unter den Bedingungen der Insolvenzordnung", em *NZI* 2000, pp. 241-245

RIVA, ILARIA, "Il contratto di *sale and lease-back* e il divieto di patto comissorio", em *CeI* 17 (2001), pp. 300-324

RIVERO, FRANCISCO, "La acción pauliana en Derecho español", em JOAQUÍN J. FORNER DELAYGUA (org.), *La protección del crédito en Europa: La acción pauliana*, Barcelona, Bosch, 2000, pp. 43-71

RIMMELSPACHER, BRUNO, *Kreditsicherungsrecht*, 2ª ed. München, Beck, 1987

ROCA SASTRE, RAMÓN, "La causa en el negócio jurídico" em RAMÓN ROCA SASTRE, *Estudios de derecho privado*, com a colaboração de José Puig Brutau, Madrid, Editorial Revista de Derecho Privado, 1948, pp. 48-93

ROCCO, FEDERICA, "Contratto di *sale and lease back* e divieto di patto comissorio: l'orientamento della suprema corte", em *RDComm* 95 (1997), pp. 160-164

ROCHA, ANA CATARINA, "A cláusula de reserva de propriedade na Directiva 2000/35/CE do Parlamento Europeu e do Conselho sobre as medidas de luta contra os atrasos no pagamento", em *RFDUP* 2 (2005), pp. 9-78

RODRIGUES, MANUEL, *A posse. Estudo de Direito Civil Português*, 3ª ed., por Fernando Luso Soares, Coimbra, Almedina, 1980

RODRIGUES, NUNO MADEIRA, *Das letras. Aval e protesto*, Coimbra, Almedina, 2002

RÖTELMANN, "Sicherungsübereignung und Besitzermittlungsverhältnis", em *NJW* 1958, p. 1124

RÖVER, JAN-HENDRIK, "Das EBWE-Modellgesetz für Sicherungsgeschäfte", em KARL F. KREUZER (org.), *Mobiliarsicherheiten. Vielfalt oder Einheit?*, Baden-Baden, Nomos, 1999, pp. 125-134

ROJO AJURIA, LUIS, "Las garantías mobiliarias (Fundamentos del Derecho de Garantías Mobiliarias a luz de la experiência de los Estados Unidos de America)", em *ADC* 42 (1989), pp. 717-811

— *La compensación como garantia*, Madrid, Civitas, 1992

ROPPO, ENZO, "La responsabilità patrimoniale del debitore", em PIETRO RESCIGNO (org.), *Trattato di Diritto Privato*, 19- *Tutela dei diritti*, Torino, Utet, 1985, pp. 363-448

ROSPRICH, HOLGER, *Die auflösend bedingte Sicherungsübertragung und ihr Verhältnis zur unbedingten Sicherungübertragung*, Diss. Saarlandes, 1971

ROTH, HERBERT, "Zur gerichtlichen Inhaltskontrolle von Finanzierungs-Leasingverträgen", em *AcP* 190 (1990), pp. 292-318

ROTHENBERG, "Der Kreditauftrag", em *AcP* 77 (1891), pp. 323-347

RUBINO, DOMENICO, *L'Ipoteca Inmobiliare e Mobiliare*, vol. XIX, do *Trattato di Diritto Civile e Commerciale*, di ANTONIO CICU / FRANCESCO MESSINEO (org.), Milano, Giuffrè, 1956

— *La Compravendita*, vol. XXIII, do *Trattato di Diritto Civile e Commerciale*, di ANTONIO CICU / FRANCESCO MESSINEO (org.), 2ª ed., Milano, Giuffrè, 1971

RÜHL, HELMUT, *Eigentumsvorbehalt und Abzahlungsgeschäft einschliesslich des Rechts der Teilzahlungsfinanzierung*, Berlin, Springer, 1930

RÜMKER, DIETRICH, "Probleme der Patronätserklärung in der Kreditsicherungspraxis", em *WM* 1974, pp. 990-999

RÜSSMANN, HELMUT/BRITZ, JÖRG W., "Die Auswirkungen des Grundsatzes der formellen Garantiestrenge auf die Geltendmachung einer befristeten Garantie auf erstes Anfordern", em *WM* 1995, pp. 1825-1834

RUSSO, CLAUDIO, *Le assicurazioni fideiussorie*, Milano, Giuffrè, 1997

RUSSO, PIETRO, "Fideiussione, assicurazione del credito, assicurazione fideiussorie", em *GC* 33 (1983), I, pp. 240-243

RUTKOWSKY, STEFAN, *Rechtsnatur und Wirkungsweise der Gläubigeranfechtung unter besonderer Berücksichtigung der Einzelfälle anfechtbar Rechtshandlungen*, Diss. Bonn, 1969

SABATO, FRANCO DI, "Brevi note in tema di polizze fideiussorie", em *BBTC* 23 (1960), II, pp. 543-546

SALINAS, CARLOS, "Il pegno «omnibus»", em *BBTC* 60 (1997), I, pp. 603-622

SALVADOR, MANUEL JÚLIO GONÇALVES, "Seguro-caução", em *Dir* 100 (1968), pp. 305-331

SALVESTRONI, UMBERTO, "Fideiussionei speciali, atipichi o miste e solidarietá attenuate", em *BBTC* 45 (1982), I, pp. 1085-1094

SALVI, FERDINANDO, *La cessione dei beni ai creditori*, Milano, Giuffrè, 1947

SAMEIRO, PEDRO, "O direito de retenção e a situação do credor hipotecário", na *RB* nº26, 1993, pp. 89-97

SÁNCHEZ-CALERO GUILARTE, "El aval cambiario", em AAVV, *Estudios de Derecho Bancario y Bursatil. Homenaje a Evelio Verdera y Tuells*, III, Madrid, La Ley, 1994

— *El contrato autónomo de garantía. Las garantías a primera demanda*, Madrid, Centro de Documentación Bancaria y Bursátil, 1995

SANDRELLI, JOHN R./RAMSAY, CHRISTOPHER J./BAHADOORSINGH, ANJILI I., "Remedies under Security Interests in Canada: An Overview", em IAN M. FLETCHER/ODD SWARTING (org.), *Remedies under Security Interests*, London/The Hague/New York, Kluwer, 2002, pp. 53-100

SANTOS, ANTÓNIO MARQUES DOS, *Defesa e Ilustração do Direito Internacional Privado*. Lisboa, Separata da *RFDUL*, 1998

SANTOS, JORGE COSTA, *O aval do Estado*, Lisboa, Lex, 2000

SANTOS, JOSÉ BELEZA DOS, *A simulação em Direito Civil*, I, Coimbra, Coimbra Editora, 1921

SAPUILE, BELCHIOR DO ROSÁRIO LOYA E, "Prevalência do direito de retenção sobre a hipoteca", em JORGE FERREIRA SINDE MONTEIRO (org.), *Garantias das obrigações. Publicação dos trabalhos de mestrado*, Coimbra, Almedina, 2007, pp. 87-136

SARLO, LUIGI DE, "Ipoteca (diritto romano)", em *NDI* 7 (1938), pp. 151-156

SCACCHI, ARIANNA, "La cessione del credito a scopo di garanzia", *RDComm* 99 (2001), I, pp. 613-654

SCAPEL, CHRISTIAN, "Le droit de rétention en droit positif. Un îlot de résistance au contrôle du juge", em *RTDC* 80 (1981), pp. 539-570

SCHAFFLAND, HANS-JÜRGEN, "Patronätserklärungen – eine Untersuchung des Sicherheitscharakters und ihrer Auswirkungen auf die Rechnungslegung", em *BB* 1977, pp. 1021-1025

SCHAPP, JAN, "Die Reform des Rechts der Löschungsvormerkung und das System des Grundpfandrechts", em *JuS* 1979, pp. 544-548

SCHMIDT, RUDOLF, "Der Pfandbesitz", em *AcP* 134 (1931), pp. 1-80 e 129-196

SCHMIDT-RECLA, ADRIAN, "Grundstrukturent und Anfänge des Eigentumsvorbehalts – insbesondere des Anwartschaftsrechts", em *JuS* 2002, pp. 759-763

SCHMITZ, KARL-BERNHARD, "Die neuere Rechtsprechung des Bundesgerichtshofes zu Hypothek und Grundschuld", em *WM* 1991, pp. 1061-1069

SCHNEIDER, UWE E., "Patronatserklärung gegenüber der Allegemeinheit", em *ZIP* 1989, pp. 619-625

— "Europäische und internationale Harmonisierung des Bankvertragsrechts. Zugleich ein Beitrag zur Angleichung des Privatrechts in der Europäischen Gemeinschaft" em *NJW* 1991, pp. 1985-1993

SCHOLZ, HELLMUT, "Der Wechsel des Gläubigers einer fiduziarisch gesicherten Forderung", em *NJW* 1962, pp. 2228-2231

SCHREIBER, KLAUS, "Das Sicherungseigentum und seine Verwertung", em *JR* 1984, pp. 485-490

SCHRÖDER, JAN, "Die "harte" Patronatserklärung – verschleierte Bürgschaf/Garantie oder eigenständiger Kreditsicherungstyp?" em *ZGR* 1982, pp. 552-566

SCHUCH, CHRISTOPH, *Der Einfluß der Forderungsverjährung aud dingliche Schuldversicherungsrecht*, Berlin, Duncker & Humblot, 2002

SCHULZ, FRITZ, "System der Rechte auf den Eingriffserwerb", no *AcP* 105 (1909), pp. 1-488

SCHÜRNBRAND, JAN, *Der Schuldbeitritt zwischen Gesamtschuld und Akzessorietät*, Berlin, Duncker & Humblot, 2003

SCHÜTZ, WILHELM, "Zur Reform des Hypothekenrechts", em *WM* 1968, pp. 818-823

SCHWARTZ, ALAN, "Security Interests and Banktruptcy Priorities: A Review of Current Theories", em *J. Legal St.* 10 (1981), pp. 1-37

— "The continuing Puzzle of Secured Debt" em *Vand. L. Rev.* 37 (1984), pp. 1051-1069

SCHWEDHELM, ULRIKE, *Das Gesamtschuldverhältnis (Entstehung-Wirkung-Ausgleich)*, Berlin, Erich Schmidt, 2003

SCHWERDTNER, PETER, "Grundprobleme des Hypotheken- und Grundschuldrechts", em *Jura* 1986, pp. 259-265, e 370-380

SCOTT, ROBERT E., "A relational theorie of secured financing", em *Colum. L. Rev.* 86 (1986), pp. 901-977

SEGNI, MARIO, "La «lettre de patronage» come garanzia personale impropria", em *RDCiv* 21 (1975), I, pp. 126-178

SENDIN, PAULO M., "Nulidade do aval por vício de forma – Parecer", em *DJ* 13 (1999), I, pp. 313-329

SENDIN, PAULO/MENDES, EVARISTO, *A natureza do aval e a questão da necessidade ou não do protesto para accionar o avalista do aceitante*, Coimbra, Almedina, 1991

SERAFINI, ENRICO, *Della revoca degli atti fraudolenti compiuti dal debitore secondo il diritto romano*, I, Pisa, Francesco Mariotti, 1887, e II, Pisa, Francesco Mariotti, 1889

SERENS, NOGUEIRA, "Penhor de quota. Venda dos imóveis da sociedade em prejuízo do credor", em CJ 21 (1996), 4, pp. 5-17

SERICK, ROLF, *Eigentumsvorbehalt und Sicherungsübertragung*, I – *Der einfache Eigentumsvorbehalt*, Heiderberg, Recht und Wirtschaft, 1963, II – *Die einfache Sicherungsübereignung – Erster Teil*, Heiderberg, Recht und Wirtschaft, 1965, III- *Die einfache Sicherungsübereignung – Zweiter Teil*, Heiderberg, Recht und Wirtschaft, 1970, IV – *Verlängerungs und Erweiterungsformen des Eigentumsvorbehalt und der Sicherungsübertragun – Erster Teil: Verlangerungsformen und Kollisionen*, Heiderberg, Recht und Wirtschaft, 1976, V – *Verlängerungs und Erweiterungsformen des Eigentumsvorbehalt und der Sicherungsübertragun – Zweiter Teil. Erweiterungsformen – Dritter Teil: Sonstiges*, Heiderberg, Recht und Wirtschaft, 1982, V – *Verlängerungs und Erweiterungsformen des Eigentumsvorbehalt und der Sicherungsübertragun – Dritter Teil: Sonstiges Insolvenzrecht (Vergleich); Insolvenzrechtsreform*, Heiderberg, Recht und Wirtschaft, 1986

— "Die Verwertung von Sicherungseigentum", em *BB* 1970, pp. 541-552

— *Deutsche Mobiliarsicherheiten. Aufriß und Grundgedanken. Vorlesungen und Vorträge an japanischer Universitäten sowie für Pratiker in Tokio*, Heidelberg, Recht und Wirtschaft, 1988, trad. it. *Le garanzie mobiliarie nel diritto tedesco*, Milano, Giuffrè, 1990, trad. fr. *Les suretês réelles mobiliéres en droit allemand*, Paris, LGDJ, 1990

SERRA, ADRIANO VAZ, "Hipoteca", no *BMJ* 62 (1957) pp. 5-356 e 63 (1957), pp. 193-396

— "Privilégios", no *BMJ* 64 (1957), pp. 41-337

— "Direito de retenção", no *BMJ* 65 (1957), pp. 103-261

— "Consignação de rendimentos", no *BMJ* 65 (1957), pp. 263-316

— "Realização coactiva da prestação (execução) (regime civil)", no *BMJ* 73 (1958), pp. 31-394

— "Responsabilidade patrimonial", no *BMJ* 75 (1958), pp. 5-410

— "Algumas considerações sobre a hipoteca judicial", no *BFD Suplemento* 15 (Homenagem ao Doutor José Alberto dos Reis, I), pp. 263-285

— "Anotação Ac. STJ 9/12/1967", na *RLJ* 101 (1968-1969), pp. 294-304

— "Anotação Ac. STJ 30/1/1968" na *RLJ* 102 (1969-1970), pp. 5-10

— "Anotação Ac. STJ 28/11/1969", na *RLJ* 103 (1970-1971), pp. 575-576

— "Anotação Ac. 23/3/1971", na *RLJ* 105 (1972-1973), pp. 71-79

— "Anotação Ac. STJ 2/11/1973" em *RLJ* 107 (1974-1975), pp. 254-255 e 259-262

— "Anotação Ac. STJ 12/3/1974 na *RLJ* 108 (1975-1976), pp. 76-80

SERRA, CATARINA, "A crise da empresa, os trabalhadores e a falência", em *RDES* 42 (2001), pp. 419-445

SESTA, MICHELE, "Pagamento a prima richiesta", em *CeI* 1985, pp. 939-958

— "Polizze fideiussorie e cauzionali", em em *Digesto. Disc. Priv. Sez Comm.*, XI, 1995, pp. 173-179

SEVERINI, FAUSTO, "Il *patronage* tra la promessa unilaterale atipica e la promessa del fatto del terzo", em *GComm* 18 (1991), I, pp. 884-917

SHER, BYRON D., "Is Article 9 of the Uniform Commercial Code Exportable? An American Comment", em JACOB S. ZIEGEL / WILLIAM F. FOSTER (org.) *Aspects of Comparative Commercial Law: Sales, Consumer Credit and Secured Transactions*, Montreal / New York, McGill University / Oceana Publications Inc., 1969, pp. 350-367

SICCHIERO, GIANLUCA, *L'engineering, la joint venture, i contratti di informatica, i contratti atipici di garanzia*, Torino, Utet, 1991

SICHTERMANN, SIEGFRIED, *Die Ausbietungsgarantie als Sicherungsmittel in der Grundstückszwangsversteigerung*, 4ª ed., Stuttgart, Sparkassenverlag, s.d.

SIEBERT, WOLFGANG, *Die rechtsgeschäftliche Treuhandverhältnis. Eine dogmatischer und rechtsvergleichender Beitrag zum allgemeinen Treuhandproblem*, Marburg, Elwer, 1933

SIGMAN, HARRY C., "Security in movables in the United States – Uniform Commercial Code Article 9: a basis for comparison", em EVA-MARIA KIENINGER (org.), *Security Rights in Movable Property in European Private Law*, Cambridge, CUP, 2004, pp. 54-80

SILVA, FERNANDO EMYGDIO DA, *Seguros mútuos*, Coimbra, Imprensa da Universidade, 1911

SILVA, JOÃO CALVÃO DA, *Cumprimento e sanção pecuniária compulsória*, Coimbra, Separata do BFD, 1987

— *Estudos de Direito Comercial (Pareceres)*, Coimbra, Almedina, 1996

— "Seguro de crédito", em ID, *Estudos de Direito Comercial (Pareceres)*, Coimbra, Almedina, 1996, pp. 99-124

— "Garantias acessórias e garantias autónomas", em ID, *Estudos de Direito Comercial (Pareceres)*, Coimbra, Almedina, 1996, pp. 331-361

— "Cartas de conforto", em *Estudos de Direito Comercial (Pareceres)*, Coimbra, Almedina, 1996, pp. 363-394

— *Direito Bancário*, Coimbra, Almedina, 2001

— *Sinal e contrato-promessa*, 8ª ed., Coimbra, Almedina, 2001

— "Mandato de crédito e carta de conforto", em ANTÓNIO MENEZES CORDEIRO / LUÍS MENEZES LEITÃO / JANUÁRIO DA COSTA GOMES, *Estudos em homenagem ao Professor Doutor Inocêncio Galvão Telles, II – Direito Bancário*, Coimbra, Almedina, 2002, pp. 245-264

— *Banca, Bolsa e seguros. Direito Europeu e Português, I – Parte Geral*, Coimbra, Almedina, 2005

SILVA, MANUEL DUARTE GOMES DA, *Conceito e estrutura da obrigação*, Lisboa, s.e., 1943

— "Da solidariedade nas obrigações" na *RFDUL* 4 (1947), pp. 257-348 e 5 (1948), pp. 289-354

SILVA, PAULA COSTA E, "Impugnação pauliana e execução – Ac. do TRC de 11.2.2003, Agravo 3895/02", em *CDP* 7 (Julho-Setembro 2004), pp. 52-63

— *A reforma da acção executiva*, Coimbra, Coimbra Editora, 2003

SIMITIS, KONSTANTIN, "Das besitzlose Pfandrecht. Eine rechstvergleichende Untersuchung", em *AcP* 171 (1971), pp. 94-154

SIMMLER, PHILIPPE, "Das Recht der Mobiliarsicherheiten in Frankreich", em KARL F. KREUZER (org.), *Mobiliarsicherheiten. Vielfalt oder Einheit?*, Baden-Baden, Nomos, 1999, pp. 91-103

SIMMONDS, RALPH, "The PPSA Cometh to Australia? An Introduction to the Current State of Play" em *Murdoch University Electronic Journal of Law*, vol. 9, nº 3 (Setembro 2002), acessível em http://www.murdoch.edu.au/elaw/issues/v9n3/simmonds93_text.html

SIMONE, CARMINE DE, "La lettera di patronage", em BANCO DI SARDEGNA (org.), *Le garanzie reali e personali nei contratti bancari*, Milano, Giuffrè, 1976, pp. 107-118

SIMONE, ROBERTO, "«Lease back»: cronaca di una morte annunciata", em *FI* 112 (1989), I, pp. 1251-1254

— "Dr. Jeckil e mr. Hide, ovvero la doppia vita del *sale and lease back*", em *GComm* 24 (1997), II, pp. 671-686

SIMONETTO, ERNESTO, "Mandato di credito", em *NovissDI* X (1964), pp. 149-168

— "La natura della fideiussione e la nullità della clausola c. d. *omnibus*", em *RTDPC* 41 (1987), pp. 544-549

SINAY, H., "Action paulienne et responsabilité delictuelle a la lumière de la jurisprudence récente", na *RTDCiv* 46 (1948), pp. 183-193

SINTENIS, CARL FRIEDRICH FERDINAND, *Das practische gemeine Civilrecht*, II- *Das Obligationenrecht*, 2ª ed., Leipzig, Bernhard Tauchnitz, 1861

SOLAZZI, SIRO, *La revoca degli atti fraudolenti nel diritto romano*, 3ª ed., Napoli, Jovene, 1934

SOTGIA, SERGIO, "Cessione dei beni ai creditori", no *NovissDI* III (1959), pp. 140-146

SOUSA, MARNOCO E, *Das letras, livranças e cheques. Comentário ao título VI do Livro II do Código Comercial*, I, 2ª ed., Lisboa/Porto/Coimbra, Lumen, 1921

SOUSA, MIGUEL TEIXEIRA DE, *Estudos sobre o novo processo civil*, 2ª ed., Lisboa, Lex, 1997

— *Acção executiva singular*, Lisboa, Lex, 1998

— *A reforma da acção executiva*, Lisboa, Lex, 2004

SPONER, WOLFDIETER, *Das Anwartschaftsrecht und seine Pfändung*, Bielefeld, Gieseking, 1965

STADLER, ASTRID, "Der Rang im Immobiliarsachenrecht - ein noch immer ungelöst Problem?", em *AcP* 189 (1989), pp. 425-469

— *Gestaltungsfreiheit und Verkehrsschutz durch Abstraktion. Eine rechtsvergleichende Studie zur abstrakten und kausalen Gestaltung rechtsgeschäftlicher Zuwendungen anhand des deutschen, schweizerischen, österreichischen, französischen, und US-amerikanischen Rechts*, Tübingen, Mohr, 1996

STÄDTLER, ARNO, "Die gesamtwirtschaftliche Bedeutung des Finanzierungsleasing", em *AcP* 190 (1990), pp. 204-207

STAMMLER, RUDOLF, "Der Garantievertrag. Eine civilistische Abhandlung", em *AcP* 69 (1886), pp. 1-141

STECHER, REINER, *"Harte" Patronatserklärungen, rechtsdogmatische und praktische Probleme*, Köln, Wienard, 1978

STEINMEYER, EBERHARD, *Die akzessorische Schuldverhältnisse des BGB*, Diss. Göttingen, 1933

STEVENS, ROBERT/SMITH, LIONEL, "Actio pauliana in English law", trad: "La acción pauliana en Derecho Inglês", em JOAQUÍN J. FORNER DELAYGUA (org.), *La protección del crédito en Europa: La acción pauliana*, Barcelona, Bosch, 2000, respectivamente a pp. 195-208 e 95-111

STÖCKER, OTMAR M., *Die "Eurohipothek" - Zur Bedeutung eines einheitlichen nicht-akzessorischen Grundpfandrechts für den Aufbau eines "Europäischen Binnenmarktes für den Hypothekarkredit"*, Berlin, Duncker & Humblot, 1992

STÖTTER, VIKTOR, "Das Garantieversprechen (Garantievertrag)", em *DB* 1971, pp. 2145-2147

STOLFI, GIUSEPPE, "In tema di fideiussione generale", em *RDCiv* 18 (1972), I, pp. 529-537

STÜRNER, ROLF, "Das Grundpfandrecht zwischen Akzessorietät und Abstraktheit und die europäische Zukunft", em ULRICH HUBER / ERIK JAYME (org.), *Festschrift für Rolf Serick zum 70. Geburtstag*, Heidelberg, Recht und Wirtschaft, 1990, pp. 377-388

SULPASSO, BIANCA CASSANDRO, *Il "crédit de mobilisation"*, Milano, Giuffrè, 1993

— "Comparazione Giuridica ed Uniformazione delle Legislazioni: Le Garanzie Mobiliari" em *RDCiv.* 41 (1995), I, pp. 566-594

TAMPONI, MICHELE, "Sulla clausola estensiva della garanzia pignoratizia ai crediti presenti ed ai crediti futuri", em *RDCiv.* 20 (1974), II, pp. 212-231

TAVARES, JOSÉ, *Os princípios fundamentais do Direito Civil*, I, Coimbra, Coimbra Editora, 1922, pp. 572-573

TELLES, INOCÊNCIO GALVÃO, "O Penhor sem entrega no Direito luso-brasileiro", em *SI* 4 (1955), nº 15, pp. 199-216

— *Direito das Obrigações. Súmula*, II (com a colaboração de Fernando Cunha de Sá), Lisboa, Serviços Sociais da Universidade de Lisboa, 1974

— "O direito de retenção no contrato de empreitada", em *Dir.* 106-119 (1974-1987), pp. 13-34

— "Garantia bancária autónoma", em *Dir* 120 (1988), pp. 275-293

— "Garantia bancária autónoma (Parecer)", em *Dir* 120 (1988), pp. 581-604

— *Direito das Obrigações*, 7ª ed., Coimbra, Coimbra Editora, 1997

— *Manual dos Contratos em Geral*, 4ª ed., Coimbra, Coimbra Editora, 2002

TERRANOVA, GIUSEPPE, "Validità ed effetti della fideussione generale", em *RDComm* 85 (1987), II, pp. 148-163

THÉRY, PHILIPPE, *Sûretés et publicité foncière*, 2ª ed., Paris, PUF, 1998

TIEDKE, KLAUS, "Erwerb und Verlust des Sicherungseigentums an eingelagerter Ware", em *WM* 1978, pp. 446-455

— "Die Rechte der Vorbehaltsverkäufers bei Verjährung der Kaufpreisforderung", em *DB* 1980, pp. 1477-1482

— "Die Rechstsprechung des Bundesgerichtshofs zum Bürgschaftsrecht seit 1980", em *ZIP* 1986, pp. 69-77

TOMASSETTI, ALESSANDRO, *L'assunzione del debito altrui*, Milano, Giuffrè, 2001

TORRES PARRA, MARÍA JOSÉ, *El mandato de crédito como garantia personal*, Madrid, Dickinson, 1998

TORRES PEREA, JOSÉ MANUEL DE, *Presupuestos de la acción rescisoria*, Valencia, Tirant lo Bloch, 2001

TRIANTIS, GEORGE G., "Secured debt under conditions of imperfect information", em *J. Legal St.* 21 (1992), pp. 225-258

TRIAS DE BES, XABIER AÑOVEROS, *El aval cambiario*, Madrid, Civitas, 1990

TRINKNER, REINHOLD, "Verwertung sicherungsübereigneter Gegenstande", em *BB* 1962, pp. 80-81

TUCCI, GIUSEPPE, "I Privilegi", em PIETRO RESCIGNO (org.), *Trattato di Diritto Privato*, 19- *Tutela dei diritti*, Torino, Utet, 1985, pp. 449-628

— "Cauzione", em *Digesto. Disc. Priv. Sez Civ.*, 4ª ed. II, 1988, pp. 255-268

TYLER, E. L. G./PALMER, N. A., *Crossley Vaines' Personal Property*, London, *Butterworths*, 1973

UNCITRAL (org.), "Study on Security Interests (A/CN.9/131)", em *UNCITRAL Yearbook* vol. VIII (1977), Part 2, p. 171

— "Note by the Secretariat on article 9 of the Uniform Commercial Code of the United States of America (A/CN.9/132), em *UNCITRAL Yearbook* vol. VIII (1977), Part 2, pp. 222-231

— "Security Interests; Feasibility of uniform rules to be used in the financing of trade (A/CN.9/165)", em *UNCITRAL Yearbook* vol. X (1979), Part 2, pp. 81-86

— "Security Interests: Issues to be considered in the preparation of uniform rules (A/CN.9/186)", em *UNCITRAL Yearbook* vol. XI (1980), Part 2, pp. 89-95

UNION INTERNATIONALE DU NOTARIAT LATIN / COMISSION DES AFFAIRES EUROPÉENNES , *La cédule hypothécaire suisse et la dette foncière allemande – Etude comparative, base d'une future Euro-hypothèque*, Amsterdam, Fondation pour la Promotion de la Science Notariale, 1988

UNION INTERNATIONALE DU NOTARIAT LATIN/COMMISSION DES AFFAIRES DE L'UNION EUROPÉENNE (CAUE), *De la possibilité d'un systeme uniforme pour les garanties mobilières au sein de l'Union Européenne*, Amsterdam, Fondation pour la Promotion de la Science Notariale, 1997

VACCÀ, CESARE, "La qualificazione giuridica della cosidetta polizza fideiussoria", em UGO DRAETTA/CESARE VACCÀ, *Le garanzie contrattuali. Fideiussione e contratti autonomi di garanzia nella prassi interna e nel commercio internazionale*, Milano, EGEA, 1994, pp. 167-182

VALCAVI, GIOVANNI, "Se ed entro quali limiti la fideiussione «omnibus» sia invalida" em *FI* 108 (1985), I, pp. 507-514

VANONI, SILVIA, "Lettere di patronage «deboli» e responsabilità del patronnant", em *BBTC* 57 (1994), II, pp. 43-57

— "Interpretazione e qualificazione delle lettere di *patronage*: conferme e sviluppi in alcune recenti sentenze", em *BBTC* 60 (1997), II, pp. 408-424

VARELA, JOÃO ANTUNES, *Ensaio sobre o conceito do modo*, Lisboa, Atlântida, 1955

— "Fundamento da acção pauliana", em *RLJ* 91 (1959), pp. 349-353, 366-370 e 379-383

— *Sobre o contrato-promessa*, 2ª ed., Coimbra, Coimbra Editora, 1989

— "Anotação Ac. STJ 13/12/1984", na *RLJ* 122 (1990), pp. 243-256

— "Seguro de crédito", em *RB* 14 (1990), pp. 49-89

— *Das Obrigações em geral*, I, 10ª ed., Coimbra, Almedina, 2000, e II, 7ª ed., Coimbra, Almedina, 1999

VASCONCELOS, JOANA, "Sobre a garantia dos créditos laborais no Código do Trabalho", em ANTÓNIO MONTEIRO FERNANDES (org.), *Estudos de Direito do Trabalho em Homenagem ao Professor Manuel Alonso Olea*, Coimbra, Almedina, 2004, pp. 321-341

VASCONCELOS, LUÍS MIGUEL D. P. PESTANA DE, *A cessão de créditos em garantia e a insolvência. Em particular da posição do cessionário na insolvência do cedente*, Coimbra, Coimbra Editora, 2007

— "A Directiva 2002/47 do Parlamento Europeu e do Conselho, de 6/6/02 (alterada pela Directiva 2009/44/CE do Parlamento Europeu e do Conselho de 6/05/09), relativa aos acordos de garantia financeira ou os primeiros passos na harmonização do Direito Europeu das Garantias Mobiliárias", no *BFD* 85 (2009), pp. 693-723

— "A garantia autónoma", em GLÓRIA TEIXEIRA / ANA SOFIA CARVALHO (org.), *Os 10 anos de investigação do CIJE. Estudos jurídico-económicos*, Coimbra, Almedina, 2010, pp. 611-633

— *Direito das Garantias*, 2ª ed., Coimbra, Almedina, 2013

— "As garantias difusas de financiamento societário: as cartas de conforto", em *RED* Fevereiro 2014, nº1

VASCONCELOS, PEDRO PAIS DE, *Direito Comercial. Títulos de créditos*, Lisboa, AAFDL, 1990

— *Contratos atípicos*, Coimbra, Almedina, 1995

VASQUES, JOSÉ, *Contrato de seguro. Notas para uma teoria geral*, Coimbra, Coimbra Editora, 1999

VEGTER, J. B., "Over het rechtskarakter van de Eurohypotheek", em *WPNR* 124 (1993), nº6077, pp. 55-58

VEIGA, VASCO SOARES DA, "Cartas de conforto ou declarações de patrocínio", na *RB* nº 24 (1992), pp. 113-123

VELTEN, A. A. VAN, "Hypotheek en Europese Gemeenschap", em *WPNR* 122 (1991), nº 6001, pp. 241-246

VENEZIANO, ANNA, *Le garanzie mobiliari non possessorie. Profili di diritto comparato e di diritto del commercio internazionale*, Milano, Giuffrè, 2000

VENTURA, RAUL, "O contrato de compra e venda no Código Civil", na *ROA* 43 (1983), pp. 261-318 e 587-643

— "Aval do Estado. Vencimento da obrigação do Estado avalista", em *RB* nº 4 (1987), pp. 67-96

VIALE, MIRELLA, "Il sistema delle garanzie personali negli USA", em *CeI* 1989, pp. 675-709

— "L'azione inibitoria tra «fraud» e «strict fraud» nella giurisprudenza inglese recente in tema di garanzie bancarie a prima domanda", em *BBTC* 52 (1989), pp. 453-462

— "I contratti autonomi di garanzia", em *NGCC* 6 (1990), II, pp. 175-198

— *Le garanzie bancarie*, vol. 18 do *Tratatto di Diritto Commerciale e di Diritto Pubblico dell'Economia*, de FRANCESCO GALGANO (org.), Padova, Cedam, 1994

VIEIRA, JOSÉ ALBERTO, *Direitos Reais*, Coimbra, Coimbra Editora, 2008

VIEIRA, JOSÉ MANUEL BRACINHA, *Financiamento da exportação e seguro de crédito*, Lisboa, CEF, 1970

VIGUERA RUBIO, JOSÉ MARIA, "La prenda cambiaria: el endoso en garantia", em AAVV, *Estudios de Derecho Bancario y Bursatil. Homenaje a Evelio Verdera y Tuells*, III, Madrid, La Ley, 1994, pp. 2821-2880

VILHENA, ANA, "As cartas de conforto na supervisão bancária: a experiência de Hong Kong e a sua influência na legislação de Macau", na *RJM*, vol. 3, nº3 (Set--Dez 1996), pp. 59-74

VORTMANN, JÜRGEN, "Raumsicherungübereignung und Vermieterpfandrecht", em *ZIP* 1988, pp. 626-630

WALTER, HANS PETER, "Die Sicherungszession im schweizerischen Recht", em WOLFGANG WIEGAND (org.), *Mobiliarsicherheiten. Sicherungszession und –übereignung, Pfandrecht und Eigentumsvorbehalt aus privat- und verfahrensrechtlicher Sicht (Berner Bankrechtstag 1998)*, Bern Stämpfli, 1998, pp. 43-74

WEBER, HANSJÖRG, *Kreditsicherheiten. Recht der Sicherungsgeschäfte*, 7ª ed., München, Beck, 2002

WEHRENS, HANS G., "Der schweizer Schuldbrief und die deutsche Briefgrundschuld. Eine rechtsvergleich als Basis für eine zukünftige Eurohypothek", em *ÖNotZ* 120 (1988), pp. 181-191

- "Überlegungen zu einer Eurohypothek", em *WM* 1992, pp. 557-563

— "Das Projekt einer Eurohypoyhek – Rückblick und Ausblick", em *WPNR* 125 (1994), nº 6126, pp. 170-171,

— "Real security regarding immovable objects – reflections on a euro-mortgage", em ULRICH DROBNIG, "Security rights in movables", em ARTHUR HARTKAMP/MARTIJN HESSELINK/EWOUD HONDIUS/CARLA JOUSTRA/EDGAR DU PERRON, *Towards an european civil code*, 2ª ed., The Hague/London/Boston, Kluwer Law International, 1998, pp. 551-564

WEIGELIN, GUNTER, *Der Schuldbeitritt*, Stuttgart/Berlin, Kohlhammer, 1941

WEILL, ALEX, *Les sûretés. La publicité foncière*, Paris, Dalloz, 1979

WEIMAR, WILHELM, "Die Rückgabe der Pfandsache", em *MDR* 1969, pp. 906-908

WEINHAUSEN, HANS, *Die Sicherungsübereignung*, Berlin, Struppe & Winckler, 1928

WESTERKAMP, WILHELM, *Bürgschaft und Schuldbeitritt*, Berlin, Emil Ebering, 1908

WESTERMANN, HARRY, "Probleme der Sicherungsübereignung von Warenlagerns", em *NJW* 1956, pp. 1297-1298

— "Die nachträgliche Entstehung der durch die Hypothek gesicherten Forderung", em *JZ* 1962, pp. 302-303

— *Sachenrecht. Ein Lehrbuch*, 7ª ed., por Harm Peter Westermann/Karl-Heinz Gursky/Dieter Eickmann, Heidelberg, Müller, 1998

WESTPHALEN, FRIEDRICH GRAF VON, *Die Bankgarantie im internationalen Handelsverkehr*, Heidelberg, Recht und Wirtschaft, 1982

— *Der Leasingsvertrag*, 5ª ed., Köln, Otto Schmidt, 1998

WETH, STEPHAN, "Bürgschaft und Garantie auf erstes Anfordern", em *AcP* 189 (1989), pp. 303-341

WHITE, JAMES J./SUMMERS, ROBERT S., *Uniform Commercial Code*, 4ª ed., St. Paul, Minn., West Publishing, 1995

WIEGAND, WOLFGANG, "Eigentumsvorbehalt, Sicherungsübereignung und Fahrnispfand", em WOLFGANG WIEGAND (org.), *Mobiliarsicherheiten. Sicherungszession un – übereignung, Pfandrecht und Eogentumsvorbehalt aus privat- und verfahrensrechtlicher Sicht (Berner Bankrechtstag 1998)*, Bern Stämpfli, 1998, pp. 75-135

WIENSTEIN, "Inwiefern gibt es nach geltendem Privatrecht einen besonders gearteten Garantievertrag?", em *AbR* 31 (1907), pp. 1-20

WILLIAMSON, OLIVER E., "Corporate Finance and Corporate Governance", em *J. Fin.* 43 (1988), pp. 567-591

WILMOWSKY, PETER VON, *Europäisches Kreditsicherungsrecht. Sachenrecht und Insolvenzrecht unter dem EG-Vertrag*, Tübingen, Mohr, 1996

WITZ, CLAUDE, *La fiducie en droit privé français*, Paris, Economica, 1981

WOLF, ERNST, *Lehrbuch des Sachenrechts*, 2ª ed., Köln/Bonn/Berlin/München, Carl Heymanns, 1979

WOLF, MANFRED, *Sachenrecht*, 20ª ed., München, Beck, 2004

WOOD, PHILIP R., "Comparative Financial Law: a Classification of the World's Jurisdictions", em ROSS CRANSTON, *Making Commercial Law. Essays in Honour of Roy Goode*, Oxford, Clarendon Press, 1997, pp. 31-89

XAVIER, VASCO DA GAMA LOBO, "Venda a prestações: algumas notas sobre os artigos 934º e 935º do Código Civil" na *RDES* 21 (1974), pp. 199-266

ZAHN, JOHANNES C. D./EBERDING, EKKARD/EHRLICH, DIETMAR, *Zahlung und Zahlungssicherung im Außenland*, Berlin/New York, De Gruyter, 1986

ZERANSKI, DIRK, "Eigentümer und Vorbehaltskäufer im Widerstreit um die Vorbehaltsware", em *AcP* 203 (2003), pp. 693-726

ZIEGEL, JACOB S., "Canadian Perspectives on Chattel Security Law Reform in the United Kingdom", em *C.L.J.* 54 (1995), pp. 430-446

ZSCHALER, ERICH, "Zum Unterschied von Ausbietungsgarantie und Bürgschaft", em *LZ* 1919, pp. 840-843

ZUMAGLIA, ALBERTO POLOTTI DI, "Assicurazione credito e cauzione" em *Digesto delle discipline privatistiche (Sezione Commerciale)*, Torino, Utet, 1987, pp. 454-457

ZWALVE, WILLEM J., "A labyrinth of creditors: a short introduction to the history of security interests in goods", em EVA-MARIA KIENINGER (org.), *Security Rights in Movable Property in European Private Law*, Cambridge, CUP, 2004, pp. 38-53

ÍNDICE

ABREVIATURAS 9

CAPÍTULO I – INTRODUÇÃO 11
1. Apresentação 11
2. Enquadramento e sistematização 14
3. Bibliografia geral 17
4. Sequência 19

CAPÍTULO II – EVOLUÇÃO HISTÓRICA E DIREITO COMPARADO 23
1. A evolução histórica da garantia das obrigações 23
2. O sistema de garantias no Direito francês 27
3. O sistema de garantias no Direito alemão 30
4. O sistema de garantias no Direito italiano 34
5. O sistema de garantias no Direito inglês 37
6. O sistema de garantias no Direito norte-americano (em especial, o regime do *Uniform Commercial Code*) 43
7. A uniformização do regime das garantias 48

CAPÍTULO III – A GARANTIA GERAL DAS OBRIGAÇÕES 61
1. Configuração da garantia geral das obrigações 61
2. Declaração de nulidade 62
3. Sub-rogação do credor ao devedor 64
   3.1. Modalidades de acção sub-rogatória 64
   3.2. Pressupostos da acção sub-rogatória 65
   3.3. Regime da acção sub-rogatória 66
4. Impugnação pauliana 67
   4.1. Generalidades 67

4.2. Evolução Histórica e Direito Comparado 68
4.3. Pressupostos da impugnação pauliana em relação à primeira alienação 72
4.3.1. Generalidades 72
4.3.2. Realização pelo devedor de um acto que diminua a garantia patrimonial do crédito e não seja de natureza pessoal 73
4.3.3. Anterioridade do crédito em relação ao acto, ou sendo ele posterior, prática do acto dolosamente com o fim de impedir o direito do futuro credor 76
4.3.4. Natureza gratuita do acto ou, sendo ele oneroso, ocorrência de má fé tanto do alienante como do adquirente 78
4.3.5. Impossibilidade de o credor obter a satisfação integral do crédito ou agravamento dessa impossibilidade 80
4.4. Pressupostos da impugnação pauliana em relação às transmissões posteriores 80
4.5. Regime da impugnação pauliana 81
4.5.1. Efeitos da impugnação pauliana em relação ao credor 81
4.5.2. Efeitos da impugnação pauliana na relação entre o devedor e terceiro 84
4.5.3. O regime registral da impugnação pauliana 85
4.5.4. Extinção do direito à impugnação pauliana 87
4.6. Natureza da impugnação pauliana 87
5. Arresto 91
5.1. Generalidades 91
5.2. Pressupostos do arresto 92
5.3. Responsabilidade do requerente 92
5.4. Objecto do arresto 93
5.5. Efeitos do arresto 93
5.6. Publicidade do arresto 94
5.7. Natureza do arresto 94

CAPÍTULO IV - AS GARANTIAS ESPECIAIS DAS OBRIGAÇÕES 95
1. Configuração genérica da garantia especial 95
2. A prestação de caução 101

CAPÍTULO V- AS GARANTIAS PESSOAIS 105
1. A fiança 105
1.1. Generalidades 105
1.2. Forma da fiança 108
1.3. Principais características da fiança 109
1.4. Relações entre credor e fiador 111

1.5. Relações entre devedor e fiador 113
1.6. Pluralidade de fiadores 115
1.7. Extinção da fiança 117
1.8. Modalidades especiais de fiança 118
1.8.1. A subfiança 118
1.8.2. A retrofiança 120
1.8.3. A denominada fiança ao primeiro pedido 121
1.8.4. A denominada fiança geral 123
2. O mandato de crédito 125
3. O aval 129
3.1. Generalidades 129
3.2. Regime 131
3.3. O aval geral 135
3.4. Natureza jurídica do aval 136
4. A garantia autónoma 137
4.1. Generalidades 137
4.2. Modalidades: a garantia autónoma simples e a garantia autónoma à primeira solicitação 143
4.3. Forma 145
4.4. Regime 145
5. As cartas de conforto 150
6. A solidariedade passiva 157
6.1. Generalidades 157
6.2. Casos de solidariedade passiva 158
6.3. Regime da solidariedade passiva 159
6.3.1. Nas relações externas 159
6.3.2. Nas relações internas 160
7. A assunção cumulativa de dívida 161
7.1. Generalidades 161
7.2. Distinção entre assunção cumulativa de dívida e fiança 162
7.3. Forma da assunção cumulativa de dívida 163
7.4. Pressupostos da assunção cumulativa de dívida 163
7.5. Regime da assunção cumulativa de dívida 164
8. Seguro de créditos 165
9. Seguro-caução 174

CAPÍTULO VI – AS GARANTIAS REAIS 181
1. A consignação de rendimentos 181
1.1 Generalidades 181
1.2. Legitimidade para a constituição da consignação de rendimentos 181

1.3. Modalidades da consignação de rendimentos 182
1.4. Prazo da consignação de rendimentos 182
1.5. Forma e publicidade da consignação de rendimentos 182
1.6. Objecto da consignação de rendimentos 183
1.7. Regime da consignação de rendimentos 183
1.8. Extinção da consignação de rendimentos 185
1.9. Natureza jurídica da consignação de rendimentos 186
2. O penhor de coisas 186
2.1. Generalidades 186
2.2. Modalidades do penhor: o penhor com e sem desapossamento 189
2.3. Legitimidade para a constituição do penhor 190
2.4. Forma do contrato de penhor 190
2.5. Conteúdo da garantia 190
2.5.1. Âmbito do crédito garantido 190
2.5.2. Objecto do contrato de penhor 190
2.6. O regime geral do penhor 192
2.6.1. Constituição do penhor 192
2.6.2. Direitos do credor pignoratício 193
2.6.3. Deveres do credor pignoratício 196
2.6.4. Direitos do autor do penhor 197
2.6.5. Extinção do penhor 197
2.7. Os regimes especiais do penhor 199
2.7.1. Generalidades 199
2.7.2. O penhor mercantil 199
2.7.3. O penhor em garantia de créditos de estabelecimentos bancários 200
2.7.4. O penhor efectuado a prestamista 201
3. A hipoteca 203
3.1. Generalidades 203
3.2. Formas de constituição da hipoteca 205
3.2.1. Generalidades 205
3.2.2. A hipoteca legal 205
3.2.3. A hipoteca judicial 207
3.2.4. A hipoteca voluntária 208
3.3. O registo da hipoteca 209
3.4. Conteúdo da garantia hipotecária 210
3.4.1. Âmbito do crédito garantido 210
3.4.2. Objecto da hipoteca 211
3.4.3. Extensão da hipoteca 213
3.4.4. A indivisibilidade da hipoteca 214

3.5. Vicissitudes da hipoteca 215
3.5.1. Modificações na garantia hipotecária 215
3.5.1.1. Alteração do objecto da hipoteca 215
3.5.1.2. Reforço da hipoteca 216
3.5.1.3. Redução da hipoteca 216
3.5.2. Transmissão dos bens hipotecados 217
3.5.2.1. Efeitos da alienação sobre o crédito hipotecário 217
3.5.2.2. Possibilidade de expurgação da hipoteca 218
3.5.2.3. Renascimento dos direitos em caso de venda judicial ou expurgação da hipoteca 219
3.5.2.4. Equiparação do terceiro adquirente ao possuidor de boa fé 219
3.5.3. Transmissão da hipoteca 220
3.6. Execução da hipoteca 221
3.7. Extinção da hipoteca 222
3.8. O regime especial das hipotecas mobiliárias 224
3.8.1. A hipoteca sobre automóveis 224
3.8.2. A hipoteca sobre navios 225
3.8.3. A hipoteca sobre aeronaves 228
4. Privilégios especiais 229
4.1. Generalidades 229
4.2. Privilégios mobiliários e imobiliários 231
4.3. Regime dos privilégios especiais 233
5. O direito de retenção 235
5.1. Generalidades 235
5.2. Pressupostos do direito de retenção 237
5.2.1. Generalidades 237
5.2.2. Obrigação de entregar certa coisa susceptível de penhora 237
5.2.3. Titularidade de um crédito sobre a outra parte, crédito esse exigível, ainda que com base na perda do benefício do prazo, mas não necessariamente líquido 237
5.2.4. Conexão causal entre o crédito e a coisa 238
5.2.5. Não aquisição, com o conhecimento do retentor, por meios ilícitos da detenção da coisa que se deveria entregar, nem realização de má fé das despesas de onde tenha resultado o crédito 238
5.2.6. Não prestação de caução suficiente pela outra parte 239
5.3. Direitos do retentor 239
5.4. Transmissão do direito de retenção 240
5.5. Extinção do direito de retenção 240

6. A penhora 241
 6.1. Generalidades 241
 6.2. Objecto da penhora 242
 6.3. Regime processual da penhora 243
 6.4. Efeitos da penhora 244
 6.5. Extinção da penhora 245
 6.6. Natureza da penhora 245

CAPÍTULO VII – A UTILIZAÇÃO DA PROPRIEDADE COMO GARANTIA 247
1. Configuração genérica da utilização da propriedade como garantia 247
2. A cláusula de reserva de propriedade 248
 2.1. Generalidades 248
 2.2. Casos especiais de reserva de propriedade 251
 2.3. Forma da venda com reserva de propriedade 253
 2.4. Regime da venda com reserva de propriedade 254
 2.5. Natureza da venda com reserva de propriedade 260
3. A alienação fiduciária em garantia 261
 3.1. Configuração geral 261
 3.2. O problema da proibição do pacto comissório 267
 3.3. A regulação da alienação fiduciária em garantia no D.L. 105/2004, de 8 de Maio 204 268
 3.4. Conteúdo da garantia 271
4. A locação financeira (*leasing*) 272
 4.1. Generalidades 272
 4.2. Forma e publicidade do contrato de locação financeira 274
 4.3. Regime da locação financeira 275
 4.4. O caso especial da locação financeira restitutiva 276

CAPÍTULO VIII – GARANTIAS ESPECIAIS SOBRE DIREITOS 279
1. O penhor de direitos 279
 1.1. Generalidades. O penhor de créditos 279
 1.2. Objecto do penhor de créditos 280
 1.3. Constituição do penhor de créditos 280
 1.4. Regime do penhor de créditos 281
 1.5. Extinção do penhor de créditos 282
 1.6. Casos especiais de penhor de direitos 282
  1.6.1. O penhor financeiro 282
  1.6.2. O penhor de títulos de crédito 286
  1.6.3. O penhor de conta bancária 288
  1.6.4. O penhor de participações sociais 289
  1.6.5. O penhor de valores mobiliários 290

2. A cessão de créditos em garantia 290
2.1. Generalidades 290
2.2. Forma 291
2.3. Objecto 292
2.4. Regime 292

CAPÍTULO IX – GARANTIAS ESPECIAIS SOBRE UNIVERSALIDADES 293
1. A separação de patrimónios 293
2. Os privilégios gerais 294
2.1. Generalidades 294
2.2. Privilégios mobiliários gerais 294
2.3. Privilégios imobiliários gerais 296
2.4. Regime dos privilégios gerais 297
3. Cessão de bens aos credores 298
3.1. Generalidades 298
3.2. Forma 299
3.3. Objecto 299
3.4. Efeitos 299
3.5. Extinção 300
3.6. Natureza jurídica 300
4. Penhor de estabelecimento comercial 302
5. Garantia flutuante (o *floating charge* inglês e o *floating lien* norte-americano) 304

CAPÍTULO X – GARANTIAS ESPECIAIS ATÍPICAS 309
1. Configuração das garantias especiais atípicas 309
2. A excepção de não cumprimento do contrato 309
3. A compensação como garantia 310
4. O contrato-promessa de garantia 312
5. Cláusulas de garantia e segurança (*negative pledge, cross-default, pari passu*) 313
5.1. Generalidades 313
5.2. A cláusula *negative pledge* 313
5.3. A cláusula *cross-default* 315
5.4. A cláusula *pari passu* 315
6. A consignação de receitas em garantia 316

CAPÍTULO XI – CONCLUSÃO 317

BIBLIOGRAFIA 319